肝胆相照

老科学家学术成长资料采集工程丛书

中国科学院院士传记丛书

U0654148

1922年
出生于福建闽清

1940年
回国到昆明，考入同济附中

1943年
考入同济大学医学院

1956年
向肝胆外科进军

1991年
当选中国科学院学部委员

2006年
获国家最高科学技术奖

2012年
被评为"感动中国"人物

老科学家学术成长资料采集工程

中国科学院院士传记丛书

肝胆相照

吴孟超传

方鸿辉◎著

上海交通大学出版社

中国科学技术出版社

图书在版编目(CIP)数据

肝胆相照:吴孟超传/方鸿辉著.—上海:上海交通大学出版社,2013

ISBN 978-7-313-10610-0

Ⅰ.①肝… Ⅱ.①方… Ⅲ.①吴孟超-生平事迹 Ⅳ.①K826.2

中国版本图书馆 CIP 数据核字(2013)第 275131 号

出 版 人	韩建民　苏　青	
责任编辑	苏少波	
责任营销	陈　鑫	
版式设计	中文天地	

出　　版	上海交通大学出版社　中国科学技术出版社
发　　行	上海交通大学出版社
地　　址	上海市番禺路 951 号
邮　　编	200030
发行电话	021-64071208
传　　真	021-64073126
网　　址	http://www.jiaodapress.com.cn

开　　本	787mm×1092mm　1/16
字　　数	389 千字
印　　张	26.5
彩　　插	3
版　　次	2013 年 12 月第 1 版
印　　次	2013 年 12 月第 1 次印刷
印　　刷	常熟文化印刷有限公司
书　　号	ISBN 978-7-313-10610-0/K
定　　价	79.00 元

老科学家学术成长资料采集工程
领导小组专家委员会

主　任：杜祥琬

委　员：（以姓氏拼音为序）

巴德年　　陈佳洱　　胡启恒　　李振声

王礼恒　　王春法　　张　勤

老科学家学术成长资料采集工程
丛书组织机构

特邀顾问（以姓氏拼音为序）

樊洪业　　方　新　　齐　让　　谢克昌

编委会

主　任：王春法　　张　藜

成　员：（以姓氏拼音为序）

艾素珍　　曹振全　　董庆九　　胡化凯　　韩建民

景晓东　　李虹鸣　　廖育群　　罗　晖　　吕瑞花

苏　青　　王康友　　王扬宗　　夏　强　　张柏春

张大庆　　张　剑　　张九辰　　周德进

编委会办公室

主　任：张　藜　　许向阳

副主任：许　慧　　张利洁　　刘佩英

成　员：（以姓氏拼音为序）

崔宇红　　冯　勤　　何继红　　何素兴　　李金涛

李俊卿　　李惠兴　　刘　洋　　罗兴波　　沈林苣

万红军　　王传超　　言　挺　　余　君　　张晓华

周　勇

老科学家学术成长资料采集工程简介

老科学家学术成长资料采集工程（以下简称"采集工程"）是根据国务院领导同志的指示精神，由国家科教领导小组于2010年正式启动，中国科协牵头，联合中组部、教育部、科技部、工信部、财政部、文化部、国资委、解放军总政治部、中国科学院、中国工程院、国家自然科学基金委员会等11部委共同实施的一项抢救性工程，旨在通过实物采集、口述访谈、录音录像等方法，把反映老科学家学术成长历程的关键事件、重要节点、师承关系等各方面的资料保存下来，为深入研究科技人才成长规律，宣传优秀科技人物提供第一手资料和原始素材。按照国务院批准的《老科学家学术成长资料采集工程实施方案》，采集工程一期拟完成300位老科学家学术成长资料的采集工作。

采集工程是一项开创性工作。为确保采集工作规范科学，启动之初即成立了由中国科协主要领导任组长、12个部委分管领导任成员的领导小组，负责采集工程的宏观指导和重要政策措施制定，同时成立领导小组专家委员会负责采集原则确定、采集名单审定和学术咨询，委托中国科学技术史学会承担具体组织和业务指导工作，建立专门的馆藏基地确保采集资料的永久性收藏和提供使用，并研究制定了《采集工作流程》、《采集工作规范》等一系列基础文件，作为采集人员的工作指南。截至2012年底，已启动247位老科学家的学术成长资料采集工作，获得手稿、书信等实物原件资料 21 496 件，数字化资料 72 310 件，视频资料 96 582 分钟，音频资料 104 289 分钟，具有重要的史料价值。

采集工程的成果目前主要有三种体现形式，一是建设一套系统的"老科学家学术成长资料数据库"（本丛书简称"采集工程数据库"），提供学术研究和弘扬科学精神、宣传科学家之用；二是编辑制作科学家专题资料片系列，以视频形式播出；三是研究撰写客观反映老科学家学术成长经历的研究报告，以学术传记的形式，与中国科学院、中国工程院联合出版。随着采集工程的不断拓展和深入，将有更多形式的采集成果问世，为社会公众了解老科学家的感人事迹，探索科技人才成长规律，研究中国科技事业的发展历程提供客观翔实的史料支撑。

总序一

中国科学技术协会主席　韩启德

　　老科学家是共和国建设的重要参与者，也是新中国科技发展历史的亲历者和见证者，他们的学术成长历程生动反映了近现代中国科技事业与科技教育的进展，本身就是新中国科技发展历史的重要组成部分。针对近年来老科学家相继辞世、学术成长资料大量散失的突出问题，中国科协于2009年向国务院提出抢救老科学家学术成长资料的建议，受到国务院领导同志的高度重视和充分肯定，并明确责成中国科协牵头，联合相关部门共同组织实施。根据国务院批复的《老科学家学术成长资料采集工程实施方案》，中国科协联合中组部、教育部、科技部、工业和信息化部、财政部、文化部、国资委、解放军总政治部、中国科学院、中国工程院、国家自然科学基金委员会等11部委共同组成领导小组，从2010年开始组织实施老科学家学术成长资料采集工程。

　　老科学家学术成长资料采集是一项系统工程，通过文献与口述资料的搜集和整理、录音录像、实物采集等形式，把反映老科学家求学历程、师承关系、科研活动、学术成就等学术成长中关键节点和重要事件的口述资料、实物资料和音像资料完整系统地保存下来，对于充实新中国科技发展的历史文献，理清我国科技界学术传承脉络，探索我国科技发展规律和科技人才成长规律，弘扬我国科技工作者求真务实、无私奉献的精神，在全社会营造爱科学、学科学、用科学的良好氛围，是一件很有意义的事情。采集工程把重点放在年龄在 80 岁以上、学术成长经历丰富的两院院士，以及虽然不是两院院士、但在我国科技事业发展中作出突出贡献的老科技工作者，充分体现了党和国家对老科学家的关心和爱护。

自 2010 年启动实施以来，采集工程以对历史负责、对国家负责、对科技事业负责的精神，开展了一系列工作，获得大量反映老科学家学术成长历程的文字资料、实物资料和音视频资料，其中有一些资料具有很高的史料价值和学术价值，弥足珍贵。

以传记丛书的形式把采集工程的成果展现给社会公众，是采集工程的目标之一，也是社会各界的共同期待。在我看来，这些传记丛书大都是在充分挖掘档案和书信等各种文献资料、与口述访谈相互印证校核、严密考证的基础之上形成的，内中还有许多很有价值的照片、手稿影印件等珍贵图片，基本做到了图文并茂，语言生动，既体现了历史的鲜活，又立体化地刻画了人物，较好地实现了真实性、专业性、可读性的有机统一。通过这套传记丛书，学者能够获得更加丰富扎实的文献依据，公众能够更加系统深入地了解老一辈科学家的成就、贡献、经历和品格，青少年可以更真实地了解科学家、了解科技活动，进而充分激发对科学家职业的浓厚兴趣。

借此机会，向所有接受采集的老科学家及其亲属朋友，向参与采集工程的工作人员和单位，表示衷心感谢。真诚希望这套丛书能够得到学术界的认可和读者的喜爱，希望采集工程能够得到更广泛的关注和支持。我期待并相信，随着时间的流逝，采集工程的成果将以更加丰富多样的形式呈现给社会公众，采集工程的意义也将越来越彰显于天下。

是为序。

总序二

中国科学院院长　白春礼

由国家科教领导小组直接启动，中国科学技术协会和中国科学院等12个部门和单位共同组织实施的老科学家学术成长资料采集工程，是国务院交办的一项重要任务，也是中国科技界的一件大事。值此采集工程传记丛书出版之际，我向采集工程的顺利实施表示热烈祝贺，向参与采集工程的老科学家和工作人员表示衷心感谢！

按照国务院批准实施的《老科学家学术成长资料采集工程实施方案》，开展这一工作的主要目的就是要通过录音录像、实物采集等多种方式，把反映老科学家学术成长历史的重要资料保存下来，丰富新中国科技发展的历史资料，推动形成新中国的学术传统，激发科技工作者的创新热情和创造活力，在全社会营造爱科学、学科学、用科学的良好氛围。通过实施采集工程，系统搜集、整理反映这些老科学家学术成长历程的关键事件、重要节点、学术传承关系等的各类文献、实物和音视频资料，并结合不同时期的社会发展和国际相关学科领域的发展背景加以梳理和研究，不仅有利于深入了解新中国科学发展的进程特别是老科学家所在学科的发展脉络，而且有利于发现老科学家成长成才中的关键人物、关键事件、关键因素，探索和把握高层次人才培养规律和创新人才成长规律，更有利于理清我国科技界学术传承脉络，深入了解我国科学传统的形成过程，在全社会范围内宣传弘扬老科学家的科学思想、卓越贡献和高尚品质，推动社会主义科学文化和创新文化建设。从这个意义上说，采集工程不仅是一项文化工程，更是一项严肃认真的学术建设工作。

中国科学院是科技事业的国家队，也是凝聚和团结广大院士的大家庭。早在1955年，中国科学院选举产生了第一批学部委员，1993年国务院决定中国科学院学部委员改称中国科学院院士。半个多世纪以来，从学部委员到院士，经历了一个艰难的制度化进程，在我国科学事业发展史上书写了浓墨重彩的一笔。在目前已接受采集的老科学家中，有很大一部分即是上个世纪80、90年代当选的中国科学院学部委员、院士，其中既有学科领域的奠基人和开拓者，也有作出过重大科学成就的著名科学家，更有毕生在专门学科领域默默耕耘的一流学者。作为声誉卓著的学术带头人，他们以发展科技、服务国家、造福人民为己任，求真务实、开拓创新，为我国经济建设、社会发展、科技进步和国家安全作出了重要贡献；作为杰出的科学教育家，他们着力培养、大力提携青年人才，在弘扬科学精神、倡树科学理念方面书写了可歌可泣的光辉篇章。他们的学术成就和成长经历既是新中国科技发展的一个缩影，也是国家和社会的宝贵财富。通过采集工程为老科学家树碑立传，不仅对老科学家们的成就和贡献是一份肯定和安慰，也使我们多年的夙愿得偿！

鲁迅说过，"跨过那站着的前人"。过去的辉煌历史是老一辈科学家铸就的，新的历史篇章需要我们来谱写。衷心希望广大科技工作者能够通过"采集工程"的这套老科学家传记丛书和院士丛书等类似著作，深入具体地了解和学习老一辈科学家学术成长历程中的感人事迹和优秀品质；继承和弘扬老一辈科学家求真务实、勇于创新的科学精神，不畏艰险、勇攀高峰的探索精神，团结协作、淡泊名利的团队精神，报效祖国、服务社会的奉献精神，在推动科技发展和创新型国家建设的广阔道路上取得更辉煌的成绩。

总序三

中国工程院院长　周　济

　　由中国科协联合相关部门共同组织实施的老科学家学术成长资料采集工程，是一项经国务院批准开展的弘扬老一辈科技专家崇高精神、加强科学道德建设的重要工作，也是我国科技界的共同责任。中国工程院作为采集工程领导小组的成员单位，能够直接参与此项工作，深感责任重大、意义非凡。

　　在新的历史时期，科学技术作为第一生产力，已经日益成为经济社会发展的主要驱动力。科技工作者作为先进生产力的开拓者和先进文化的传播者，在推动科学技术进步和科技事业发展方面发挥着关键的决定的作用。

　　新中国成立以来，特别是改革开放 30 多年来，我们国家的工程科技取得了伟大的历史性成就，为祖国的现代化事业作出了巨大的历史性贡献。两弹一星、三峡工程、高速铁路、载人航天、杂交水稻、载人深潜、超级计算机……一项项重大工程为社会主义事业的蓬勃发展和祖国富强书写了浓墨重彩的篇章。

　　这些伟大的重大工程成就，凝聚和倾注了以钱学森、朱光亚、周光召、侯祥麟、袁隆平等为代表的一代又一代科技专家们的心血和智慧。他们克服重重困难，攻克无数技术难关，潜心开展科技研究，致力推动创新发展，为实现我国工程科技水平大幅提升和国家综合实力显著增强作出了杰出贡献。他们热爱祖国，忠于人民，自觉把个人事业融入到国家建设大局之中，为实现国家富强而不断奋斗；他们求真务实，勇于创新，用科技为中华民族的伟大复兴铸就了辉煌；他们治学严谨，鞠躬尽瘁，具有崇高的科学精神和科学道德，是我们后代学习的楷模。科学家们的一生是一本珍贵的教科书，他们坚定的理想信念和淡泊名利的崇高品格是中华民族自强不息精神的宝贵财富，永远值得后人铭记和敬仰。

通过实施采集工程，把反映老科学家学术成长经历的重要文字资料、实物资料和音像资料保存下来，把他们卓越的技术成就和可贵的精神品质记录下来，并编辑出版他们的学术传记，对于进一步宣传他们为我国科技发展和民族进步作出的不朽功勋，引导青年科技工作者学习继承他们的可贵精神和优秀品质，不断攀登世界科技高峰，推动在全社会弘扬科学精神，营造爱科学、讲科学、学科学、用科学的良好氛围，无疑有着十分重要的意义。

中国工程院是我国工程科技界的最高荣誉性、咨询性学术机构，集中了一大批成就卓著、德高望重的老科技专家。以各种形式把他们的学术成长经历留存下来，为后人提供启迪，为社会提供借鉴，为共和国的科技发展留下一份珍贵资料。这是我们的愿望和责任，也是科技界和全社会的共同期待。

周济

祖国在我心中是神圣的(代序)^①

吴孟超

常听人说童年幸福,然而我的童年却极辛酸:家境贫困,缺衣少食,三岁才能走路,五岁就背井离乡,随母亲漂洋过海到马来西亚,寻找早年就来那里做苦工的父亲。一家人身居异国,举目无亲,相依为命,艰难度日,把本是喂猪的香蕉芯子当饭吃。五六岁我就在作坊里干活。八岁起每天天不亮就得拿盏油灯,光着脚,随父亲去割胶。现在想来,这也算是我最早期的操刀训练吧!

父母尝够了没有文化的苦,再穷也要让孩子认字。我是长子,有幸成了全家培养的重点。光华学校离我家很近,是华侨办的,校名由孙中山先生所题。我上午去采胶,下午就来这里上学。一来是求生的欲望,二来是性格的好强,我读书知道刻苦、用功,考试成绩一直数一数二。初中时,从国内来了一位新校长。此人思想进步,经常给我们讲国内抗日战争的形势。当时还有陈嘉庚先生组织的华侨抗战救国、支援延安抗战的活动,这些都成了我最

① 本文是 1995 年吴孟超应中国科学院学部联合办公室编的《中国科学院院士自述》稿约所撰。10年后被选入由中国科学院院士工作局编的《科学的道路》时,吴孟超对文稿略作修改,并加了"祖国在我心中是神圣的"标题。两书均由上海教育出版社出版。本文载于《科学的道路》(上卷)第713 - 715 页。

初受到的爱国主义教育。初中毕业后,我毅然放弃了父母为我作的去学生意或者到英国读书的安排,与六位同学相约回国抗日,报效祖国。也许这正是我人生观的形成,尽管是幼稚的。

我们在侨务委员会的安排下,于1940年1月3日出发,途经新加坡、越南(当时称安南),前往云南。在西贡登岸时,验关的法国殖民主义者要我在入关护照上摁手印,我因见欧美旅客都是签字而过,便质问:"为什么不让我签名? 我会英文,会中文,会写自己的名字!"他吼道:"黄种人签什么字? 你们是东亚病夫!"我们真是气极了,但最终还是屈辱地摁了手印,可我的心里却深深埋下了要替民族争气的种子。

祖国,在我的心中是神圣的。来到昆明听说延安去不成,只好就地上学了,我报考了云南大学附中,又报考了同济附中,结果两校都录取了,我选择了同济附中。① 当时学校虽地处乡下,在破庙里上课,可我仍然把书念得挺好。就在第二年,太平洋战争爆发,我与家中的联系就中断了,经济来源没了,于是我不得不靠变卖衣服和找些家教、街头卖报、誊抄资料的活,赚点钱来维持学业,但怎么苦我也要坚持下去。直到1943年高中毕业,在当时的同班同学、现在的老伴吴佩煜建议下,我们一块儿考取了同济大学医学院。

1949年上海解放时,我正在中美医院实习,目睹了解放军战士的英勇善战和严明纪律,很为感动。当部队跟医院联系治疗伤员时,我积极报名参加了抢救工作,三天三夜没离开过手术室,饿了就在里面吃饭,困了坐在地上打个盹,为解放军服务感到无上光荣。

大学毕业我接到的通知是留校干小儿科,因为我的儿科考试成绩最好,获95分,可我喜欢外科。当我向校方提出这个请求,谁知却引来了这样的话:"你个子这么小,才1米62,能做外科吗?"人矮了就怕说矮,这话刺痛了我的心,暗里发誓要干出个样来。此时适逢华东人民医学院(第二军医大学前身)招聘,外科主任郑宝琦教授面试时问我:"你外科才考65分,为什么偏要搞外科?""我对外科最热爱,我的个性也适合做个外科医生,学校留我干

---

① 由于这段话是吴孟超院士于1995年和2005年发表的自述,为尊重史实,保留原文措辞。实际情况已在本书正文第41页有叙述,请予参照——笔者注。

小儿科我不愿干,就到这里来了。"可能是郑教授见我很坦诚又这么执著,便录用了我。以后他也很注重培养我,让我当他的住院医生。我工作很积极,参军入党,心情舒畅,立志要当一名好的外科医生。

1952 年 5 月,同济医学院开始由上海内迁武汉。我非常敬仰的老师、被誉为"中国外科之父"的裘法祖教授因故滞留沪上家中,1956 年他被聘为长海医院兼职教授。有缘直接看裘教授做手术,聆听他的教诲,真是我的福气。我如饥似渴地抓住一切机会向他求教,跟他学习,看他的手术方法,学他的手术技巧。有一次,裘教授在病房里住了两个月,我也卷着铺盖在病房一住 60 天。当然,更重要的是学他的做人和为人。裘教授的品德高尚,知识面很广,学术水平很高,话虽然不多,却句句说在点子上。他说做一名好医生要"会做,会讲,会写",后来我就沿着这三句话去发展:开刀做实验,讲课带学生,写书写论文。他还说过治疗病人犹如将他们"一个一个背过河",对待功名利禄要"一身正气、两袖清风、三餐温饱、四大皆空"。这些话都使我受用终生。

跟了裘教授,我的手术技艺增长很快,下一步该怎么发展? 他说:"普外是个古老专业,胸外科已从这里分出去了,现在肝脏外科薄弱,你可朝这个方向发展。"我能理解其中的道理,新学科是医学发展的方向。正是在他的指点下,我走上了肝胆外科专业的道路。裘教授是我的恩师,每当我遇到困难的时候都会得到他的指教和帮助。

瞄准了肝胆外科,我首先跑图书馆,查阅了所有带"肝"字的中外文书刊,悉心学习前人经验。当时我和方之扬还把一本英文版的《肝脏外科入门》翻译出版了。后来方之扬调烧伤科发展,我带两位住院医生成立了肝胆外科研究小组。

研究肝脏从什么地方突破? 做肝外科当然首先要了解肝的解剖,还是从基础做起吧。肝分左右两叶,人云亦云,我决定亲自看看,直接摸摸。那时候,医院附近有个法医检验所,收集鉴定无名尸体,他们同意提供肝脏。但是,制作标本的填充材料却成了问题,因陋就简,塑料、X 光胶片都试过,不行。后来突发奇想,把乒乓球溶解后注入肝脏血管,定型居然成功了,完整的肝脏构架跟珊瑚一样。花了两年的时间,我们制作了 200 多个肝脏标本。

白天黑夜,对着肝脏内的胆管与血管走向一枝枝看,一枝枝学,对照文献研究血管走向和分布的规律,我们先把它分了"五叶六段",又以外科临床实用分成"五叶四段"。这就是中国人的肝脏解剖,得到了全国第七届外科学术会议的认同。

情况明才能决心大。过去经典的切肝法是在低温麻醉下进行的,就是先将病人全身麻醉,再把病人浸泡在冰水中,待病人体温降至32℃以下,然后做手术。这种方法不仅折磨人且费时,看起来还挺惨,更主要的是并发症多。平时还可以对付,战时呢? 有了对肝脏的感性认识,掌握了肝脏解剖的第一手资料,我们才有了常温下切肝的设想。"常温下间歇肝门阻断切肝法"、"常温下无血切肝法"动物实验证实后,1960年开始应用到临床,效果出奇的好。手术简单了,出血少了,手术时间也缩短了。到1963年,我一口气写了8篇系列论文提交全国第八届外科会议。以后去德国、美国介绍时,他们也认为这个方法好。关于肝脏动脉结扎和栓塞、二期手术等方法,也是在这个基础上成为可能的。长在肝脏中叶的肿瘤最难办。说我胆子大敢闯禁区,其实在手术上我一向是小心翼翼,慎之又慎的。我们之所以敢做肝中叶手术,说到底也是基于熟悉和掌握了它的解剖关系,看看从哪里结扎血管好,从哪里动刀最安全。肝外科当然不光切肝,我们还通过动物实验和临床观察,经过严格论证,首次提出了肝叶切除后肝脏代谢变化的"危险阶段",从而采取相应措施,减少术后并发症,治愈率一下子又提高了几个百分点。

科学的发展总是这样,一个问题解决了,意味着新的问题又出现在你面前。临床医学家对疾病的认识和解决,往往经过由临床实践到实验研究,再回到临床实践这样的循环,逐步深入,逐步提高。我们一步步解决了肝脏解剖、手术、止血、术后并发症、中肝叶切除,1975年切除了世界上最大的18千克重的肝海绵状血管瘤,1982年切除了世界上年龄最小的仅四个月婴儿的肝母细胞瘤,病人都健存至今。接着,我们又针对中国的肝癌高发和晚期肝癌的治疗继续攻关,开展了肝癌普查、标记物研究、肝移植、复发再手术、二期手术等。回到临床后,觉得还是有许多问题不能解决。从1980年代初期开始,我们在完善手术治疗的同时,又开始在细胞学、分子生物学以及基因水平上继续攻关,开展了肝癌的免疫、生物、导向和基因治疗等基础和临床研究。

学科也是这样,从开始的小组,发展成专科、中心、研究所,1993 年又组建了专科医院。但我还是不满足,展望未来,任重道远。亚洲是肝病高发区,我国每年约有 10 万人死于肝癌,怎样克服它,预防它,治疗它,还有许许多多工作要做。中国的肝胆外科还要继续发展,需要一支梯队,我就将更多的精力放在培养学生身上,现在我的博士后已经出站,还有多名博士和硕士毕业后工作很出色,令我感到十分欣慰。

我是在新中国成长起来的。回首过去,在党的领导下我做了应该做的一些工作,但党和军队给了我许多很高的荣誉。我要说,没有共产党,没有人民军队,就没有我的今天,没有肝胆外科这个集体,也就没有我的专业。我始终说要自力更生、艰苦奋斗、奋发图强、勇攀高峰。我们就是这么走过来的。要建成世界一流肝胆外科研究基地,办出世界一流肝癌研究中心,还是要靠这股不懈拼搏的劲头,我还要努力进取,更寄希望于年轻的一代。

吴孟超院士近影

（2012 年 2 月 10 日，东方肝胆外科医院院长办公室，方鸿辉摄）

访谈前,吴孟超院士与采集人员方鸿辉商谈
(2012 年 2 月 10 日,东方肝胆外科医院院长办公室,吴月明摄)

吴孟超院士与采集工作小组成员(方鸿辉与邱福建)商谈研究报告
(2012 年 10 月 28 日,东方肝胆外科医院会议室,吴月明摄)

访谈后,吴孟超与本书作者方鸿辉合影
(2012 年 2 月 10 日,东方肝胆外科医院院长办公室,邱福建摄)

目　录

图片目录

导　言

一、传主简介

吴孟超先生是一位肝胆外科学家，也是一位医学教育家。1922年8月31日生于福建闽清，自幼家境贫寒。1927年随母亲赴马来西亚沙捞越诗巫，与在南洋做苦工的父亲相聚，后全家以采橡胶谋生。1931年进入当地华侨办的光华学校，半工半读完成小学与初中学业。1940年1月与六位同学一起回国求学，后进入同济大学附属高中。1943年考入同济大学医学院，师从裘法祖教授。1949年7月毕业，同年8月到华东人民医学院（第二军医大学前身）工作，又有机会跟随裘法祖学习普外科手术技法。历任第二军医大学附属第一医院（后改为长海医院）助教、住院医师、讲师、主治医师、副教授、教授、主任医师，肝胆外科主任、外科教研室主任等，1986年11月起任第二军医大学副校长（两届八年）。1991年当选中国科学院院士。现任第二军医大学附属东方肝胆外科医院院长、东方肝胆外科研究所所长，兼任中华医学会副会长、中国癌症基金会副主席，军队医学科学技术委员会常务委员、中德医学协会副理事长、中日消化道外科学会中方主席等学术职务。

肝脏疾病特别是肝癌,严重威胁我国人民的生命和健康。我国是肝癌高发的国家,据世界卫生组织的资料显示,全球每年新增的肝癌病人中约一半发生在我国大陆。由于肝癌难发现、难治疗、发展快、(手术后)复发多,已成为影响我国人民生存的主要肿瘤杀手;同时我国有庞大的肝癌高危人群(约1.2亿乙型肝炎病毒携带者)。因此,肝癌的防治工作一直是我国医学界面临的重大难题。我国的肝脏外科起步较晚,20世纪50年代肝脏手术尚属探索阶段,那时肝癌的防治研究还处于空白状态。作为我国肝脏外科的主要创始人,吴孟超先生自1956年起就投入肝脏外科事业。为了建立肝脏外科的基础,他带领"三人研究小组"进行了肝脏解剖的研究,在建立人体肝脏灌注腐蚀模型并进行详尽观察研究和外科实践的基础上,提出了"五叶四段"的解剖学理论;为了解决肝脏手术出血的难题,在动物实验和临床探索的基础上,开创了"常温下间歇肝门阻断"的肝脏手术止血技术;为了掌握肝脏术后生化代谢的改变以降低手术死亡率,通过临床和肝脏生化研究发现了"正常和肝硬化肝脏术后生化代谢"的规律,并据此提出了纠正肝癌术后常见的致命性生化代谢紊乱的新策略;为了进一步扩大肝脏外科手术适应证,提高肝脏外科治疗水平,他又率先成功施行了以中肝叶切除为代表的一系列标志性手术。以上述工作为基础,吴孟超先生建立了独具特色的我国肝脏外科理论和技术体系,创立了我国肝脏外科的学科体系,并使之逐步发展、成熟、壮大。

针对肝癌发现时晚期多、巨大且不能切除者居多的特点,吴孟超先生提出了巨大肝癌先经综合治疗,待肿瘤缩小后再行手术切除(即"二期手术")的概念,为晚期肝癌患者的治疗开辟了一条新的治疗途径;针对肝癌手术后复发多,但又缺乏有效治疗的特点,他率先提出"肝癌复发再手术"的观点,显著延长了肝癌患者的生存时间;针对我国肝癌合并肝硬化多,术后极易导致肝功能衰竭的特点,他又提出肝癌的局部根治性治疗策略,使肝癌外科的疗效和安全性得到有机统一。上述研究使肝癌术后5年生存率由20世纪60—70年代的16.0%,上升到80年代的30.6%和90年代以来的48.6%。吴孟超先生不断丰富和发展了我国肝脏外科的理论与临床实践。

作为一名医学教育家,吴孟超先生自1979年起带头招收肝胆外科研究生,构建人才梯队,至2012年由他本人带教的硕士生85名,博士生研究生67名,博士后研究员23名,绝大多数已成为目前我国肝脏外科队伍中的中坚力量,东方肝胆外科医院和东方肝胆外科研究所已成了我国肝胆外科人才培养的摇篮。更为重要的是,这个学科还为国内外各院所培训了数千名肝胆外科专业人才,其中70%以上的人员已成为各单位肝胆外科的学术带头人,推动着我国肝胆外科整体水平的提高。

为了提高我国肝脏外科的科学研究水平,使肝脏外科事业能持续、深入地发展,吴孟超先生组建了国际上规模最大的肝脏外科专业研究所,牵头指导了一系列具有国际先进水准的基础研究工作,研制了细胞融合和双特异性单抗修饰两项肿瘤疫苗,发明了携带抗癌基因的增殖性病毒载体等,研究结果相继发表于 Science、Nature Med、Hepatology、Oncogene、Cancer Research 等学术刊物。

吴孟超先生从事肝脏外科研究逾50年,已发表学术论文796篇,主编《黄家驷外科学》、Primary Liver Cancer 等专著15部,获得国家科学技术奖和省部级科技一等奖10项,各种荣誉26项,12次担任"国际肝炎肝癌会议"等重要学术会议的主席或共同主席。由吴孟超先生领导的学科规模从一个"三人研究小组"发展到目前的三级甲等专科医院和肝胆外科研究所,成为国际上迄今规模最大的肝胆疾病诊疗中心和科研基地,通过他和同行们的共同努力,推动了国内外肝脏外科的发展。毕竟大多数肝癌外科治疗的理论和技术原创于我国,使我国在该领域的研究和诊治水平居国际领先地位。2006年由吴孟超先生牵头并联合六名院士提出的建立"国家肝癌科学研究中心"的设想已获国家发改委批准,2011年已在上海市嘉定区安亭镇东方肝胆外科医院新院区开工建设,项目总投资约4亿元,建设周期3年。

为表彰吴孟超的突出成就,1996年中央军委主席签署命令,授予他"模范医学专家"称号;2006年初荣获(2005年度)国家最高科学技术奖;2012年荣获中央电视台"感动中国"十大人物之一。

二、采集过程

2010 年中国科协"老科学家学术成长资料采集工程"正式启动后，吴孟超被列入第二批采集对象。项目于 2011 年 7 月启动，得到他所在单位——东方肝胆外科医院以及第二军医大学档案馆的大力支持，根据工程的要求随即成立了采集小组，为提高工作效率，在协同采集的基础上，将任务作了适当分工。

采集小组于 2011 年 8 月份正式开始运作。那时，吴孟超已年近九旬，依然精神矍铄，肩挑临床医学、科研、教学和行政管理数副担子，天天处于"高速运转"之中，这同一般老科学家年逾八旬往往处于"隐退期"完全不同。因此，要尽快切入对他的访谈，他的秘书邱福建先生摊开双手表示无奈——时间安排上有困难。事实也确实如此，当年 8 月 5 日他夫人去世，悲痛依然笼罩着他，毕竟相濡以沫近 70 年，恩爱之情难以割舍。10 月 12 日，"国家肝癌科学研究中心"于上海市嘉定区安亭镇在建的东方肝胆外科医院新院的园区开工建设；主旋律影片《大医》、纪实影片《吴孟超》和相关话剧等紧锣密鼓地筹拍(排)……而吴孟超雷打不动的每周二上午的专家门诊以及每周亲自上台的几台手术、行政例会、研究生的指导与答辩、学术出访以及重要病人的会诊……把他每天的时间安排得密不透风。有鉴于此，采集小组的工作只能先从外围做起，即采访吴孟超周围的人物(他的同事、学生、病人和家属等)以及分头搜寻凡能找到的各类资料(论著、传记、信件、题词、报道和档案资料等)。采集小组成员还见缝插针地寻找机会，尽早接近吴孟超先生。好在采集小组成员中有曾同吴老相识 20 多年的媒体记者和编辑，2011 年 9 月 19 日，获吴孟超同意，全程拍摄了这位耄耋老人为一位肝癌患者手术的全过程，积累了近 400 张高清晰度的近期工作照片。11 月 17 日，我们又在吴孟超家里将他这些年所获的各类奖章、奖杯、奖牌一个不漏地从三个维度予以拍摄，作为图片资料。

在浏览了初步搜集到的各种资料后,我们拟写了两份访谈提纲:与吴孟超对话的提纲(66个主干问题,打算访谈三次)以及与吴孟超周围人物(25位)访谈的提纲。我们于2011年年底前,先逐个开展了对吴孟超周围人物的访谈。排除了原计划采访对象中已故的、无能力接受访谈的(主要是年事已高或患病者),从2011年12月8日至2012年4月1日,我们先后采访了吴孟超的同事和学生:王红阳院士、郭亚军教授、施乐华教授、杨甲梅教授、钱其军教授、卫立辛教授、丛文铭教授、程月娥护士长、叶志霞护士长,以及吴孟超大女儿吴玲、病人费新根等11位,积累了6个多小时的访谈资料(包括录音、摄像和文字整理资料)。2012年2月10日,我们也获得了与吴孟超连续访谈达3个半小时的机会。针对我们提出的问题,他兴致很高并思维清晰地一一予以答复和解释,提供了大量不可多得的背景与资料,让我们了解了吴孟超的青少年时代以及在同济大学医学院求学时代的主要经历,了解了他在肝胆外科领域所作出一系列骄人成绩背后的动力与艰辛,了解了他对医患关系处理的思想和见解……我们与吴孟超院士建立了互信、坦诚的关系,吴老也了解了我们这项工作的意义,为进一步深入访谈与沟通打下了良好的基础。这份研究报告初稿写成后,我们将它递呈吴老审改,对撰稿过程中留有疑问的地方,我们都择机进一步当面向吴老讨教,吴老本人也同笔者多次电话沟通,确认这个流程的必要性。

2012年10月10日凌晨,笔者将研究报告的结语写毕。由于月底课题要结题,必须交出完整的研究报告和汇总所有的采集资料,因此得抓紧时间将这份研究报告(即传记)先呈吴孟超院士本人确认。11日(周四)上午,笔者将打印好的研究报告及相关的说明材料直接快递至吴老家,想占用吴老周六和周日的休息时间协助审改。谁知道,那几天吴老感冒了,天天在挂抗生素。事后想想实在内疚并有一种负罪感。可是,可敬的老人没有半点怨言,收到快递后,立即与笔者电话沟通,还风趣地说:"你稿子送来正是时候,我可以趁打吊针的时候定定心心地看……"这真让我深感罪过。

10月27日(周六),吴老又来电,说:"稿子看好了,能否同你交换一些想法。明天是礼拜天,下午到我医院来行吗?礼拜天医院办公室安静,干扰少,我们可以仔仔细细地聊……"

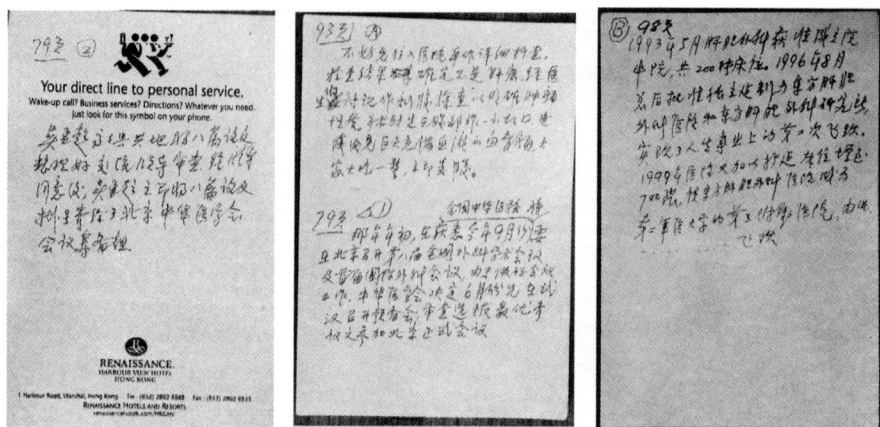

图 0-1　2012 年 10 月 28 日吴孟超交给笔者的有他亲笔撰写的对本研究报告一些细节表达所作的书面补充说明的小浮签

　　我当然答应。当获悉这些天我为赶稿子也累病了，为治疗耳鸣、眩晕和呕吐，也在天天挂药吸氧，他便派车接我，于 28 日下午到上海东北角的东方肝胆外科医院，从 3 点直到 5 点半，整整花了两个半小时，逐页对文稿中的一些提法、事件细节、发生日期及背景，一口气作了仔细解说。为确保这番审稿事件能真实展现，在征得吴老首肯的前提下，除他老人家对本研究报告的赞扬之语外的工作交谈全过程，我都用录音机录了下来，毕竟其中涉及不少事件的细致过程、补充材料和他的一些看法，这些在学术记载上也是极有价值的。现在，我把这两小时的录音材料(约 4GB)，以及由他亲手撰写的小浮签也归入汇总材料中。当然，对吴老的意见和建议，眼下都已逐条体现在本研究报告之中了。

三、采集成果

　　本次采集，我们尽力搜集目前已有的资料，从吴孟超周围的同事、学生、家属和东方肝胆外科医院、第二军医大学及同济大学档案馆等渠道，收集到对我们重建传主生平经历起到很大帮助的各类资料，归纳起来大致可以分为两部分：其一是传记性资料，其二是档案性资料。其种类、数量详见各类统计表,本文不再赘述。

关于前者,由于吴孟超从医至今已 63 年,成就很多,荣誉也很多,已经出版的关于他的传记类作品就有:中国科学院学部联合办公室编的《中国科学院院士自述》(1996)和中国科学院院士工作局编的《科学的道路》(2005)中都有他亲自撰写的自述;张鹏著的《吴孟超画传》(2007);桑逢康著的《游刃肝胆写春秋——吴孟超》(2008);汪建强著的《吴孟超传》(2009);方正怡、方鸿辉著的《院士怎样做人与做事》中的《肝胆相照——吴孟超院士的人生选择与事业追求》(2011)以及王宏甲、刘标玖著的《吴孟超传》(2012)等。但这些传记或报告文学毕竟属于纯文学作品,艺术性较强,与我们强调的要撰写的吴孟超学术道路的研究报告有较大的距离。但这些传记类作品给了我们重要的借鉴,并提供了部分撰稿和采集时的思路与资料。在此,对上述作者曾付出的辛劳,我们表达衷心的感谢。

另外,反映吴孟超科学历程和人文情怀的影视作品也有不少,包括中央电视台"大家"专栏的人物采访;吴孟超荣获得国家最高科学技术奖后的专题采访;2012 年荣获十大"感动中国"人物之一后,央视主持人敬一丹对他的采访实录。此外,还有央视访谈——《师徒情深》等。还有 50 多年前曾为吴孟超的"三人研究小组"所拍摄的《向肝脏外科进军》的(故事性)纪录片;眼下又正在拍摄的故事影片《大医》、纪实影片《吴孟超》和排演关于吴孟超大医情怀的大型话剧《吁命》等。

应该说,这些人物传记类的影视作品对我们撰写吴孟超的研究报告也提供了宝贵的可资借鉴的参考。当然,由我们采集小组亲手获得的访谈资料、实物性资料和档案性资料,是撰写这份研究报告必须依赖的基础和主要根据。

至于档案性资料,也是我们这次采集工作的重点,我们确实得到了一些比较重要的收获。吴老早年的求学生涯,尤其是许多早年发生的事件和经历,毕竟时过境迁,又经历了"文化大革命"的折腾,吴老的工作日记都被造反派收走,再也不知去向了,因此对大事年表中一些事件所发生的具体年月,吴老坦诚地表示"记不起来了"。好在他的一些人事档案中,有他早年写就的材料,这就让研究报告的真实性大大提高了。尤其是同济大学档案馆中找到的学籍档案等,还是有很大学术价值的。二军医大档案馆的工作人员对浩如烟海的吴孟超学术档案的收集和整理工作可谓一丝不苟,他们的敬业奉献也给采集成果增光添彩。

总之,这次采集我们确实获得了不少重要成果。其中书信类,采集到1985年国务院学位委员会给吴孟超"关于担任国务院学位委员会第一届学科评议组成员"的感谢信;1987年裘法祖对未能参加肝外科学习班给吴孟超的致歉信;1989年吴孟超提出新建一幢研究用房给总后首长的请示函;印尼华侨患者林维万对于治愈疾病向吴孟超致谢之函,以及裘法祖给东方肝胆外科医院成立10周年的贺信,等等。手稿类,采集到1984年吴孟超在青岛医学会卫生系统的讲稿——肝切除术治疗原发性肝癌;1985年吴孟超参加德国海德堡举行的"中德恶性肿瘤学术讨论会"的小结;为本次采集工程吴孟超的题词:采集工程,益国益民(实物原件);吴孟超题词:梳理学术传承脉络 造福科学后继人才(实物原件);吴孟超对本研究报告——《肝胆相照——吴孟超传》写作内容提出的意见(实物原件),等等。档案类,采集到1940年北婆罗州萨拉瓦国第二省诗巫坡中华商会为吴孟超回国求学所开具的证明;1983年推荐吴孟超为第六届政治协商会议委员的推荐表;1989年国务院侨务办公室、中华全国归国华侨联合会授予吴孟超为全国优秀归侨、侨眷知识分子的文件;1991年建议推荐吴孟超等三人为中国科学院学部委员候选人的文件;以及1996年中央军事委员会授予吴孟超"模范医学专家"荣誉称号的文件,等等。照片类,采集到1940年吴孟超决定回国参加抗战所拍摄的护照照片;1958年,吴孟超与张晓华、胡宏楷组成了向肝胆外科攻坚的"三人研究小组",确立了从肝脏解剖入手,向肝胆外科的高地进发时的科研场景照片;1960年3月,作为主刀的吴孟超与外科主任郑宝琦以及张晓华、胡宏楷共同配合,为一位中年妇女成功切除了长在右肝叶上拳头般大小恶性肿瘤的照片;1963年底,因吴孟超闯过了中肝叶禁区,总后勤部给他荣记一等功时,在庆功大会上发言时的照片;以及1975年2月8日,在同事张晓华等大力协同下,经过12小时的手术,成功为安徽农民陆本海切除了特大海绵状血管瘤,康复后的陆本海与吴孟超的合影,等等。证书类,采集到吴孟超26岁时从国立同济大学医学院毕业的毕业证书;1983年,吴孟超被聘为国务院学位委员会(医学)学科评议组成员的聘书;1985年,吴孟超荣获国家科技进步奖一等奖的证书;1991年,吴孟超当选中国科学院院士的证书；以及 1996 年军委主席批准授予吴孟超"模范医学专家"荣誉称号的奖状，等等。视频类，则采集到 1966 年拍摄的探索肝胆领域早期的"三人小组"的科研攻关纪录影片——《向肝脏外科进军》；1996 年吴孟超获得"模范医学专家"荣誉称号命名大会时所拍摄的影像资料；介绍吴孟超在肝胆领域先进事迹的电视片《他在禁区攀登》《冲破禁区的人》，等等。其他重要采集成果还包括 1951 年吴孟超为抗美援朝捐而捐赠的证明——捐献武器运动正式收据；吴孟超在东方肝胆外科医院所穿的白大褂、医院工作证以及所用的手术刀等珍贵实物。具体情况可参见本书附录三。

图 0-2　吴孟超和作者审订本书校样(2013 年 11 月 18 日，东方肝胆医院院长室，吴月明摄)

　　我们的采集之所以能取得一些成绩，很大程度上得益于吴孟超本人认真的配合和细致的作风。他对我们撰写的"吴孟超大事年表"逐条审改，还请他的学术秘书协助核对资料，这种一丝不苟的科学作风也感染并影响了采集小组每一位成员的工作态度。对这份研究报告，吴孟超也是逐字逐句予以细致审定，提出不少修改意见的。① 在此，我们要表达对吴老的深深敬意。

① 本书初校样于 2013 年 11 月初打出来，笔者逐字审校后，电话征询传主吴孟超的意见，是否要审改校样。正逢吴老住院检查身体，遵照嘱咐，又将经笔者审改后的校样呈他审定，提出不少必须修改的意见和建议，改正了一些数据和措辞。笔者深表感谢。

四、研究思路与写作框架

　　作为吴孟超学术历程的真实记录,这份研究报告(吴孟超传)拟以"肝胆相照——吴孟超传"为标题,是鉴于这样的思考:在吴老从医 60 多年的历程中,他全身心扑在肝胆外科的临床、科研和人才培养上,可以说他一生都在为我国的肝胆事业呕心沥血并铸就辉煌,无疑是我国肝胆医学事业最主要的奠基者和开拓者。用成语"肝胆相照"作传记的书名,旨在形象、通俗、易理解。肝与胆关系太密切了,互相照应,彼此忠诚。因此,常用于比喻互相之间的坦诚互信。纵观大医吴孟超的一生,为了早日征服肝癌这个顽凶,他始终与科学精神"肝胆相照",始终与肝胆病患者"肝胆相照",始终与肝胆事业的学术追求"肝胆相照",也始终与肝胆医学人才培养及梯队造就"肝胆相照"[1]。

　　这份研究报告旨在以史实还原传主吴孟超的学术成长历程,即以本次采集工作所获得的资料为基础,适当借鉴其他旁证或间接资料,力求准确、清晰地描述传主吴孟超的家庭背景、求学历程、师承关系,以及对他日后的学术风格、科学成就产生深刻影响的工作环境、学术交往中关键人物、重大事件和一系列重要的学术节点;也力求能清晰地勾勒出吴孟超关于肝胆学科的学术思想、学术观点和学术理念产生、形成、发展的过程以及不少具有科学史上留脚印的重要事件,并以简练的语言提炼并总结对其学术成长的特点以及对其科学历程有影响的重要因素。

　　《肝胆相照——吴孟超传》通过传主"个人学术成长历程"这一主线,以吴孟超所从事的医学领域肝胆外科门类的国际发展和国内发展状况为背

---

[1] 2013 年 7 月初笔者收到了关于本传记文本修订的通知,并被告知:审稿专家提议"应调整书名,以免与已有传记重名"。我们领会,专家希望修改稿的主书名勿用"肝胆相照"一词,期望寻找更贴切的措辞。为此,我们也曾草拟了诸如"大医精诚""肝胆春秋""第二届青春""游刃肝胆守誓言""吁命"……经细细斟酌与反复推敲,并请示吴老本人以及他的秘书和周围的人,觉得还是维持原本的书名较妥。

景,真实展现由他所开创的东方肝胆外科医院和东方肝胆外科研究所在临床、科研和人才培养诸方面所取得的一系列创新和成果,把传主吴孟超的学术生涯和贡献,与肝胆医学的基础研究和临床实践的发展结合起来,按大背景(世界上肝胆外科领域的发展状况、阶段特点、前沿水平等,即传主的学习背景与学习过程)、中背景(国内肝胆外科领域的研究基础与发展状况,即传主的研究背景与研究过程)、小背景(传主所在单位的工作环境与科研条件,包括研究基础、团队结构、研究方向等)、项目背景(即传主所从事相关科研题目的来龙去脉、需要解决的主要问题,或传主对科研课题的选择等)以及个人成就(即传主工作的前沿性、重要突破点等)按时间发展顺序加以叙述。

《肝胆相照——吴孟超传》力图紧扣吴孟超的科学生涯和有关活动,这样能使传主学术生涯的步履更凸出、形象更丰满、性格更生动、内容更浓缩。笔者力求将发生在传主人生道路上的家事、政事或其他社会活动等与其人生的科学道路关系不大的"枝杈"打掉,以免喧宾夺主,让读者更明晰地看到这棵挺拔伟岸学术大树的风姿。

《肝胆相照——吴孟超传》的写作遵循以真实为准绳,不推测,不虚构,凡引述的内容尽可能注明出处,且都经过传主亲自审定;对稍有疑问的地方,在文稿送审时笔者都用红笔清楚地勾画出来,敬请传主特别要费神细细查核。《肝胆相照——吴孟超传》中的议论、评述均尊重史实,即论从史出。力求做到史料翔实,评价公允;不溢美、不拔高、不掩过、不推诿。凡引用他人的评论也都准确注明出处。

笔者认为:根据无限资料以构成的传记,还应体现其艺术性。资料搜集的艰辛繁难以及考证的琐碎艰难,到传记成文,若所见者为浑如天成的艺术品,不着人工痕迹,则该传记可算是比较成功了。因此,我理解"所以传记学家系自史学家始,以文学家终。自史学家始,传记才不流于虚诞。以文学家终,传记才显现其神奇"。这是杜维运先生在《史学方法论》中很有见地的表述,也是笔者在本研究报告撰写过程中较深刻的体悟。为撰写《肝胆相照——吴孟超传》,早期的资料搜集和查核考证确实是下了好大工夫的,只有如此,真正落笔时才似乎有了浑然天成的可能。在文字表达上,笔者力求流畅;在内容安排上,尽可能线索清晰。眼下,撰文虽属白描而语言不至太贫乏,虽含议论但还是适量的和客观的,而且是基于事实有感而发,是笔端的自然流泻,并力免对传主作不切实际的评价或拔高。尤其是对市面上已出版的有些传记中,把吴孟超的不少科研与临床实践写作"第一例"、"首创",我们经过查证,发现有误,在追索、甄别后,力求以准确的表达,还事实以真相,使《肝胆相照——吴孟超传》具有较强的文献价值。

目前,采集工程所选定的这些老科学家,他们的人生经历,大体上是相似的,往往可分为:初始期,学习期(大多数人可分为国内、国外二期),活跃期(大致可分为新中国成立后的17年建设时期、"文化大革命"时期、复出时期)和退隐期。

所谓"初始期",包括传主的童年和少年时代,中小学时期一般也被纳入这个阶段。这个阶段对人的一生发展至关重要。吴孟超院士是归国华侨,他5岁时随母亲从福建闽清老家到马来西亚诗巫去寻找在那里打工的父亲,因此他的小学与初中是在马来西亚诗巫完成的。1940年回国时本欲赴延安参加抗日,但由于当时无法从昆明赴延安,只能留在昆明以"读书救国"。

吴孟超在"学习期"的高中和大学均是在因抗日战争而迁移至昆明和李庄的同济大学附中和同济大学医学院完成的,并没有国外留学的人生历程。他大学毕业那年,刚好迎来新中国的诞生,以后便进入中国人民解放军第二军医大学,当上了一名梦寐以求的外科医生。

至于"活跃期"的前17年,尤其是在吴孟超决定走攻克肝癌的学术道路后,确实取得了一系列辉煌的成就,本研究报告在这一段叙述中是花了相当笔墨的。正当他的创新思维喷薄欲出之时,"文化大革命"爆发了,他被戴上了"反动学术权威"帽子,并有"里通外国"之嫌,专事肝胆科研的"三人研究小组"被勒令解散……这对处于从学术发展高峰一下子跌到谷底的吴孟超来说,毕竟是一段痛苦的回忆。事实上,在这段时期,反映他的学术步履的资料也比较少。好在他处于军队院校,较快从动乱中恢复了医疗秩序。二军医大迁到西安后,吴孟超从一名肝胆外科手术的高手一下子成了"一根银针一把草药"的"赤脚医生"。不过,这段人生经历让他真真切切地接触了中国最广大的农民,知道了他们的疾苦,感受到肝胆疾患对百姓生命的损害,认识了让肝胆外科从普外科中独立出来的必要性。正是这种生活积淀,为构建崭新的肝胆外科学科体制,带来了创新的动力,才有了日后"复出期"创造的几次人生事业上的大飞跃——创建独立建制的肝胆外科、独立建制的肝胆外科的"院中院",创立三级甲等的东方肝胆外科医院和东方肝胆外科研究所,创建现代化的嘉定新院和实现正在构建的"中国肝癌科学研究中心"的宏图。

至于一般科学家年逾八旬后往往由于精力体力诸方面的因素而退居科研二线,即所谓的"退隐期",吴孟超却是个特例。诚如上述,他目前已年逾九旬,还精神矍铄地在科研、临床、教学和行政管理第一线,依然坚持每周二上午的吴孟超专家门诊,依然每周安排几次重大的甚至高难度的手术,依然参加重大的学术会议并亲自作报告,依然带教研究生和指导东方外科研究所的各项工作,依然担任东方肝胆外科医院的院长,还要经常跑上海北部(离东方肝胆外科医院约50公里)的嘉定区在建的东方肝胆外科医院新院和"中国肝癌科学研究中心"的工地……他的一切行为是超乎常人想象的。

本该享受天伦之乐的耄耋老人,却依然叱咤风云,图的是什么?

因为他心中有一个非常之志:早日征服肝癌!

有鉴于我们的传主吴孟超的"超人"风格和"超强"劲头,他这一路走来也确实是很不容易的。

为文献记录和文化积累计,《肝胆相照——吴孟超传》是按年代顺序展开的,分为八个时间段(即八章):割胶少年(1922—1940)、同济求学(1940—1949)、勇敢的拓荒者(1949—1958)、理论与实践的创新(1958—1966)、逆境中的追求(1966—1977)、科学的春天(1978—1996)、人才培养与基础研究(1996—2006)、永不停止的脚步(2006—2012)。

笔者力求抓住重大事件和学术节点来真实记录吴孟超的科学步履。在前期的肝胆学术生涯中,传主侧重于战术上的逐项创新,由临床问题发现导致的科研攻关,对医学理论与临床实践的一次次创新发展的线条比较明晰;而在"复出期"后,由于传主作为团队或学科的领军人物,思考和实践的各项活动往往都是宏观上的和战略上的,诸如人才培养、学科构建、基础研究的统盘筹划等,要将这些多因素多牵连的大事件写清楚,若以具体年份来叙述,会呈现断断续续的"量子化"眉目,故只能以该事件的起始作为叙述的发端,放在相应的(以时间发展为主线的)章节中,并将这些事件的后续进展也一并予以叙述,这样看似没有严格遵循时间段划定的表达,实在是为了阅读理解以及叙述的方便与合理。为此,必须在这里作个交代,敬请读者朋友予以谅解。

笔者在采写中始终记住:"往事因亲历而鲜活,历史因细节而生动"的格言,落笔重资料和实据,该铺陈的地方不粗糙,尽可能文字细腻、生动,以方便理解并呈现形象。凡能铺陈细节而又有根据的,尽可能有些故事性,以增添可读性,少留下因抽象而造成令人费解的遗憾,也为历史留下一些生动。毕竟"文无定法",写作手法要服务于本研究报告的目的和传主所从事科研的特色。

为便于读者梳理吴孟超所走过的科学历程,在每一章的起首,笔者还专门提纲挈领地书写了"学术背景与科学足迹"的导言,这兴许是我所撰写的这部研究报告的特色。所谓的"学术背景"提供了同时期肝胆外科国内外有代表性的进展状况。笔者不可能细细地逐项罗列,毕竟这部研究报告不是专门探究肝胆外科史的专著,只能让读者建立起对这门学科发展脚步的大致印象,起到能与传主的科学历程有所勾连的作用。要说明的是,20 世纪 50 年代末,我国的肝胆外科还是一片空白,由于吴孟超和他的同伴的努力,经过短短 20 年的奋斗,作为国人重要疾病谱中的肝癌的外科诊治,我国已在不少方面跑到学科领头的地位了,只要将"学术背景"中所罗列的与正文中叙述的内容稍作分析和比对,读者就能一目了然了。

所谓的"科学足迹"乃是指我们的传主吴孟超在这一时间段中最有代表性事件的串联式简述,更兼具这一章导读的功能。倘若将八章起首的"科学足迹"集成起来,应该就是吴孟超的学术简历了吧!

历史不会重演,也无法还原,笔者只能凭所掌握的材料,在笔下尽力去接近它,呈现它。但限于笔者调研的深度、材料掌控的广度、对学术理解和把握的准确度,又限于时间要求,文中肯定会有瑕疵或记录不到位的地方。好在我们的传主吴孟超对本研究报告是细细审核了的,这就让我鼓起勇气把《肝胆相照——吴孟超传》交出来,恳请读者指正。

方鸿辉

第一章
南洋的割胶少年

学术背景与科学足迹

1882 年，柏林医师卡尔·蓝吉巴哈（Carl Langenbuch）成功施行肝左叶切除，并做了世界上第一例胆囊切除手术。

1890 年，瑞士医师路德维格·库瓦西耶（Ludwig Courvoisier）做了总胆管切开取石术。

1898 年，坎特利（Cantlie）发现人的肝左右叶是对等分的，由通过胆囊窝至下腔静脉窝的平面分开，所以后来称此线为 Rex-Cantlie 线（即肝叶分界线），也称"坎特利线"。

1909 年，冯·哈博乐（Von Haberer）结扎肝左动脉以切除肝左叶。

1911 年，温德尔（Wendell）在肝门外结扎右肝动脉和右肝管沿坎特利线切除肝右叶，开始了解剖学与外科学的结合而推动肝外科发展。

吴孟超先生1922年出生于福建闽清一贫苦农户家庭。父亲早年被生活所逼漂洋到马来西亚沙捞越打工。吴孟超5岁时就同母亲一起闯南洋。临行前，他不理解但记住了舅舅的"要成为有出息的人"的叮嘱。受家教影响，吴孟超从小懂得体贴家人，帮着干家务，管弟妹，做米粉。8岁起跟着父亲半夜去橡胶园操刀割胶,并在华侨办的光华学校求学,接受了"求知求义最重实践,做人做事全凭真诚"的校训。读初中时,吴孟超热情地投身于当地华侨抗日宣传和募捐等活动,以"脚踏实地,光明正大"为座右铭,抱着"凡事不做则已,要做就要做得比谁都好"的理念,不仅学业优秀,而且一直担任班长,锻炼了较强的组织能力与生存能力。17 岁时曾倡导将毕业聚餐费支援抗日的举动,获得延安以"朱毛"名义发来的回电,促使他萌发了回国抗日的念头。初中毕业后,作出了人生道路上的第一次选择——与六位同学相约回国。回国途中,在西贡遭遇的捺手印的屈辱,在他心底埋下了为民族争气的种子。1940 年 1 月 31 日到达昆明后,由于延安去不成,只能继续留昆明求学。他下决心"读书救国",要学到真才实学,将来能对国家、对社会作出切实的贡献。

农家的苦孩子

发源于武夷山脉的福建"母亲河"——闽江,流入峰峦起伏的福建境内,顺着由高向低的地势,曲曲弯弯地流向福州而入东海。闽江沿途汇入了好几条支流,其下游的梅溪就是一条清澈而又湍急的支流。

得闽江和梅溪交汇处水系的滋润,周边的农业和商贸兴盛起来了,唐以前就形成了"梅溪坪",属侯官县(今闽侯)。自唐贞观元年起,先后设"梅溪"、"结清"县。因梅溪与闽江汇合,江水浊而溪水清,五代后梁乾化元年(911 年)遂改名"闽清",历属福州、长乐府、东都、福安府、福州路、福州府、闽海道。

闽清从地域来说位于福建省的东部,福州市西北部,是闽江的下游地带。东邻闽侯,西毗尤溪,南接永泰,北与古田交界。八闽大地的闽江以其悠远浩荡的胸怀,水流湍急的梅溪则以其清澈的品格,繁育了几千年的文明,彰显了山青水秀、人杰地灵的自然风貌和人文神韵。自五代后梁乾化元年置县至今,这里曾涌现出宋代八闽第一位状元许将,有"梅溪二陈先生"之

图 1-1　孕育了八闽文化的母亲河——闽江（摄于 1993 年，吴孟超办公室提供）

称的理学家陈祥道和音乐家陈旸兄弟，还有集诗人、书画家、道教南宗五祖于一身的白玉蟾，有近代爱国侨领黄乃裳，以及当代著名肝胆医学专家、国家最高科学技术奖得主吴孟超院士等名人与志士。

1922 年 8 月 31 日（农历七月初九），吴孟超出生于福建闽清白樟乡后垄村一户贫苦农民的家庭。因为那年的 8 月 8 日（农历六月十六）已立秋，从时令上说已是秋天了，对贫苦的农家来说，秋天是庄稼收获的好日子，家里又添了一个可以传宗接代的男孩，吴家的长辈当然笑得合不拢嘴。他们给初生的婴儿起名"吴孟秋"，乳名"阿秋"，以期盼吴家往后天天有秋天般的丰收与喜庆。

吴孟超的父亲叫吴孔钦，按吴家的族谱，其父是"孔"字辈。吴孟超是"孟"字辈（他的弟弟们相继叫孟冬、孟良、孟康），两字连起来就是"孔孟"。从中不难看出吴家祖先对圣贤的敬重与崇拜。可见，即使再穷苦，国人对圣贤的崇敬还是代代相传的。

吴孟超的母亲叫徐红妹，是老实巴交的农民。按当地习俗，穷苦农家凡有男丁，多从小收养一名童养媳，否则成人后是娶不起媳妇的。为此，也是穷苦农家出身的徐红妹，小小年纪就到吴家当了一名童养媳。吴孔钦的妹妹很小时，也成了别人家的童养媳。徐红妹的阿公（吴孟超的祖父）去世得早,吴家的农活和家务主要由阿婆(吴孟超的祖母)和未来的丈夫吴孔钦以及他的两个弟弟承担,当然也落到了徐红妹的肩上。阿婆心地善良,待童养媳如同亲生女儿般,徐红妹又很勤快,因此,尽管辛劳但家庭和睦。转眼到了成年,吴孔钦与徐红妹完了婚,婚后孕育的第一个孩子就是吴孟超。

图1-2　吴孟超的父亲吴孔钦和母亲徐红妹(吴孟超办公室提供)

闽清地区总的地势状况为四周群山连绵,峰峦叠嶂,尤以北部、西部和东南部地势较高,海拔千米以上的山峰多呈现于这些地带,随山脉与溪流的展开,整个地势呈从四周山地向中央的闽江、梅溪河谷逐渐降低的态势。

闽清属亚热带季风气候,由于地形地貌错综复杂,生态环境不同,一年四季差异明显。春季气温回升快,三四月上旬气候多变,冷暖无常,春播常遇低温阴雨,且时有冰雹和洪涝灾害出现,有些年头还会遇春旱。初夏处于梅雨高峰期,洪涝灾害频发。梅雨结束后,天气晴热,又时有大风、雷阵雨和冰雹。台风在沿海登陆时多带来暴雨,而少台风年份又往往出现干旱。秋季一般天气晴好少雨,但气候干燥,秋温高于春温,也常发生干旱。这样的自然造化,使农民的收成多差强人意。

据明代黄仲昭的《八闽通志》卷之十五记载,闽清从元代开始设"都",全县共分24都。其中吴孟超一家所在的"二都"人多地少的矛盾特别凸出,因此整个"都"的农户普遍很贫穷。在租种少得可怜的山地上,吴家每年的主要农作物是甘蔗和橄榄,遇风调雨顺的年景,尚可勉强填饱肚子,其余年份的捉襟见肘也就可想而知了。

吴孟超来到世界上，就和父母挤住在已经很破旧的吴氏祠堂后院的房屋里，虽说是瓦房，但年久失修，墙体也已开裂，楼上堆草，楼下住人。幼年的吴孟超能尝到一些自家田里种的甘蔗汁，但其他有点营养的食品基本没有。处于缺乏营养的幼年吴孟超，到了两岁该站立和独立走路时，却不能跟正常孩子一样硬朗地行走，还总是跌跌爬爬，像害了软骨病似的。祖母见状只能唉声叹气，而他的父母更是愁眉不展。这一切让住在不远处半山腰的舅舅徐家齐(徐红妹的弟弟)看得很明白，外甥是缺营养啊！

图 1-3　吴氏老宅中的百年榕树(摄于 1993 年，吴孟超办公室提供)

那年头白樟乡的自然生态尚未遭到人为破坏，溪水边、稻田里，有很多又大又肥的当地农民称作"田鸡"(即青蛙)的小动物。凡上了年纪的老人是不兴捉田鸡的，认为它们是保护庄稼的能手。可年轻的徐家齐爱外甥心切，管不了那么多，只知道田鸡味儿鲜，有营养，便扑在池塘边，以不凡的身手，捕捉了一只只绿色的、长着两条粗粗长腿的田鸡，利索地剥了皮，用水草将它们像糖葫芦串似地连起来，送到姐姐家，给外甥补营养。至今，吴孟超对这段温馨的童年还记忆犹新：加了盐巴炖熟的田鸡香喷喷的，又好吃又解馋，还富有营养，田鸡肉确实很滋补。那时毕竟没有农药和化肥，也没有现在的"要爱护青蛙等小动物"的环保理念。在小孟秋美滋滋地享用田鸡美味的同时，妈妈也总会不厌其烦地开导："瞧你舅舅多疼你，没有舅舅，你熬不过来啊！"[1]那时尽管对妈妈的话语似懂非懂，但舅舅爱他，心里确是明明白白的。因此，小孟秋这时总会很懂事地点点头，他打心眼里感激舅舅。看

---

① 吴孟超访谈，2012 年 2 月 10 日，上海。资料存于采集工程数据库。

来,田鸡成了吴孟超克服营养不良的良药与救星。兴许是田鸡吃了不少,日积月累,渐渐地增强了骨骼,壮实了身体,小孟秋长到3岁终于会像模像样地走路了。

闽清"六都"相对其余几个"都"来得富裕,因为平地较多,人均耕地面积也就相对多一些。经济的稍稍富裕造就了其教育水准比周边地区高一些,当地人的眼界也较开阔。"六都"有一个叫黄乃裳的士绅,清末时做过官,参加过戊戌变法,失败后曾逃亡南洋,在马来西亚东北角的叫做"诗巫"的荒蛮之地住了下来。其实,"诗巫"的地名还是日后华侨取的,马来文写作"Sibu",之所以取这个名字兴许是大家觉得这片诱人的热带雨林有"诗"一般的美丽,其神秘莫测却有些"巫"的感觉。黄乃裳觉得,若能将这片广袤的土地开垦出来,种上橡胶,也可"为桑梓穷无聊赖之同胞辟一生活路径,不至槁饿而死"。① 他便与当时的英国殖民者商定,组织1 000多名福建老乡赴英属婆罗洲去移民垦殖。双方达成协议,签订的条款中写道:"待吾农人与英人一样,所垦之地有九百九十九年之权利;二十年升科,每英亩纳税洋银一角;王家若需吾农已开垦之地,须照时价估买;吾农有往来自由,信仰自由,言论自由,出版自由,购买枪械自由,航业自由诸权利;无纳丁税、无服公役、无当义务兵……"日后,孙中山先生曾称此协议为当时中国对外签订的第一个平等条约。从那时起,黄乃裳数度回国,在家乡闽侯、闽清、古田等招募农民,组成垦殖团闯南洋。下南洋寻生机也就成了闽清人的一条谋生之道。

由于军阀混战,再加上苛捐杂税,农田歉收,家庭多子……贫苦农民的生活实在过不下去了,不少闽清一带的农民不得不背井离乡,到南洋去谋生。对信奉"多子多福"的农民吴孔钦来说,自从生了小孟秋后,家里又添了两丁,虽说添丁是大喜事,但多一张嘴巴必然多一份负担,吴孔钦已深感不堪重负了,与其守着几分薄地难以糊口,不如闯南洋打工,寻找出头之机遇。他考虑再三,决定随同村的老乡一起下南洋闯荡。

徐红妹对丈夫的远走当然是忧心忡忡的,吴孔钦却很坦然,很朴实地相

---

① 肖忠生:《爱国侨领黄乃裳的教育实践及其特色》。百度贴吧网站,2005－06－13,http://tieba.baidu.com/f? kz＝19281966。

信"只要别人能活，我也一定能活"的道理。自己打头阵先走一步，在那边站稳了脚跟，要徐红妹带着阿秋他们一块儿过去。

1925 年，徐红妹含泪送走了丈夫，独自挑起了全家的生活重担。上有老下有小，干完了田里的活又要喂猪、烧饭、做家务，整天忙里忙外，连坐下来喘口气的工夫都没有……那时她还不到 30 岁，却已经成了家里的顶梁柱。这给小孟秋的印象实在是太深刻了。许多年以后，母亲年轻姣好的面容和她终日劳累的身影，还一直浮现在他的脑海里，使他朴实地感受到中国农村劳动妇女的艰辛与伟大。

南洋的割胶少年

吴孔钦闯荡南洋的第一站是吉隆坡的香蕉种植园，干的是除草收割等耗力的粗活，别说攒钱养家，连自己的温饱都仍成问题。干了不到一年，他不得不迁徙至马来西亚沙捞越的诗巫，即多年前由黄乃裳成立的"新福州开垦公司"去垦荒种地。整年辛苦地种地也难以改变处境，一个"穷"字挥之不去。好在吴孔钦还是有些经商的头脑和生活的技能——自己做米粉挑到市场去卖。米粉是福建人日常的主食，福建人通常也都具有做米粉的能耐。把自己家做的米粉挑到市场去卖，可以赚一点小钱。随着南下闯荡的福建人日益增多，米粉倒还是有不小的市场。做米粉生意尽管赚不了大钱，但毕竟还是能赢得微利。不过，做米粉生意很累人，需要每天半夜起来做，天亮以后要将它们晒干，再挑到市场去卖。做米粉生意需要人手，吴孔钦要雇人不容易，也雇不起。因此，他便带信回家乡，要家人都到诗巫来做帮手。当年凡闯荡南洋的人，如果能在当地立足，便会像滚雪球似地把留在家乡的亲人一个个接出去。

1927 年，小孟秋 5 岁那年，徐红妹一手抱着才 1 岁的小弟孟良，一手拉着吴孟超先乘小船到马尾，然后从那里登上远航的船舶去南洋寻找生计了。小孟秋朦胧中意识到自己"要到很远很远的地方去寻找阿爸了"，听大人们议论"到了那里我们就会有好日子过了"。穷人的孩子对"好日子"是日夜思念的。

那年,大弟孟冬被暂时留下与祖母为伴。在去码头的路上,大舅背着孟秋,一直把她们母子三人送上船。生离死别是人生最大的悲痛,徐红妹禁不住泪流满面,但小孟秋却很高兴,因为要见到父亲了。背着孟秋的大舅一再叮嘱:要听阿爸阿妈的话,日后长大了要成为有出息的人。小孟秋也第一次记住了"要成为有出息的人"这句当时并不理解的话。①

整整漂泊了38天,经受了船体剧烈颠簸的眩晕,尝够了翻江倒海般呕吐的滋味,在一个昏黑的夜里,大船终于在一个陌生的地方靠了岸。吴孔钦早已等在码头上来接妻儿了。小孟秋对阿爸已没有印象了,尽管天天憧憬着要找阿爸,当皮肤黝黑的阿爸站在他面前时,他竟胆怯地躲到阿妈身后。吴孔钦紧紧抱住了儿子,喜悦的泪水夺眶而出。

夫妻终于重聚,父子终于团圆。吴孔钦带着他们来到自己的住地——北婆罗洲萨拉瓦国诗巫坡,就是今天的马来西亚东北部的沙捞越诗巫。

当时诗巫还是一座小城镇。由于气候温暖,农作物生长相当茂盛,大规模的橡胶种植与开采需要大量劳工,诗巫也就聚集起大量来自四面八方的中国同胞,来自福建一带的农民特别多,因此米粉的生意日益红火。

来到马来西亚后,才5岁的小孟秋就成了替父母干活的好帮手。没过一年,吴孔钦又把吴孟超的祖母和二弟孟冬也接到诗巫来了。一家人在异国他乡艰苦创业,虽举目无亲,生活艰难,但全家人能聚在一起,也带来了温馨和希望。吴家三代人坚信,只要勤勤恳恳,日子总会一天天好起来。

做米粉多少能赚些钱,米汤又可以喂猪,一举两得。于是,每天半夜全家人忙开了,小孟秋也没闲着,还被派上大用场呢!做米粉有一道工序是舂米,靠木槌舂那团装在石臼内煮熟的米,这是一项重体力活,而且总嫌舂下去的份量不够,希望在木槌杆端上再加些重量。机灵的小孟秋主动请缨站到舂槌的杆端上添重量。当父亲用脚使劲往下按杆端时,槌杆的另一端高高地翘起来了,后又猛地放开,舂槌杆重重地砸在煮熟了的米团上。随着槌杆的一起一落,站在舂槌杆端的小孟秋也随之一起一落。槌杆翘起时小孟秋就会往后退,掉下时往杆的前端移动,这样可以让阿爸省些力气。孟秋确

---

① 笔者1998年采访吴孟超时的记录。

实是个从小就很会体贴人的孩子。

等米团舂烂了,要用手工制作米粉。在父母压好米粉后,小孟秋又帮着将一盘盘的米粉晾到院子里拉着的一根根绳子上。这个时候,最怕的就是突降暴雨了,雨水一浇,米粉全都泡汤。他们曾经不止一次地遭受过暴雨的袭击,造成了不小的损失,毕竟马来西亚是热带气候,暴雨往往来无踪去无影。因此,只要天稍有变脸的趋势,一家人全都跑出来,把米粉抢收进屋子里。大人喊、小孩叫,那紧张而又忙乱的情景简直就如同打仗一般。

为了做米粉凌晨两三点钟就得起身,一直在作坊里忙到中午。早餐往往就吃些老香蕉树砍掉后剩下来的芯子(当地人用作喂猪的称作"士载"的食品)来充饥。做好了的米粉由阿爸挑到市场上卖给当地人,福建来的劳工尤其喜欢,毕竟价廉物美嘛!

吴家全家人节衣缩食,日积月累,过了两年多终于积攒了一些钱。吴孔钦用这些血汗钱买了一块橡胶园,全家又干起割胶和制胶的营生。于是,小孟秋从8岁起又跟着父亲去橡胶园割胶了。

每天凌晨,家中的老式座钟敲了三下后,"阿秋,起来,起来!"阿爸就"狠心"地把小孟秋推醒。他揉揉睡眼惺忪的双眼,忍着挥之不去的睡意起床,一手提起油灯,一手拿着割胶刀,跟在阿爸身后,赤脚走向橡胶园。

橡胶园黑森森的,微微有些凉意。因为割胶必须在下半夜摸黑进行,而在天亮之前完成,否则太阳一出来,胶液被赤道上空的烈日一晒就会凝住。小孟秋一手握着割胶刀,另一手举着自制的带有转动挡风板的油灯,熟练地在青白色的橡胶树皮上割开一道斜口子,在口子下方绑上一只杯子,让乳白色的胶液从树干上沿着倾斜的切口慢慢渗出来,一滴一滴地流入杯子里。等东方发白时,要迅速把胶液收拢,倒进桶里,挑回家加上水和药,让其凝固。趁胶液凝固的时段,他和阿爸得赶紧吃早饭,毕竟他们已饿得饥肠辘辘了。这时,小孟秋的小腿上、手臂上总会涌起不少被橡胶园里蚊子叮咬后的肿块。从小经历的艰苦割胶生涯,锻造了吴孟超非凡的吃苦耐劳的品格和意志力,正是这种品格和意志力使他往后的人生中,无论遭遇多大的困难,他都不会惧怕,都能咬咬牙勇于战胜,勇于开创崭新的天地。

待胶液稍稍凝固时,就要把它们压扁,再放进机器里压成薄片,然后晒

图 1-4　吴孟超少年时割胶的橡胶林(摄于 1993 年,吴孟超办公室提供)

图 1-5　1993 年吴孟超重返马来西亚时重温当年的割胶(摄于 1993 年,吴孟超
　　　　办公室提供)

干再烘干。烘干后的胶片薄如羽翼,一张张叠起来,成百斤地挑到市场去卖,这当然是阿爸干的活儿。当时,橡胶收购市场完全掌控在英国殖民者手里,他们蛮横无理,任意杀价,"100 斤只卖 4 块钱,我记得很清楚。"吴孟超对笔者说。

朴实的吴孔钦和徐红妹心里很明白:没有文化是要被欺负的。阿秋是吴家的长子,又这么懂事,再穷也要让他读书,有了文化将来才会有出人头地的一天。因此，一旦家庭经济能力允许，就立即想到要让阿秋去读书识字。因此从 8 岁起，小孟秋被父母送到学校去读书了。

孟秋每天割胶回家要抓紧时间吃饭、洗澡，因为他读的是半天制的学校，下午要去学校念书。这样的半工半读生活，吴孟超从 8 岁一直延续到了17 岁。其间他以优异的成绩读完小学、初中。他还将自己的大名由"吴孟秋"改成了"吴孟超"。问起吴孟超为什么要改名的事，他很有意思地回答："我原先的名字叫孟秋，在念书念到一年级以后，我就觉得这个'秋'字不太好，有一点像女孩子的名字，我有一点不太服气，当时就想，'秋'跟'超'在福建口音中有一点音相近，于是我就把这个字改了，是我自己改的。那个时候改名字是无所谓的，改就改了，学校里面也不会怎么样，就是这样改过来了。"①吴孟超现在说起来似乎很轻松，但笔者听了就下意识地感觉，这是童年吴孟超从内心呼唤自强的信号，也是他性格中"逞强"的一面在童年时的显现。事实表明，此后吴孟超一生始终不断地在做人、做事、做学问上超越自己，超越他人，不断进取，不断创新。

从 8 岁起执刀割胶整整干了 9 年，吴孟超把割胶刀玩得十分顺手，这也可以看做是他最早的操刀训练，只不过"手术"的对象不是病人，而是一棵棵橡胶树而已。

当然，在这整整 9 年的半工半读生涯中，随着知识的增多和阅历的宽广，吴孟超逐渐弄明白了许多做人与做事的道理。尤其是在亲眼目睹了那些蓝眼睛黄头发的英国殖民者，是怎样蔑视黑眼睛黄皮肤的华人，在收购橡胶时怎样蛮横杀价，怎样无理羞辱中国小贩，甚至因价格争论或对橡胶质量的吹毛求疵，无端地向中国小贩动武……这一切，吴孟超都看在眼里，记在心里。同时，他也一直思念着家乡那个贫穷的小山村，思念着在水塘边抓青蛙给他吃的可亲的舅舅，尤其是思考着与舅舅分手时的"将来要成为有出息的人"这句话的含义……

---

① 吴孟超访谈，2012 年 2 月 10 日，上海。资料存于采集工程数据库。

脚踏实地的光华学子

　　父母尝够了没有文化的苦,再穷也要让孩子认字。我是长子,有幸成了全家培养的重点。光华学校离我家很近,是华侨办的,校名是孙中山先生题的。我上午采胶,下午就在这里上学。一来是求生的欲望,二来是性格的好强,我读书刻苦、用功,考试成绩在班里一直数一数二。①

　　1931 年,吴孟超所进入的光华学校是由福建古田人丁承恩先生创办的华侨学校。内设幼稚园、小学部及初中部。该校取名"光华"意指"光耀中华"。1920 年(民国九年)孙中山先生去南洋时,校长特意请他题写了校名。孙中山先生还为学校撰写了"求知求义最重实践,做人做事全凭真诚"的校训。在这样的办学思想指导下,光华的学子果然学到了中华文化的精粹,懂得了无论做人还是做事,必须要"重实践"、"凭真诚"的道理。

　　尽管吴孟超入学时已过 8 岁了,但校方固执地坚持要从幼稚园学起,认为这是必须坚持的传统。吴孟超与四五岁的幼儿一起跟着老师一句一句地念着《三字经》,诵读这些有着民族文化源远流长的基因和做人的规范,这个学业流程或许是不可逾越的。半年后,吴孟超就进入了小学部,从一年级学起。从此,他接触到了中文、英文、算术、音乐、地理和历史。也许是由于对知识的好奇与贪婪,也许是由于有丰富童年的人生阅历,他对各门学科的领悟比周围同学都快而且深刻,成绩固然比他们都好,尤其是手工劳作,他的作品总成为同学们的示范而获得老师的表扬。从小学二年级开始,他就被推举为班长。

　　"记得小学三年级的时候,我也是班长。一天要上课打铃了,有一位同

---

① 吴孟超:《中国科学院院士自述》。上海:上海教育出版社,1996 年,第 373 页

学没有来,我急了,就去找他,那位同学拿了一个砚台迟到了,他主要是砚台里面没有水,要弄一点水来,拿着砚台到班级来上课。结果我跑着叫他,想批评他,不小心碰了他一下,把砚台碰掉了,打碎了。这个砚台打碎可不得了,是要赔的。上完课以后,那天我紧张了,心想这下倒霉了……"①

那天放学后,吴孟超赶紧吃了晚饭就上床。刚一躺下,父亲就严厉地把他叫起来,原来是打碎砚台的同学家长来告状,任凭吴孟超怎样辩护,还是被父亲用藤条抽打了。那天晚上吴孟超一晚都没睡着,既有赔偿的懊丧,也让少年老成的他朦胧地觉得:作为班长,不能自以为是地用粗暴的方式来管人,要关心同学……尤其是后来还知道,那天被打碎砚台的同学是抱病来上课的,小孟超更觉得愧疚。数十年前的皮肉之苦和那一夜的难眠,至今记忆犹新,从中所体会的做人处事之理,让他享用了一辈子。无论对于他日后当好"三人研究小组"的组长、还是东方肝胆医院的院长,都是受益无穷的。

1936 年,吴孟超小学毕业,顺利进入了当地华侨办的光华学校中学部。当年的校长来自厦门,是一位爱国华侨,办学也很有方。尽管英国殖民当局实行文化统治,禁止学校讲授中国历史,但校长总是想方设法,利用一切可能对学生进行"不要忘典"的教育,让这些生长在马来西亚的华侨子弟们永远记住自己的根在哪里,并且把"国家兴亡,匹夫有责"的思想灌注进学子的心中。

"当年陈嘉庚是非常关心我们这所学校,也非常支持这所学校的,所以光华学校办得比较好。老师都是从国内去的,校长也是国内去的,讲的是普通话,也讲家乡话,再一个就是讲马来语、讲英语。念的是中国课本,教的是中国课程,当地没有什么特别教材,没有什么特别的课本。老师还向学生灌输爱国主义思想,而且育人的形式上也是很好的。我的印象当中,爱国主义教育是蛮突出的。那个时候,因为老师和校长都是国内厦门这一带去的,所以知道国内在遭受日本帝国主义的侵略。再一个是陈嘉庚当时极力宣传爱国主义,他那个时候是马来西亚两个头面人物之一。另一个是胡文

---

① 吴孟超访谈,2012 年 2 月 10 日,上海。资料存于采集工程数据库。

图 1-6　1993 年吴孟超夫妇重返阔别 50 多年位于马来西亚诗巫的母校（摄于 1993 年，吴孟超办公室提供）

虎，就是搞万金油的。胡文虎赚的钱是支持国民党的。陈嘉庚是跟共产党有联系的，主要就是支持抗日。学校也主要从这些方面开展爱国主义教育……"①

俗话说"穷苦的孩子早当家"，其意指"穷苦的孩子早懂事"。出身贫苦家庭的吴孟超特别懂事，又加天资聪慧，刻苦用功，学习成绩总是名列前茅，而且为人诚恳，能热心为同学们服务，深得校长和老师的器重，同学们又推举他当了三年初中的班长。随着知识的长进和理解的深刻，他对舅舅要他"将来要成为有出息的人"这句话的含义也逐渐明晰起来：当下要刻苦学习，以后一定要做一个"超越前人"的人；凡事不做则已，要做就要做得比谁都好。为了勉励自己，他还找来一块木板，刨光后在木板上自己用刀刻了"脚踏实地，光明正大"八个大字，以此作为座右铭。无论做人抑或做事都要脚踏实地，都要光明正大。这个青少年时代的座右铭伴随了吴孟超一生。

1937 年，卢沟桥的炮火弥漫了神州大地，也传到了吴孟超侨居的马来西

① 吴孟超访谈，2012 年 2 月 10 日，上海。资料存于采集工程数据库。

亚。以著名的侨界领袖陈嘉庚先生为首，成立了华侨抗日委员会，宣传抗日救亡，开展募捐活动，有钱出钱，有力出力，以声援并支持国内军民的抗日。华侨抗日委员会在诗巫也设立了分支机构，陈嘉庚先生亲自到诗巫指导工作。这一切激发了当地侨胞的爱国热情，大家纷纷行动起来，以各种方式支援祖国人民抗击日本侵略的神圣斗争。以"光耀中华"为己任的光华学子更是热血沸腾，获悉日寇蹂躏我国土、杀害我同胞的罪行，师生们无不义愤填膺。昔日宁静的校园不时有演讲会、报告会，抗日的声浪一浪高过一浪，琅琅的读书声已被振臂高呼和抗日救亡的歌声所替代。充满了忧患意识和责任感的少年吴孟超当然也参与其中，积极投入到侨居地的抗日浪潮中。他怀着极大的热情捕捉每一个有关抗战的信息，延安、八路军、新四军、毛泽东、朱德……这些原本陌生甚至从未听说过的名词，愈来愈频繁地出现在具有进步倾向的校长富有激情的演讲里，出现在抗日救亡组织的各种宣传材料中，也嵌入了少年吴孟超的头脑里。

在班长吴孟超和副班长林文立的带领下，同学们组织了一个"抗日募捐义演队"，背着道具和干粮，深入到附近的橡胶园和华侨居住的农舍前演出和宣讲。同学们的表演虽然很稚嫩，当地的侨民却很感兴趣。吴孟超明白，演出的技巧并不是最重要的，通过有激情的演讲、活报剧的演出和募捐活动，能把侨胞召集起来，共同喊口号，激起抗日情感才是最主要的。这些活动让早熟的吴孟超不仅增强了组织能力，更理解了何谓"国难当头"，何谓"国家兴亡，匹夫有责"。因此，在他们的宣讲和演出活动受到由英国殖民当局雇用的印度警察——"红头阿三"的干涉和阻拦，面对所谓"赤色宣传"而棍棒交加时，吴孟超带领同学们不仅不畏惧，反而挺身而出，据理力争，并大声质问那些"红头阿三"："假如你的祖国遭受日寇侵略，你是什么感受？"那些"红头阿三"自讨没趣，想想眼前的学生说的也在理。就这样，吴孟超带领他的同学们冲破阻挠，克服困难，坚持下乡演出，方圆几十里的角角落落都被他们跑遍了。赤道的烈日，突降的暴雨，警察的干涉，都没能动摇学子们抗日的坚定信念。

每次演出的募捐所得都由吴孟超和林文立逐一登记造册，悉数交给华侨的抗日救亡组织。

赤子爱国拳拳心

1939年暑假前，吴孟超就要初中毕业了。光华学校未设高中部，学生们毕业后或升学或就业，要各奔东西了。按以往的惯例，毕业前由学校和毕业班学生的家长双方各拿出一些钱，让学生们聚餐一次。吴孟超获悉上一届的同学毕业时没有聚餐，而是把聚餐费捐献给了华侨抗日救亡组织，作为华侨学生支援祖国抗日的一种表示。因此，钱款收齐后，他同副班长林文立商议：我们这一届是不是也继承学长们的做法，取消聚餐，捐款抗日？林文立听后，一口赞成。他们把这个建议在班上一提出，也赢得同学们纷纷赞同，大家还慷慨解囊，把自己身上的零花钱都捐了出来。吴孟超和林文立将前一段时间演出所得的募捐，连同聚餐费和班级同学的捐款，凑成了一笔不小的款子。于是，一份以"北婆罗洲萨拉瓦国第二省诗巫光华中学39届全体毕业生"名义的抗日捐款，通过爱国人士陈嘉庚先生的传递，被送往抗日革命根据地——延安。①

款子捐出去以后，就像没发生过什么事一样，该学习的照旧学习，该考试的照旧考试。抗日是持久的，眼下要发奋求学问，努力健体强身，毕竟转眼就要毕业了。令吴孟超和光华学校所有人都惊奇的事发生了：在即将举行毕业典礼的时候，光华学校真的收到了一份八路军总部以朱德、毛泽东的名义发来的感谢电报。老校长亲自书写了一张海报贴在学校的公告栏里，同学们看后惊喜不已，有的还大声喊叫了起来："延安回电啦！延安回电啦！"

聚拢来的学生里三层外三层地争相阅读，吴孟超个子较矮，好不容易挤到了最前面，逐字逐句地朗读起来。电文的大意是说，同学们的捐款已经收到了，你们的爱国热情对抗日军民是一个鼓舞，对你们表示感谢，并

---

① 桑逢康：《吴孟超——游刃肝胆写春秋》。北京：新华出版社，2008年，第12－13页。

对你们的爱国行动予以表彰……落款是两个名震天下的名字：朱德、毛泽东。

50多年后，吴孟超有机会回马来西亚诗巫，重返母校——光华学校，站在当年贴公告的那面墙壁前，往事历历在目，就像昨天刚刚发生过一样清晰。他要求学校从档案中帮忙寻找当年的那封"朱毛回电"。沧海桑田，50多年的变迁和战争的破坏，当年的文档已荡然无存。"要是当年能用相机拍下来，多好啊！"吴孟超无奈地摇头，感到极大地遗憾。

当年的这件事，确实在光华学子的思想上引起了大震动。那封感谢电也在十分懂事的初中生吴孟超心里烙下了深深的印记，祖国大地的抗日烽火也让年仅17岁的吴孟超联想翩翩。他很快就产生了这样一种想法：爱国就要报国，而报国的最好方式是回到国内去。他本已同几位志同道合的同学聊起过回国的事，延安回电又一次触发了他们回国的念头。

回国求学　报效祖国

初中毕业后，吴孟超天天都在考虑自己今后该走哪一条路，这自然也是他阿爸和阿妈在考虑的一件大事。按吴孔钦的想法：孟超是长子，今后家里要靠他；孟超又是一块读书的料，就该继续上高中，或者直接送他到英国去读书，英文学好了，以后找工作就不成问题了。诗巫这地方毕竟是英国人的天下，会说英语的人个个都吃得开。

吴孟超却完全不是这么选择的：诗巫只有英国人办的高中，没有华文高中，他不想读英国人编的那些课本。"阿爸，难道我们受英国佬的欺负还少吗？"

一句话就把吴孔钦问住了。想想也是，"那么，不上英国人办的高中，你跟我一起学做生意怎么样啊？"

吴孟超又摇了摇头，很有主见地表示："现在大家都在抗日救亡，我最想做的事,就是回国求学,学成后可报效祖国!"①

这是吴孟超深思熟虑后的回答,也是他在自己的人生道路上所作出的第一次选择。"回国求学,学成后可报效祖国"来自于他海外漂泊的经历,来自于他对亲眼目睹社会现实的思考,来自于光华学校多年来对他"重实践、凭真诚"教育的启示,也来自于他常年耳濡目染父母诚实为人艰难创业的熏陶。

儿子的决定大大出乎吴孔钦和徐红妹的预料。他们十分疼爱儿子,也理解儿子的拳拳报国之心。但他们还是一时被儿子的想法搞懵了,怎么可能呢?年仅17岁,要从马来西亚回国,谈何容易!大人们尚且因为路途遥远而不敢轻易上路,更何况在兵荒马乱的年份?

那几天,吴家没有了欢声笑语,虽然大家还像往常一样埋头劳作,吴孟超同往常一样跟着阿爸去割胶,但大家的心里像灌了铅一样的沉重。

阿爸和阿妈也明白:孟超已经长大了,懂得的道理很多,知道的事情也很多。这个孩子从小就有一股偏脾气,他想做什么事,谁也阻拦不了。而且无论他做什么事,还一定能做成,因为他都是思考很周全后才做的。因此,在吴孟超再一次向阿爸和阿妈提出回国参加抗日的请求后,执拗不过的吴孔钦也只能同意了。但吴孟超好像早就知道了结论似的,一点也没有为阿爸的首肯所激动,相反露出了"多愁善感"的神色,毕竟他也是不想离开含辛茹苦抚育他长大的阿爸与阿妈,不想离开多年来互相照应着的弟弟妹妹啊。

"你既然想回国读书,那就去吧。阿秋,你先行一步,以后有机会我也想回一趟福建老家,在那里建房购地,将来老了可落叶归根。你回国后要专心求学,为吴家争光,也好让我和阿妈老了有所依靠啊……"父母的支持成就了吴孟超人生道路上的第一次选择。其实,吴孟超心里很清楚,父母含辛茹苦培养他,在他身上寄托了全家的希望。但他固执地要回国,究竟去干什么?去打仗抑或求学?国内还有平静的课堂吗?他根本就说不明白。现在看来,当时吴孟超的固执,仅是抱着单纯的报国理想,热血沸腾而已。

---

① 桑逢康:《吴孟超——游刃肝胆写春秋》。北京:新华出版社,2008年,第13页。

刻骨铭心的西贡受辱

1940 年 1 月 4 日，吴孟超与他联络的夏振纯、王受希、黄普光等六位有回国参加抗日愿望的同学，分别获得了当地华侨组织给他们开具的身份证明书。吴孟超的证明书是"列诗字第 84 号"，由北婆罗洲萨拉瓦国第二省诗巫坡中华商会主席周麟于开具的，证明书上写道：

> 兹有本坡华侨学生吴孟超现年十六岁①原籍福建省闽清县毕业诗
> 巫华侨公立光华初级中学校品行端正身家清白兹拟回国升学特予证
> 明须至证明者此证右给学生吴孟超

有了这份证明书就等于有了合法的身份证明。在侨务委员会的安排下，1940 年新年刚过，吴孟超和几位志同道合的同学便要启程回国了……

当年吴家住在乡下，要到城里才能坐上轮船。吴孔钦和徐红妹把家里安顿好，抱着小女儿吴珠仙到诗巫城里去送孟超，当晚就住在诗巫一家福建同乡开设的小旅馆里。和吴孟超一起回国的六位同学年龄都比他大，最年长的一位已有 20 多岁了。这些热血青年即将踏上归国的旅途，一个个都兴奋异常。在临走前的那个晚上，吴孟超并没有和父母亲住在一起，而是与这

图 1-7　北婆罗洲萨拉瓦国第二省诗巫坡中华商会主席周麟于开具的证明书（吴孟超办公室提供）

---

① 实为十七岁零四个月——笔者注。

几位同学一起兴奋地谈了一个通宵……

2012年初,笔者采访吴孟超,聊及这段62年前的往事时,吴孟超的心情突然变得沉重起来,语速显然慢了:"是我约了几个同学一起回国的……我原来住郊区的农村里,先要坐船到市区里去。我父母都来送我,我却约了几个同学聊天,没有跟父母一起。那天晚上兴奋地谈了一个晚上,是跟同学谈了一个晚上,没有跟父母住在一起……我真的很懊悔,真的……很懊悔……我当天晚上应该跟父母住在一起呀……现在想想那天晚上父母亲肯定一晚上也没有睡好觉呀,我感觉很遗憾……不料竟成了永别,跟我母亲永别了……我没有好好陪她一晚上,就跟同学在一起聊天,我真是的……"九旬老人的眼里噙着自责的泪花,吴孟超说不下去了。①

1940年1月8日,17岁的吴孟超同相约的六位同学登上了回国的轮船。

那天清晨,父母亲带着小妹从他们住的小旅店到码头送孟超,他们都拉着他的手不肯松开。从阿妈红肿的眼睛可以推断,她昨天夜里整整哭了一夜,她舍不得小孟超离家呀!阿爸再三叮嘱孟超路上自己要当心,到了那边常写信来,要好好读书……

随着撕人心肺的声声汽笛响起,轮船缓缓离岸,素来性格坚强的吴孟超,泪水禁不住像断了线的珠子,视线一片模糊。吴孟超离开了曾生活过13年的诗巫,离开了生他养他的父母,离开了朝夕相处的弟弟妹妹,但他唯独没有想到的是,他这一去竟然成了与母亲的永别!

在海上整整航行了三天,轮船靠上了新加坡。这座美丽花园城市在1940年时的抗日气氛比马来西亚还要浓厚,毕竟这里是陈嘉庚先生开展华侨抗敌募捐活动的主要场所之一,"南侨总会"就设在这里,再说从内地来的著名作家郁达夫主编的《星洲日报》副刊几乎天天都刊载有宣传抗日的文章。当时的中华民国政府在新加坡设有侨务机构,负责接待赴内地求学的华侨青年,吴孟超他们必须通过这里办理回国的有关手续,然后从新加坡乘船直达西贡。因为日本侵略者占领广东以后,东南沿海已被封锁,只有通过越南(当时称安南)才能进入中国的云南省,这是当时唯一没有被日本军队

---

① 吴孟超访谈,2012年2月10日,上海。资料存于采集工程数据库。

控制的通道。

　　1 月 12 日,吴孟超和同学们得到了中华民国外交部颁发的护照。吴孟超至今完好地保存着当年贴有穿西装打领带照片的这本护照:

　　兹有吴孟超取道安南香港缅甸前往中国及英属马来西亚　愿请友邦地方文武官员妥为照料遇事襄助

中华民国二十九年元月十二日

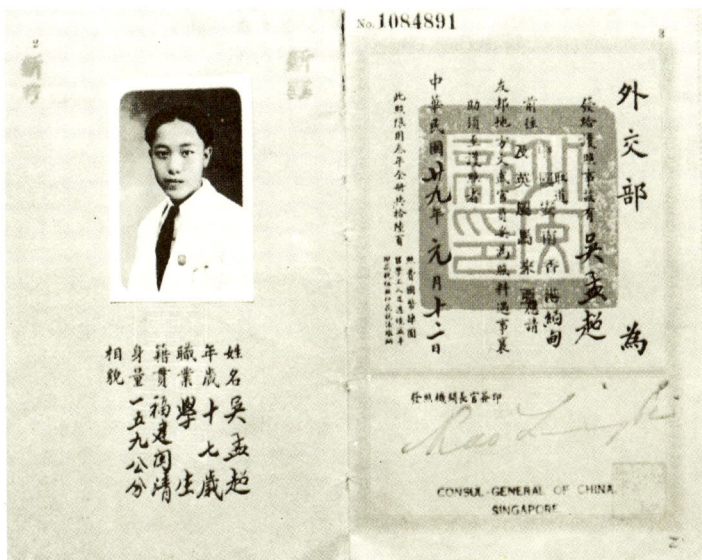

图 1-8　1941 年吴孟超在新加坡办理的回国护照(吴孟超办公室提供)

　　这本护照上还反映出 17 岁时的吴孟超身高仅 1 米 59,还不到 1 米 62。

　　过了两天,他们才登上开往西贡的轮船。经过十几天的艰难航行,轮船终于靠上了越南的西贡。由于当年越南、老挝和柬埔寨等都是法国的势力范围,沦为法国的“保护国”。吴孟超和同学们在西贡码头下船以后,手持中华民国外交部颁发的护照,到海关办理入境签证。西贡海关的门前等着签证的人已经排起了长蛇阵。几个黑黑瘦瘦的越南警察拿着警棍在维持秩序,签证官是一位肥肥胖胖的法国人,颐指气使,俨然一副主人的模样……吴孟超和同学们在烈日的炙烤下也排队等候签证。好不容易轮到他们了,吴孟超见前面那个白种人用钢笔在入境登记表上签了个名就顺利过关,于是也提起笔来,正要往登记表上签名,那位法国签证官却摆了摆手,嘴里不知咕噜了一句什么话。吴孟超不由一愣,旁边一位越南警察便气势凌人地用粤语表示,中国人只能摁手印。

吴孟超听了,脸霎时涨红了,他不大相信越南警察说的话,就转过身去,指着那位刚签了字的白人,用英语质问那位法国官员:"请问先生,我不能同他一样签字吗?"

那位法国官员同样用英语回答,态度却十分的蛮横:"这里规定黄种人一律得摁手印!"

吴孟超和同伴们顿时感到了莫大的侮辱! 在他们的意识里,只有长工受到地主老财的逼迫才在租约或卖身契上摁手印……吴孟超强压心中的怒火,据理力争:"我们都是学生,我们会用中文或英文签字……"

那个法国人傲慢地说:"难道认几个字就能改变你们的肤色吗?"

令人愤慨的种族歧视!

法兰西人不是一贯标榜"自由、平等、博爱"? 怎么竟如此歧视中国人,歧视黄种人? 这不同那些统治马来西亚的英国殖民主义者一个嘴脸? 吴孟超实在忍不住了,自尊心和屈辱感在他的心中交汇与碰撞,便直面那个签证官大声吼道:

"我是中国人,我有权利签上自己的名字!"

同伴们也一拥而上,齐声斥责法国佬的无理行径。法国签证官气急败坏,立即命令警察干预,七八个越南警察遵照主子的吩咐扑上来,不由分说把吴孟超与同伴们从等候签证的队伍中拖了出来……①

受到无端的侮辱,又被逐出了队伍,吴孟超和同伴们怒火中烧,请求设在西贡的中国侨务机构求予以协助。侨务机构的办事员听了他们的投诉,对他们的处境深表同情,但爱莫能助,也无能为力。吴孟超和同学们无可奈何,只得又背着各自的行李,重新到西贡海关前排队。他们第一次深深领悟了"国不强遭人欺"的滋味。

---

① 张鹏:《吴孟超画传》。上海:上海人民出版社,2007年,第26-27页。

这段西贡受辱的经历深深地刻在吴孟超倔强的心灵上，难怪50多年后，吴孟超依然记忆犹新："在西贡登岸时，验关的法国殖民主义者要我在入关护照上摁手印，我因见欧美旅客都是签字而过，便质问：'为什么不让我签名？我会英文，会中文，会写自己的名字！'他吼道：'黄种人签什么字？你们是东亚病夫！'我们真是气极啦，但最终还是屈辱地摁了手印。可我的心里却深深埋下了为民族争气的种子。"①

这里必须插入另一段故事，以说明当年的西贡受辱给吴孟超的印象是刻骨铭心的。②

2010年11月，美国芝加哥大学邀请吴孟超到美国参加一次国际外科会议，吴孟超赶去美国驻沪领事馆办理签证。此前吴孟超曾去过芝加哥大学，还受聘担任该校的名誉教授。应该说，给吴孟超签证是毫无疑义的。最后，美国领事馆工作人员礼貌地请他在谈话记录上摁指印。这下可把吴孟超的敏感神经激活了："我会签字，为什么让我摁指印？"

"吴先生，这是规定。"对方微笑着说道，态度显然很友好。

吴孟超站起来，很坚定地表示："我不摁指印！"

对方一下子懵了，解释道："这是美国的新规定，为了反恐的需要，必须留下外来人员的指纹。"

"一切人吗？"

"不包括欧洲白种人。"

吴孟超显然被激怒了："是你们邀请我去参加你们的会议的！"

对方仍解释："这是规定。要是不摁指印，就不能去。"

"我不去了！"

美方会议组织者听说了这件事，非常着急，专门跟吴孟超沟通："这个事你不用管了，我们到联络处去，帮你联系！"

吴孟超直接拒绝了他们："我还有别的事。我不去了。"

"绝不能受辱"，就是吴孟超这位最有国人之骨气的大家之心声。

---

① 吴孟超：《中国科学院院士自述》。上海：上海教育出版社，1996年，第373页。
② 王宏甲、刘标玖：《吴孟超传》。北京：华文出版社，2012年，第28页。

回到祖国怀抱

七位年轻人日夜兼程,当他们越过老街的边境桥,踏上云南河口的土地时,那份激动、那股兴奋劲油然而起,相互拍手,相互拥抱,终于回到梦寐以求的祖国了!这里的天是那样的蓝,水是那样的清,山是那样的绿,连泥土也是那样的芳香。

"祖国,我们回来了!"

他们兴冲冲地在入境处办好手续,急急地搭上了一列直奔昆明的货车。

1940年1月31日,吴孟超和同伴们终于到达了昆明,这一天距离他们从诗巫出发已过去整整28天。由此可以想见,路程之遥远,旅途之艰辛。

到达昆明的当天晚上,他们在市区找了一家小旅馆住下,打算第二天再去侨务委员会办理手续。"回到家"的轻松与兴奋还是被旅途劳顿的困乏击倒,他们怎么也躲不开哈欠连天、眼皮打架的状态,将脱下的衣服胡乱地挂在屋里的一根长铁丝上,倒下身子便呼呼大睡起来……

一位同学半夜要上厕所,拧开电灯,伸手去取自己的衣服时,发现挂在铁丝上的衣服统统不见了!他下意识地想到了遭窃,便立刻叫醒了同伴,才发现不仅挂在铁丝上的衣服都不翼而飞了,连随身携带的行李也都不知去向了。他们立即叫来旅馆的当班,里外检查了一番,发现门是关着的。看来,行窃者的本事非同小可,但同伴们的损失更是非同小可!

好在那位年岁最大的同学确实老练,临睡前把他的包裹和衣服放在了枕头旁边,一只手搭在上面,没让小偷窃去。另外,几乎每一位同学在临回国前,各家父母都在他们的内衣里缝了一些钱以备急用,这下就派上用场了。

昆明遭窃给吴孟超和同学们极大的刺激,幼稚的年轻人大惑不解:怎么我们国家还有小偷啊?我们在外面受了别人欺负,回到国内还要受欺负吗?

吴孟超领着几位同学去找侨务委员会投诉,办事人员推诿说这种事归警察局管。于是,又跑到警察局报案,警察摊开双手表示无奈——昆明的小偷多得很。大家只好自认倒霉。昆明遭窃也给了热血的年轻人一个下马威:以前对祖国的看法兴许是太理想化了,或是抱有太多幻想的成分了,这与现实中国社会的现状是格格不入的。昆明遭窃给吴孟超的第一反应则是:回国以后的道路也并不平坦,必定充满曲折和艰辛……

昆明并不是吴孟超与同伴们此行的终点,他们的初衷是回国参加抗日的,最理想的是能到革命圣地延安去。早先从诗巫光华学校毕业回国的几位高年级校友,现在有的在各所大学读书,有的已返回马来西亚了。吴孟超按照临行前光华老师写的纸条,去找在同济大学理学院读书的光华校友黄启仁,期盼得到去延安的指教,没料到黄启仁的回答是:延安离昆明远得很哪!路上要经过千山万水不说,还有国民党特务设卡阻拦,危险得很,弄得不好就会被抓去坐牢!

这是吴孟超万万没有想到的,他睁大了眼睛,十分惊讶。怎么会有这样的事?不是说国共合作抗日吗?

光华校友诚恳地劝吴孟超:"你才 18 岁,仅仅初中毕业,读的书还不多,不如就在昆明继续上学。读书救国嘛!这是你眼前切实可行的出路。"[1]再说,眼下昆明成了全中国最好的读书之地,这里云集了国内最好的大学,也聚集了国内最有名望的教授。这是前所未有的机会……

既然延安去不成,那也只能留下来继续求学了。吴孟超想:临回国时,阿爸阿妈不是也一再叮嘱,回国后一定要好好读书?面对严酷的现实,弄明白了做人与做事的道理,吴孟超决心不辜负父母的期望,要学到真才实学,对国家、对社会做出切实的贡献。

---

[1] 桑逢康:《吴孟超——游刃肝胆写春秋》。北京:新华出版社,2008 年,第 23 页。

第二章
求学同济

学术背景与科学足迹

1945 年,旺根斯滕(Wangensteen)在阻断入肝血流下切除肝右叶成功。从此,采取阻断入肝血流切肝相继开展。

1949 年,伯内特(F. Burnet.)提出器官移植的免疫性。

1940 年吴孟超进入昆明郊区宜良县狗街的同济大学附属中学求学。自1941 年 12 月太平洋战争爆发,他与马来西亚父母的联系中断,没有了经济来源,这对本来就十分拮据的吴孟超来说简直是雪上加霜,但他没有被击倒,在求生与求学道路的关键时刻勇于攻坚克难,铸就了能始终把命运掌握在自己手里的坚强性格,这也成了吴孟超往后事业有大成就的重要基石。危难的高中生涯,吴孟超在收获优良学业的同时,也收获了爱情,在逃炸弹时拉着同班同学吴佩煜的手跑向安全地带,也在日后牵着手步入婚姻殿堂,并同舟共济数十年,白头偕老。受恋人吴佩煜的影响,吴孟超高中毕业后决定弃工从医,作出了人生第二次很关键的选择——考入了同济大学医学院。师从裘法祖教授后,坚定了日后当一名优秀外科医生的信心。抗战胜利后,面对大批华侨青年飞回南洋,吴孟超坚定地选择留在祖国,迎接新中国的曙光,作了人生道路上的第三次很关键的选择。求学同济的九年,为吴孟超打下了坚实的做人、做事、做学问的基础,让他日后受益无穷。

求学同济附中

既然决定留昆明"读书救国",就得赶快付诸行动。首先得考入一所理想的高中。

20 世纪 40 年代初,昆明属于抗日的大后方,又是一座四季如春的魅力城市,当然也就吸引了不少从沦陷区迁来的名校。其中最著名的当推由北京大学、清华大学和南开大学三校组成的西南联合大学。一大批名家、教授和文化人,诸如陈寅恪、潘光旦、吴有训、华罗庚、吴大猷、梁思成、朱自清、闻一多、李公朴等都云集昆明。但是,当时的西南联大并没有设立附属中学。从上海迁到昆明的同济大学,倒附设了一所普通高中和一所相当于中专程度的高级职业学校。另外,昆明本地的云南大学也设有一所附属中学。有鉴于此,梦想高中毕业后能继续入大学深造的吴孟超想,只有进入这两所大学的附属中学,才有望三年后跨入这两所著名的高等学府。因此,他同时报考了同济大学附中和云南大学附中,但是他并没有被同济大学附中录取,而是被云南大学附中录取①,并且可以插班,从高中二年级读起。

立志高远的吴孟超并没有马上到云南大学附中去报到,他仔细琢磨与权衡:同济附中的教学质量显然比云南大学附中略高一筹,另外同济附中是当时的国立学校②,国民政府教育部规定,凡从沦陷区来的学生在国立学校求学,可免缴学杂费并供给食宿,但日常生活的费用仍由学生自行解决。吴孟超是归国侨生,可享受与沦陷区来的学生同等待遇,毕业后一般可以直接

---

① 吴孟超在 1995 年写的自述是这样叙述的:"来到昆明听说延安去不成,只好就地上学了,我报考了云南大学附中,又报考了同济附中,结果两校都录取了,我选择了同济附中。"在征得吴老确认的情况下,本文予以修正——笔者注。
② 国民党统治时期,学校有"国立"和"私立"之分,同济大学及其附属中学都是国立学校——笔者注。

升入同济大学……这些都对吴孟超有很大的吸引力。

于是,他求助于在同济大学理学院读书的黄启仁校友帮忙,找到了同济附中的郭惠生老师,表达了自己千里迢迢从马来西亚慕名而来,想入同济附中的愿望,郭惠生老师被眼前这位华侨学生的真诚所感动,当场考了他一下,就同意他在同济附中借读。

就这样,1940 年的 8 月,吴孟超有幸进入了同济附中试读。

他明明考取的是云南大学附中,与同济大学附中理应已擦肩而过了,但冥冥之中似乎有一只看不见的手在帮着他。不仅是入高中这件事,就是日后不少看来不可能实现的事情,经过吴孟超的努力,竟然也都一一顺利实现了。理智地分析,应该说是吴孟超身上有一种激情,一种从不服输的拼劲,一种顽强向上的勇气,往往能在关键时刻帮上他的大忙。要不是能进入同济大学附中,也就不会有日后进入同济大学医学院的可能,也就不会遇上他的夫人,更不可能拜在名师裘法祖的门下,又何谈成为中国肝胆外科之大师呢?

图 2-1 吴孟超在昆明宜良西村狗街求学时的教室(摄于 1993 年,吴孟超办公室提供)

刚回祖国,吴孟超和家里还能保持联系,父母时有钱款从马来西亚汇来,供他日常开销。当然,吴孟超很懂事,也很节俭,维持学业基本上不成问题。

同济附中不在昆明,设在宜良县西村一个叫狗街的地方,距昆明东南约 100 里路。外人确实弄不明白,为什么当地人喜爱用动物名来给街道命名,如狗街、虎街、鸡街之类。其实昆明的这些按动物生肖之名来命名的地名,是暗合中国传统文化中的"地支"日期的安排,诸如宜良的这个"街"(集市)被定为戌日赶集,而戌对应的生肖是狗,久而久之,这个街就被叫做狗街了。其他如逢寅日赶集的称虎街,逢酉日赶集的称鸡街,逢辰日赶集的称龙街,等等。狗街虽然名字不雅,也没有一幢像样的建筑,但狗街的自然环境十分优美,也没有日寇飞机的轰炸,确实是个读书的好地方。当时,同济附中的教室设在西村的一座叫杨家祠堂的破旧建筑内,宿舍则在明末修建的西华寺内,条件之简陋,生活之艰苦,是可以想象的。好在就读的是一群埋头苦读的学生,琅琅的读书声给小小的狗街平添了些许文化氛围。明代东林党领袖顾宪成的一副对子,倒是惟妙惟肖地刻画了处于灾难深重、民族危亡年代的莘莘学子的日常生活与他们的内心世界:

> 风声雨声读书声声声入耳,
> 国事家事天下事事事关心。

吴孟超在同济附中不仅掌握了一些将来可望改变命运的知识,也收获了人生最大的一笔财富,那就是他在班里认识了一位对他一生影响最大的人——女同学吴佩煜。

白皙娴静且温婉贤淑的吴佩煜出生于美丽的西子湖畔,她父亲吴尧叔早年曾就读于杭州铁路专科学校电报训练班,毕业后在铁路部门担任电报员。由于工作努力,后来当上了沪杭铁路斜桥站的站长。稳定的收入使他们成了衣食无忧的殷实家庭。吴佩煜是家中的独生女,被父母视为掌上明珠。1940年因修滇缅铁路,吴尧叔来到了昆明,在铁路部门的材料厂工作。吴佩煜跟着父母也来到了昆明,并顺利地考上了同济附中和昆华女中。她选择了同济附中,理由和别人差不多,都是因为国立学校可免缴学杂费并提供给食宿,以后毕业了还可以直接上同济大学医学院。

就这样,吴孟超和吴佩煜两个原本生活轨迹完全不相关的年轻人——一个自南向北,一个从东往西,鬼使神差般地走到了一起,成了同济附中的同班同学。吴孟超由于家境贫寒,上学比较晚;吴佩煜因抗战爆发,随父亲工作的迁徙不定而不得不辍学了两年。所以,他们两个比班上其他正常年龄入学的同学都要大两岁。吴孟超和吴佩煜同龄,都生于1922年,吴孟超比吴佩煜只大了一个多月。

图 2-2　中学时代的吴佩煜与父母合影(摄于 1940 年,吴孟超办公室提供)

　　高中第一学年是在狗街度过的。尽管是同学,但吴佩煜和吴孟超两人几乎没有什么直接交往,她只知道他很用功又很老实,不像有些男同学爱跟女生开玩笑或搞恶作剧。他也看出她人很文静,学习又很用功。

　　1940 年年底,因吴孟超期终考试成绩优良,便由借读生转为正式学生,有了同济附中正式学籍。

　　1941 年 7 月,同济大学由昆明搬迁至四川宜宾的李庄,同济附中奉命搬回昆明市区。在搬迁的路途上,吴孟超眼见吴佩煜提沉重的行李有困难,便主动伸出援助之手,还送她走了相当长的一段路……

　　在昆明上学时,因为电力不足,只有两间教室拉了电线好让学生们晚自习。那时物资奇缺,电灯泡十分宝贵,由学生自己带来安装,用完了再拧下来带走,不然就有被偷的可能。吴孟超买了一只电灯泡来上晚自习,由于吴佩煜和吴孟超都特别用功,所以教室里晚自习到最晚离开的也往往是他俩。吴佩煜见到别的同学都走了,才不得不合上书本准备离开,只见一位同学比她更晚,那就是吴孟超,而吴孟超也总是要等吴佩煜走了才站起身把灯泡拧下来。一次,两次……多次以后,就引起了吴佩煜的注意,她对这位男同学产生了一些好感。自此以后,两个晚自习上得最晚的学生渐渐就接近起来,熟悉起来了。毕竟用功读书是他俩的共同点。

同年8月1日，美国人陈纳德募集资金组建美籍空军志愿队来华对日作战，俗称"飞虎队"，编入中国空军，这支空军的驻地便是昆明，这就使得日寇轰炸昆明的次数也日益增加。吴孟超和同学们不得不一听到空袭警报便背起书包往外躲。作为大后方的昆明也放不下一张平静的书桌了。以海防为基地的日寇军用飞机不时对昆明进行空袭，许多市民在狂轰滥炸中或死或伤，情状惨不忍睹。

1941年12月8日，日本又偷袭了珍珠港，太平洋战争爆发，日本侵略者的铁蹄践踏了中国香港、越南、马来西亚、新加坡、印度尼西亚、缅甸。尤其是日寇在马来半岛北部登陆后，马来西亚也沦陷了。从那时起，吴孟超与马来西亚家中的联系中断了，没有了经济来源，这对经济十分拮据的学生来说简直是雪上加霜。靠什么来维持生计和学业？吴孟超不得不靠变卖衣服或找些家教，或街头卖报，或誊抄资料……赚些小钱来勉强维持学业。从诗巫一道回国的几位同学，由于太平洋战争的爆发，形势逆转，不得不中断了学业。有两位去了军队；有三位找了工作，当上小学教师；黄普光同学则到工厂做工了，一年之后才又复学。唯独吴孟超还在顽强地坚持求学生涯。舅舅的将来"要成为有出息的人"的嘱咐像一双无形的手在有力地推动着他。

吴孟超想，无论怎样艰难困苦，我也要坚持下去，直到1943年高中毕业。这一切，吴佩煜都看在眼里，便偷偷地变着法子来帮助这位生活清苦的男生，譬如吴孟超没钱买纸、买点灯的油，吴佩煜就多买一点，分给他用；冬天见吴孟超还穿着单衣，吴佩煜就亲手织了一件毛衣送他……真可谓"患难之际见真情"。

吴孟超是一位真正的男子汉；"就在第二年，太平洋战争爆发，我与家中的联系就中断了，经济来源没了，于是我不得不靠变卖衣服和找些家教、街头卖报、誊抄资料的活，赚点钱来维持学业，但怎么苦我也要坚持下去。"几十年之后，吴孟超回忆当时的艰难处境时，带着坚毅和顽强的神情这样说。[1]

---

[1] 吴孟超：《中国科学院院士自述》。上海：上海教育出版社，1996年，第374页。

可见,吴孟超从年轻时已经锻炼了勇于在人生道路的关键时刻敢闯敢拼的处事作风,铸就了能始终把命运掌握在自己手里的坚强性格,这一切也是吴孟超往后事业会有大成就的重要支柱。

患难中的爱情是纯正的。有一次吴佩煜患疟疾(俗称"打摆子"),吴孟超就找来一辆黄包车,送她回父母的住处调养。吴尧叔家住在郊区,离学校很远,吴孟超不顾来回奔波的辛苦,一直把吴佩煜护送到家。吴佩煜自不必说,她父母对女儿的这位热心的同学也是心存感激的。

尤其是在逃炸弹的时候,吴佩煜对这位男生有了更深的了解。每当警报拉响时,吴孟超总是很沉着地指挥大家有秩序地往安全地带撤离,而且总是不顾危险地跑在女同学后面保护她们,见哪位同学跑得慢,他还会拉着她跑。吴佩煜的手就曾被吴孟超拉过好几次。为躲炸弹被吴孟超拉着手跑向安全地带的吴佩煜,怎么也想不到,多年后她会与他牵着手步入婚姻的殿堂,而且数十年同舟共济,相濡以沫,白头偕老,书写了一曲不老的爱情颂歌。

患难中的爱情也是浪漫的。1942年暑假,他们要升入高三了。为躲避日寇的轰炸,同济附中又要从昆明搬到四川宜宾的李庄,与同济大学会合。从昆明到李庄的途中,同学们都互相帮助和照顾,彼此有了更深的了解,感情也加深不少。

处于战乱之中,那时迁徙的交通工具是老式的拉货用的货车,没有汽油,靠烧木炭作为动力。坐这种俗称"黄鱼车"的交通工具是不需要正式买票,只要塞给司机一点钱就可以了,这在当时是司空见惯的。从昆明到曲靖,靠吴佩煜父亲帮忙,坐了一段火车,从曲靖经宣威迤逦北上就非得坐"黄鱼车"不可了,由于这种老牛破车得开开停停,因此即使不出意外,至少也得行驶五天才抵达四川泸州。在这段艰险的山道窄坡的行驶中,吴孟超都很"绅士"地让吴佩煜坐在驾驶室里,而自己却坐在堆得高高的行李上面。由于本来就不平坦的道路被战火啃得一路都是坑坑洼洼,坐在行李上的颠簸和摇晃真是令人胆战心惊,在曲曲弯弯的山路上,稍有不慎,就会翻车掉谷,粉身碎骨,这种事件已屡见不鲜,因此凡乘坐这种"黄鱼车"的人都得有这样的思想准备。在生与死的艰难旅途中,同学们都不会做作,一切真实的情感都会一览无余。吴佩煜确确实实地感受到，那位经常关照她的言语不多的"穷学生"真是一位乐于助人又诚实可信的男子，是可以放心把一生托付给他的。而同时，吴孟超也觉得那位气质高雅的"阔小姐"倒是一位温柔善良、善解人意又聪颖朴实的女子。迁徙旅途中的患难与共使他们的理解与感情进一步加深。难怪多年后的吴佩煜会很幽默地说："是逃难，让我和吴孟超逃到一起来了。"①

弃工从医

吴孟超与吴佩煜的爱情萌发于迁校途中，滋长于宜宾江畔。

同济大学附属中学迁徙到宜宾的李庄，复课已到了 1942 年的深秋了。

附中驻在李庄羊街的萧家院。由于原先这里是牛羊的交易市场而被叫做羊街，虽然只有两米来宽，但窄窄的长街到处可见雕刻精美的建筑浮雕，不时能见到一座牌楼。在青石板铺就的街道下方还设置了古老的排水道，由此可见李庄人的文化不凡。李庄虽小却还有不少吸引附中同学的好去处，诸如被称为"古镇四绝"的奎星阁、旋螺殿、九龙石碑和白鹤窗。周日细细品味李庄的文化意蕴，也成了热恋中的吴孟超与吴佩煜散步的好去处。

历经战争的磨砺，临近毕业的这一届同学特别懂事，也特别用功与努力。课余在宽阔的长江江畔总能见到同学们的身影。面对流淌的大江，展望未来，抒发情怀，充满浪漫的情调。

这里还要写下一笔的是吴孟超与吴佩煜在李庄幸运地结识了中国建筑

---

① 张鹏：《吴孟超画传》。上海：上海人民出版社，2007 年，第 35 页。

学界的大家梁思成①与林徽因②。当年梁思成主持的营造学社在抗日战争的艰难环境中恢复研究后，由于缺乏工具书与图书资料，梁思成便与中央研究院史语所的傅斯年先生商议，借用史语所的图书资料。为此，营造学社也就只能随史语所的搬迁而搬迁。1940年12月，便迁到了李庄——名符其实的穷乡僻壤。在李庄，梁思成与林徽因最主要的工作便是带病编撰《中国建筑史》，他俩住在李庄的上坝村月亮田。当时，同济附中很多同学也像今天的年轻人一样，有着强烈的"追星"热忱，只不过他们不是追求"影星"、"歌星"或"球星"等娱乐或体育明星，而是追求名副其实的"科星"，因此都曾去慕名拜访当时学界的名人——梁思成和林徽因，尤其是对多才多艺的林徽因格外崇拜。作为"粉丝"，吴孟超与吴佩煜也多次去拜访，并尽量帮助他们做些力所能及的杂事，譬如描描图，抄抄文稿，毕竟他俩的字都写得特别工整和漂亮。梁思成和林徽因还经常拿自己平时舍不得吃的美国友人寄来的糖果招待他俩，有时还留他们吃饭。当然，吴孟超和吴佩煜并非为了去蹭一顿饭，实在是被梁思成与林徽因的爱国情怀与渊博学识所深深折服。③ 当年，

---

① 梁思成，建筑学家和建筑教育家。1901年4月20日出生于日本东京，原籍广东省新会县。1972年1月9日病逝于北京。是清末思想家、社会活动家梁启超的儿子，毕生从事中国古代建筑的研究和建筑教育事业，曾系统地调查、整理、研究了中国古代建筑的历史和理论，是中国古代建筑学科的开拓者和奠基者。还曾努力探索中国建筑的创作道路，提出文物建筑保护的理论和方法，为建筑学作出突出贡献。1946年10月清华大学增设建筑工程学系，受聘为教授兼系主任。作为新中国首都城市规划工作的推动者，建国后曾主持了多项重大设计方案，并以严谨、勤奋的学风为中国建筑界培养了大批人才。1955年被选聘为中国科学院技术科学学部委员(院士)。历任北京市都市计划委员会副主任、北京市城市建设委员会副主任、中国建筑学会副理事长、北京土建学会理事长、中国建筑科学院建筑历史理论研究室主任、首都人民英雄纪念碑建设委员会副主任、全国科学普及协会北京分会副会长等职。

② 林徽因，建筑师、教授、诗人、作家。1904年6月10日出生于杭州，祖籍福建闽侯。1955年4月1日病逝于北京。与丈夫梁思成教授共同用现代科学方法研究中国的古代建筑，成为这个学术领域的开拓者。从20世纪30年代初至抗日战争爆发，他们走遍了中国15个省、200多个县，实地勘察了2 000余处中国古代建筑遗构，为中国古代建筑研究奠定了坚实的基础，并写下大量有关建筑方面的论文。新中国成立后，受聘任清华大学建筑系教授，讲授《中国建筑史》课程，并为研究生开设了《住宅概论》等专题课，写下《城市规划大纲》、《中国建筑发展的历史阶段》等学术论文。1953年当选为中国建筑学会第一届理事，并任《建筑学报》编委。在文学方面著述甚丰，包括散文、诗歌、小说、剧本、译文和书信等佳作，代表作为诗歌《你是人间四月天》和小说《九十九度中》等。在美术方面曾做过三件大事：参与中华人民共和国国徽设计，改造传统景泰蓝，参加天安门广场人民英雄纪念碑的设计。曾被胡适誉为"中国一代才女"。

③ 王宏甲、刘标玖：《吴孟超传》。北京：华文出版社，2012年，第50页。

梁思成患有脊柱软组织硬化症，林徽因患有肺病，治病需要很多钱。在贫病交加之际，美国好几家学校和机构诚邀他俩去工作和治病，却都被谢绝了，梁思成的解释是："我的祖国正在灾难中，我不能离开。假如我必须死在刺刀和炸弹下，我也要死在祖国的土地上。"而林徽因则表示："绝不做中国的'白俄'。"林徽因在建筑学论述中强调建筑与人的精神世界的对应关系，处处留下自己独特的人文与审美、情感与价值判断的印记，这些言教与身教，对热恋中的吴孟超和吴佩煜今后的做人与做学问之道都树立了明确的标杆。

吴孟超与吴佩煜都是学习成绩优异的高中毕业生，两人的日常谈话主题也早早地切入了对未来的憧憬，尤其是马上要作出的毕业后前途与个人报考大学志愿的抉择。双双报考同济大学是没有任何分歧的，至于专业和学院的选择，就各有各的想法了。

同济大学虽以医学起家，日后却以工程学科见长。土木工程、勘探测量、机械制造、电机造船……都实力雄厚，并造就了一大批国之栋梁。就拿

图2-3　1938年，梁思成一家与朋友们合影于昆明西山华亭寺(左起：周培源、梁思成、陈岱孙、林徽因、梁再冰、金岳霖、吴有训、梁从诫，选自百花文艺出版社的《林徽因传》)

当时所处的李庄来说,工学院的迁来,让李庄百姓的生活质量大大提高,譬如先后建立的测量馆、电工实验室、机械试验馆和实习工厂等,为当地百姓生产和生活需要,制造了各类机器,尤其值得称道的工学院从宜宾架杆引电,使李庄比县城早10多年用上电灯。工程学科对吴孟超来说太有吸引力了。再说,由于从小受到外国殖民者的欺负,吴孟超多么期望将来能当一名工程师,实现"工业救国"的理想。这其实也是他早年在橡胶园割胶时的憧憬,当一名工程师似乎就是少年时"成为有出息的人"的朦胧答案。再说,他很自信:"我这双手从小就学会干活,上初中的时候喜欢手工、雕刻、编篮子、修工具……而且我的手从来就闲不住,喜欢敲敲打打,喜欢弄些小玩意儿……"①

吴佩煜则目标很专注,就是要考同济大学医学院。她认为学医能治病救人。女孩子穿上白大褂,被人称为"白衣天使",又神气又漂亮。从医也是她从小就憧憬的神圣职业。

相互切磋,求同存异,是吴孟超的处事风格。人各有志,本是很正常的事,可偏偏处于热恋中的吴佩煜对未来专业选择的想法显得很固执,不仅自己坚定地要从医,还要吴孟超也跟着她从医。其实这时的吴孟超和吴佩煜都已将对方视作可以共度一生的伴侣,"学医将来可以独立,当医生能救死扶伤,能改善国人的体质……我俩都成为医生,以后两人能在一起工作,一起上下班,那该是多么美好的生活啊!"吴佩煜还深情地说:"孟超,你选择工业救国,这个我能理解,因为你从小为做苦工的父亲当帮手,吃尽了苦头,希望学成后能救国救民,但学医一样可以救国救民啊,孙中山、鲁迅早先不都是学医的吗?学医可以更透彻地了解人的生命现象,让国人再也不被耻笑为'东亚病夫'。所以,我希望你能跟我一起报考医学院,将来我们能在一起工作不是更好吗?不过,你如果真想学工科,我当然也不会拦你……"②

听着吴佩煜固执的想法却又讲得这么通情达理,吴孟超心里还是起了

---

① 吴孟超访谈,2012年2月10日,上海。资料存于采集工程数据库。
② 张鹏:《吴孟超画传》。上海:上海人民出版社,2007年,第36页。

不小的波澜：不管读什么专业，总要学一门真本事才行，否则难以安身立命，更不用说报效国家服务社会，成为一名有出息的人了……

安身立命，谋独立不求人，这些想法可以说是吴孟超与吴佩煜达成的共识。

但当时发生的另一件事，对吴孟超选择日后的学科道路也起了很大的影响。

川南一带长期流行痹病，轻者浑身乏力，皮肤发麻；重者上吐下泻，四肢麻痹，发展到胸部即无法医治，只能等死，当地百姓谈痹色变却又无可奈何。同济大学医学院教授唐哲、杜公振通过动物试验，查明病因是当地食盐中含有氯化钡。痹病被攻克了，困扰川南百姓千百年的怪病不再猖獗，不仅成百上千的百姓被治愈了，军队中很多官兵也康复后重返战场了，军队战斗力得到提高，抗日前线不时传来捷报。为此，官绅百姓弹冠相庆，奔走相告，这项研究也评为 1943 年全国应用科学类发明一等奖。这件事令吴孟超十分震撼，原来医学的作用如此之大，不仅与人的体质休戚相关，还直接与打败日寇相连。我回国的初衷不就是想参加抗日吗？学医能为抗日添力，我还犹豫什么呢？再说同济医学院是中国赫赫有名的医生摇篮呀！

随着江畔漫步时的思想交流逐步深入，最终吴孟超决定弃工从医。这成了吴孟超人生道路上很关键的第二次选择。

1943 年，他俩双双报考同济医学院，双双被录取了。

现在看来，是爱情的伟大魔力改变了吴孟超的生存轨迹。吴佩煜当初并没有料到，正是她的择业情话，日后为人类造就了一位肝胆外科事业的开拓者和创始人！

难忘李庄岁月

同济大学医学院的前身是 1907 年由德国医生埃里希·宝隆在德、中各界支持下，于上海创办的德文医学堂。1908 年改名同济德文医学堂。

"同济"一词出自《孙子·九地》:"夫吴人与越人相恶也,当其同舟而济,遇风,其相救也如左右手。"校董们为学校取名"同济",意蕴和衷共济,希望用现代医学造福人类。1912 年,同济德文医学堂与创办不久的同济德文工学堂合并,更名为同济德文医工学堂。1924 年 5 月 20 日,经南京国民政府教育部批准,改名为同济医工大学(因此,5 月 20 日定为校庆日)。1927 年8 月,由南京国民政府教育部正式接管,命名为国立同济大学,将原医、工两科分别更名为医学院、工学院,成了当时首批经国民政府批准成立的七所国立大学之一。[①] 由于同济大学自建校到以后的发展期,这数十年里均有德国人主持校务,因此继承了德国大学的一系列好的传统,诸如建立了较完备的医学和工学学科体系,学风十分严谨。尤其是同济的医学院,在吴孟超考入时的 1943 年已经在国内有相当知名度,是当时中国最好医学院之一,曾有"北协和,南同济"的说法。虽然同济大学经历了从德国人管理到私有,最后收归国有的过程,但学校基本建制没有变化,在民国早期中国大学环境剧烈变化的时期,同济大学在德国人管理下相对比较稳定,在较早成为当时南京国民政府的国立大学后,又创设了理学院。抗日战争期间,国立同济大学被迫迁往内地。于 1937 年 9 月起从上海迁至浙江金华、江西赣县、广西八步、云南昆明等地,1940 年迁到四川省南溪县李庄(今属四川省宜宾市翠屏区所辖)。这一时期,医学院在李庄建立起生理馆,解剖馆;以后还在宜宾建立起病理馆、药物馆、细菌学馆、公共卫生研究馆和生物学馆。

那时,学校虽处于偏僻的内地,教学条件确实也很简陋,但同济医学院优良的校风和严谨扎实的学风并没有因此而改变,依然坚守"同舟共济、自强不息"及"同心同德同舟楫,济人济世济天下"的同济精神;依然坚守"知识、能力、人格"三位一体(KAP:Knowledge, Ability, Personality)的同济育人模式,追寻着"仰天地之正气,法古今之完人"的理念。

创作于 1927 年的同济老校歌唱道:

好一片中华大地

---

① 同济大学主页:历史沿革,http://www.tongji.edu.cn/about.html。

不振兴工艺

真可惜　真可惜

同有耳目　同有手足

同有心思才力

不作工负了好教育

勤劳　诚毅

提携我中华国民

同舟共济　同舟共济

振兴工艺

好一片中华大地

不健康身体

真可惜　真可惜

同有心腹　同有肌肉

同有起居饮食

不学医负了好教育

慈爱　仁义

扶持我中华国民

同舟共济　同舟共济

健康身体

好一片中华大地

不格物穷理

真可惜　真可惜

同有头脑　同有智慧

同有星辰空气

不学理负了好教育

明彻　清晰

训练我中华国民

同舟共济　同舟共济

格物穷理

　　吴孟超虽然原先的志愿并不是学医,当他一旦投入医学专业后,"凡事不做则已,要做就要做得比谁都好"这种力求超越的逞强性格,引领着他如饥似渴地刻苦学习。因此,他很快就进入了状态并崭露了头角。

　　同济医学院的"闯三关"在同类医学院校中是闻名遐迩的。所谓的"三关"是指解剖、生理和生化,这是步入学医殿堂的三门基础学科,也是医学院校学生必过的三道难关,全都是口试。凡是闯过了这三关的人在医学学习史上就留下了光荣的一页,闯不过自然就要被淘汰。

图2-4　设在李庄祖师殿的同济大学医学院(摄于1993年,吴孟超办公室提供)

　　人体解剖学是研究正常人体形态结构的学科,其主要内容是探讨和阐明人体器官组织的形态特征、位置毗邻、生长发育规律及功能意义等,它与医学其他各科都有着极其密切的联系。只有在掌握人体正常形态结构的基础上,才能正确理解人体的生理功能、病理变化,否则就无法判断人体的正常与异常,区别生理与病理状态,更不能对疾病进行正确诊断和治疗。医学中三分之一以上的名词来源于解剖学,故人体解剖学是医学科学中极其重要的一门基础课程,是医学院学生学习基础医学和临床医学各科的先修课程,也是一门覆盖面广、教学内容众多、信息量大的课程体系,而且各学科的发展对解剖学也提出了更高的要求。同济大学医学院的人体解剖学除了开设传统的系统解剖学和局部解剖学外,结合医学的发展和相关专业的开设,还有针对性地开设了断面解剖学等课程,其教学要求确实很高。吴孟超在《我的求学问医路》中说:"当时的同济医学院很重视解剖学习,方召教授又抓得很紧,要求很严,要求每一位学生要熟知人体各个结构。学生们也都非常努力,我就是在那时掌握了扎实的解剖学知识。"

李庄处于乡镇,提供解剖课程用的尸体稀缺。因此,凡遇到逃难中饿死的无名尸体,学生们都会像宝贝一样地抬到标本陈列室,泡入福尔马林液中,都争着抢用。

当年的《同济大学概览》中有这样的文字描述:

> 两班一百余人共同坐在一教室中,听讲着神秘的人体构造,那就是上解剖课。墙壁上挂满了彩图,讲台上放着骨骼、内脏,起初对着死人白骨不免恐惧而生厌,但为了自己来此之目标及每一根骨头肌肉及内脏之形状名称,非详细研究不可,又很习惯地把它当作了用具。
>
> 解剖室内有蓄尸池,一走进去,就有一股刺鼻难闻的石炭酸及福尔马林的气味来欢迎我们。室内东一堆西一群穿着一尘不染的白大衣者,正在忙碌。这里有庄严、有沉思、有忙碌、有诙谐,有的翻着图,有的磨着刀,每人都很仔细地割,谁也不敢随便地将一根细小的血管或神经割断,否则只好硬着头皮挨骂。

吴孟超的解剖学学得特别优秀,既源于他的动手能力特别强,也源于他的超强悟性与记忆力,这为他日后当一名优秀的外科医生打下了坚实的基础。从1944年同济医学院上、下学期学生成绩表中可见,吴孟超与吴佩煜的成绩都是很优秀的,他们并没有因为热恋而影响学业,相反,是"爱的接力"促进学业的遥遥领先。这对眼下的学子们应该是一种示范。

"闯三关"的第二关是生理学,这是以生物机体的生命活动现象和机体

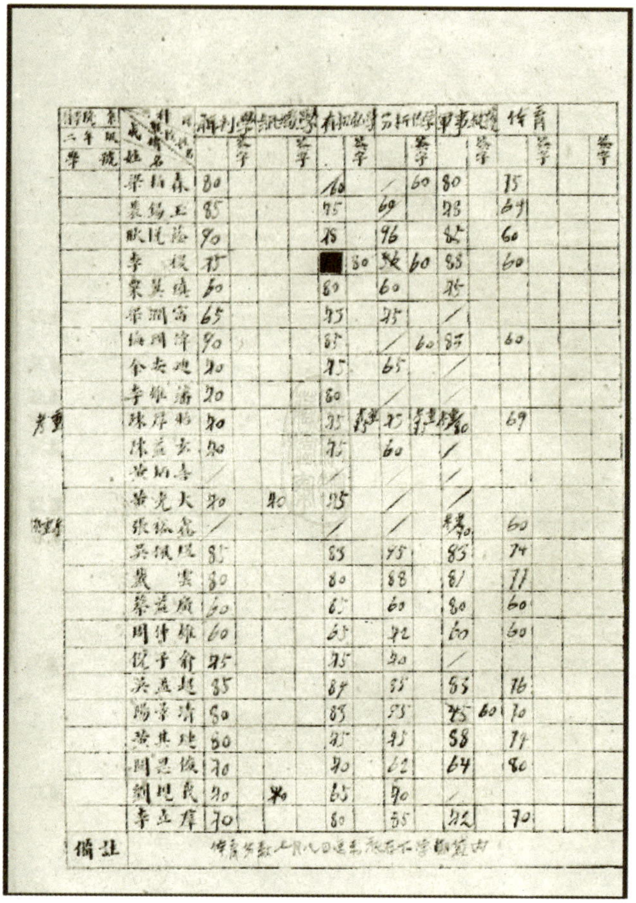

图 2-5　1944 年度上学期同济大学医学院学生成绩表中有关吴孟超和吴佩煜的成绩一栏(采集自同济大学档案馆)

各个组成部分的功能为研究对象的一门学科。也就是研究活机体的正常生命活动规律的生物学分支学科。活机体包括最简单的微生物到最复杂的人体。生理学的任务主要是阐明机体及其各组成部分所表现的各种正常的生命现象、活动规律及其产生机制,以及机体内外环境变化对这些功能性活动的影响和机体所进行的相应调节,并揭示各种生理功能在整体生命活动中的意义。

　　以实验为特征的近代生理学始于 17 世纪。1628 年英国医生哈维发表了有关血液循环的名著《动物心血运动的研究》,在历史上首次以实验证明了人和高等动物血液是从左心室输出,通过体循环动脉而流向全身组织,然

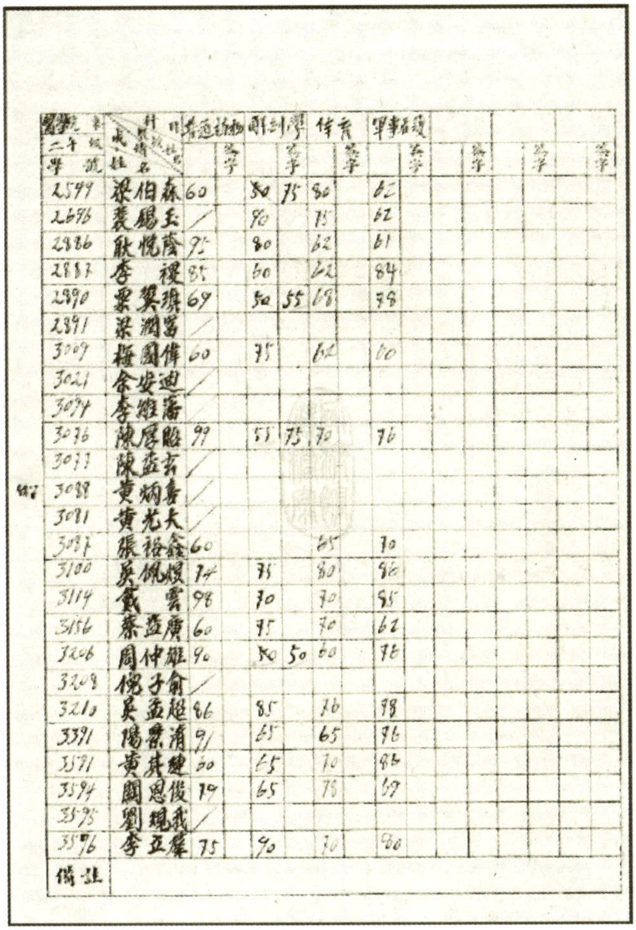

學號	姓名	普通動物	補考	解剖學	補考	體育	補考	軍事訓練	補考
2544	梁伯森	60		80	75	80		62	
2696	袁錫玉	/		90		75		62	
2886	耿悅蓀	95		80		62		61	
2887	李　稷	85		60		62		84	
2890	栗契璞	69		50	55	68		78	
2891	梁潤富	/							
3009	樓國偉	60		75		62		60	
3021	余安迪	/							
3094	李維藩	/							
3076	陳厚聰	99		55	75	70		76	
3077	陳益玄	/							
3088	黃炳壽	/							
3091	黃光大	/							
3097	張裕鑫	60				85		70	
3100	吳佩煜	74		75		80		98	
3114	戴　雲	98		70		70		85	
3156	蔡益廣	60		75		70		62	
3206	周仲雄	90		50	50	60		78	
3208	倪子俞	/							
3210	吳孟超	86		85		76		98	
3391	楊景清	91		65		65		76	
3591	黃其健	60		65		70		88	
3594	闞恩俊	79		65		75		69	
3595	劉規我	/							
3596	李亞藩	75		90		70		90	
備註									

图 2-6　1944 年度下学期同济大学医学院学生成绩表中有关吴孟超和吴佩煜的成绩一栏(采集自同济大学档案馆)

后汇集于静脉而回到右心房,再经过肺循环而入左心房。这样,心脏便成为血液循环的中心。但当时哈维受工具的限制,动脉与静脉之间是怎样连接的还只能靠臆测,认为动脉血是穿过组织的孔隙而通向静脉。直至 1661 年意大利组织学家马尔皮基应用简单的显微镜发现了毛细血管之后,血液循环的全部路径才搞清楚,并确立了循环生理的基本规律。

20 世纪前半期,生理学研究在各个领域都取得了丰富的成果。1903 年英国的谢灵顿出版了名著《神经系统的整合作用》,对于脊髓反射的规律进行了长期而精密的研究,为神经系统的生理学奠定了巩固的基础。与此同时,巴甫洛夫从消化液分泌机制的研究转到以唾液分泌为客观指标对大脑皮层的生理活动规律进行了详尽的研究,提出著名的条件反射概念和高级神经活动学说。而美国的坎农在长期研究自主神经系统生理的基础上,于1929年提出著名的稳态概念,进一步发展了贝尔纳的内环境恒定的理论,认为内环境理化因素之所以能够在狭小范围内波动而始终保持相对稳定状态,主要有赖于自主神经系统和有关的某些内分泌激素的经常性调节。坎农的稳态概念在20世纪40年代由于控制论的结合,乃广泛地认识到机体各个部分从细胞到器官系统的活动,都依靠自身调节机制的作用而保持相对稳定状态,这些调节机制都具有负反馈作用。

光看这门学科的发展脉络就已经够复杂了,别说其内容了。而在同济医科大学的学子闯关中,更难的不仅是学科,还因为教授。把好这门课质量关的德国教授史图博先生,是一位极其严峻又极其刻板的教授,尽管同学们学习生理学十分玩命,可是史先生的考试极难对付。口试时,到他面前,三下两下便会语塞。

史图博那时担任同济大学生理学馆主任,这位来自德国柏林医学院的教授,从1924年起就在同济生理学馆任教,是名符其实的同济"元老"。抗日战争爆发后,与同济师生一起颠沛流离,甚至把自己的籍贯说成是"中华民国江苏省宝山县"。他治学一丝不苟,对学生也常呈现"铁面无私"的一面,所以要想在史图博先生把关的生理学上闯过去,决非轻而易举之事,非得下极大的功夫不可。史先生的用意很明白,凡同济出去的学生个个都是有真才实学的,休想在医学学科前卖弄小聪明。难怪同济医学院的学生都叹服史图博是地地道道的同济"精神堡垒"。

探寻70年前的往事,发现在横亘万般艰难的战争年代,李庄五年的同济大学却发展了,进步了,原有理、工、医三所学院,后又增办了法学院,学生总数达1 100余人,毕业人数近700多人。这些都是在抗战烽火中,在轰炸阴影下,中华民族培养出的科学精英。同济获得两院院士的学者中,有5人曾在李庄就读,这是同济的光荣,也是李庄的光荣;这当然也是同济的骄傲,李庄的骄傲。这光荣与骄傲的背后有一大批兢兢业业的中外育才精英,有一

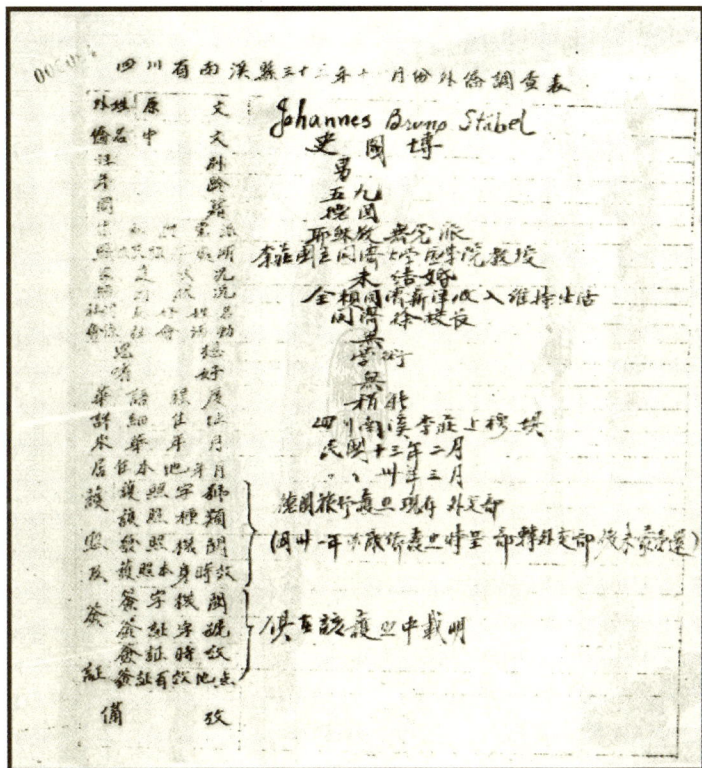

图 2-7　1944 年(民国 33 年)史图博教授填写的外国侨民调查表
(采集自同济大学档案馆)

大批学习目标很明确的学子,条件再艰苦,环境再恶劣,如吴孟超般的国之栋材还是茁壮成长起来了。

"闯三关"的第三关是生物化学,这是指用化学的原理和方法,研究生命物质的化学组成、结构及生命活动过程中各种化学变化的基础生命科学。生物化学这一名词的出现大约在 19 世纪末 20 世纪初,但它的起源可追溯得更远,其早期的历史是生理学和化学的一部分。例如 18 世纪 80 年代,拉瓦锡证明了呼吸与燃烧一样是氧化作用,几乎同时科学家又发现光合作用本质上是植物呼吸的逆过程。生物化学研究的对象包括物质组成、物质代谢、结构与功能、繁殖与遗传。其研究内容包括:生物体的化学组成、代谢调节控制、生物大分子的结构与功能、生命的起源与进化等,其中的医学生化,主要是对一些常见病和严重危害人类健康的疾病的生化问题进行研究,有助于进行预防、诊断和治疗。其内容体系的庞杂,横跨生物学与化学,确实够棘手的。

于是,在李庄,白天的茶馆与江边,到处都能看到捧着书本死啃的医学院学生;而晚间的课堂与茶馆,在黯淡灯光下,他们依然孜孜不倦。营养不良的学生们都不可能正常作息,Durchfallen(意指"不及格""考试没通过"或"实验失败")这个词老在他们脑子里打转,虽然倦极欲睡,也只好揉揉眼睛再念下去,以致常常通宵达旦。

得益于各位教授的严格训练,同济医学院的学生都打下了相当扎实的基础。难怪同济学子毕业后广受社会各界欢迎,这与他们求学时打下的扎实基础是密切相关的。

同济大学医学院所在的四川李庄,地方虽小,茶馆甚多。医学院所在的祖师殿只能聊充课堂之用,学生平时的自学除了留在宿舍外,只能上茶馆。于是,李庄的各家茶馆中都能见到捧着书本聚精会神阅读的同济医学院的学生。尤其在晚上,在暗淡的灯光下,挑灯夜读甚至通宵达旦的也往往都是同济医学院的学生。要知道,那个年头的学生心底都铆足了劲,要学成后为民族强盛出力,使祖国早日强大起来,可早日赶走日寇,目标是很明确的。再说,医学院的课程压力确实也很大。

在百舸争流般的学习拼搏中,吴孟超总能拔得头筹,成为班里的佼佼者,加上他乐于助人,组织能力又特别强,同学们推选他当了班长。

1945 年时,同济大学医学院有学生 304 人,教师 45 人(其中教授 13 人,副教授 1 人)。这一时期的医学院授课教师中除史图博一人是德国教授外,其余都是中国教师,多数是同济历年来自身培养出来的,他们在艰苦的条件下,克服各种困难,奔走于宜宾与李庄之间,秉承同舟共济以振兴工艺、健康身体、格物穷理之目标,不辞劳苦地坚持严谨教书育人之活动。医学院前期主要教授基础理论课,这些课程有些是由理学院教师担任;后期大部分课程必须结合临床实习,所以后期教师均在宜宾上课,并带领学生在附属医院住院部和门诊部实习。那时,吴孟超尚处于低年级阶段,在四川的求学记忆还是在李庄。

那个年代,川中帮派林立,即便在茶馆喝茶也体现出来。若是两个帮派同时进入一家茶馆,双方就会辩论,辩输了的一派要给赢了的买单。机灵的吴孟超摸到了这一规律,课余会沿着窄窄的石板道一家家茶馆寻找过去,哪

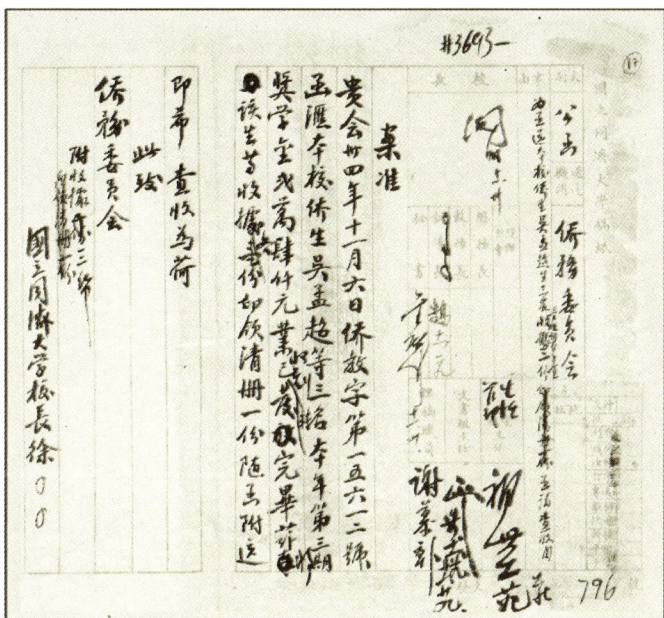

图 2-8　1945 年(民国 34 年)同济大学给侨务委员会出具的有关颁发给
吴孟超等四位同学奖学金的公函(采集自同济大学档案馆)

家茶馆有"状况"便溜了进去,坐在相对安静的角落,喝完茶,吃完点心,打开课本学习,到最后别人把单买好了,他的阅读也告一段落了。回忆起那段艰难却又不乏有点小乐趣的日子,吴孟超至今仍觉得蛮有意思的。毕竟那时吴孟超是一位靠奖学金坚持同济医学院苦读的学生。

留在祖国

　　1945 年 8 月 15 日,日本宣布无条件投降,中国人民的抗日战争终于胜利了。闻讯后,小镇李庄沸腾了,吴孟超随同同济大学医学院的师生敲锣打鼓,上街游行。整个李庄的茶馆饭店和街上到处都是人。富裕一点的同学倾其所有,拉着吴孟超及其他同学上了当地最高级的"留芬老饭店"吃饭喝酒。那天晚上,吴孟超喝得酩酊大醉。

师生们沉静下来的思考便是:同济何时能返回上海?屈指算来,吴孟超在李庄也呆了整整三年了。根据同济校史记载:蒋介石曾到宜宾巡视,问当时的同济大学校长徐诵明,能否将学校留在四川重庆续办?徐诵明如实禀告,师生员工迫切希望返回上海,故无法从命。于是,同济迁回上海就紧锣密鼓地进行了。1946年5月,同济大学决定从四川迁回上海。学校发给每一位师生一笔返上海的路费,不过得自己寻找交通工具。

吴孟超与吴佩煜商量后,决定先去一趟昆明。主要是吴佩煜的父母尚在昆明,她要去探望双亲。再说吴孟超的一位姓刘的同学,从西南联大毕业后在昆明侨务处当上了科长,也曾多次邀请吴孟超去昆明协助工作。更为重要的一个缘由是,抗战胜利后,国民政府教育部有明文规定:凡自海外来的归侨学生可以根据自愿的原则,返回原来的所在地(国),由政府发给路费,有关的侨务部门负责办理侨生转(退)学事宜。吴孟超自1940年初离开马来西亚回国已六年多了,由于太平洋战争爆发,与家庭失去联系也有四年了,实在思念父母和弟妹,很想回侨居地马来西亚诗巫去看看。现在能到昆明申请一笔回马来西亚的路费,不也是一次很好的机会?所以,他俩相约另外几位同学,沿当年从昆明入川的原路,返回昆明。

那时申请回侨居国的侨生很多,办妥申请手续等待批复至少得花几个月。因此,吴孟超在昆明侨务处担任了几个月的临时抄写员,帮着填写表格。期间还兼做家庭教师,并在昆明的西南中山高级工业学校担任了两三个月的英文教员。这几项临时工作所获得的报酬,对于经济拮据的吴孟超来说实在是"久旱适逢及时雨"了。

这期间,耳闻目睹的几件事对吴孟超日后去向抉择的影响还是挺大的。

7月12日早晨,吴孟超像往常一样去侨务处上班,发现昆明街道上军警明显增加,行人也在窃窃私语,似乎发生了不寻常的大事。原来是著名的民主人士、民盟中央委员李公朴先生昨晚惨遭国民党特务的暗杀,凌晨在云南大学医院去世了。对李公朴先生等七君子为中国民主和平而奔走呼号的事情,吴孟超是一直心怀钦佩的。如今抗战胜利了,反动派竟然对这样的民主爱国人士也会下此毒手,实在令人悲愤。

7月15日上午,吴孟超同千千万万昆明各界人士去云南大学参加李公

朴先生治丧委员会组织的报告会,聆听了闻一多先生感人肺腑的演讲。闻一多先生拍案而起,首先大声质问:

今天,这里有没有特务? 你站出来! 是好汉的站出来! 你出来讲,为什么要杀死李公朴先生?

闻一多先生哲理独到地分析:

——这是他们(指反动派)的末日到了,他们害怕,他们恐慌,所以他们要制造恐怖! 希特勒、墨索里尼的疯狂行为,就是因为法西斯强盗恐惧人民力量的强大。

——反动派的无耻,正是李先生的光荣!

——反动派,你只看见一个人倒下去,却看不见千百个人会跟着站起来!

——正义是杀不完的,因为真理永远存在!

——我们随时像李先生一样,前脚跨出大门,后脚就不准备再跨进大门!

……

果然,闻一多没能"再跨进大门",作完这《最后一次演讲》也惨遭特务杀害了。

这下,昆明市民被彻底震怒了! 热血青年的吴孟超更是怒不可遏,闻一多先生的演讲还在耳际回荡,"历史赋予昆明的任务是争取民主和平,我们昆明的青年必须完成这个任务。"作为同济医学院学生的吴孟超心里明明白白。

那位在昆明侨务处工作的刘姓同学帮吴孟超办妥了有关回侨居地路费申请的手续,足足花了 5 个月时间。这 5 个月也让吴孟超看到了很多,听到了很多,也想到了很多:抗日战争虽然胜利了,但战后的满目疮痍,老百姓的食不果腹、衣不蔽体,生了病没有任何保障……百姓依然处于水深火热之中,争取民主与和平的事业也亟待有为青年出力啊!吴孟超在关键时刻总会遵循"舍小家报大家"的做人准则。因此,在他领到了回马来西亚的路费后犹豫起来:现在要不要立即回马来西亚?回去了之后能不能再回祖国为争取民主与和平的事业而出力?是否应该回上海继续求学完成学业?……

剧烈的思想斗争,常常令他夜不能寐,食欲全无。扪心自问:"我千里迢迢从马来西亚回国,抱着读书救国的愿望,希望学成后报答父老乡亲,成为有出息的人。如今我已在国内数一数二的名牌大学——同济大学医学院读了三年级,按照同济的学制,医学专业的理论学习为五年,加上最后一年的毕业实习,一共是六年。我学业未成,怎能半途而废呢?何况马来西亚家中的情况究竟是好是坏又不得而知,万一回去后再也不能回来呢……"

当然,他还有一个不得不考虑的重要因素——割舍不下已经相爱多年的吴佩煜。爱情的力量当然也是让吴孟超作出是去是留抉择时不得不考虑的重要因素。考虑再三,吴孟超终于决定继续留在国内,把书念完,以报效祖国。

吴孟超在昆明工作了几个月挣了一些钱,加上领到的那笔回马来西亚的路费,一改往日的拮据状况,便在昆明添置了一套崭新的西服。考虑到从昆明到上海交通实在不便,他又托侨务处的同学帮忙买了飞机票,于当年10月同吴佩煜一起乘美国军用运输机,从昆明飞到了上海。这是吴孟超生平第一次乘坐飞机。

兴许是吴孟超思念家人的诚意感动了上帝,偶然间从一位来自马来西亚的华侨同学处获悉,父亲已于几年前回到了福建闽清老家。而那时同济大学迁回上海的复校工作千头万绪,最早也要延迟到12月才能开学。何不利用这段时间回一趟老家去见阿爸呢?从5岁离开福建老家,还真一直没有回老家去过。思父心切,说走就走。

原来吴孔钦在沙捞越积攒了一些钱,前几年回到福建老家,买了一块地,打算建房,以后人老了可落叶归根。没想到太平洋战争一爆发,他就回不了马来西亚了,只得在闽清老家住了下来,但战争的动荡与学校的不断迁移,他也确实联系不上吴孟超。

这时的吴孔钦已经是 50 岁的人了,长年的辛劳使得他的额头上添上了许多深深的皱纹,但精神仍很健旺。诗巫家中前几年的状况让吴孟超问得一清二楚。这下,吴孟超总算食有味夜能寐了。吴孟超也向阿爸详细汇报了这些年在国内的生活和求学的情况,阿爸听了自然甚感欣慰。望子成龙一如当年的吴孔钦叮嘱孟超一定得把大学念完,将来做一位名医,好光宗耀祖……吴孔钦还领着吴孟超去看了准备盖房子用的田和老屋后院堆放着的木材和砖石。

吴孟超回家乡还有一个夙愿——向舅舅汇报"成为有出息的人"的进程。哪里料到舅舅已去世了。吴孟超含泪上山看望了舅妈。

吴孟超很能理解父母思恋故土的情结,他对阿爸说:"以后你们回来了,我一定在二老跟前尽孝……"①

吴孟超在闽清老家住了将近一个月就回上海读书了。不久,吴孔钦也带着孟冬的媳妇回沙捞越去了。从此彼此再也无缘相见,这一别竟成了吴孟超父子的永别。

吴孟超回到上海后,便投入紧张的专业学习之中。

那时,上海正处于黎明前的黑暗之中。面对大批华侨青年飞回南洋,吴孟超坚定地选择留在祖国,迎接新中国的曙光。因为吴孟超自回国的第一天起,就下了决心:儿回来,就是要为祖国妈妈擦干眼泪,抚平创伤的。

这是吴孟超人生道路上极关键的第三次选择。

师从裘法祖

同济大学迁回上海后,原先吴淞的校舍已被日寇炸成平地了,只得另觅新址复课。这年头的同济成了一所分散于上海十多处的"大学堂",包括地

---

① 桑逢康:《吴孟超——游刃肝胆写春秋》。北京:新华出版社,2008 年,第 35 页。

处市中心的中美医院、四川北路原工部局的西童学校、四平路的原日本中学和第七国民学校等。

1947年初的一天,吴孟超正在同济大学附属中美医院埋头读书,听到同学们都在兴奋地谈论校友裘法祖教授要来给他们上课的消息,顿觉无比兴奋,"真的吗? 裘教授会来授课?"裘法祖的大名早已如雷贯耳,这位校友在德国外科学界也是很有名气的人物啊!

年长吴孟超8岁的裘法祖是浙江杭州人,从小勤奋又聪慧,18岁(1932年)时,从之江大学附属高中毕业,同年考入上海同济大学医学预科,学了两年德语,1936年在同济大学医学院前期结业后,靠其两位姐姐的资助,赴德国慕尼黑大学医学院留学。由于裘法祖学业优良,连年获得沃尔夫和洪堡奖学金。1939年通过严格的德国国家考试和论文答辩,以优异的成绩获得慕尼黑大学医学博士学位,随即在慕尼黑大学医学院附属医院从外科住院医师、主治医师,直做到副主任医师。1945年,他荣获德国"外科专家医师"的荣誉,同年又被聘为土尔兹市立医院的外科主任,那年裘法祖年仅31岁。这么年轻已当上外科主任,在德国人中都是鲜见的。

在第二次世界大战中,裘法祖凭着他那把出神入化的手术刀,在残酷的战争年代曾拯救了许许多多德国人的生命,而且从头到脚,病人身上每一个部位的手术他基本都能做,可见他的解剖学根底与精湛的手术技艺。他开起刀来如行云流水,动作干净利落,一气呵成,连以严谨著称的德国人都自叹弗如。

1946年10月底,裘法祖携妻子罗妮和儿子华德乘火车离开德国,在意大利转英国军舰回国。抵达香港后,又转一艘法国轮船回上海。在那段航程中,两名旅客打斗,其中一位被尖刀捅破了腹部,伤及肝脏,大出血倒地。船上虽配备了小小的手术室,却没配外科大夫。在喇叭中传来"船上有没有外科大夫"的紧急呼叫声中,裘法祖挺身而出。要知道,20世纪40年代,肝脏修补术还是世界性难题! 裘法祖做的手术很成功,令全船乘客与随船的法国内科大夫对裘法祖刮目相看。船一靠上海港,几名记者已上船来采访裘法祖了(也不知道他们是怎么知道这一事件的)。第二天的上海《申报》及

图 2 - 9　1946 年返沪后的同济大学医学院校门(吴孟超办公室提供)

其他几家主要媒体都登载了裘法祖船上成功施行肝脏修补手术的报道。这成了裘法祖学成归国踏上国土时的"见面礼"。

2008 年 6 月 14 日,被誉为"中国外科之父"的裘法祖在武汉逝世。除了中国人民十分悲痛外,德国《世界报》也用大幅版面对其进行了生动的报道。这源于裘老在二战期间智救犹太人的一段传奇经历。

1942 年,裘法祖博士被慕尼黑市的一家医院聘用。由于纳粹德国开始溃败,二战已渐入尾声,慕尼黑遭到盟军的轰炸。裘法祖所在的施瓦本地区医院,在慕尼黑市郊 50 公里外的巴特托尔茨开设了一所战地分院,裘法祖任分院院长。在巴特托尔茨,裘法祖每天都要给三四名在轰炸中受伤的德国人做手术。他高超的医术备受病人推崇,当地居民把他称为"永远不知疲倦的中国神医"。

当时,在慕尼黑郊区的达豪,希特勒建了一座纳粹集中营。达豪集中营是纳粹德国的第一座集中营,二战期间至少有 3 万人丧命于此,被屠杀的主要是犹太人。

1945 年 4 月,面对越来越逼近慕尼黑的美军,纳粹强行驱赶数千名被关押在集中营的囚犯,横穿巴伐利亚进行转移,这就是历史上有名的"达豪死亡行进"。一路上,走不动的囚犯惨遭纳粹士兵毒打,甚至被就地处决。4 月底 5 月初,队伍行经裘法祖所在的战地医院。裘法祖后来回忆说,他当时正准备做手术,突然护士长紧张地跑进手术室大喊:"外面躺着好多集中营犯人!"他立刻跑了出去,被眼前的惨状震惊:40多名骨瘦如柴、衣不遮体的集中营犯人虚弱地瘫在地上,全副武装的纳粹党卫军士兵,在不断呵斥他们起来。

裘法祖鼓足勇气,在一名女护士的陪伴下径直向队伍走去。纳粹士兵惊讶地看着这个身穿德国主任医生白大褂的中国人朝他们走来,用流利的德语大声斥责:"您的囚犯患有伤寒,我们必须把他们带走!"

面对一位31岁的中国医生表现出的正义与坚定,纳粹士兵屈服了。40多名集中营犯人被裘法祖带进了医院。在这里,犯人被藏进了医院地下室,并得到了悉心治疗和照料,直到战争结束而重获自由。

1985年二战结束40周年之际,当时的联邦德国总统冯·魏茨泽克倡议,寻找并表彰在纳粹暴政下不顾个人安危、救助犹太人的英雄们。虽然裘法祖本人十分低调,刻意隐瞒那段历史,但德国巴特托尔茨市的市民却忘不了这位"中国神医",他们纷纷给总统打电话。联邦德国的犹太人组织也证明,找到了几位当年被裘法祖解救的犹太人。最终,裘法祖因拯救德国二战大轰炸受害者、救助集中营犹太人以及对德中医学交流曾作出的突出贡献,被冯·魏茨泽克授予了德国"联邦大十字勋章"。裘法祖也因此成为德国这项传统荣誉制度史上第一位获得此勋章的亚洲人。

1947年时的同济医学院的师生是不会知道他们这位校友(或尊称"学长")——裘法祖教授这些感人故事甚至细节的,但是有关"裘氏刀法"的传说,却早已在同济医学院的师生中传得沸沸扬扬了。对外科学特别感兴趣的吴孟超将裘法祖视为心中的偶像。如果真能听到裘教授的讲课,看到他的娴熟的手术操作,那真是太幸运了!

一天,教导主任陪着一位英俊潇洒、穿着白色西服的教授来到教室,兴奋地搓着双手向同学们介绍:"同学们,这位就是大家期盼已久的裘法祖教授,他刚从德国回来……"雷鸣般的掌声已将教导主任的话语打断,大家不由自主地纷纷起立来欢迎这位以刀法精准见长,被医学界称为"裘氏刀法"的创设者。坐在第一排的吴孟超更是激动不已,向裘教授鞠起躬来。他目不转睛地打量着裘教授,整洁的衣着、修长的身材、俊朗的面容、深邃的目光、优雅的举止、严谨的话语和漂亮的板书……反正，裘法祖的一举手一投足，都令吴孟超着迷。六十多年后的今天，吴孟超依然清晰地记得，裘法祖教授开始授课的第一句话："感谢同学们的掌声，我很高兴和大家一起学习外科学……"

这就是真正的大家风范！从这一天起，吴孟超就立下了一个愿望：有一天能成为像裘法祖学长那样的外科大夫，那该多么幸福啊！吴孟超年轻时的"追星"狂热并不比当今的年轻人逊色，但他追求的是人生事业的"梦想"，一个崇高的偶像！

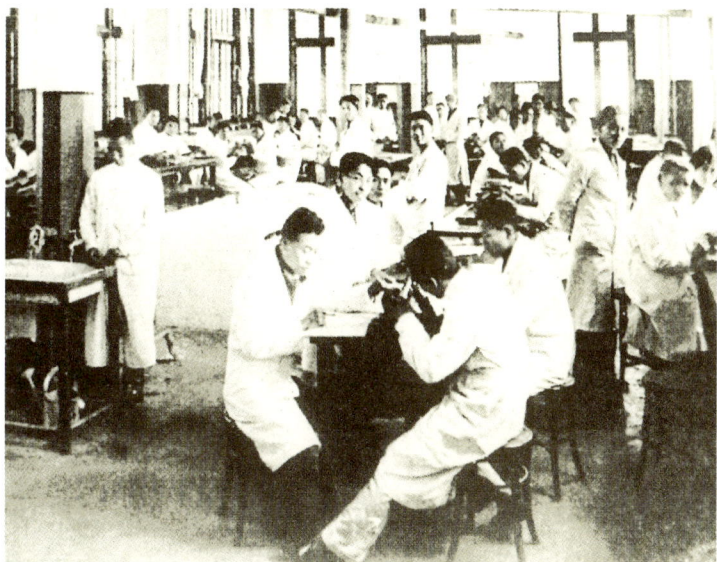

图 2-10　20 世纪 40 年代同济医学院实验课 (吴孟超办公室提供)

尽管裘法祖教授上课操着浓重的杭州口音，许多同学觉得很难听懂，但吴孟超仍觉得特别清楚，特别亲切，兴许吴佩煜也是杭州人的缘故，吴孟超对杭州人乃至杭州话都情有独钟。爱屋及乌嘛！这种由崇拜心理导致的默契，往后一步步铸就了他们师生六十多年的深厚情谊。从那堂课引发的吴孟超对外科医学的钟情以致痴迷，日后书写出一部辉煌的中国肝胆外科史。

迎接上海解放

1948 年 1 月 29 日,同济大学爆发了"反饥饿,反内战,反迫害"的斗争,举行了声势浩大的示威游行,在国民党统治区形成了与人民解放军相配合的第二条战线。在游行队伍挺进时,学生遭到上千反动军警宪特的野蛮殴打,造成 69 名学生受伤。在同济学生的游行队伍中,吴孟超是积极分子。在关系到中国人民前途与命运的关键时刻,吴孟超不仅积极参加了示威游行,他还出色地完成了上海地下党组织交给他的一项特殊的使命。

在当天晚上同济礼堂举行的"血债晚会"上,同学们的情绪更加激昂,控诉反动军警的血腥暴行,展现迎接光明的急切心情。谁也没有料到,几百名军警与特务已团团包围了会场,强行逮捕了 97 名学生。他们被关押在卢家湾地区一个秘密的地下室里。上海地下党组织负责人黄钟传为了与被捕学生取得联系,里应外合地展开营救工作,曾经找了同济大学医学院的三位学生商量,怎样将营救的信息传递给被捕的学生,其中就有他们信赖的吴孟超。

他们希望吴孟超能装扮成检疫人员,进到关押被捕学生的地方,将营救计划告诉他们,以取得配合。为此,必须弄到一张上海红十字会的公函和一辆救护车。吴孟超主动请缨去落实公函和救护车。

第二天下午,一辆白色的救护车一路鸣着喇叭,径直开到了关押学生的地方。骗过了站岗的军警后,身穿医疗隔离服的吴孟超一边佯装为被捕学生例行疫检,一边借机把地下党组织的营救计划向他们作了传达,要求他们如何配合,如何继续开展狱中斗争,尽快争取全部获释。一周后,这批学生都获得了自由。

1948 年夏,吴孟超在修完同济医学院所有本科课程后,被分配到当时的中美医院实习。这家医院就在现在上海市中心的凤阳路上,原来是同济大学附属的宝龙医院,抗战结束以后才改做中美医院的,现在则是二军医大附属长征医院。

图 2－11　医学院学生在中美医院内的医后期第一梯形教室上课
（吴孟超办公室提供）

　　"我是 1948 年 9 月份到那里去实习的。我们是六年制的医科大学，五年念书一年实习，德国式的体制。因此，从 1948 年开始到 1949 年整整实习了一年。那个时候正好是最热闹的时候，因为老百姓对国民党腐败有目共睹，都盼解放军早点过来，早点解放……我们天天晚上到医院最高楼去看，看炮火，就是从闵行那边、宝山那边打过来的，看到炮火连天，感到很兴奋，感到离解放的日子不远了……"①

图 2－12　同济大学 1948 年毕业纪念刊封面和毕业纪念刊上的吴孟超
（采集自同济大学档案馆）

① 吴孟超访谈，2012 年 2 月 10 日，上海。资料存于采集工程数据库。

图 2-13　1948 年时中美医院外景（吴孟超办公室提供）

应该说，在中美医院实习的经历，让吴孟超心灵受到极大的震撼。尤其到了 1949 年春上，一起参加实习的同学和带教的医生都在窃窃私议，国民党的气数已尽，解放军要不了多久肯定会攻下大上海。不久，解放军果然挺进到了上海周围。那一段时间，吴孟超白天在病房实习，晚上就跑到医院的顶楼，眺望远处被炮火映红的夜空，期盼人民军队的早日到来。之所以渴望见到共产党的军队，是因为这个部队是由曾经给他和他的中学同学发来过感谢电的"朱、毛"领导的。吴孟超 18 岁时，之所以会从马来西亚回国，最初的动机也是赴延安投奔"朱、毛"，参加共产党的抗日队伍的。现在，这个部队就要来到身边了，怎不令人兴奋和激动呢？

1949 年 5 月 26 日清晨，"我打开门准备去上班，发现好多解放军战士都睡在冰凉的马路边上，他们不进屋，都一排一排睡在马路边，令人震撼，给人的印象特别深。他们不扰民，这么有纪律，'三大纪律八项注意'的告示到处张贴着。我们不由得向那些满面尘土、肤色黝黑、身上硝烟犹存的解放军战士投去钦佩和敬仰的目光，在内心深处对人民解放军战士产生了由衷的好感。真是人民的军队，所以更加敬仰他们了，更加尊重他们了。接下来，医院里就接受了一批批解放军伤员，这下，我们就忙开了……"①

随后几天，有不少解放军伤员被送到中美医院治疗，吴孟超主动报名参加了抢救组，同中美医院的医护人员、实习生们一起，从早到晚连轴转，在手

————————
① 吴孟超访谈，2012 年 2 月 10 日，上海。资料存于采集工程数据库。

术室里为解放军伤员开刀、取弹片、缝合……不少伤病员已在战地做过一些简单的包扎处理，有的甚至只是用一些杂布代替纱布包扎伤口，导致伤口感染化脓，高烧不退，就是在这种情况下，伤病员们还是互相照应、互相鼓励，这种无私乐观的精神，令中美医院所有医护人员都震撼了。解放军战士历来有轻伤不下火线、重伤不喊痛的光荣传统，伤员们不管伤势轻重，都无一例外地听从医务人员的指挥与安排，没有任何人耍态度，讲怪话，甚至连大声呻吟的都没有。眼前的这一切同吴孟超数月前看到过的国民党伤兵动不动就乱吼乱叫、恶语伤人之态，简直有天壤之别。医护人员打心眼儿里敬重他们，从而对伤员们的治疗也就更精心了……

正在实习的吴孟超虽然还没有资格主刀，但已经掌握了一些简单的外科手术的基本技能，所以他常常挽起袖子主动请缨做"缝皮"、"拉钩"等手术助手的工作。

吴孟超在手术室越干越兴奋，整整三天三夜都没有睡觉。饿了随便吃点东西，乏了靠在椅子上打个盹。总之，为抢救解放军伤病员他没有离开过手术室。拉钩、缝皮等一些基本技能已足够让他体会到外科手术对这些英雄战士生命的价值。眼见不少伤员由于及时得到了治疗，不久康复出院的情况，吴孟超这个在手术室打下手的实习生已感受到做外科医生的辛苦，也体会到了外科医生治病救人的快乐与利索。从此，立下了今后一定要当外科医生，并且一定要当一名解放军军医的志向。

1 米 62 的尴尬

上海解放了。吴孟超的毕业实习也结束了，他领到了当年国立同济大学校长夏坚白、医学院院长梁灿英颁发的临时毕业证书。

那个年代同济医学院的毕业生，凡成绩优秀的，总会被留校，分配到同济大学附属医院各科室去工作。吴孟超学业优良，留校是绝对没有问题的，但能否被分配到他所钟爱的外科，却没有把握。分配方案公布时，令他感到

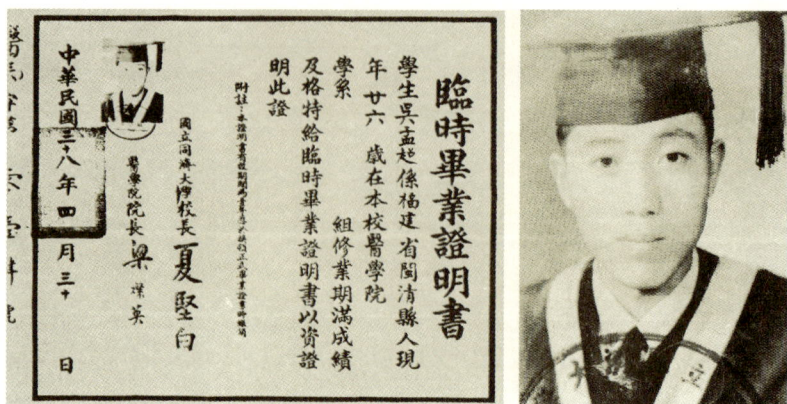

图2-14　吴孟超的同济医学院临时毕业证明书和毕业照（1949年，吴孟超办公室提供）

高兴的是,他如愿以偿地留在本校附属医院,但却分配在小儿科,这同他想要做一名外科医生的愿望大相径庭。

吴孟超是一个很有个性的人,凡是他考虑透彻的事和经过深思熟虑后所作出的决定,绝不会轻易改变,尤其是受到裘法祖老师的深刻影响,毕业后立志当一名外科医生,是他当时为自己确立的人生目标,很坚定,很坚定。吴孟超也是一个敢于把命运掌握在自己手里的人,无论遇到什么样困难也要努力实现自己的人生价值。他的这一固执的性格往往会碰壁,但也往往在关键时刻会撞击出耀眼的火花,为成功照亮前程。

拿着学校的分配通知书,吴孟超径直跑到医务部主任那里去申诉。这位医务部主任曾教过吴孟超"眼科"课程。不过,这位教授对吴孟超的印象并不好,他从心里看不起这位思想激进的小个子。而这位医务部主任原是国民党员,同学们背地里都斥他"党棍"。

吴孟超向医务部主任陈述了自己不愿去干小儿科,而想去干外科的理由,并请求:"学校能否考虑一下,把我分配到外科工作? 再说前一阶段实习时,我曾给解放军伤病员做过简单的外科手术,已经有了一些临床的基础了……"

医务部主任瞟了一下眼前的这位小个子:"学校是根据学生的考试成绩来安排工作的,目的也是为了发挥毕业生个人之所长。你的外科只得了65分,小儿科却得了95分,列全班第一呀! 吴孟超同学,考试成绩是最能说明问题的，我看你还是安心去干小儿科吧，人人都要生儿育女，小儿科不是也很重要吗？"

不能说医务部主任讲的没有道理，但生性固执的吴孟超绝不会对已定下的志向作调整，是一条路走到底的人。于是，他反反复复地向医务部主任讲自己怎样热爱外科，怎么适宜当一名外科医生。"外科医生不是要动手术吗？我从小就喜欢动手，做个小玩意儿、刻个什么东西，十个手指可灵活哩！外科医生一刀下去就能把病人治好，干脆利落，这是别的科所不能比拟的。搞外科容易出成果，这是我喜欢外科的最主要的原因！……"执拗的吴孟超喋喋不休说个没完，医务部主任听得实在感到不耐烦了，挥一挥手打断了吴孟超的陈述，带着奚落的口吻说："你也不看看你长的什么个儿，才1米62，能当外科医生吗？"

这句话深深地刺痛了一颗倔强的心。人矮了就怕人家揭他的"短"。吴孟超个子虽矮，心志可高着呢！

"你说我不配当外科医生——好，好，我偏要当个外科医生给你看看，而且要做一个第一流的出色的外科医生。走着瞧吧！"[1]

在师道尊严还很厚实的环境下，像吴孟超这样敢于对教授这样直言相送，不留"情面"，倒是十分鲜见的。他毫不犹豫地拒绝了学校分配给他的留校当一名儿科医生这份旁人打着灯笼也找不着的"美差"，结果就等于是自己丢掉了谋生的饭碗，成了一个怀揣着大学毕业证书却没有工作的失业者。

---

[1] 张鹏：《吴孟超画传》。上海：上海人民出版社，2007年，第46页。

第三章
勇敢的拓荒者

学术背景与科学足迹

1951 年瑞士的 Hjortsj 首建肝脏管道铸型腐蚀标本和胆管造影的研究方法,经过 10 例观察,提出肝动脉和肝胆管呈节段性分布的观点,并将肝脏分成内、外、后、前、尾共五个段。后来,Healey 和 Schroy 的进一步研究亦证实 Hjortsj 的发现,在肝内门静脉的分布亦相同,并根据通常的解剖学命名原则,提出肝脏的分段命名系统。

20 世纪 50 年代中期,Goldsmith 和 Woodburne 强调肝叶切除术应严格遵循肝脏内部的解剖,因而提出规则性肝叶切除的概念。50 年代后期,Quattlebaum 则强调广泛肝切除手术的要素,包括:充分显露、入肝血管结扎、完全游离肝脏、钝器分离肝实质。

1953 年,Rafucci 通过犬的实验,提出了犬可以安全地耐受肝门血流阻断 15 分钟。这个标准一直是临床上所采用的依据,但事实证明临床上常温下肝门阻断时限可达 60 分钟,甚至更长。后来,Child 又进行了系列研究,并报告了 2 例病人结扎门静脉后并无不良结果。

1956 年 6 月,上海市第二劳工医院外科徐宝彝主任与市立第六人民医院乔龙医生、法医研究所程建安医生等,成功地为一位 43 岁患肝脏巨大海绵状血管瘤的病人切除了整个右半叶肝（约占肝脏的60%）。

1949年吴孟超成了一个怀揣大学毕业证书却没有工作的失业者。命运之神让他在当年遇见了识才的伯乐——郑宝琦教授，有缘进入华东军区人民医学院第一附属医院（即后来的第二军医大学第一附属医院），当上梦寐以求的外科军医。勤奋与不断钻研，使吴孟超很快脱颖而出，1956年加入了中国共产党，晋升为主治医师，被授予大尉军衔。更令吴孟超欣喜的是有缘再拜师裘法祖教授，学裘师的医术与医道，对"裘氏刀法"的理解能从书本、听讲，直接上升到了体验的高度，并努力将其精髓学到手，找到了特殊的手感，还承袭了裘师的为人之道。经裘师指点，立下了以肝脏外科为今后的专业发展方向，这成了吴孟超人生的第四次重大选择。专业方向确定后，吴孟超马不停蹄地勇往直前，经裘师推荐，由他和方之扬翻译的我国第一本肝脏外科方面的专著——《肝脏外科入门》，于1958年5月正式出版，这是吴孟超投身肝脏外科事业的一场"热身赛"。如果说郑宝琦教授满足了吴孟超当外科医生的愿望，那么裘法祖则是吴孟超从事肝脏外科最初的指路人。从此，吴孟超立下了"自力更生，艰苦奋斗，奋发图强，勇攀高峰"的誓言，在二军医大及附属第一医院的支持下，于1958年组成了以吴孟超为首的旨在攻克肝脏外科为目标的"三人研究小组"，成了勇敢的拓荒者。

遇到识才的知音

刚解放的上海，社会动荡不安，要寻求一份理想的工作确实很不容易。再说，吴孟超在上海举目无亲，没人能举荐他，但性格倔强的吴孟超深信"天无绝人之处"。冥冥之中似乎也确实有一双手在拨弄着吴孟超的命运。

那时的上海，百废待兴。华东军区领导指示有关部门接收了原国民党的国防医学院，在此基础上筹建华东军区人民医学院。原国防医学院属于国民党军队系统，医疗设备较先进，技术力量也较雄厚，其医疗水准在当时的上海是很有名的。由中国人民解放军全部接管了该院,除了硬件设施之外,还包括教授、助教、技师、学员、技工、工人等人员,经考核量才录用。华东军区人民医学院于1949年6月开始筹建,同年9月12日正式开学。1950年10月改称"上海军医大学",也就是现在第二军医大学的前身。

1949年6月27日,以军事接管委员会后勤部第四处的名义,在上海各大报纸上刊载了一则通知:

前国民党国防医学院员工注意

本处举办之国防医学院人员登记,原定在江湾国防医学院旧址进行,兹因江湾离市区太远,交通不便,许多人员未能及时登记,纷纷来函请求在市区内另设登记处。现为使有关医务技术及教育人员继续为新民主主义社会服务起见,特奉准自即日起至七月七日止在南京西路九六二号设立登记处,凡未经登记之员工(包括教授、助教、技师、学员、技工及工人)均可携带工作证件前来登记,以备量才录用。此告

军管会军事接管委员会后勤部第四处

六月二十七日

一所崭新的人民军队自己管理的高等医学院诞生了!当初大部分教学和医务人员是原国民党的国防医学院留用人员,随着事业的快速发展,马上觉得人手不够,因而急需在社会上招聘人才,以补充新鲜血液。

紧接着在同年的8月6日,上海华东军区人民医院,也就是后来的第二军医大学附属长海医院,登报向社会公开招聘医生。招聘通告如下:

中国人民解放军华东军区后勤卫生部招聘医生启事

本部为适应今后人民国防卫生工作建设需要,拟招聘正式医师三百名。

一、条件:有志于新民主主义国家卫生工作建设,诚心为人民服务,而在伪国民党教育部立案之公私大学医学院、医科专校毕业者,并在公私正式医院担任医师两年以上者,均可报到应聘,已在公家机关或医院

服务之医师，不在招聘之列。

二、待遇：凡报到应聘人员，经本部报到处审查合格确定聘用者，待遇与各市立医院同等技术之医师待遇相同，有特殊技术者，待遇还可从优。

三、报到地点日期及手续：A地点：1上海江湾翔殷路原国防医学院旧址，华东军区人民医学院筹备处。2上海军管会卫生处。3南京原伪中央卫生部旧址招聘医师报到处。B日期：自七月二十五日起至八月二十五日止。C手续：有学联、各公私医院、医学院之证件及解放军团以上机关介绍信者，即可前往报到。

其实，这几个月来，吴孟超通过同伤病员的接触，尤其是参加救护中国人民解放军伤病员的教学实践活动，已经对解放军产生了莫大的好感，并且希望有朝一日也能够参军，成为这支光荣队伍中的一员。

那天，吴孟超在外面寻找工作，跑了整整一天，由于没有一点希望，情绪十分低落。再说，同济医学院已通知他必须尽快搬离宿舍，他真的要成为无家可归者了。就在"山重水复疑无路"之际，昏暗的路灯下，偶然发现上述贴在墙上的报纸。看了这则启事，他顿觉喜出望外，当即决定抱着试一试的心态前去应聘。

第二天一早，就直奔江湾翔殷路原国防医学院旧址，找到了华东军区人民医学院筹备处。没料到，这次吴孟超遇上了一位改变他日后命运的"识才伯乐"——华东军区人民医学院第一附属医院的外科主任郑宝琦教授。

郑宝琦教授是国内著名的普外科专家。1936年毕业于南京军医学校，曾任中央医院医师。1946年赴美，在美国辛辛那提大学医学院进修，一年后回国。先后任华东军区人民医学院(即后来的第二军医大学)外科学教研室主任、教授，第一附属医院外科主任、副院长等职。20世纪50年代初就成功施行巨脾切除术，后又开展腹主动脉瘤切除术、人造血管移植术、肝叶切除术、胰十二指肠切除术和门脉高压症分流术等。由于在我国外科界享有较高的威望，郑宝琦教授还曾担任解放军总后勤部卫生部医学科技委员会委员。

郑宝琦教授后来回忆:一开始根本没想到会录取小个子吴孟超,因为无论成绩还是形象,他都不突出。而且那年整个医院的外科仅招收几名外科医师,而前来应聘的却有十几位。不过,吴孟超身上确有一种特殊的气质,给人印象很深。

8月7日,郑宝琦刚上班,吴孟超已经到了。尽管前不久的"1米62风波"深深地刻在脑海里,但他并没有气馁,而是信心十足。吴孟超胸有成竹地向主考官述及了自己的简历:从5岁时随母亲出国以寻找父亲的懵懂儿童,到生活在南洋的赤脚割胶少年;从17岁抱着参加抗日决心的回国游子,到在云南宜良狗街刻苦攻读的同济学子;从在四川李庄昏暗油灯下整理生化实验的报告,到中美医院外科手术室的拉钩、缝皮……坎坷的经历,简明的话语,令主考官听得出神。在很有逻辑的坦诚叙述中,吴孟超唯独回避"1米62风波"。作为主考官对眼前这位头脑冷静、说话有条理的小个子有了初步的好感。翻阅了吴孟超的简历,知道这是一位从著名的同济大学医学院毕业的高才生。然而,令郑宝琦奇怪的是,吴孟超明明摆着好端端的工作,能留校同济大学,却偏偏要到我们这所初创学校的附属医院里来应聘,究竟图的是什么?

郑宝琦话锋速转,"为什么非要到我院来竞聘外科医师?"

看到主考官的脸上露出了疑惑的神色,吴孟超如实相告:"学校留我干小儿科,我不愿干,就到这里来了。"

郑宝琦问:"那你想干什么?"

吴孟超语气坚定地回答:"我想做一名外科医生。"

郑宝琦微微一笑:"你外科才考65分,为什么偏要搞外科?"

吴孟超当即把心掏给了主考官:"当一名外科医生是我梦寐以求的理想和追求,外科很适合我的性格,我胆大心细动作利索,我从小就养成了很强的动手能力……"他愈说愈激动,"我就是要当一名优秀的外科医生,让那些说我不能搞外科的人看看!"[1]

主考官郑宝琦收敛了笑容,变得严肃起来了。说真的,吴孟超想要做一

---

[1] 张鹏:《吴孟超画传》。上海:上海人民出版社,2007年,第48页。

名外科医生的强烈愿望深深打动了他,作为外科主任,作为教授,作为主考官,他还从来没有遇到过这么执著的应聘者。说实在的,他就是喜欢像吴孟超这样,对事业一往情深,有理想有追求的年轻人。俗话说"有志者事竟成",有大志者必能成就一番大事业。与有无大志相比,一个人的身高对于当一名好的外科医师绝对是次要的。能不能当好一名外科医生,最主要的是取决于对外科事业的热爱程度和是否有献身的精神,并不在乎个子长得高与矮。这样考虑着,权衡着,郑宝琦用充满信任的目光在吴孟超身上停留了好长时间,当即决定:"今天你的面试通过了。你再办理一下有关的手续,过两天就到我们这里来工作。我想安排你到外科,做我的助手,好不好啊?"

吴孟超激动万分:"好,好,谢谢你,郑教授!"

吴孟超万万没有料到,郑宝琦是这样一位"知音"。除了喜悦与激动,吴孟超头一回变得语塞了,他下意识地站起来伸出双手与这位未来的导师紧紧握手。

当年担任主考官的郑宝琦教授很有成就感地说:"吴孟超身上有一股劲,一股年轻人永不服输的冲劲,一股让人对他刮目相看的韧劲,一股初生牛犊不怕虎的闯劲,而这正是一名优秀的外科医生应该具备的素养,这也是我最喜欢的。"正是由于吴孟超能给主考官留下如此强烈的印象,他才从这么多竞聘者中脱颖而出,如愿被录用。郑宝琦慧眼识才,录用了吴孟超,让人类肝胆外科的一颗新星从此冉冉升起,正是这颗新星日后照亮了人类肝胆外科的夜空。

吴孟超当外科医生的愿望终于实现了,郑宝琦教授也就成了吴孟超从教室跨入临床的第一位恩师。以后的事实证明:吴孟超从郑师身上学到了很多很多;郑宝琦也聊以自慰的是,当年选聘吴孟超的决定,绝对是正确的,是负责任的。

1951 年 7 月,中央军委决定将全军医学院校校名有统编序号,上海军医大学定名为"中国人民解放军第二军医大学",其附属的华东医院改名为第一附属医院。吴孟超作为第二军医大学的助教,还在其第一附属医院外科作住院医师。他的外科生涯从这里正式开始了。

图 3－1　80 年代吴孟超与郑宝琦教授回忆往事（摄于 1980 年，吴孟超办公室提供）

　　如愿当上了外科医师后，吴孟超的工作格外努力。同时，还积极要求参军、入党。像他这样进步的青年知识分子是部队所欢迎的。吴孟超很快成为人民解放军队伍中的一员，至于要申请加入中国共产党，由于他是华侨，亲属又都在国外，自然需要经受长期的考验。

三喜临门

　　吴孟超自进入二军医大后，喜事一个接着一个来，他与谈了 10 年恋爱的吴佩煜结婚当然也属于大喜之事。

　　吴佩煜大学毕业后，1949 年就找到了自己心仪的工作——在上海市第一妇婴保健院当上了住院医生。这时吴孟超则在二军医大第一附属医院外科当住院医生。两人从 1941 年在云南宜良狗街的同济大学附中成为同学而相识、相爱，到 1951 年已谈了近 10 年的"马拉松"式恋爱。按理说，这两位年龄都到了二十九岁的大龄青年的结合，应该是一件顺理成章的事。可吴孟超和吴佩煜的结婚,还是闹出了一个"小插曲"。

自古男大当婚,女大当嫁,吴孟超和吴佩煜向领导打报告申请结婚,郑宝琦主任倒是挺理解的,可是医院领导没有批准。因为那时几乎所有医院均有一条不成文的规定,凡住院医生不论年龄多大一律不准结婚。多少年来大家一直默守着这一条不成文的又不人性的规定,且成了习以为常的、不可变更的传统。虽然它的本意是为了让年轻的医护人员集中精力投入学习和工作,却不免有悖于人性的基本需求,而且违背了新中国颁布的《婚姻法》。医院里的大龄青年都寄希望于"胆大"的吴孟超能勇敢地冲破这个老框框,成为第一位"吃螃蟹的人",为同龄青年带个头。

这时,中华人民共和国的第一部《婚姻法》刚颁布,按《婚姻法》的规定,他们早就符合结婚的条件了。吴孟超是个处事很有原则的人,他注意到,医院的规定里有这么一句话:本规定内容与现行法律相抵触的,以法律为准。于是,就打了个结婚报告,在得到郑宝琦主任默许的情况下,就直接递给院长和政委了,因为那时科里是不敢批的。吴孟超的胆子也真够大的,竟敢僭越,一竿子捅到底。可是,这份结婚报告呈上去之后,石沉大海,杳无音信。吴孟超天真地以为,我们的婚姻是合法的,国家的法律总大于医院的规定吧!

善解人意的郑宝琦主任给了吴孟超一个月的假期,实际上是默认他去度婚假的。

在领导没有批准的情况下,他和吴佩煜不仅去民政部门登记了结婚,还由同学们帮助操办,每位同学拿出 4 元钱,在上海国际饭店举行了简朴而热闹的婚礼。那个时候的 4 元钱也确实很顶用,集几十位老同学和同事的贺礼,竟然能在上海当时最高的建筑——24 层的顶级国际饭店举办婚庆宴席。当然,他们那时也曾给院领导发了请柬,不过领导都没来。当吴孟超办完婚礼回医院上班时,院长问他干什么去了,他很诚实地回答"我结婚去了",居然受到行政记大过处分。新婚没几天,在新郎吴孟超接到这个处分通知后,一点没有惊讶,也没有什么难受,这是冲破不人性化的陈规陋习的必然。因此,连爱人吴佩煜及同事们都知道,这不是什么错误。果然,过不了多久,这个处分就被撤消了。直到今天,吴孟超还会为当年因举办"没有获得领导批

图 3-2　吴孟超与吴佩煜的结婚照（摄于 1951 年，吴孟超办公室提供）

复的"婚姻而被记过的事而爽朗地大笑。"这个只能当作我人生道路上的一个小小的、能让人回忆起来开心大笑的小插曲吧！"

　　新中国刚成立，生活各方面条件都很差，吴孟超婚后的生活也相当艰苦。医院最初分给他们居住的只有一间房子。吴佩煜工作的单位是在上海西南角的长乐路上，离位于东北角翔殷路上的二军医大第一附属医院路途可谓"遥远"，加上吴佩煜的临床工作特别忙，白班夜班轮换倒，要两个星期才能回家一次。生了第一个女儿后，由于早产，孩子在婴儿室足足呆了半年才接回家里来。吴孟超天天上班，吴佩煜又不能天天回家，只好请了个保姆带孩子。他们那间房外面有条走廊，夜晚保姆只能睡在走廊里。做了父亲的吴孟超怕保姆白天累了，晚上自己带孩子，在紧挨着大床的旁边支起了一张童床，他一边轻轻地摇着，让孩子在微微摇晃中甜甜入睡，一边做着自己的事情，或查资料，或看书写文章，或整理病历……还有一件事是他要做的，那就是给婴儿换尿布。

　　1953 年吴佩煜通过"互调"的方式，从第一妇婴保健院调到了二军医大第一附属医院的妇产科工作，从此也成了一名军医，他们才结束了"两院分居"的局面。

　　由于吴孟超和吴佩煜都是住院医生，以后按规定医院调整了他们的住房——一套两居室。那时吴佩煜的父母退休了，也迁到上海与女儿女婿同住，祖孙三代七口人，外加一个保姆和一个奶妈，住得十分拥挤。吴孟超和吴佩煜有时不得不在值班室里过夜。后来还是邻居借给了他们一间七平方米的小屋，这才解决了他们的栖身之处。

　　1955年吴佩煜到江湾医院轮转，三个女儿同时出麻疹，当妈的急得不行，但医院里又不准她请假回来照看，幸亏一位小儿科大夫曾是吴佩煜的同学，每天给三个小囡诊治……生活的艰难可想而知。

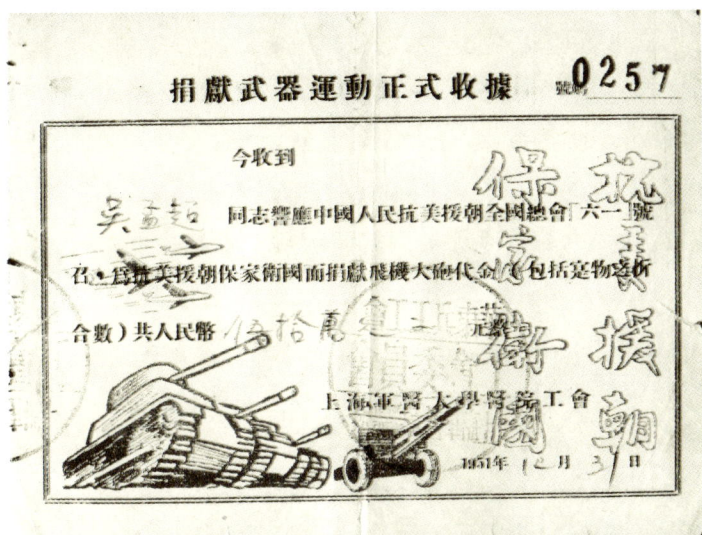

图3-3　1951年吴孟超为抗美援朝捐献的证明（1951年，吴孟超办公室提供）

　　当时，他俩的工资也不高，养活一大家人，经济上相当拮据。吴孟超和吴佩煜每月的工资领回来全交给父亲，由老人家管账，吴尧叔处处精打细算，连每天给三个小囡吃几块饼干、几块糖都列入家庭经济计划之内。吴孟超值夜班每晚有五角钱的加班费，吴佩煜在江湾医院轮转半年，夜班补贴有一角五分，他们夫妇连把值夜班的加班费都节省下来补贴家用。有一年吴孟超的胃炎发作，吃了一年的病号饭，没有钱，就把自行车和收音机都卖了。实在紧了还得借钱维持日常开支。工会见他们家生活困难，有意适当补助一些钱，吴佩煜把困难补助金的申请单拿回家来填，吴孟超见了就说："我们家有什么困难？三个小孩都喝着牛奶呢！"那时，夫妇俩常熬夜为《大众医学》杂志写科普文章，一来是一种学习，二来文章发表后可以挣得一些稿费，虽然稿酬低得可怜,但对捉襟见肘的家庭经济开支不无小补。

吴孟超参加工作的最初几年,工作分外努力,受郑宝琦主任的厚爱与点拨,在外科领域打下坚实的基础。当年,吴孟超要在二军医大附属的第一(即现在的长海)、第二(即现在的长征)和江湾三家医院轮转,所以实践的机会很多,临床经验也积累得很快。

除了认真钻研医疗技术,吴孟超在政治上也严格要求自己,入党申请书写了一次又一次。海外关系成了他入党的一大障碍,为了向党组织表示决心,吴孟超主动把父母和弟弟过去的来信全部上交,并忍痛中断了和马来西亚家人的联系。这在今天看来显然是非人性化的,也是令人不可思议的,甚至是不近情理的,但在 50 年代要求入党的青年知识分子几乎无不如此。

1956 年初,中共中央召开了一个全国知识分子会议,发出了"向科学进军"的号召,并制订了《1956～1967 年科学技术发展远景规划》。这一切都是知识分子的福音,表明中央已把调动知识分子的积极性放到议事日程上来了。中国人民解放军总后勤部党委也作出了相应的决定,制订了在知识分子中吸收党员的计划,以及让专业技术人员参军的计划。这个历史的机遇让吴孟超抓住了。

这一年,对吴孟超来说可谓春风得意马蹄疾,三喜临门精神爽:

3 月 28 日,光荣地加入了中国共产党。

6 月 12 日,被批准参军,并被授予大尉军衔。

同年,职称获得晋升,由住院医生提升为主治医生,可以独立开展工作了。

这在同时参加工作的医生当中,可算是佼佼者。

然而,就在吴孟超春风得意的时候,从马来西亚传来了父亲去世的噩耗。

1957 年,吴孔钦患胆囊结石,由于当地医疗条件差,手术没做好,引起胆漏、黄疸而逝世。吴孟超得到父亲去世的噩耗十分悲痛,自己是一名外科医生,这种病在自己工作的医院完全能治好。可是,父亲当年不可能回到国内来,让做外科医生的儿子来治好他的病。再说,那时对因私出国控制极严,作为一名军医,吴孟超也根本不可能出国,为患胆结石的父亲去动手术。要知道吴孟超的父亲患的只是一种并不难治的胆囊疾患而已。

吴孟超心如刀绞。在父亲生前，他还没有来得及尽孝，父亲死后，也只能遥拜南天，用话语来慰藉父亲的亡灵："阿爸，你放心吧！儿子没有辜负您和阿妈的期望，儿子已经学业有成，事业有成，今后我还要更加努力……"

再拜师裘法祖

回过头，我们再来细细描述吴孟超如愿当上外科医生后的一段学术成长之路。

1952 年 5 月，同济医学院开始由上海内迁武汉。我非常敬仰的老师、被誉为"中国外科之父"的裘法祖教授因故滞留沪上家中，1956 年他被聘为长海医院兼职教授。有缘直接看裘教授做手术，聆听他的教诲，真是我的福气。我如饥似渴地抓住一切机会向他求教，跟他学习，看他的手术方法，学他的手术技巧。有一次，裘教授在病房里住了两个月，我也卷着铺盖在病房一住 60 天。当然，更重要的是学他的做人和为人。裘教授的品德高尚，知识面很广，学术水平很高，话虽然不多，却句句说在点子上。他说做一名好医生要"会做，会讲，会写"，后来我就沿着这三句话发展，开刀做实验，讲课带学生，写书写论文。他还说过治疗病人犹如将他们"一个一个背过河"，对待功名利禄要"一身正气、两袖清风、三餐温饱、四大皆空"。这些话都使我受用终生。[1]

这是吴孟超在 1996 年出版的《中国科学院院士自述》中的话语。

---

[1] 这是吴孟超在 1996 年出版的《中国科学院院士自述》中的话语，但裘法祖教授被聘为长海医院（那时还是二军大第一附属医院）兼职教授应该是 1954 年——笔者注。

自 1947 年裘法祖教授担任同济医学院外科主任后，相继开展了七八种属于当时较为复杂、风险也较大的外科手术，诸如总胆管十二指肠吻合术、直肠癌根治术、乳腺癌根治术、局部麻醉下的甲状腺大部切除术，等等。为此，裘法祖曾多次在上海外科学术会议上介绍自己的这些手术方法，使它们得以推广。以后，他又陆续开展了保留肛管的直肠癌根治术、胰头癌根治术、门腔静脉和脾肾静脉吻合术等难度更大的外科手术，并使这些方法得以推广。因此，上海外科学界几乎没有人不知道"裘氏刀法"。

抗美援朝战争爆发后，1952 年裘法祖随即参加抗美援朝医疗队并任顾问，赶赴长春，在长春军医大学开展救治志愿军伤病员的活动。裘法祖用手术刀从死神手中抢回了无数志愿军战士的性命。由于他的医术和医德高超，被志愿军战士亲切地称作"战地保护神"。从战场回来后，裘法祖的声望就更高了，各所医学院校竞相聘请他作为兼职教授，第二军医大学第一附属医院当然不甘失去这么好的机会，希望尽快地聘请裘法祖教授来该院做兼职教授。

新中国建立时，我国的高等教育曾仿照苏联的模式，在 50 年代曾进行过大规模的院系调整，为此 1952 年同济大学医学院就迁到武汉去了。裘法祖教授因夫人是德国人，从方便工作和生活诸方面考虑暂时无法随校迁居武汉，只能留居上海，故裘法祖也就暂时留在上海了。吴孟超得悉这一情况后，心想，机会来了，何不把裘教授请到长海医院来呢？他的想法与校领导的想法很合拍。

当时第二军医大学正在全国各地网罗人才，聘请了多位专家来校任教。当年二军医大的校长吴之理是早年毕业于上海医学院后参加新四军的，是知识分子出身的干部，所以也就特别器重和关心学校里的知识分子。

吴孟超至今仍清晰地记得，1954 年 9 月的一天，他刚下了手术台，校长吴之理就郑重其事地将他和同事方之扬叫到办公室，给他们交代了一个重要的任务——请裘法祖先生来第二军医大学第一附属医院当兼职教授。

吴校长清楚地知道：吴孟超在同济医学院求学时曾听过裘法祖教授开

设的"外科学"课程,是裘法祖的得意门生;而方之扬①则是毕业于德国人办的同德医学院的学生,也曾听过裘教授的讲课,与裘教授相当熟悉。用当今时尚的说法,他俩都是裘法祖的"粉丝",故派他俩去游说是再合适不过的了。若他俩打探下来,裘法祖愿意来校兼职,吴之理再正式出面去聘请就顺理成章了。以后的事实表明,吴校长确实用兵如神,"兵"请"将"来。

领受了任务的吴孟超和方之扬,尽管心中没有把握,但对吴校长的信任还是十分激动和兴奋的,力争圆满完成任务。当天,他俩就带着医院的介绍信去同济医院求见裘先生。面见裘先生后,吴孟超首先做了自我介绍,当说到几年前在同济医学院听裘先生讲授"外科学"课程时,裘教授一下子就想起了那个老坐在第一排喜欢提问的小个子,师生重逢,当然高兴,裘先生也跟他们一起回忆起当年的很多趣事……言归正传后,出乎吴孟超和方之扬意外的是,裘法祖没有半点推辞之意,而是欣然接受邀请,同意出任第二军医大学第一附属医院的兼职教授。

兴许是上苍的有意安排,让吴孟超有机会再一次拜在他所崇拜的裘师门下。毕竟这是可遇而不可求的机会,不是每一位跨出校门不久的年轻人都能遇到的。回想当年,每逢遇到裘先生讲授"外科学"的课程,吴孟超总是早早地来大教室占座位,这样才能坐到第一排的中间位置,能听清裘先生讲的每一句话,看清板书的每一个字,会意裘先生的每一个表情;而在中美医院当实习生时,由于个子矮无法挤到前排去观看裘先生的手术操作,只能踮起脚跟,远远观察而总觉得不过瘾。现在情况可就大变了,他可以紧紧地跟

---

① 方之扬(1922—2003),浙江镇海人。烧伤外科专家。1948 年毕业于上海同德医学院。1948 年至 1949 年在前国防医学院外科工作,1951 年起在第二军医大学第一附属医院(现长海医院)任外科医师、主治医师,1964 年任烧伤外科主任、副教授。1980 年任教授、博士生导师。1983 年起任长海医院专家组副组长。曾任中华医学会烧伤专业组常委、中华医学会烧伤外科学会主任委员、国际烧伤学会会员和《中华整形烧伤外科杂志》编委。经过多年的烧伤临床实践总结出一套形之有效的治疗方案,形成具有特色的临床治疗理论,对重度烧伤病人的治疗始终处于国内领先地位。曾在国内首先开展烧伤休克的发病机理及救治进行系统研究。获得国家科技进步奖一、二等奖、卫生部科技甲级奖、全军科技进步奖二等奖等。由于开展新疗法、新技术救治成功特大面积烧伤 18 例,获 1998 年全军重大科技成果奖二等奖。先后培养博士生 10 名,硕士生 5 名,1998 年被总后勤部授予"科学技术一代宗师"荣誉称号。荣立个人二等功 2 次、三等功 2 次。

随裘师查房、询问病史、观察手术……一切都看得清清楚楚,一切都听得明明白白,甚至不时地可以当面讨教,多么幸运!机遇确实是青睐有准备的头脑。吴孟超的好学,加上院领导的关照,裘法祖的到来对吴孟超来说,也确实是一个天赐的良机。

这个时期,裘法祖还兼任上海市卫生局的顾问和市六医院外科主任,当然他仍然是武汉中南同济医学院第二医院的外科主任,两地三职,外加《大众医学》杂志的主编,忙得确实够呛。不过,他大部分时间还是放在第二军医大学第一附属医院。他在《写我自己》中有这样的陈述:

> 每天清晨,乘坐第二军医大学的交通车到长海医院,带领吴孟超、方之扬查房,然后讨论病例,或者施行各种不同的较大手术,有时还给军医学生上课。中午不休息,一直到下午五点钟左右。由于没有交通车了,只有人力自行车载客,只好坐在自行车后座上,到五角场汽车站,然后再乘公共汽车回市中心。

从上述裘法祖的陈述中,不难发现,当时裘师每天从查房开始,到诊病、手术乃至去授课,吴孟超和方之扬都紧随裘师。由于吴孟超的好学求进、聪慧和悟性,裘师也更喜欢这位总跟在自己身后的小个子学生了。不久,裘师就请吴孟超来做他的手术助手了。这下,吴孟超对"裘氏刀法"的理解也从书本、听讲,直接上升到了体验的高度。毕竟裘师无论讲课和做手术都近在咫尺,而他又总是如影子似地紧随左右。他仔细地观察、用心地揣摩、细细地体味着裘师的一招一式,如何选刀、如何目测、如何入手、如何分离、如何打结、如何预防和处理各种险情……他都一一看在眼里,记在心上,还作了仔仔细细的笔记。他甚至连最细微的地方也不放过,努力将"裘氏刀法"的精髓学到手,并努力寻找裘师那种特殊的手感……

事也凑巧,裘法祖教授因为要对一位危重病人进行跟踪观察,在病房里住了两个月。吴孟超瞅准机会,把自己的铺盖卷也搬到了病房,和裘先生同住,一连两个月都没有回家。日后,裘法祖在接受央视采访时曾说道:"他非常勤快,晚上都不回去的,睡在病人旁边。我的一举一动他都写下来。当时中国是封闭的,没什么文献,新东西进不来,他写下这些东西很有意义。"①

　　吴孟超的勤奋好学和他对事业执著的追求,使裘法祖教授颇为感动。裘法祖是中国外科界的一大权威,在有"铁血帝国"之称的德意志熏陶了多年,他对学生、对助手、对护士要求极为严格,有时近乎苛刻,然而他对吴孟超却出奇地予以关照,因为他喜欢上了这位仅仅比他小八岁的学生和校友,愿意倾其所有——把自己的学问和本事毫无保留地传授给吴孟超。每一次吴孟超跟着他做手术时,他总是很细致且耐心地演示,并点明动作要领,为什么要做这一步,为什么要用这种手法。凡是吴孟超提出的疑问,他会不厌其烦地予以解释。正是一个愿教,一个愿学。对裘师的每一个手术步骤和每一个动作,吴孟超都细心揣摩,努力仿效。渐渐地,吴孟超的手术有点裘师的味道了。每次做完手术,裘师还帮他分析,以后哪些方面还可进一步改进。有悟性又肯努力的吴孟超仅用心学了一年,就有些近乎裘师的"德国风格"了。这种地道的手把手的教育,令吴孟超的手术技艺突飞猛进。不久,裘师和学生吴孟超在业务上已形成了最佳的组合。

　　有一天,吴孟超给一位患者做胃切除手术,裘师在旁边注视着他娴熟的动作,干净的手法和麻利的操作,颇似自己开刀的风格,不由得暗暗叫起好来。裘法祖是一位极心细的医生,待吴孟超做完手术,他看了看腕上的表,惊喜地发现吴孟超已在速度上超过了自己。如果这个手术由他来做,肯定需要更长的时间。这意味着吴孟超不仅已经熟练地掌握了"裘氏刀法",并且已有所改进,真是"青出于蓝而胜于蓝"。俗话说,长江后浪推前浪。只有一代更比一代强,医学事业才会有所发展。这是历史的辩证法,如此无情而又如此多情!

　　裘法祖一贯认为:学得最像老师的学生并不一定是最好的学生,只有超过了老师的学生才是最有前途,也最值得称道的。他亲切地拍了拍吴孟超的肩膀,向他伸出了大拇指以示称赞;吴孟超则向裘先生投以感激的眼光,衷心感谢老师的辛勤栽培。

---

① 裘法祖与吴孟超:师生改变中国外科医学历史。2005 年 05 月 08 日 09:27,中央电视台《大家》栏目。

吴孟超对"裘氏刀法"的理解是"以精准见长,手术时不多划一刀,不少缝一针,尽量减少病人的创伤"。其实,吴孟超如海绵般吸收的不仅是裘师的手术之道,还有裘师最精华的部分——医生的为人之道和人文关怀精神。裘师品德高尚,知识面很广,话虽不多,却句句说在点子上。他说,做一名好医生要"会做,会讲,会写",吴孟超心领神会,不仅自己身体力行,沿着这三句话去发展,还将其作为自己培养学生的指导目标,去开刀做实验,讲课带学生,写书写论文。

"裘老师常说:治疗病人犹如将他们'一个一个背过河';对待功、名、利、禄要'一身正气、两袖清风、三餐温饱、四大皆空'……这些富含人生哲理的话语,同先辈们说的'医乃生死所系,非仁爱之士不可托也'有异曲同工之妙呵!"①

正是这些为人之道与为医之术的人文与技术的熏陶,使吴孟超获益匪浅。往后数十年从医生涯中,他一贯敬老师若父母,待病人不分贵贱,待战友心地坦诚,待学生甘为人梯。

在名师的点拨下,吴孟超不仅学术上突飞猛进,人文底蕴也日益丰厚。渐渐地,他俩就像两块磁铁般相互吸引起来,吴孟超是被裘师渊博的学识、美妙的"裘氏刀法"、超凡的气度和优雅的举止所深深折服,能有缘跟随裘师真是三生有幸;而裘法祖则被学生吴孟超的诚恳、好学、勤奋聪明和灵气所吸引,好学生也同样不可多得呀!吴孟超才是他可以放心地将为人之道和为医之术传授之徒。他们间的师生关系一天比一天深厚,往后的数十年间,吴孟超哪怕作出了再大的成就,也始终对恩师裘法祖教授充满真诚的感激之情。以后,裘师去了武汉,吴孟超还是每周必定电话问候。每一次与裘师见面,作为将军的吴孟超总是亲自为裘师开车门,并小心地搀扶裘师。每次去同一个地方开会,吴孟超总会预先打电话问清楚裘师的出发时间,他一定会比裘师先到,为的是可以去接裘师。在接受中央电视台采访时,裘师对记者说:"吴教授的外科水平已经超过了我。"吴孟超立即接着说:"我可永远是裘教授的学生,我的一切都是跟裘教授学的,如果真的能有超过老师的那

① 吴孟超访谈,2012年2月10日,上海。资料存于采集工程数据库。

图 3-4 吴孟超为恩师裘法祖整理领带(吴孟超办公室提供)

一天,也是老师培养的结果。"难怪,裘法祖与吴孟超的师生关系已成了中国医学界乃至整个科学技术界最为人所折服的,其人文意蕴也远远超越了时空。

结缘肝胆

由于吴孟超这几年的努力,再加上受到裘师悉心栽培,到了1956年春天,他无论做人抑或做事,都有了很大的长进,为新建立的二军医大附属第一医院作出了不凡的业绩,且在普外手术上已小有名气。面对这些成绩,吴孟超并没有满足,而是力图继续奋进。他明白,作为一名人民军医,光会做熟练的普外手术还不行,要在学术上站得住脚,要在事业上进一步拓展,必须有自己的专长,譬如能在胸外科、脑外科或哪一方向上有专攻或突破。那么,下一步该朝哪个方向发展呢?"不断要有新的拓展"这个欲望又盘旋在吴孟超的脑际。

一天晚饭后,吴孟超心思重重地去求教裘法祖教授。师生晤谈,开门见山。他向裘师直抒胸臆:"裘老师,我这几天一直在思考,学科日益细分,学术日趋专精,下一步我该朝什么方向发展？是否应该在普外的基底上术有专攻？"

接到学生咨询学术发展方向的问题,裘师没有异议,他对吴孟超已了如指掌,知道自己的学生不是平凡之辈,不会陶醉于已取得的成绩。主治医师的称号、大尉军衔的等级、共产党员的荣誉都只会推他前进的脚步迈得更大。其实,裘法祖对学生往后专业发展的方向也曾有过思考,"既然你来询问,我理当和盘托出,诚如你所说,世界医学的发展确实很快,普外是一门古老的专业,胸外科已从这里分出去了,脑外科也已独立建科……"裘师若有所思地缓缓道来,"当今世界上肝脏外科是薄弱环节,我们国家在这方面还是空白,偏偏我们的国家又是肝脏疾病的高发地区,如果你真有此心,今后可朝这个方向发展。"①裘师语重心长地告诫:不过,这是一片没有人开垦的处女地,荆棘丛生,难度肯定不小……

心有灵犀一点通,吴孟超完全领会了裘师的意图,这是学术上面临一次重大的抉择。

"那我今后就朝这个方向去努力吧!"裘法祖看着学生坚毅的神色,继续解释:"如果你能朝这个方向去努力,说明你确实很有军人的风范,很有志气。不过,搞肝脏外科肯定不轻松,毕竟一切都得从头开始,你想要在这个方向上有所突破,其难度和艰辛是难以预料的,其过程必定会是漫长的,但它的意义肯定也是极其重大的。你必须有充分的思想准备,一旦认准了目标,就要勇往直前,决不后退。"②

吴孟超用心捕捉着裘师话语中的每一个字,频频点头,双唇紧闭,目光穿过夜空直射远方,将两只拳头握得紧紧的。这是恩师对他日后专业方向选择所作的极关键的指点。

现在客观地分析,当初选择搞肝脏外科,面临的最棘手问题恐怕就是肝胆肿瘤的诊断与治疗。原发性肝癌的科学定义只有百余年的历史。1862

---

① 吴孟超:医学泰斗　人寿德馨——祝贺裘法祖院士从医六十五周年。《华中科技大学学报(医学版)》,2004 年 12 月第 33 卷第 6 期。
② 张鹏:《吴孟超画传》。上海:上海人民出版社,2007 年,第 62 - 63 页。

年,Virchow 对原发性和继发性肝癌的区别作了阐述,原发性肝癌的具体病理分类则是 1888 年由 Hanot 和 Gilbert 提出的,1901 年 Eggel 将原发性肝癌分为巨块型、结节型和弥漫型,1911 年 Yamagiwa 又将其分为肝细胞性肝癌和胆管细胞性肝癌。据医学史书记载,对肝癌的治疗,1888 年 Langenbuch 曾为一名女病人施行过肝左叶带蒂的肿瘤切除,这是有记载的世界上第一例肝脏手术。三年后的 1891 年,Lucke 也曾切除过肝的恶性肿瘤,但在以后的半个多世纪,肝癌的临床诊断与治疗几乎没有什么进展。究其原因主要是肝脏位于肋骨后,难以查出肝癌。20 世纪 30 年代的文献记载,肝癌病人大多是死后才获得确切诊断的。1937 年,Gustafson 报告了 62 例肝癌,其中仅 11％在病人生前获得正确的临床诊断,而诊断成立时,半数已有黄疸、腹水,按现在的标准,这些有黄疸或腹水者,均属晚期,症状出现至死亡平均仅 3 个月。难怪在那个年代,人们把肝癌视作"急转直下的绝症"。而肝脏外科手术危险性太大,医生也不敢贸然为确诊的患者做手术。第一次世界大战期间,由于肝外伤造成了大量人员的死亡,一些医学家才不得不把注意力转向肝脏解剖研究,但大都停留在实验室阶段,尚未应用到临床实践上。第二次世界大战中,鉴于麻醉、抗感染以及输血技术都有了长足的发展,肝脏手术在相关技术的支持下才取得了一些进展。而我国直到 20 世纪 50 年代中期,尚无人问津肝脏外科手术。应该说,我国肝脏外科在 50 年代仍是一片空白。[①] 如前所述,裘法祖在回国途中的船上曾做过一例肝破裂的修补术,那属于罕见的成功。回到国内,肝脏外科手术,也只有裘法祖本人偶尔在肝脏边缘切个小瘤子。

裘师又语重心长地对吴孟超说,从发展的角度看,外科医生有两种:一种是搞临床的,不断地磨炼和进取,有望成为技术精湛的"一把刀";一种是结合临床搞研究的,专攻一项,如果能出成果,对医学作出一些贡献,那么就成了"医学家"了。当然要成为后者,其难度要大得多,许多医生花了毕生精力也未必能在某一专项上有所突破。但这是一种奉献,医学发展到今天,就是由无数有献身精神的前辈创下来的。

---

① 汤钊猷:《没有症状的肝癌》。载于《中国科学技术前沿》,上海教育出版社,1998 年,第 28 页。

吴孟超从裘师的这番话里体会到了许多东西,其中最重要最宝贵的恐怕就是"献身精神"四个字。师生两人推心置腹,促膝长谈至深夜……

第一部译著

吴孟超是一位一旦作了决定就不会轻易改变的人,而且是一位说干就干的实干家。

就在与裘师促膝长谈后的第二天,吴孟超下班后连家也顾不得回,马不停蹄地跑上海各大图书馆,重点是二军医大图书馆,搜寻所有带"肝"字的著述。上上下下,里里外外,闹腾了几个星期,不要说少得可怜,几乎一本也没有,还是在自己学校的图书馆找到了一本英文版的《肝脏外科入门》,是荷兰人 Gans 出版不久的薄薄的普及性读本。这对吴孟超来说就像发现新大陆般,欣喜若狂。诚如裘师所说,肝脏外科在当时确实是一片空白,国内相关的专著根本没有,这也是在预料之中,而连国外的资料也没有,那就很令吴孟超很扫兴了。当然,那时由于国门还没有向外界打开,关于肝脏学科外文资料的缺乏也是在情理之中的。不过,这对踌躇满志的吴孟超来说,无疑也是一个"下马威",使他预感到,向肝脏外科的专业转向将会是在充满荆棘的荒野上的长途跋涉。

刚起步,走不走?

军人面前无畏途,若不艰难,要我吴孟超干嘛?

吴孟超还是如获至宝地借走了这部《肝脏外科入门》。心想:这兴许就是肝脏入门的钥匙呢!

吴孟超从小生活在马来西亚,他的英语阅读能力比同龄医生要强得多。因此读起这部英文版的《肝脏外科入门》,感到并不费劲,但遇到不少专业方面的词汇和叙述,不少地方还是觉得有点儿懵。怎么办?最好的办法还是请教裘师。

当裘法祖看到吴孟超已在攻读相关的著作,当然感到欣喜,好像看到了我国肝脏外科的曙光。他粗粗翻阅了这部专著，便很明确地告诉吴孟超：该尽快地译出这部著作，这也能帮助我国外科学界了解肝脏外科，作为进军肝脏外科的一场"热身赛"也是值得的。裘法祖心里装着的不仅是学生学术转向的问题，而是中国肝脏外科的起步，是千千万万患肝脏疾患同胞的生命安危。这一点，吴孟超日后也体会到了裘师的用意。

吴孟超邀请了外语基础较好的同事方之扬共同参与这部著作的汉译工作。由于他俩都是第一次翻译英文专著，其难度可想而知。首先是学科方面基本无储备，大学里从没有学过肝脏解剖和病理方面的专门课程，可资借鉴的材料几乎没有；其次是语言方面的困难，尽管能基本读下来，但真正要用中文贴切地表达，白纸黑字，而且要符合中文的语法、修辞和逻辑，谈何容易！还有一个更大的困难是时间，白天紧张地查房、开刀、授课，每周还有定期的门诊……外科医生一天的工作量是满负荷的，一天下来已累得头昏眼花，利用晚上的时间挑灯夜战，效率确实不高。有时刚铺开书稿，科里病人发生紧急情况，只得放下书稿，拔腿往病房里跑。因此，刚着手译述时效率低得令人烦躁。既然目标已定，开弓没有回头箭，义无反顾地咬咬牙关也得保质保量完成。为了尽可能准确达意地汉译，吴孟超和方之扬对每一词、每一句都细细推敲，凡碰到拿不准的专业术语或拗口的句子，他们都会请教裘法祖教授或者其他同事。当然，他俩也经常会为了某一句话的译法而争论，甚至争论得面红耳赤。不过，正是这种争论，倒是越争越明，事后双方都会报之以会心的微笑。

由于过度的劳累和抵抗力的下降，也许是误食了不洁的食品，吴孟超在译书的过程中竟患上了细菌性痢疾，上吐下泻，高烧达 40℃，被送入隔离病房。人在病房，心却记挂着这部《肝脏外科入门》的译著。他怎忍心让宝贵的时间在病床上白白地流逝？待病情稍稍稳定，他就央求妻子把他正在翻译的原著、辞典、纸和笔统统带进病房，一边打着点滴，一边译书。吴佩煜心疼丈夫，但也无奈，深知吴孟超的性格，更理解他的"事业为上"的为人处世之风格。在遇到困难或有大的疑惑时，吴孟超还会请方之扬到病房里共同探讨。就这样，效率倒挺高，连续作战一个多星期，他竟译了 3 万多字。利用住院治疗之机，译著的进度大大提高了，心情变得很舒畅。

40 多天之后，当他们抱着厚厚一叠译稿去向裘法祖教授汇报时，令裘师大吃一惊。"我让你们尽快，没想到这么快！好，好！到底是军人的作风，雷厉风行啊！"

裘法祖细校了书稿，认为《肝脏外科入门》是我国第一部中文版的肝脏外科专著，尽管是译著，但对我国的肝脏外科，甚至对我国的外科，都意义非凡。

经裘法祖教授推荐，由荷兰外科学家 Henry Gans 著，方之扬、吴孟超译的《肝脏外科入门》于 1958 年 5 月由上海卫生出版社正式出版。① 这是我国有关肝脏方面的第一部医学专著，不仅为吴孟超真正跨入肝胆外科领域奠定了理论基础，也为我国肝脏外科的专著的出版填补了空白，成了当时我国肝脏外科知识的普及性读本。

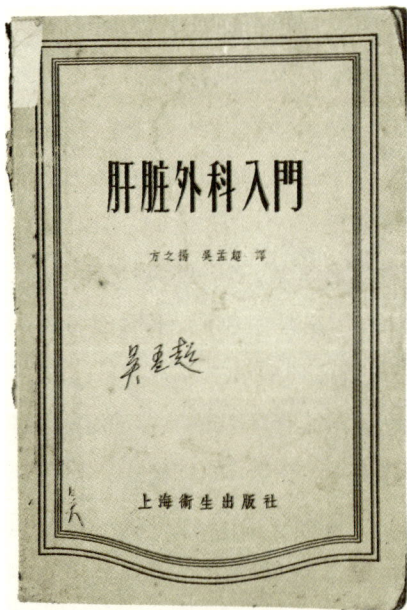

图 3-5　1958 年 5 月出版的《肝脏外科入门》封面（吴孟超办公室提供）

说实在的，在那个年头，两位三十多岁的年轻人能出版这样一部肝脏领域的译著，是他们自己都不敢相信的，更遑论他人。吴孟超每提及此事，总也会感谢裘师的鼓励和提携。《肝脏外科入门》对吴孟超日后科研的激励是巨大的，也可以说是决定性的。在《肝脏外科入门》的理论披挂下，吴孟超脚踏实地地向肝胆外科冲锋陷阵了。有意思的是，由于日后多次搬家甚至迁院至西安等变动，1980 年代后，作为译者的吴孟超却手头连一本《肝脏外科入门》也找不到了。2001 年吴孟超 80 岁生日时，裘师知道吴孟超到处在寻找这部书，便将自己收藏

---

① 《肝脏外科入门》为 32 开本，172 页，第一版印了 3 200 册，1959 年新一版，1962 年第三次印刷，共印了 5 900 册。

的唯一一本《肝脏外科入门》作为老师的生日礼物送给学生吴孟超。① 这也成了学生对老师的永恒纪念。

还有一个背景资料必须予以交代。那就是在吴孟超在起步向肝脏外科进军时，上海有一位赫赫有名的外科学老前辈——徐宝彝先生，也在向肝脏外科进发。吴孟超当初并不知道，但日后徐宝彝先生对比他小 14 岁的吴孟超的肝脏外科事业发展还是有影响的。

1908 年生于江苏无锡的徐宝彝，是中国近代杰出科学家徐寿②的曾孙。受家庭读书与教育氛围的影响，15 岁（1923 年）远赴法国，进巴黎拉加纳公学求学。1927 年，进巴黎大学理工学院学习，一年后转入里昂大学医学院，后获医学博士学位。1935 年回国，任上海震旦大学医学院外科教授兼广慈医院外科主任，被接纳为国际外科学会会员。他曾任中华医学会理事、上海医学会理事长。1946 年任上海市立第四医院外科主任。翌年，首创用次全肾上腺切除治疗栓塞性脉管炎，并开展血管栓塞性脉管炎的病理生理和手术研究。

1956 年，徐宝彝调任上海市第二劳工医院（杨浦区中心医院前身）外科主任。同年 6 月，徐宝彝主任与市立第六人民医院乔龙医生、法医研究所程建安医生等在上海市立第二劳工医院，根据肝脏内管状系统分布规律，成功地为一位 43 岁患肝脏巨大海绵状血管瘤的病人切除了整个右半叶肝（约占肝脏的 60％）。③ 之后徐宝彝又与吴传恩医生等为一名肝硬化腹水的病人进行肝管结扎术，也获成功。当时的《解放日报》与《文汇报》同时作了报道，称这一手术"达到了国际最高水平"。对于这两例手术，《上海通志》第 36 卷第 3 章第 1 节"肝胆外科"条目下，也有记载：

---

① 裘法祖与吴孟超：师生改变中国外科医学历史。2005 年 05 月 08 日 09：27，中央电视台《大家》栏目。

② 徐寿（1818 年 2 月 26 日—1884 年 9 月 24 日），字生元，号雪村，江苏无锡人。清末科学家，中国近代化学的启蒙者。初为安庆军械所工程技术人员，参与制造中国第一台蒸汽机和第一艘轮船；后在上海江南制造总局创办翻译馆并参与主持翻译西方科技书籍：《化学鉴原》、《化学考质》、《西艺知新》、《化学求数》、《法律医学》等，主要介绍西方近代化学，并创造汉字来命名化学元素；在上海参与创办了中国近代第一所教授科技的学校——格致书院，同时出版了中国第一份科技方面的期刊《格致汇编》。

③ 《徐宝彝等人切除肝脏手术成功》，1957 年《人民日报》第 4 版。

1957 年，市第二劳工医院（今杨浦区中心医院）徐宝彝成功施行右半肝规则性切除和肝管结扎术，并提出肝脏能按血管分布情况划分 4 个区 6 个段。

此后两年间，徐宝彝先后施行肝规则切除 6 例、肝管结扎 3 例，都获很好的疗效。

徐宝彝医生的这一系列成功实践与理论，在赢得社会广泛关注外，更赢得"看门道"的内行的欢呼，尤其是裘法祖和吴孟超，从徐宝彝的成功中，既增强了信心，还获得了可资借鉴的宝贵经验。

作为一位与裘法祖声望相当的外科专家，徐宝彝的思路是很清晰的：中国是肝脏疾患高发的国度，朝这个方向研究天地很宽广；要做好肝脏外科手术，止血是首当其冲必须突破的关键点，因此首先要从基础研究着手……由此，他曾在劳工医院开始制作肝脏血管标本。到 1956 年底，徐宝彝团队已做成了 30 具"肝内管状系统"实物标本，对推进肝脏外科事业有很重要的作用。

徐宝彝与吴孟超是几乎同时起步进军肝脏外科的，尽管基础有差异，切入点不同，平台也不同，但他们都为中国的肝脏外科的发展呕心沥血，功不可没。

还必须提供的背景资料是：一般认为，肝脏外科学和肝脏治疗学的惊人进展是肝脏移植的成功。Welch 利用异位移植技术，于 1955 年成功地在狗身上进行了第一例实验性肝脏移植，但是因该技术难以维持血供和足够的胆汁流出而被放弃。在 1959 年，Moore 和 Starzl 分别在狗身上成功地进行了原位肝脏移植手术。同年，Kasai 和 Suzuki 报道了第一例因胆管闭锁进行的肝门-小肠吻合术。第一例人肝移植由 Starzl 在 1963 年完成。接下来，Starzl 和 Calne 又开展了大量的肝脏移植。

三人研究小组

在裘师的指点和帮助下，《肝脏外科入门》译著的出版，表明吴孟超已经向这个方向进发了。如果说郑宝琦教授满足了吴孟超当外科医生的愿望，那么裘法祖教授则是吴孟超从事肝脏外科的指路人。日后的一系列事实都证明，他的这条路是走对的。

就在吴孟超作出向肝脏外科发展的抉择不久的 1958 年，发生了这样一件事：一个日本的医学代表团曾来华访问，先到北京，后来上海。在上海参观讲学期间，代表团的一位教授在第二军医大学作了一场有关肝脏外科的学术报告，尽管用今天的标准来衡量，他报告的内容很肤浅，观点也不清晰，这当然也说明当时日本在这方面水准并不高。不过，在讨论时，一位日本专家针对当时中国的肝脏外科尚未成形的落后状况，傲慢地预言："中国的肝脏外科要达到日本现在的水平，起码也要三十年！"

他的论断使在场的所有中国医生，包括人民解放军大尉军医吴孟超在内，都受到了极大的刺激，成了一种难以抹去的心理创伤。

当晚，吴孟超彻夜难眠。十几年前西贡海关受辱的情景又栩栩如生地在眼前浮现，而白天那位日本人的傲慢的神态与无知的偏见，让他感到异常的胸闷。妻子吴佩煜劳累了一天已经入睡了，相继出生的三个女儿那天夜里也出奇的安宁，既没哭也没闹。越是安静，吴孟超心里却越是倒海翻江，不得安宁。想到紧迫处，竟不由自主地披衣下床，连夜赶写一份报告给院领导，表明自己是中国人，一定要为中国医学界争这口气。怀着强烈的民族自尊心和对医学事业的高度责任感，他伏案奋笔疾书，写就了一份给医院党委的报告，阐述了我国向肝胆外科进军的重要性与紧迫性。等他把报告修改、润色并誊写完成，东方已露晨曦。望着窗户透进的第一缕曙光，吴孟超意犹未尽，又在纸上写下 16 个大字：自力更生，艰苦奋斗，奋发图强，勇攀高峰。日后，这 16 个字就成了吴孟超进军肝胆外科的人生誓言。

人是需要有一点精神的。上述誓言就是吴孟超高昂精神状态的集中体现，反映了他的人生追求与思想境界。事实已证明：吴孟超正因为有了这种决心，无论在理论上还是实践上都能千方百计地为实现这个誓言而不懈努力，成功的辉煌也就在其锲而不舍的努力与奋斗之中一步一步变成现实。

无数历史事实也表明，大凡能够取得杰出成就者，无不是把自己的人生誓言与祖国和民族的命运紧紧相连，并忠实于自己的誓言，努力践行誓言的。

第二军医大学第一附属医院党委收到了吴孟超的报告,引起充分重视,并上报二军医大党委,并很快给予批复。

从 1956 年起,全国掀起了向科学进军的热潮,1958 年的"大跃进",又催生了各种各样的技术攻关小组。也就在 1958 年,二军医大附属第一医院成立了三个科研攻关组,分别是烧伤科、胸心外科和肝胆外科。今天,这三个科研方向已硕果累累,也成了二军医大的三个医术品牌。其中肝外科的科研攻关组就是由吴孟超任组长,带领张晓华和胡宏楷组成的三人肝脏外科小组(俗称"三人研究小组"),全院上下都期望他们能在肝胆外科上有所突破。

有必要先介绍一下"三人研究小组"的另两位成员,他们日后也都是对中国肝脏外科事业作出杰出贡献的"大写的人"。

下面摘录张晓华的一段自述:①

我 1929 年阴历正月十五出生在安徽芜湖市一个知识分子家庭。父亲张久荪祖籍安徽六安,早年考取庚子赔款提供的公费,留学日本,毕业于东京高等师范大学生物系。母亲章含贞祖籍安徽安庆,肄业于安徽大学中文系。他们负笈东瀛,在日本东京办完婚事,抱着"教育救国"的良好愿望,满怀激情,双双归国。先后为安徽省巢县中学、潜山中学和芜湖中学的创建进行策划和设计,为这些学校办学经费的筹措多方奔走。可是腐败落后的旧教育制度令他们四处碰壁。由于屡遭挫折,使他们心灰意冷,早期的理想逐渐淡化。于是,把希望寄托在第二代身上。遵照他们"不为良相,便为良医"的理念和方向,1944 年我报考国立江苏医学院,得以顺利录取,从而踏上了从医的道路。完成五年在校学习阶段后,1950 年 1 月来到上海华东军区人民医院实习。该院随后于1950 年 11 月改为上海军医大学医院,1951 年 7 月正式命名为第二军医大学附属医院。1951 年 3 月实习期满,在 30 多位同学中有 4 位留校,

---

① 王宏甲、刘标玖:《吴孟超传》。北京:华文出版社,2012 年,第 114 页。

我留外科任住院医生兼助教。

我在实习期间就加入了新民主主义青年团（共青团前身），参加工作后入党。历任小组长、支委、支书。1958年医院成立肝脏外科研究小组，经党总支提名，院党委批准，由吴孟超、胡宏楷和我组成"三人小组"，自此踏上了向肝外进军的漫长历程。

"三人研究小组"的另一位成员胡宏楷已经去世多年，有关他的情况，吴孟超是这样介绍的：

胡宏楷原来在国民党的国防医学院念书，后来国防医学院搬到台湾去，他只好跟着去了台湾。在那里待了一年后，因为怀念祖国，思念亲人，就和其他几个同学一起逃了回来，是坐小船偷渡回来的。回国后，又考了华东人民医院，成了一名军校生。1952年，他毕业后留在长海医院当医生。① 1958年，和我一起搞肝脏研究。胡宏楷是个老老实实、勤勤恳恳的人，是一名优秀的外科医生……

万事开头难，医学领域的攻关尤其如此。肝胆外科"三人研究小组"初创时，既没有学术资料可资借鉴，也没有研究仪器可供使用，甚至连最起码的有关肝脏外科的医疗档案也没有。医院能提供给他们的，仅仅是一间类似窝棚的曾豢养过医用实验犬的动物房、几套旧桌椅、几把普通外科用的刀剪钳夹。"三人研究小组"所拥有的只是三位充满抱负的年轻人，看来一切得从零开始。

就在"三人研究小组"成立不久，一例肝脏外科手术的失败，引发了吴孟超深深的思考。那年，二军医大第一附属医院收治了一位肝癌患者，经过专家确诊并多次会诊后，一致认为有手术治疗的可能。为了确保手术成功，医院做了精心准备，聘请了曾做过肝癌切除手术的上海市立第二劳工医院的徐宝彝主任来主刀。本院抽调了多名外科骨干参与手术，强大的手术阵容

---

① 这里说的长海医院当时（1952年）还称第二军医大学附属医院——作者注。

表明医院要确保手术成功的决心。当时，吴孟超虽是小字辈，但鉴于他娴熟的普外手术技能，也有幸成了手术组的一名成员。手术艰难地进行了足足5个小时，虽出血很多，但肿瘤还是被成功切除了，手术结束时患者生命尚能维持，大家一致感到手术很成功。不过两天后，这位患者还是因失血过多而死亡。无论家属还是医生都眼睁睁地看着病人痛苦地离去，沉浸在无比的悲痛之中。吴孟超也心如刀绞，因为他所了解的医院曾做过的几例类似的肝脏手术，几乎无一例外地都以失败告终。然而，无情的现实是，我国是肝癌的高发区，而肝脏的手术却一直是个"禁区"，难道真如那位傲慢的日本人所说的"起码也要三十年"才能有资格进行肝脏手术吗？原因究竟何在？

肝脏是人体最大的实质性器官，是人体最大的能量制造工厂和化学加工厂，所有吃进去的东西消化后，都要经过肝脏加工、代谢、解毒和储能。肝脏还与造血、凝血、胆汁生成等重要功能有关。因此，肝脏内的血管特别丰富，走向尤其复杂，而且除了纵横交错的血管系统，还有胆管、淋巴管叠合交错，其结构实在太难弄明白。若找不到准确与合理的止血方法，手术中稍有不慎就必然导致大出血或者因不断渗血而死亡。那个年代谁得了肝癌就等于得了不治之症，人们甚至看到黄疸或肝腹水病患者都避之不及，生怕被感染，即使像德国那样外科手术十分成功的国家，肝脏手术的成功率也是很低很低。

一连几天，吴孟超寝食不安，难道人类对肝癌就一直处于这么束手无策的境地吗？怎样才是找到外科制服肝癌最佳的途径呢？下一步该带领"三人研究小组"朝什么方向努力呢？

第四章
理论与实践的创新

学术背景与科学足迹

1965 年，美国生物学家巴鲁克·布伦伯格和阿尔特在澳大利亚土著人的血清中发现澳大利亚抗原，即乙肝病毒的表面抗原。这是人类从血液中找到的第一个乙肝病毒标志物。

1966 年，赫尼（Heaney）首先提出全肝血流隔离下施行肝切除术的概念，手术时钳夹肝门、肝上、肝下下腔静脉，并同时阻断腹主动脉。

由吴孟超带领"三人研究小组"研究肝脏的第一步是从制作肝脏管道的铸型标本入手，试图弄明白肝脏的解剖结构。从 1958 年起，历经无数次失败，终于从容国团荣获世界乒乓球锦标赛的喜讯中获得灵感，用赛珞璐液灌注技术，制成了犹如珊瑚般美丽的肝脏管道的铸型标本。吴孟超对照文献，将标本仔细研究，对肝脏血管的走向和分布规律了如指掌，提出了肝脏解剖学上的"五叶四段"的创新理论：将人体肝脏分成"左外、左内、右前、右后和尾状"五个叶，又将左外叶及右后叶各分两个段，共四个段。这一理论得到了 1960 年 6 月在郑州召开的第七届全国外科学术会议的认同。50 多年的实践表明："五叶四段"理论已为我国乃至世界肝脏手术的成功提供了关键性的解剖标识,并被收入多部理论专著和医学教材。根据这一理论,1960 年 3 月 1 日,由吴孟超主刀为一位中年女患者成功切除了肝癌,成了二军医大第一附属医院的第一例成功肝脏手术。同年吴孟超还发明了"常温下间歇性肝门阻断切肝法",适用于所有的肝胆外科手术,其独创性在于通过间歇性阻断进入肝脏的血供,不仅提高了手术的安全性,而且可以在常温下施行肝脏手术,简化了过程,减少了创伤。1961 年,吴孟超又发现了"正常和肝硬化肝脏手术后生化代谢规律",并据此提出了纠正肝癌术后常见的致命性生化代谢紊乱的新思路与新策略。1963 年 5 月,吴孟超还突破了"中肝叶"手术的禁区,并于同年 9 月,带着"中肝叶手术"令世人震惊的成功,在北京召开的第八届全国外科学术会议做了学术演讲。1964 年,上海科教电影制片厂鉴于吴孟超的一系列基础理论与临床实践的创新与成就,拍摄一部《向肝脏外科进军》的彩色纪录片。

美丽的珊瑚

研究肝脏到底该从什么地方做起,该从什么地方予以突破?

吴孟超带着疑问与张晓华、胡宏楷讨论起来了,这也是"三人研究小组"成立后的主要话题。经过讨论乃至争论,从肝脏解剖学基础着手,显然成了毫无异议的共识。只有透彻了解并掌握肝脏内部的解剖结构,才有对肝脏施行手术的基础。他们找来了相关的资料,发现当时国际上并无统一和公认的肝脏解剖理论。他们也找来了医院曾经做过的肝脏手术失败的病例,细细研读,周密思考,得出的结论是肝脏内不仅有数千条密如蜘蛛网般的血管,还有胆管、淋巴管等叠合交叉,复杂的管道分布与走向,手术中稍有不慎就会导致大出血,而出血过多或渗血不止,往往是导致术中或术后病人死亡的最大原因。由方之扬和吴孟超刚翻译出版的《肝脏外科入门》一书,并没有详细述及肝脏的止血办法,其他凡能找到的少得可怜的文献也都没有这方面的论述。看来,要掌握肝脏的止血方法,非得从了解肝脏内部的血管分布及其走向着手,也就是要掌握肝脏的解剖结构。这种逻辑判断和推理,让他们苦苦争论的问题理出了一些头绪。

吴孟超、张晓华和胡宏楷在大学里所学的有关肝脏解剖的知识,大概也就是"肝脏内有四种管道,肝分左右两叶"这样浅显的描述,再进一步地细述有关肝脏内各支血管的走向或血流分布规律的信息,就连只字片语都找不到。而好容易找到的一些文献上,倒是有关于1951年瑞士专家 Hjortsju 首次建成肝脏管道铸型腐蚀标本和胆管造型研究方法的提示:一个理想的肝脏标本,应该是用不同颜色的液态塑料灌注入肝脏的肝动脉、肝静脉、门静脉和胆道等四种管道内,一俟塑料凝固后把管道外的肝组织腐蚀掉,就可以形成一架肝内各类管道分布与走向清楚的模型了。

自1958年冬天起,"三人研究小组"的成员就在那间简陋的动物实验房里,很快投入地策划起如何制作肝脏标本的具体细节了。

所需要的肝脏从哪里来?

正好长海医院附近有一家法医检验所,他们的任务中有一项是收集、鉴定无名尸体,所以经常要解剖尸体,却并不注重尸体肝脏器官的保留和再利用。吴孟超带着二军医大附属第一医院的介绍信去那里联系,法医检验所的法医们见是部队医院前来请求协助,便爽快地答应,把尸体解剖后的肝脏无偿地提供给他们使用。一来二去,吴孟超和法医交上了朋友。在法医作尸体解剖后就即时通知吴孟超去取无名尸体的肝脏。

用以制作标本的肝脏器官来源虽然解决了,灌注材料却成了一大难题。他们从多家化工厂弄来了好多种塑料,用各种办法将它们液化后加上颜色,灌注到肝脏相应的管道内,等到标本成型后放入酸液试图腐蚀掉管道外围的肝组织时,问题就出现了,尽管肝组织能被腐蚀掉,但灌注了塑料的各种管道也软化了,整个标本都坍塌了。采用不同稠度的塑料液、不同品种的灌注材料,也都一一失败了。他们还曾采用医用X光片的溶液试验,也以失败告终。一次次试验,一次次失败,问题究竟出在哪个环节?毕竟是三位年轻的医生,不是材料科学家,时间又处于20世纪50年代末,他们可用于灌注材料的选择面又很窄,有关材料与加工工艺的知识面也不够广,失败似乎是必然的。好在他们有一股非成功不可的韧劲,便找来有关有机化学、材料学的读本,企望从中寻找到答案。

那段时间,吴孟超一头扎入实验室,不是做试验,就是埋头看书查资料,希望从屡试屡败的困境中摆脱出来。他们的实验室旁是养狗的地方,狗吠连续不断,吵得他们心烦。尤其是实验室中充满塑料的难闻气味,在闷热的上海,更令人觉得难熬。再说,他们仨并不是专门脱产搞科研的,白天还需同医院内其他医生一样照常要查病房、看门诊、做手术……科研与实验只是利用晚上或周日的业余时间。要不是三位年轻人都有一股对科研的好奇心,对疑难问题非得予以征服的军人气质,常人恐怕早就会放弃了。但生来就有倔劲的吴孟超,对他认准的事哪怕再难也不会轻言放弃。凭着这么一股锲而不舍的钻劲,这半年多来他像着了魔似的,手中做的是塑料灌注,嘴里讲的是塑料灌注,脑子里想的是塑料灌注,连睡觉做梦也是在塑料灌注……这种痴情和专注,确实是很费神的,他白天与黑夜的连轴转,过度劳累外加屡遭失败对精神的打击,吴孟超的胃病又犯了,每天只能勉强凑合着喝点稀饭,半年多的苦撑,人瘦了不少,同事们背地里疑惑不解,这位手术技术高超的"小个子"怎么更精瘦了?

其实,当时在上海做肝脏标本试验的不止他们一家,徐宝彝主任所在的市立第二劳工医院就已经制成了30具"肝内管状系统"的实物标本,并曾在九三学社上海分社成员科研作品展览会上展出过。吴孟超得知这一信息后非常高兴,于1959年3月特地请外科主任郑宝琦教授带他们三人前去取经。

徐宝彝教授和郑宝琦是同辈人。徐教授得意洋洋地搬出几具制成的肝脏标本,像珍藏的艺术品一样给他们欣赏。标本制作得确实相当精致,吴孟超赞不绝口,当即请教:"不知道您是用什么材料灌进去的? 我们试验了好多种,可就是弄不成功。"

一听这话,徐宝彝教授缄口不言了。半晌才委婉地表示:"这是我们向国庆10周年的献礼项目,具体用什么灌注材料嘛,对不起,阿拉不好讲的……"

人家要保密,吴孟超不能硬逼着他透露,郑宝琦教授也不便多问,彼此寒暄了几句,便带着三位年轻人告退,但至少使他们明白,肝脏标本是可以制作成功的,文献中记载的事是合理的。郑宝琦教授反复叮嘱:"你们还是发扬自力更生精神,自己搞吧!巴甫洛夫说过:'实验上的失败可能成为发现的开端。'我想天无绝人之路,总会有办法的!"①

吴孟超会意地点头。

常言道:机遇永远偏爱善于捕捉它的人。转眼到了1959年的4月份,春寒料峭的校园里播出了一条振奋人心的喜讯:"4月6日,我国优秀乒乓球运动员容国团,在西德的多特蒙德举行的第25届世界乒乓球锦标赛男子单打决赛中,荣获男子单打冠军。参加比赛的有40多个国家和地区代表队的240多名优秀选手。容国团在和这些名将的会战中,闯过8关,连败7将,先后厮杀了62个回合,最后以3比1的优异成绩,战胜曾9次获得世界冠军的匈牙利选手西多,荣获世界冠军的光荣称号。这是世界乒乓球锦标赛从1927年举行以来,中国第一次赢得世界冠军的光荣称号,也是中国运动员在世界锦标赛中获得的第一个冠军……"中国人夺冠的喜讯令全校、全社会都为之振奋,对乒乓球迷吴孟超来说自然也格外兴奋,在冲刷了上百次试验失败的沮丧之余,却触发了他心里始终绷紧的一根弦——乒乓球不也是一种塑料吗? 何不用它来试验一下呢?

吴孟超这一念头的闪现是地地道道的"灵感",看似得来全不费工夫。他立即转身去找胡宏楷,两人上街买来了几只乒乓球,剪碎后泡入丙酮酸液里,盖上盖子让它们溶化。第二天,丙酮酸液果然成了一种胶状物,吴孟超取出几滴在玻璃板上拉出一直线,不一会儿便凝固了,而且定型成功。这就是"梦里寻它千百度"的理想材料。三位"心痛的失败者"断定,已经找到了理想的灌注材料,激动得几乎要流出泪水,预感到离成功不远了。

不过,成功的果实并不是轻易让期待他的人摘到的。以后的试验果然又遭遇了一系列始料未及的挫折。当他们将液态赛珞璐(即制造乒乓球的材料)灌入肝脏血管里的时候,稠了(浓度太大)灌不进微细的管道;稀了(浓度太小)又撑不起形状;灌注时压力过大,血管会被撑破;压力过小,液体又会分布不匀……依然是一次接着一次的失败。

---

① 桑逢康:《吴孟超——游刃肝胆写春秋》。北京:新华出版社,2008年,第59页。

图 4-1　"三人研究小组"(右为吴孟超)在制作肝脏铸型标本(摄于 1958 年,吴孟超办公室提供)

　　有道是"只要功夫深,铁杵磨成针"。两个月后的一天早晨,"三人研究小组"终于获得了期盼已久的成功。当他们将自来水冲洗掉经腐蚀过的肝脏时,一具完整的肝脏管道标本犹如美丽的珊瑚般呈现在眼前。吴孟超被这具玲珑剔透、纵横交错的管道所构成的精美震慑了,泪水夺眶而出,这是喜极而泪,是数不清的失败后终于赢得胜利的激动。

　　透过泪水的折射所看到的彩色"珊瑚",似乎在闪光,似乎在耀动。由于在赛璐璐里预先调入了四种不同的颜色,分别灌注进肝动脉、肝静脉、门静脉和胆管的缘故,因而把纵横交错、攀缘缠绕的大小管道有区别地、清晰地呈现了出来,缤纷的色彩、清晰的走向,让人一目了然。肝脏的内部各种管道的脉络,至此已一览无遗地展现在三位年轻人的面前。

　　这就是他们梦寐以求的打开肝脏科研之门的第一步。

　　三个大男人竟一时都用睁得大大的双眼盯着这朵美丽的"珊瑚",兴奋得张着嘴巴半晌说不出话来。在他们的眼里,与其说这是一具肝脏血管铸型的标本,更应该说是一个绝世无双的艺术珍品!

　　到 1959 年底,以吴孟超为首的"三人研究小组"总共制作了 108 具肝脏腐蚀标本和 60 具肝脏固定标本。随着实验技术日益高超与纯熟,他们制作

图4-2　肝脏铸型标本(目前仍保存在东方肝胆医院展示室,吴孟超办公室提供)

的"珊瑚"也一个更比一个精致,一个更比一个美丽。

你若不信,只要走进现在的东方肝胆外科医院的陈列室,50多年前制作的一具具美丽的"珊瑚",依然那么勾人魂魄地陈列在展示柜里,诉说这些攻克肝癌的勇士们当年所跨出的坚实的创新步履。

创立"五叶四段"新理论

为了更好地熟悉并掌握肝脏的解剖理论,吴孟超所带领的"三人研究小组"成员都没有停止过探索的脚步,没有陶醉于已经取得的阶段性成果之中,而是继续乘胜追击。除了继续制作不同类型、不同年龄的肝脏血管铸型标本外,对已经制成的100多具标本,对照着文献,细细地研究分布于整个肝脏内的肝动脉、肝静脉、门静脉和胆管各自的走向与交错的情况,还用三视图分别画出了相应管道的分布。

应该说从1958年春天开始,"三人研究小组"真正跨上了向肝胆外科进军的战场。尤其是当铸型标本达到一定数量后,他们在实验室、办公室、宿舍的书桌上都摆放着这些精细耀眼又美丽无瑕的肝脏标本,每天能从各个角度观察、研究,用笔尖顺着肝动脉、肝静脉、门静脉和胆管的走向,仔细研究其管径大小的变化以推测其流量,并寻找它们各自在肝叶中的分布状况和规律。从混沌到清晰,从清晰到烂熟于心,甚至了如指掌。通过亲手大量制作标本和绘图,又经过对近 200 例不同年龄、不同性别的正常人肝脏腐蚀标本或患有肝脏疾患者的标本的详尽观察、解读和分析比对,吴孟超已逐渐掌握了肝脏中肝动脉、肝静脉、门静脉和胆管走向及其分布的规律,真正弄明白了正常人肝脏的解剖结构。因此,他结合临床实际,认为应该抛弃过去陈旧的把人类肝脏简单地分为左、右两叶的观点,而应建立以肝脏血管分布和肝内裂隙为基础的解剖学观点,于 1960 年首次提出了正常人体肝脏"五叶四段"的解剖学理论,并自 1962 年起相继发表了 *Observation on intrahepatic anatomy of normal human liver* [1]、《我国正常人肝内解剖的观察》[2]、《正常人肝内胆管和肝动脉的解剖学观察》[3]等中英文论著,建立了全新的人体肝脏解剖理论。

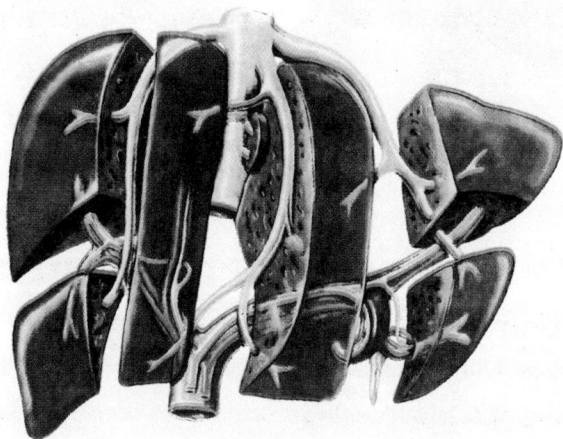

图 4-3　人体肝脏"五叶四段"的解剖示意图(吴孟超办公室提供)

---

[1] Wu Mengchao, Hu Hongkai, Zhang Xiaohua, Mao Zengrong: *Observation on intrahepatic anatomy of normal human liver*, Chin Med J 1962;81:613-627。

[2] 第二军医大学肝病研究小组:我国正常人肝内解剖的观察,《中华外科杂志》1962;10(2):97-103。

[3] 吴孟超　胡宏楷　张晓华:正常人肝内胆管和肝动脉的解剖学观察,《解放军医学杂志》1965;2(4):358-362。

"五叶四段"论大胆地提出将人体肝脏分成"左外叶、左内叶、右前叶、右后叶和尾状叶",共五个叶;又将左外叶分为左外叶上、下段,右后叶分为右后叶上、下段,共四个段。这是中国学者在国际上最早提出的"五叶四段"解剖学理论的明确表述。该理论不仅为肝脏手术提供关键性的解剖标识,而且提出肝脏内部存在静脉吻合支,尾状叶的血管解剖特点,肝脏手术中血管、胆管的准确处理方法和原理,为肝脏手术提供了明晰且安全的理论指导。

　　上海第一医学院的沈克非教授①是我国外科学界的前辈,也是当时国内所有医学院所开设的"外科学"课程的主编,沈老对学问一贯很挑剔,对学科建设的要求也很严格。旁人都说沈老脾气大,都有些怕他,而对吴孟超他却显得特别温和与亲切,因为吴孟超经常要向沈老求教并作学术汇报,渐渐地彼此熟识了,尤其当沈克非了解了初出茅庐的吴孟超对肝脏解剖的独特见解和创新观点后,更是十分欣赏,认为该理论操作性更强。

　　1960 年 6 月,中华医学会要在河南省省会郑州市召开第七届全国外科学术会议,沈教授为吴孟超争取到了一个参会的名额,并叮嘱吴孟超尽快准备论文,作大会报告。那个年代,年轻人能有机会参加全国性的学术会议是很难得的。于是,吴孟超和胡宏楷、张晓华花了整整一个星期的时间,住在实验室,吃在实验室,可谓"足不出窝棚,手不离试验",夜以继日地整理实验数据,对每一项试验的结果都进行反复推敲,对每一个数据都重新加以测定,在总结经验的基础上,提炼出上述"五叶四段"理论,撰写了《我国正常

---

① 沈克非(1898—1972),外科学家和医学教育家。1898 年 3 月 2 日生于浙江嵊州。1915 年毕业于杭州之江大学附中,1916 年考取北京清华大学庚子赔款预备生班,1924 年毕业于美国俄亥俄州克利夫兰西余大学医学院,获得博士学位。1925 年担任北京协和医院住院医师和住院总医师。1929 年担任安徽芜湖弋矶山医院外科主任。1936 年任南京中央医院院长。1941 年任重庆国民政府中央卫生署副署长,兼任陆海空军总司令部医监。1943 年 5 月当选为中华医学会理事长。1946 年任国立上海医学院教授,兼任附属中山医院院长。1950 年任第二批志愿军医疗队技术顾问团主任顾问。1951—1958 年任中国人民解放军医学科学院副院长。1959 年任上海第一医学院副院长、中山医院院长。1972 年因胰腺癌病逝于上海。作为中国外科学的先驱者之一,毕生致力于外科学的研究,对普通外科的发展和提高以及神经外科、血管外科的开拓和创建作出了重大贡献;曾长期从事临床外科教学,强调基础理论和技术训练,培养了中国几代外科技术人才。他为人正直,大公无私,工作勤奋,以身作则,对己对人严格要求,在外科教学方面形成独特的谨慎细致的学风。

人肝内解剖的观察》的论文,由吴孟超带到会上代表"三人研究小组"去宣读。

第七届全国外科学术会议如期于河南郑州举行,吴孟超的论文报告被安排作大会发言。身着军装的吴孟超向与会专家报告了他们"三人研究小组"的研究成果,提出他们的肝脏解剖新理论:根据中国人肝脏的解剖数据及其规律,经过大量铸型标本的制作和反复进行的实验和研究,我们认为正常人的肝脏解剖按内部血管走向可分为五叶六段,在外科临床上则以五叶四段最为实用……

吴孟超语态谦逊而又充满自信,声音铿锵而又说理周全,数据丰富而又不失逻辑,都令与会的专家们不免惊奇"何方学者,如此有见地"? 在中国外科学圈子内可从来没见过这位小个子医生呀。翻了花名册,才知道他是上海第二军医大学附属第一医院派来参加会议的代表——吴孟超。报告者虽然年纪很轻,但提出的"五叶四段"的肝脏解剖理论很有见地,毕竟是建立在他们脚踏实地的大量标本制作和解剖学根基上的。由于那时我国与西方交流甚少,又受制于通信技术的落后,国内学术界沟通也缺乏,无论是对 1951 年瑞士的 Hjortsju 建立的肝脏管道铸型腐蚀标本和胆管造影的研究方法,提出肝动脉和肝胆管呈节段性分布并将肝脏分成内、外、后、前、尾五个段等的理论,还是 1957 年国内的徐宝彝教授成功施行了右半肝规则切除并提出肝脏按血管分布可划分为 4 个段 6 个区的理论,都了解甚少。因此,他们对吴孟超提出的全新理论产生了极大的兴趣,感觉大开眼界。专家们仔细地审查了吴孟超提供的大量资料和数据,经过比较、分析、核实,在最后的大会总结时,确认这是我国肝脏解剖理论的一个重大突破,一项具有重要临床价值的创新。

这是吴孟超所作的人生第一次学术报告,也是他人生的第一篇学术论文。从此,他的名字与"五叶四段"的解剖理论紧密联系在了一起。这一崭新的理论为肝脏手术奠定了解剖学基础,几十年来一直沿用至今,成为肝脏手术赖以成功的基石,并为肝脏手术的进一步探索,提供了理论依据和技术保障。

第七届全国外科学术会议,给吴孟超带来的额外收获是结识了许多我国外科界的知名前辈,如吴英恺教授①、曾宪九教授②、吴阶平教授③、黄萃庭教授④……他们为日后吴孟超肝胆外科事业的发展提供了不同程度的指导与帮助。

时至今日,五十多年的实践表明:"五叶四段"理论为肝脏手术奠定了解剖学基础,长期指导着国际上最大系列的肝脏手术施行,并为此后肝脏新手术的探索如肝脏尾状叶切除、肝癌局部根治性切除、肝癌的根治等提供了理

---

① 吴英恺(1910—2003),医学家。辽宁新民人。1933 年毕业于原辽宁医学院,1941—1943 年留美进修胸外科,1944 年任重庆、天津中央医院外科主任,1951 年任中国协和医学院外科主任教授,1956 年任解放军胸科医院院长兼外科主任,1958 任阜外医院院长兼外科主任,1981 任北京市心肺血管中心主任及安贞医院院长,后任北京市心肺血管疾病研究所名誉所长。是中国胸心外科的开创人之一,1940 年首次成功切除食管癌,50 年代末组织华北四省一市食管癌防治科研大协作,开展流行学病理和发病学研究,降低了死亡率、提高了治愈率。1958 年以来开展心血管病流行学及人群防治,1978 年组建中国第一个心血管病流行预防教研组,推广心脑血管病的调研防治。曾任中华医学会外科学会及心血管病学会主任委员,美国外科学会及胸外科学会荣誉会员,美国外科医师学院荣誉院士。1955 年选聘为中国科学院院士(学部委员)。

② 曾宪九(1914—1985),外科学家。1940 年毕业于北平协和医学院,获美国纽约州立大学医学博士学位,留校任外科医师。1942 年在平和医院任职,后回协和医学院工作,1956 年任中国协和医学院外科主任、中华外科学会主任委员、《中华外科杂志》总编辑。50 年代提出防止肠侧侧吻合术后综合征的手术方法在临床上得到推广。60 年代开始研究创伤后体液和代谢反应,掌握了国际上先进的重水稀释灌滴测定法和放射性核素红细胞量测定法。70 年代初首先在临床上开展胃肠外营养的研究,70 年代末又研究创伤及外科感染病人的代谢和营养支持。在协和医院他倡导成立了多科系参加的胰腺疾病研究组,开展胰岛 B 细胞瘤、胰头瘤的综合研究。培养了许多优秀的外科医师。

③ 吴阶平(1917—2011),医学科学家、医学教育家、泌尿外科专家和社会活动家。江苏常州人。1937 年毕业于北平燕京大学,获理学士学位。1942 年毕业于北平协和医学院,获医学博士学位。对"肾结核对侧肾积水"的研究使一些无法挽救的肾结核患者得到恢复,在国内外医疗实践中得到证实。开创对输精管结扎手术中灌注远段精到的技术,使手术即时产生避孕效果。肾上腺髓质增生的研究在医学上确立了一种新的疾病,受到国际上的重视和承认。肾切除后留存肾代偿性增长的研究,纠正了对肾切除长期存在的一种不全面的认识。1980 年当选为中国科学院院士。1995 年选聘为中国工程院院士。中国医学科学院名誉院长,中国协和医科大学名誉校长,北京医科大学泌尿外科研究所名誉所长、教授。

④ 黄萃庭(1916—1992),外科学家和医学教育家。1942 年毕业于北平协和医学院,1946 年起在北京大学人民医院的前身中和医院工作,曾担任外科副主任、副院长、院长等职。专长肝脏、胆道、胰腺外科疾病,对门静脉高压症的外科治疗尤为精通。1978 年报道使用脾肾静脉分流术治疗门静脉高压症的远期疗效达到国际先进水平,荣获全国科技大会奖一等奖。1980 年提出与传统理论不同的液递物质在门静脉高压症发病机制的创见,充实了对该病的认识,受到国内外学术界的重视。此外,对肝脏、胆道、胰腺、胃肠、甲状腺和乳腺疾病的外科治疗也多有建树。从医 40 余年共发表有创见性的论文 60 余篇,主编、参编和翻译医学专著十余种。曾任中华医学会理事、中华外科学会主任委员,《中华外科杂志》和《普外临床》总编辑,国家科学技术委员会医学专业组委员,国际外科学会会员、美国德克萨斯大学医学院客座教授、法国外科学会名誉会员。

论依据和技术保障。该理论也成了我国高等医学院校教材、《黄家驷外科学》等专著的经典内容，得以传承和广泛引用。在我国肝脏外科学发展的历史中，"五叶四段"理论一直是一项标志性成果，也是我国肝脏外科发展的历史见证，并被评价为"由于肝内解剖理论，促进了肝癌外科治疗的进步，吴孟超等始终拥有世界上最大系列的肝癌切除"[1]。裘法祖、黄志强院士在他们的著作中均引用和认同了这一工作。[2] 诚如同行专家所言："自50年代以来，吴孟超对肝内解剖进行了系统、深入的研究，根据静脉分布提出的分叶、分段概念，已被临床上广泛采用。为开展肝脏外科提供了有利条件。"[3]

第一例成功的肝脏手术

"三人研究小组"通过大量肝脏血管铸型标本的制作，开展了一系列科学实验，创立了崭新的"五叶四段"理论。那么，这些实验与理论是否正确，还得经受实践的检验。也就是吴孟超常挂在嘴边的那句话：任何医学试验的目的，都是为了满足临床的需要。

那么，"五叶四段"理论是否正确，也要看其能否满足临床的需要了。

1960年初，第二军医大学第一附属医院的外科收治了一名中年妇女肝癌患者，询问病史并做了化验和其他各项检查后，吴孟超确认在她的右肝叶上长了一个恶性肿瘤。经会诊，科里一致决定为她进行手术治疗。

吴孟超清楚地记得，两年前医院曾经为一名肝癌患者作过一次手术切除，他那时还曾担任了手术助手。那次手术尽管医院尽了最大努力，但因病人手术失血过多以及术后两天的不断渗血，最终以死亡而告手术失败。虽

---

① 汤钊猷院士等主编：《原发性肝癌（第二版）》。上海：上海科学技术出版社，1999年，第10页。
② 裘法祖等主编：《腹部外科临床解剖学》。山东：山东科学技术出版社，2001年，第165页。黄志强等主编：《外科手术学》。北京：人民卫生出版社，1998年，第919页。
③ 常旭等主编：《原发性肝癌的治疗》。郑州：河南医科大学出版社，1999年，第16页。

然这个沉痛的教训不是所聘请的徐宝彝主刀和本院医生的责任心不强或操作失误造成的医疗事故,确系当时对肝脏解剖认知水准的不足所致,作为助手的吴孟超并不负有什么直接的责任,但手术失败留在他心里的阴影至今挥之不去。两年过去了,对肝脏的解剖生理确实已熟稔于心,"五段四叶"的理论能否经受得起临床实践的检验?外科主任郑宝琦教授与"三人研究小组"的成员一起制定了周全的手术方案。

3月1日,科里要为患者做肝癌切除手术了,情况将会怎样?

虽说由恩师郑宝琦主任主刀,吴孟超、张晓华、胡宏楷分别任一、二、三助手,但那天清晨吴孟超一早起来后仍不免心事重重,心中就像有十五只吊桶,七上八下。草草吃好早点便骑上自行车匆匆赶到了医院。和往常一样,他又是最早到科里上班的一位。

手术室里充满了紧张而又忙碌的气氛。医院领导对这次肝癌切除手术极为重视,把手术能否成功看做是检验肝脏解剖理论正确与否的一场硬仗,说得更直白点,也就是检验由吴孟超率领的"三人研究小组"所创新的"五段四叶"理论,能否解决手术中大出血的问题。为此,医院安排强大的手术阵容,连麻醉师和护士也都经过严格挑选,还调用了医院里最好的手术器械和设备,院长也亲临现场坐镇手术。

麻醉科、血液科、心内科和唱主角的外科医生都齐刷刷地进入术前准备。一切准备就绪后,手术室里气氛特别紧张,毕竟以往的失败都令人感到很无奈,谁也没有完全把握,肝脏禁区能否突破。因此,谁都对即将要做的手术感到紧张。

时针指向9点,手术开始。就在这时,站在主刀位置上的郑宝琦教授,忽然做出了一个令在场所有人吃惊的决定:他朝站在他对面的吴孟超点了点头,示意"第一助手"的吴孟超站过来。他把主刀的位置主动让给了吴孟超,自己却站在了助手的位置上。他没有说一句话,一切尽在不言中。现场没有人吱声,大家都能领会眼前这把柳叶刀的分量。吴孟超也觉得平时执惯了的这把小小的柳叶刀,那天似乎比他当年使惯了的割胶刀要沉重得多。当然,大家也完全能理解这样一位赫赫有名的大外科主任这时候"让刀"的潜台词,不是回避风险,更不是逃避责任,而是对吴孟超"三人研究小组"的支持和理解,说得更透彻一点就是伯乐识马并委以重任,吴孟超完全心领神会。这一插曲,既令在场的所有人向郑宝琦教授投以敬佩的目光,同时也对吴孟超勇挑重担的精神由衷地欣赏……这一切似乎又加强了现场的紧张气氛。

说实在的,由不得吴孟超多犹豫,他以坚定的神色,手执柳叶刀在病人的腹部划下了第一刀。由于他对肝脏的构造及其血管走向已经了如指掌,犹如军事指挥员有了一张准确无误的地形地貌图,完全清楚该从什么地方下刀,从什么部位剥离。因此,接下来的一系列步骤:开腹、探查、分离、切除、止血、结扎、冲洗、检查、缝合……一切都有条不紊,没有一个多余的动作,一步一步,干净利索。其实,这时在吴孟超的心里,始终有一个熟悉的声音在回荡:"医本仁术,治疗病人就犹如将他们一个一个背过河……"这是恩师裘法祖带有杭州口音的话语。去年,裘法祖和吴孟超一起抢救了一位十二指肠破裂发生肠漏的病人,正是听了恩师的上述教诲,吴孟超在病人床边整整守护了18个昼夜,病人转危为安,痊愈出院。往事历历在目,师言犹在耳边,吴孟超心里对患者默默说道:"你放心,我也要把你背过河去……"

三个小时以后,吴孟超缝完了最后一针,手术顺利结束。检查病人的脉搏、血压与呼吸等生命体征,一切正常。手术成功了。郑宝琦教授满意地向吴孟超翘起了大拇指,在场的领导和同事也都为手术成功向吴孟超表示祝贺。

年轻军医陈汉对这次手术作了认真而详尽的记录,清楚地写明:这是本院成立以来首例成功的肝癌切除手术。

这里有必要简单介绍一下日后吴孟超最重要的学术搭档——陈汉大夫。

陈汉是1957年从北京协和医科大学毕业后分配到第二军医大学第一附属医院工作的,由于他的学科基础扎实,英语、日语又都相当好,还长得一表人才,里外都透着一股优雅潇洒的"协和风度"。医院里许多部门都想要他,还是吴孟超"先下手为强",把陈汉调到他的科研团队。"三人研究小组"成立后,陈汉虽然不是正式成员,但也跟着吴孟超做了不少基础研究工作。从那时起,吴孟超和陈汉就既是同事又是好朋友了,两人经常作倾心长谈。

自这一天晚上起,就是他同吴孟超共同守护着病人。七天后,患者转危为安了。那天深夜,病人已经睡熟了,病房里和走廊上都非常安静,浓重的夜色中,只有远处依稀亮着些许灯火。陈汉还沉浸在一周前吴孟超成功的手术氛围中,便向吴孟超请教成功的秘诀。

日后,陈汉写了《船上的两盏明灯》一文,生动地描述了那几晚与吴孟超共同守护病人时的感受:

> 记得早年进入肝脏外科,共同守候着一位重危病人,当病人转危为安时,吴孟超教授曾语重心长地对我说了这样一个令人难忘的比喻,"不瞒你说,我从来没有什么秘诀,我也没有什么成功,只是勤思考多动手而已。不过,我倒始终有一种感觉,人的一生好像是一艘航行在大海中的船,应该有两盏灯,一盏在船头,另一盏在船尾。船尾的灯只能照亮后面的波浪,这就是经验;而船头的灯才能照亮前进的航程,那就是知识与创新。如果既有不断积累的经验,又有丰富的学识和创新的理念,那就能成为一名优秀的外科大夫。"从那以后,我在医疗工作中,更加注重看书学习,对一切肝外科及有关的最新医疗知识、信息从不放过,并不断总结临床经验,取得了良好的效果。①

吴孟超形象的话语富含哲理,使陈汉医生豁然开朗,悟性很高的他觉得何止是在医学上,在人生的各个方面,"两盏灯"的比喻不是也很有道理吗?以后他确实成了一名优秀的外科大夫,也成了吴孟超最得力的助手之一。

那位切除了右肝叶上拳头般大小肿瘤的中年妇女患者,由于接受了吴孟超成功的手术治疗和术后的精心护理,很快得到康复,三个星期后出院了,以后又健康地回到了工作岗位,术后活了 6 年。对于二军医大第一附属

---

① 桑逢康:《吴孟超——游刃肝胆写春秋》。北京:新华出版社,2008 年,第 68 页。

图4-4　吴孟超的好搭档陈汉教授（吴孟超办公室提供）

医院这次成功的肝癌切除手术所实现的"零的突破"，得到全国各家媒体的广泛报道。这也是吴孟超担任主刀的第一例成功的肝癌切除手术。从此，吴孟超和他的"三人研究小组"也脱颖而出，成为"打破肝胆禁区"的医学团队。更主要的是由他们所创新的"五段四叶"理论首次获得了成功的例证。此后，这个病例还被专门拍成了科教电影，使得我们今天还能清楚地看到当年的情景。① 而肝脏"五叶四段"的解剖理论日后也成为经典，直到今天仍然指导着世界上数量最多的肝脏手术。

发明常温下间歇性肝门阻断切肝法

自从实现了"零的突破"，成功为中年患者切除了长在右肝叶上的肿瘤后，吴孟超又接连做了近10例肝胆手术。由于他对肝脏内血管、胆管等管道走向的了如指掌，每一例手术都很成功。不过总结这些手术效果，吴孟超又不免有些遗憾。毕竟病人都被采用了低温麻醉方法，就是将病人麻醉后用冰来降低其体温直至32摄氏度以下，再行手术。而且手术过程中还要继续用冰水给病人降温，以维持低温状态。尽管手术还算成功，但几乎每一位病人在手术台上都出了大量的血，这对愈后不免带来很大的影响。看来手术中的止血确实是一个亟待解决的大问题。从旁人看来，能连续完成这样高

① 指后文要述及的科教影片《向肝脏外科进军》——作者注。

难度的肝胆手术,已是相当了不起了,再说还获得了媒体的追踪报道,兄弟医院的观摩取经……但吴孟超始终高兴不起来。

众所周知,肝脏是人体最重要的器官之一,担负着物质代谢、消化、储藏、解毒、凝血等大量功能。由于肝脏血管密布,切除它时会涌出大量鲜血,因此对肝脏手术来说,首先必须解决的技术问题是肝脏出血的控制,否则会因术中大量出血而导致死亡。怎样解决肝脏手术中的出血与止血问题呢?道理又似乎很明白,只需将进入肝脏的门静脉和肝动脉(医学上俗称第一肝门)控制住就行了。但是若把第一肝门阻断了,时间一长,肝脏又会因缺血而坏死。

为此,吴孟超查阅了当时(20 世纪 60 年代初)凡能收集到的有限的国内外的文献与资料。发现世界上一致公认的最经典的切肝法也是"低温麻醉法"。手术时以阻断肝门来减少出血,由于病人体温较低,肝脏可耐受较长时间的肝门阻断而不致引发缺血性坏死。为保持病人的低温状态,手术中还要间断地往病人腹中置入冰水。这种"低温麻醉法"的主要依据是:肝脏缺血一旦超过 20 分钟就会引起坏死,只有在低温状态下肝细胞才能经受较长时间的缺血而不致发生坏死。当时,欧美国家的医生都是采用这种方法的,这被公认为是世界上的"经典切肝法"。

吴孟超从摆在桌子上的那一堆中外书籍和资料中抬起头来,用手指按了按太阳穴和眼眶,陷入了深深的思考。"这怎么能称为'经典'?吴孟超在一本介绍"低温麻醉法"的书上用笔打了一个大大的问号。这种"低温麻醉法"除了非常麻烦,病人要遭受极大的痛苦,最大的问题是很容易造成多种感染和并发症。他在书上批语:太不人道了!

那时,吴孟超曾亲眼见过上海某家权威医院在使用这种所谓的经典方法,把麻醉后的病人放入盛满冰水的大盆里"冷却",然后搬到手术台上。打开腹腔,却发现,病人已是肝癌晚期不能切除了,或者是病人根本没有发生癌变,原先诊断有误。于是匆匆忙忙缝合起来,病人可遭了大罪了。吴孟超毕竟是一名军人,思考问题的立足点是"我的手术方法不仅要适合和平环境,还要适合战争环境"。在野战条件下哪来冰水、冰块给病人降体温? 这种"低温麻醉法"根本不可能用来抢救战场上的肝外伤战士。难道真的就不能在常温下安全进行肝脏手术了吗？

看来，贯穿着整个肝脏外科的关键问题就是"出血"与"止血"。肝脏像是一团充满血液的"海绵"，不管你是如何碰它一下，总会流血，并且流个不止。多少年来，外科医生对此已伤透了脑筋，曾试过了不知多少法子来止血，有些方法在当前看起来甚至是可笑的。直至 1908 年，Pringle 在美国的《外科年鉴》杂志(*Annals of Surgery*)上发表了一篇文章，名为"肝外伤止血札记"(*Notes on the arrest of hepatic hemorrhage due to trauma*)，报告了 8 例肝外伤病人，4 例在手术前已死亡，1 例拒绝手术，3 例施行了剖腹术，手术时 Pringle 用他的拇指和食指捏着肝蒂以暂时停止出血使伤处能够看得清楚，虽然此 3 例病人皆随后死亡，但 Pringle 用了 3 只兔子做实验来证明他的设想是正确的。Pringle 的论文发表后，很快便得到了响应，此一止血方法便成为肝脏外科的突破，至今仍然常用，并被后来称为 Pringle 手法(Pringle's maneuver)。1953 年 Rafucci 通过犬的实验，提出了犬可以安全地耐受肝门血流阻断 15 分钟。这个标准一直是临床上所采用的依据，但事实证明临床上常温下肝门阻断时限可达 60 分钟，到底多长时间是极限，仍然不太确定。在 20 世纪 50 年代，Child 花费了多年的时间去研究阻断门静脉和肝动脉的影响问题，他发现对门静脉阻断的耐受性，不同种属的实验动物间有很大差异，如兔、犬、猫不耐受长时间阻断门静脉，但猴子却能长时间生存。Child 并报告 2 例病人结扎门静脉后并无不良结果。Child 在 1954 年发表对肝脏血循环研究的专著中指出他在 19 个猴子(*Macaca mulatta monkey*)的实验中有 13 个耐受了肝动脉结扎，并且不用抗生素治疗。因而这些研究给 Pringle 肝门阻断的安全应用打下了理论基础。

但是，在 20 世纪 50 年代，由于众所周知的原因，上述文献吴孟超是根本看不到的。因此，令他苦苦思考的问题是必须找到一条常温下让病人能接受手术的好办法。为此，他不知熬过了多少个不眠之夜，翻阅了多少书籍和相关资料，苦苦寻觅而不得其解。

要向权威挑战，彻底抛弃被奉为经典的"低温麻醉法"，开辟一条人道的手术新路子，这个决心已定了。然而，路又在何方？

吴孟超一直在思考着这个问题，上班在思考，下班也在思考，连晚上做梦都梦见自己在阻断肝门。吴孟超的性格决定了,凡他发现的问题非要解决不可。真可谓"有一种性格叫顽强",而上帝有时也会眷顾这样的执著者。

一天清晨,吴孟超在水龙头下洗脸,下意识地将水龙头打开了又关上,再打开,再关上……看着水从龙头里"哗哗"流出来,他傻傻地笑了。不一会儿,他高兴地叫起来:"我找到了! 我找到了!"诚如当年阿基米德进入浴缸洗澡,看着溢出的水,大呼"尤里卡! 尤里卡!"一般①。阿基米德当时的呼喊是因为他灵感突发地认为:可以用溢出的水测出王冠的体积,从而求得其比重而判断王冠是否是纯金的。

在一旁的吴佩煜惊异地问:"你找到什么啦?"

"我找到止血的好方法啦!"

吴孟超急忙把妻子拉到水龙头边,左手按着龙头,右手比划着:"手术时,我只要在病人的肝门处扎一根带子,在切肝时把带子扎紧,相当于把龙头关上,血流被阻断了。过一段时间,放松带子,相当于把龙头打开,对肝脏恢复供血。再过几分钟,又把带子扎紧,继续切肝,切完之后再把带子松开……这样间歇性地开开关关,肝脏不会坏死,手术又能进行,出血得到控制,病人再也不必泡在冰水里了。"

吴孟超兴奋得连早餐也没顾得上吃,急急忙忙地赶到科里,把他的"灵感"告诉同事们。然后拉着张晓华和胡宏楷往"三人研究小组"的实验室跑。

他们在被麻醉的实验犬上做起一系列对照手术,用一根橡皮带扎住狗的肝脏血管,来进行吴孟超的"水龙头开关"思想的实验。他们分别每次扎住血管10分钟、15分钟、20分钟、30分钟,分四组进行实验,结果是有的手术很成功,出血少,恢复快;有的手术虽出血不多,但引起实验犬死亡。经过多次实验比对,他们发现,如果能在15分钟内将手术完成,那么将血供阻断

---

① 尤里卡(Eureka),在希腊语里意为"我找到了"。两千多年前,叙拉古国王怀疑自己的纯金皇冠被掺了银子,交给阿基米德去鉴定。阿基米德苦思冥想不得其解。一天,阿基米德跨进浴盆时,由溢出的水获得灵感,他兴奋地跳起来,赤身裸体奔出门去,欢呼:"尤里卡! 尤里卡!"

恐怕是较理想的。于是,他们将止血带扎住血管的安全时间限定为 15 分钟。以后在人体的手术中也证明了,15 分钟确实是肝脏切除手术血流阻断的理想时限。

在反复进行动物体实验的基础上,"三人研究小组"取得了大量实验数据,而且证明只要把握好阻断的时限,哪怕在同一条犬上反复施行"阻断-接通-阻断-接通……"其肝脏都不会因缺氧而坏死,而多次阻断累加的时间是足够施行哪怕最复杂的肝脏手术的。但是,在动物体上的实验成功只是建立一种可行的模式,能否在人体上取得同样的效果呢? 必须让事实说话。吴孟超将这些日子的动物实验结果及其创新思路,详详细细地在本院的外科学术会议上作了介绍,希望取得学术上的理解与支持。

由于吴孟超所领衔的"三人研究小组"接连不断的创新以及他们对事业孜孜以求的精神,早已在科室里留下了很好的口碑,再说他们的方案又是那样完美,动物实验的数据这么合理与详尽,下一步理所当然就该人体实验了。科主任在召开全科室学术会议时,让各位专家反复质疑,将这种创新思想更完善后,大家一致同意尽快进行下一步的人体实验。在经过充分准备的基础上,吴孟超选择了一位患较小肝脏肿瘤的病人做"常温下肝门阻断的肿瘤切除"的实验性手术。

麻醉、开腹、探查、分离……手术紧张地进行着,而平日里一贯胸有成竹的吴孟超这次手术变得格外谨慎,毕竟接下来的肝门阻断能否成功谁也没有把握。要轮到切除和剥离肿瘤的时候,他还是果断地下令:"肝门阻断,计时开始。"如同战场上司令员发出"开始进攻"的命令一样,这是人命关天的大事。在橡胶带扎紧肝门的同时,吴孟超利索地开始了肿瘤的切除,由于那个瘤子长的位置很突出,切除瘤体和血管处理都并不太复杂,这个过程仅花了 10 分钟。一俟手术切除的各道工序完成,马上松开扎肝门的橡胶带,让病人的肝脏恢复供血。手术取得了成功,病人在整个手术过程中的失血大大减少,吴孟超终于将憋了好长时间的一口气吐了出来。实践表明,病人由于手术出血量的减少了,术后的康复加快了,还免去了复杂的冰水浸泡的程序和熬受的痛苦。

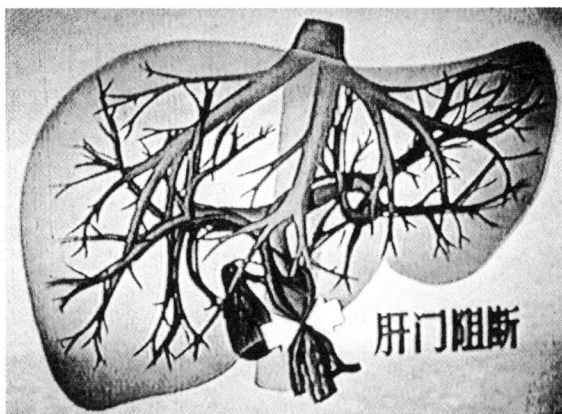
图4-5　肝门阻断示意图(吴孟超办公室提供)

从理念推测到实践证明,他们又迈出了常温下少出血的肝脏切除手术创新的一大步,这也是中国医生向国际权威的经典"低温麻醉法"的成功挑战。

但是,接下来的另一台复杂手术,吴孟超还是遇到了一些麻烦。这位病人的肿瘤长在紧贴下腔静脉处,而且瘤体特别大。按正常熟练的切除速度15分钟是远远不够的,若剥离起来有些困难的话,恐怕要花三到四个15分钟才行。那就势必要反反复复地阻断肝门,病人能否经得起这样的折腾?尽管吴孟超与同伴们已在实验犬上成功进行过肝脏血供重复的"阻断与接通"手术,但这毕竟是动物身上的实验而已。眼下,手术台上躺着的是人,吴孟超还是小心翼翼,如履薄冰。轮到要切除和剥离肿瘤的关键时刻,他果断地用橡胶带扎住肝门,熟练地进行了15分钟的切除手术,并将所有被切断的血管结扎好,然后松开止血带,让正常部分的肝脏得到充分的血供,不至于因缺血而坏死。供血的间歇,吴孟超同助手们商议接下来将切除和剥离的部位,会碰到哪些管道,该怎样处理。然后,再将橡胶带扎紧以止血,进入下一步的切除与剥离肿瘤的程序。就这样,反复地将止血带扎紧与放松,直到手术顺利完成。按经典的"低温麻醉法",这位病人很可能因失血过多而下不了手术台,可如今这么高难度的手术能以补充三袋血(600毫升)的代价取得了成功,这完全创造了医学史上的奇迹!吴孟超的这一常温下切除复杂肝脏肿瘤手术的创新,又一次在全国乃至世界外科学界引起了轰动。

　　紧接着的一系列常温下切除复杂肝脏肿瘤的手术也都一一取得了成功，吴孟超对自己创设的方法也理解得更透彻了，他贴切地把这种方法称之为"常温下间歇性肝门阻断切肝法"。

　　肝硬化时的长时间肝血管阻断会加重肝细胞损害导致不良的结果，尤其对明显的肝硬化和梗阻性黄疸，均被认为长时间肝门阻断是禁忌的。大量的临床事实已经证明，肝门阻断限在 15—20 分钟内时，对手术病人的恢复并无明显影响，而更长时间的阻断以及阻断的限度问题，则尚未解决。我国 85％的原发性肝癌合并肝硬化，且多是肝炎后的肝硬化，全肝有明显普遍性损伤，伴有明显的肝纤维化甚至部分肝萎缩，门静脉高压和代偿性肝动脉血流增加，手术断肝时出血远较正常肝组织多。所以解决肝硬化时的肝血流阻断术在我国更有特殊意义。吴孟超在论文里系统阐述了血流阻断后肝脏功能的变化，提出人肝门一次阻断 10—15 分钟，肝硬化者 10 分钟以内为安全时限。

　　实践表明，这一技术对于肝脏手术的安全施行，尤其是对于我国肝癌病人 90％合并肝硬化这一特点，具有重要的临床意义。作为一项完整的技术，至今这种"常温下间歇性肝门阻断切肝法"仍被认为是手术中最简易安全的止血方法，得到常规应用。[1]

　　20 世纪 70 年代初，吴孟超又藉此发展成"常温下全肝血流阻断"技术，开创了我国高难度肝脏手术止血技术的先河，相继发表了《常温下全肝血流阻断动物实验研究》及《常温下全肝血流阻断切肝术》[2]两篇很有影响的论文。日本肝癌研究会主席、国际著名肝脏外科专家 Makuuchi 教授在 2000 年国际肝胆胰会议上所作的专题报告中，称"常温下间歇性肝门阻断技术适合于所有类型的肝切除术"（IHPBA，2000，布里斯班）。

　　由于这项技术创新，到了 20 世纪 80 年代，吴孟超和他的团队的手术成

① 吴肇汉主编：《临床外科学》。上海：上海医科大学出版社，1999 年，第 176 页。刘倩主编：《肿瘤》。北京：人民卫生出版社，2000 年，第 410 页。华积德主编：《现代普通外科学》。北京：人民军医出版社，1999 年，第 836 页。
② 吴孟超、仲剑平、张晓华、陈汉、胡宏楷、姚晓平、吴伯文、杨甲梅：《常温下全肝血流阻断切肝术》，《中华外科杂志》1981；19（1）：36 - 40。

功率达到了接近 100%。这一创新的止血方法不仅在我国肝脏外科领域得以推广，随着学术推介活动的开展，它还走出了国门，使世界肝胆外科学界广受恩惠。

诚如吴孟超在 1996 年出版的《中国科学院院士自述》中说的：

> 情况明才能决心大。过去经典的切肝法是在低温麻醉下进行的，就是先将病人全身麻醉，再把病人浸泡在冰水中，待病人体温降至 35℃以下，然后做手术。这种方法不仅折磨人费时，看起来还挺惨，更主要是并发症多。平时还可以对付，战时呢？有了对肝脏的感性认识，掌握了肝脏解剖的第一手资料，我们才有了常温下切肝的设想。"常温下间歇肝门阻断切肝法"、"常温下无血切肝法"动物实验证实后，1960 年开始应用到临床，效果出奇的好。手术简单了，出血也少了，手术时间也缩短了……以后在德国、美国介绍时，他们也认为这个方法好。关于肝脏动脉结扎和栓塞、二期手术等方法，也是在这个基础上成为可能的。

至今，"常温下间歇性肝门阻断切肝法"仍被学界认为是最简单、最有效、也是最安全的方法。

吴孟超的创新思想和实践活动确实是造福于全人类的。

发现手术后生化代谢规律

由临床实践到实验研究，再回到临床实践，多次循环，逐步深入，不断提高，是吴孟超从事医学研究和临床实践的制胜法宝，他就是这么一步一步走过来的。

吴孟超深有感触地说：

> 眼下有一个很时髦的名词叫"转化医学"，这是美国人提出来的。

其实,这只是一种理念,不是什么实际的东西,这个理念就是拿病人身上发生的问题进行基础研究,或者动物实验,或者实验室研究,研究出的结果再转化于临床,最终使病人得益,提高病人的治疗水平、生活水平和健康水平,主要就是这个意义。所以说"转化医学"就是从基础到临床,临床又回到基础,即来自基础的问题经研究出成果后再用到临床,这样的循环才叫"转化医学"。它是 21 世纪提出来的,而我老早就已经在"转化医学"了,从我事业的发展开始,就着眼于做"转化医学"了,但是当时我没有使用"转化医学"这个名词,而实际做的工作就是这样……①

确实如此,无论是制作人体肝脏血管铸型标本,还是提出中国人正常肝脏的"五叶四段"理论;无论是成功进行一系列肝脏手术,还是发明常温下间歇性肝门阻断切肝法,吴孟超当年所做的这些"转化医学",比常人高明的地方在于他总是能找到理论与实践、基础研究与临床运用两者最佳的结合点,并形成合力。

19 世纪末到 20 世纪初,国际医学界已奠定了"肿瘤根治性切除"的基础,如乳腺癌连同腋下淋巴结一起切除,这就是 1890 年经典的霍尔斯特德手术。较早前的癌症用这种手术确实获得了较好的远期疗效。肿瘤外科中比较有名的手术如:1881 年比罗特开展的胃癌切除术,1885 年魏尔切除结肠癌,1906 年韦特海姆所做的根治性子宫切除,1908 年迈尔斯造的经腹会阴直肠癌切除,1933 年格雷厄姆做全肺切除,1935 年惠普尔做胰腺肿瘤的胰十二指肠切除,1952 年洛尔塔-雅各做的规则性右肝叶切除……以手术切除来治疗癌症是当时有指征的情况下的首选方案,而"肿瘤根治性切除"必然会给病人带来术后代谢的问题。

肝脏是人体生化代谢的主要器官,对肝癌患者做的整肝叶切除,其术后生化代谢的问题就更突出了。因此,深入了解在肝脏上施行手术后代谢会发生何种生化改变,以建立纠正的方法,是肝脏手术安全的保障。20 世纪 50 年代末至 60 年代初,国内外肝叶切除手术的死亡率均高达 30% 以上。认识

———————————

① 吴孟超访谈,2012 年 2 月 10 日,上海。资料存于采集工程数据库。

到术后代谢这一问题的重要性,国际肝脏外科的先驱、美国著名学者 Pack 和 Me Dermott 相继研究报道了正常肝切除后的代谢问题,[①]但他们的研究均未涉及肝硬化。已硬化的肝脏与正常肝脏在生化代谢方面具有本质差异,已硬化肝脏的手术危险性会成倍增加,而我国肝癌手术病人中 90% 以上合并肝硬化。

科学的发展就是这样,一个问题解决了又会涌出新的问题,怎样面对这些新的问题,就意味着是否能不断进取。自从成功地实施了首例肝癌切除手术以后,吴孟超又将科研的触角伸向一个更新的领域——开展肝叶切除后肝脏代谢改变的研究。

问题是这样提出来的:吴孟超的"三人研究小组"成员在连续做了 20 例肝叶切除手术后,统计发现,其中有肝脏外伤、良性肿瘤、恶性肿瘤、肝内结石等多种病症,成功率达到 85%, 20 例中有 3 例(占总数的 15%)由于肝性脑病发生了手术死亡。在 20 世纪 60 年代初,肝脏手术的成功率能达到 85% 已经是世界先进水平了,吴孟超却认为:这 15% 的手术死亡率对于需要手术的病人来说,那可就是 100% 的死亡。如果我们当医生的容忍了这 15%,严格地说就是对生命的不道德,有悖于救死扶伤的神圣使命和"医本仁术"的人文理念。但有的医生不能接受这样的理解,认为肝性脑病导致手术死亡很正常。

吴孟超还是坚定地把科研注意力转向了术后肝性脑病这个难点上,尽管当时临床上抢救肝性脑病患者的成功率只有 1%。枯燥的统计数字从医生的嘴里说出来,不仅不显得乏味和无灵性,反而充满了对病人的温馨与关爱,增强了大家的信心,调动起"三人研究小组"成员的攻关积极性,也明确了下一步科研的目标——重心由解剖转为生化研究。吴孟超和他的同伴们,带着临床上亟待解决的难题,又一头扎到实验里去了。

"三人研究小组"的成员认识到:肝性脑病实际上是肝脏代谢功能紊乱所引起的中枢神经系统的综合病症。以此为切入点,他们先在一条条实验犬的肝脏上做文章,分别按不同部位、不同比例进行切除后,依次对蛋白、

---

① A. M. A Arch Surg 1960;80;175; *Surgery* 1963(July);56。

酶、糖、胆固醇、胆醇脂等 20 多项主要代谢指标逐日进行检测,观察并记录其升降变化数据。同时,又将肝脏术后病人的生化指标逐项进行分析,比对动物实验的结果,两者究竟有哪些异同? 将实验室的工作与在病房里的病人术前术后的系统检查取得同步,对不同情况作不同处理。

通过前后各项指标的细微变化,他们初步掌握了人体肝叶切除后体内代谢改变的一般规律,尤其是对蛋白质、胆色素和肝脏酶类术后改变的分析,发现肝硬化病人术后存在时间提前、程度加重的"生化代谢紊乱期",其中最主要表现在肝脏白蛋白合成的障碍。[①] 据此,他们建立起一整套旨在纠正生化代谢紊乱的支持治疗策略,包括术前增加糖原储备、蛋白质和维生素补充,术后 5 至 7 天减少糖异生、增加肝脏血流供应、补充蛋白质,等等。

根据临床实践,1961 年吴孟超精心筛选出了预防术后发生肝性脑病的一些有效措施。其要点是:一,没有肝硬化的病人切除量可以达到 70%,凡有肝硬化的病人切除量不能超过 50%,否则易于死亡;二、手术后 5 至 7 天代谢值处于低潮,是代谢紊乱的危险阶段,治疗和护理应大力加强。

吴孟超发现了正常和肝硬化肝脏术后生化代谢的规律,并据此提出了纠正肝癌术后常见的致命性生化代谢紊乱的新策略,构成了肝脏术后支持治疗的基本理论,使手术死亡率明显降低。

国际著名肝脏外科专家、我国台湾学者林天佑(Tien-Yu Lin)于 1965 年发表了相类似的结果,印证了吴孟超关于肝脏术后代谢改变及支持治疗的基本理论。[②] 当然,这一理论的首创者就是吴孟超。

功夫不负有心人,正确的方向加上冲天的干劲,吴孟超所领衔的"三人研究小组"将上述实验成果应用到临床上,使肝叶切除术的成功率由 85% 提高到了 90%,这 5 个百分点的提高,意味着在对 100 位肝脏疾病患者的手术中,又能从死神手里夺回 5 位病人的生命!

医本仁术,仁者爱人。

---

① 吴孟超、张晓华、胡宏楷、乔志敏、徐化民:《肝叶切除术后代谢改变的动物实验和临床观察》,《中华外科杂志》1964;增刊:58 - 63。

② *Ann Surg* 1965;Dec. P959。

突破"中肝叶"手术禁区

　　吴孟超因为成功地做了一系列肝脏切除手术,以及随着由他所发明的"常温下间歇性肝门阻断切肝法"在全国的推广,他已在我国肝脏外科领域成了知名的"一把刀",属于我国外科界少壮派的代表。因此,不少肝胆外科手术的会诊,人们总会想到他。

　　1963 年 2 月的一天,有人来请吴孟超参加上海某医院的会诊,在所有被邀请的专家中,他是年纪最轻的一位。

　　病人叫陆小芳,是一位农村妇女,患肝癌,长在中肝叶部位。

　　所有参加会诊的人都知道:在肝脏手术中,中肝叶切除在技术上是极为困难的。从解剖学上看,中肝叶处于整个肝脏的"心脏"部位,管道结构极其复杂,几乎所有肝内重要管道——肝动脉、肝静脉、门静脉和胆管都流经其中,而且手术切除中肝叶会形成两个切面,失血量明显增加,不利于伤口的缝合与恢复,同时还极易损伤肝门,甚至导致致命的并发症。如果说,当时肝脏手术是外科手术中的"禁区",那么,中肝叶切除无疑是"禁区中的禁区"。难怪世界上一些著名的肝脏外科专家对肝中叶的切除也往往摇头。当时国内外还未见完整切除中肝叶(含左内叶、右前叶两个肝叶)的报道。著名的美国外科学家 Pack 曾进行过探索,不过他做的两例中肝叶手术,从"五叶四段"解剖学理论来看,仅为左内叶切除。[①] 可以说,当时连国际上也尚无人成功地跨越过中肝叶切除这个"禁区",而国内在这个方面更是一片空白。

　　会诊中几位医生看了 X 光片,几乎一致认为:中肝叶切除手术,国内尚无先例。世界上一些声名卓著的肝外科专家对此也是慎之又慎,尤其是术中如何处理并保护肝内外重要管道,如何处理切除后两个肝切面的问题,特别棘手,难办得很……甚至有专家皱起眉头表示,"老虎屁股摸不得"! 大家

---

① *Cancer* 1961;14:1295 - 1300。

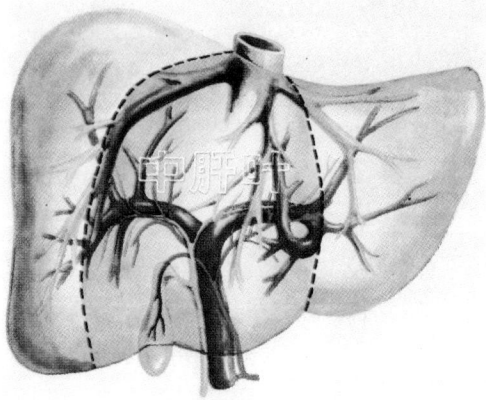

图4-6　中肝叶示意图（吴孟超办公室提供）

面面相觑，接下来便是沉默不语。这时，唯独吴孟超考虑了半晌却坚毅地点头："这位病人就交给我吧！"

吴孟超心里是很激荡的，"总不能让病人等死啊！救治病人是不该怕承担风险的，若前怕狼后怕虎，那么禁区永远是禁区，病人也只能在医生的摇头与沉默中抱憾地离开人世。"已到嘴边的这些话语，他并没有说出来。①

吴孟超敢于承接这位棘手的病人，还是有些底气的。他心里很明白：要想穿越"禁区"，手术者除了要有超人的勇气和扎实的解剖学功底，还必须具备娴熟的手术技艺。其中，丰富的手术经验与严谨的科学态度是缺一不可的。

有仁爱精神和敢于探索的勇气、有扎实的解剖功底和娴熟的手术技艺，这些都是吴孟超的强项。至于严谨的科学态度，吴孟超可从来不做没有准备的事，用军人的行话说，就是"不打无准备之仗"。其实，由吴孟超领衔的"三人研究小组"成功进行了一系列肝脏手术后，又相继发明了常温下间歇性肝门阻断切肝法、发现了手术后生化代谢规律，并且从年前开始已着手做"中肝叶手术"课题的研究了。

诚如古人所云"预则立，不预则废"。吴孟超站在肝脏外科的制高点上，看得明明白白，对团队的科研进取路径规划得井井有条。从战略的视角，他早就前瞻地考虑过夺下这块"禁区中的禁区"了。为此，他的团队曾花两个

① 桑逢康：《吴孟超——游刃肝胆写春秋》。北京：新华出版社，2008年，第74-75页。

多月的时间,对30多条杂种犬做了中肝叶手术切除的实验,从一次次失败中获得了不少理论与实践的认知,悟出了不少道道,用军事术语来说,已做了充分的"阵前观察"。正是踏准了科研与社会需求的节奏,吴孟超的"肝胆交响"才会如此辉煌与灿烂!

因此,眼前的这位病人也许正好能给他们团队提供一个典型的病例。

当然,中肝叶切除手术的难度之大,风险之大,吴孟超是完全清楚的。他深知自己是承担了极大风险的,毕竟是在试图跨越"禁区中的禁区",或许会踩上"地雷"。尽管勇士面前无堡垒,但吴孟超绝不会贸然冲锋,轻易去踩雷。为此,他再次为病人做了全面仔细的检查。

中肝叶切除是一个大手术,病人身体弱了肯定承受不了,需要调养一段时间;但时间长了又怕肿瘤进一步增大、恶化,增加手术的难度。经反复权衡,他制定了一个时间表,定在夏天到来之前为病人动手术。

在这两个月的时间里,吴孟超为确保手术成功做了大量的准备工作,对曾经做过的杂种犬实验的结果,再次认真而又严格地予以分析和比较,从中得出了在当时条件下拟采取的具有最高保险系数的方案。他还三天两头跑到病房里看望那位病人,查询相关的情况。

在农历立夏前,中肝叶切除手术在第二军医大学附属上海长海医院①外科手术室进行了。病人陆小芳并不知道自己将成为中国第一例被切除中肝叶的患者,但所有医生和护士都知道今天的手术非同寻常。因此,手术室中充满紧张的气氛。然而,唱主角的吴孟超外表看来依然那样的潇洒,进了手术室还说了一阵子笑话,其用意是要大家以平时的状态对待这次高难度的手术。如同往常的每一次手术一样,他照例地再一次细细读过病人的片子,洗手后,镇定地将手术袍高高地抛起,双手顺势地插入两个袖笼(同事们戏称"吴氏穿衣法")。俟护士协助他扎好腰带,戴上手套,便跨上特意为他准备的20厘米高的垫脚凳,在无影灯下从容地打开了病人的腹部……

兴许是吴孟超的镇定与沉着感染了手术室内的每一位同事,大家如同往常一般很快进入了状态,除了这场手术本身所具有的特殊意义外,一切都

---

① 1962年,二军医大第一附属医院对外已开始称"上海长海医院"了——笔者注。

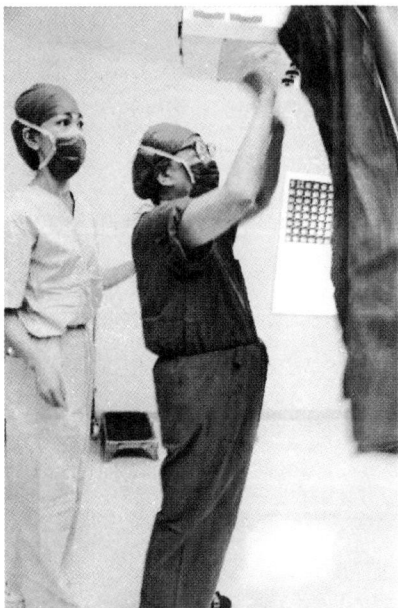

图 4-7 "吴氏穿衣法"（摄于 2011 年 9 月 19 日，东方肝胆外科医院第六手术室，方鸿辉拍摄）

看似同往常一般。主刀吴孟超对中肝叶的各类管道结构和分布状况了如指掌，哪里可动刀，哪里可结扎，何时阻断肝门，何时恢复血供……每个动作都是那样有板有眼又有效。越是全神贯注，时间飞得越快，平时仅需花两三个小时的肝癌切除手术，这次却整整花了六个小时，终于切下了长在中肝叶上的肿瘤，成功地施行了首例完整的中肝叶切除，即切除左内叶还包括右前叶。其技术难度确实属于肝脏外科史上的重大进展。[①] 吴孟超与同事们精诚合作，成功地施行了完整的中肝叶切除手术，一举突破了世界肝脏外科史上的重大课题。

　　缝完最后一针，他抬头看了看监护仪，并下意识地查看了病人的血压和心率，发现一切正常后，才松开了一直紧皱着的眉头，摘下口罩，对助手和护士说的第一句话是："大家都饿了，今天我请客。"手术室里的气氛一下子活跃起来，大家都为一举突破"禁区中的禁区"而兴奋。

　　吴孟超突破了中肝叶手术的禁区，从肝脏外科的一个巅峰攀上了另一个巅峰。等病人完全康复并顺利出院后，全国几乎所有主要媒体都以"突破手术禁区"等字眼报道了这项成功的中肝叶切除手术，如 1964 年 9 月 22 日的《解放军报》和《中国青年报》都在头版头条的地位，长篇配图报道了"三个青年军医科学技术高峰，多次施行各类型肝叶切除手术成功"。连国外不少媒体也予以转载，这些报道让西方人对中国肝脏外科刮目相看，起步仅五年的中国肝胆外科跨越式前进的步伐竟如此巨大，真是令人难以置信的奇迹！

---

① 吴孟超、张晓华、胡宏楷、陈汉：《用中肝叶切除术治疗中肝叶肿瘤》，《解放军医学》杂志 1965；2(4)：363-368。

图4-8　1964年9月22日的《解放军报》和《中国青年报》头版(吴孟超办公室提供)

吴孟超和他的团队以五年的卧薪尝胆,给前些年曾作出傲慢断言的日本专家也是有力的回应。

在41岁那年,吴孟超就达到了他人生的第一个辉煌顶峰。这个时候,吴孟超也真正体悟了舅舅小时候的叮嘱,并理解了什么是"有出息的人"!

不久,他又连续做了三例中肝叶切除,全都成功,标志着吴孟超所开创的肝脏外科手术技术已趋成熟,并在20世纪60年代带动了全国肝癌切除手术的发展,使我国肝脏手术的死亡率从50年代的33％,降到了六七十年代的4.83％。下面这幅照片是康复出院后的陆小芳在脱谷机上劳动的景象。

图4-9　陆小芳(中)手术后又参加劳动了(吴孟超办公室提供)

截至 2011 年,吴孟超共主刀 400 余例中肝叶肿瘤的切除手术,成功率达 97.3%。

出席第八届全国外科学术会议

1963 年,对吴孟超来说是多事的一年,也是学术收获特别丰富的一年。

那年 9 月份中华医学会将要在北京召开第八届全国外科学术会议暨首届国际外科会议。为了做好会议各项工作,中华医学会决定于当年 6 月份先在武汉召开论文审查预备会,审查并选拔最优秀论文参加北京正式会议。年初,在获悉该消息后,第二军医大学和医院领导决定让"三人研究小组"脱产一个月,总结自第七届全国外科学术大会以来三年内,在肝脏外科方面所做的一些工作,把实验研究与科研创新的理论与临床实践写成论文,提交第八届全国外科学术会议,力争捧回一个大奖。

不负众望的吴孟超带领胡宏楷、张晓华,集思广益,在分析和探讨前几年在科研与临床上的一系列创新成果后,水到渠成地在一个月内写成了八篇肝脏外科方面的论文,这八篇论文分别是:吴孟超、胡宏楷、张晓华撰写的《正常人肝内解剖的观察》(《中华外科杂志》1962 年第 2 号);吴孟超、张晓华、胡宏楷、乔志民、徐化民撰写的《肝叶切除术后代谢改变的动物实验与临床观察》(《中华外科杂志》1964 年增刊);谢大业、吴孟超、王懿龄、张志义撰写的《肝血管内灌注药物治疗晚期肝癌的观察》(《中华外科杂志》1963 年 11 卷 7 期);吴孟超、张晓华、胡宏楷、陈汉、徐化民撰写的《原发性肝癌的诊断及外科治疗》(《解放军医学杂志》1964 年第 1 卷第 1 期);吴孟超、胡宏楷、张晓华、陈汉撰写的《用中肝叶切除术治疗中肝叶肿瘤》(《解放军医学杂志》1965 年第 2 卷第 4 期);吴孟超、胡宏楷、张晓华撰写的《正常人肝内胆管和肝动脉的解剖观察》(《解放军医学杂志》1965 年第 2 卷第 4 期);吴孟超、姚晓平等撰写的《常温下全肝血流阻断动物实验研究》(《第二军医大学学报》1980 年第 1 期);吴孟超、孙继恩等撰写的《脾肾经脉吻合术治疗门静脉高压症的体会》(《中华外科杂志》1960年第8卷第6期)。① 它们系统阐述了肝脏解剖的新思路、常温下间隙性肝门阻断切肝法、关于肝脏术后的代谢规律与临床措施、关于中肝叶切除的理论与操作性探讨……形成一个系列。论文理论新、立意高、逻辑性强,数据详实,说理精到,病例丰富,并有很大的可操作性,是令人耳目一新的肝脏外科系列学术论文。吴孟超踌躇满志地将这八篇论文整理好交领导审查通过后,立即将这八篇论文挂号寄给了北京中华医学会的会议筹备组,就一心扑入关于中肝叶手术切除的理论研究与临床实践中去了。

令人遗憾的是,没过多久这八篇论文就被筹委会原封不动地退了回来,而且未加任何说明。由上海医学分会确定的出席武汉预备会议的代表名单中,也没有吴孟超以及他们"三人研究小组"中任何一位的名字。这对充满自信的吴孟超来说,无异是当头一棒。学校和医院领导了解后,也感到百思不得其解。"三人研究小组"这几年的工作是有目共睹的,他们在肝脏外科的研究和临床上都已在国内处于领先水平了。是吴孟超他们所撰的论文质量不高抑或表达不到位?是数据有误抑或病例不过硬?请学校和医院各位权威细细审读后,一致给予高度的评价。校领导通过总后勤部向有关方面询问,怎么辛辛苦苦写了八篇论文,连个列席代表都不给,原因何在?还没等到回复,好心的同事就给吴孟超出了一个点子:干脆求助于裘法祖教授,把论文直接寄给他。②

"是呀,裘先生还是筹备组的成员呢! 他是最了解我们这几年工作的,他是知音……"吴孟超责怪自己怎么在关键时刻就没辙了? 要不是同事的提醒,自己真的已经束手无策了。于是,他马上把这八篇被退回的论文重新装进一个大信封,再次用挂号邮件寄到武汉裘先生办公室,期望恩师拨冗审定,若有可能的话,相信他会举荐的。

就在吴孟超顺利突破中肝叶手术切除的"禁区",病人康复出院之后的一天,他忽然收到了一封加急电报。展开来一看,只见电报写着:

---

① 括号内的信息是这八篇论文经过反复修改分别予以发表的刊物及卷期号。
② 由于同济医学院几次催促,那时裘法祖教授已经携德籍夫人迁往武汉同济医科大学上任了。

"论文通过即日赴武汉开会　裘"①

"啊,是裘老师发来的电报!"吴孟超自然十分激动。这种激动并非在于能出席预备会,而是在关键时刻,又是恩师最能理解也最肯提携,裘师是真正的知音! 在人生和科学的道路上,再没有比"理解"更重要的了,尤其是从满是荆棘挡道而且无人走过的原野中跨出来的人。

事实的确如此,裘法祖教授认真审读了吴孟超他们提交的八篇论文,凭着丰富的经验和渊博的学识,立即意识到了这些论文的价值非同寻常。如果不能在武汉预备会议上宣读,对吴孟超和第二军医大学及其附属长海医院自然都是极大的不公,对本届学术大会乃至整个中国外科界来说更是一个莫大的损失。人才千万不能埋没,成果急需尽快推广。裘法祖教授本着这种实事求是的科学精神,竭力向大会筹委会的专家们推荐,终于使这八篇论文起死回生,在最后关头获得通过,但只同意吴孟超作为列席代表参加会议。在吴孟超收到加急电报的时候,离会议开始仅剩一天了。

经领导特批,破例让吴孟超坐飞机赶往武汉。真是好事多磨,谁也没料到,那天因武汉机场大雾而临时关闭,飞机改在南京降落。心急如焚的吴孟超被困在了石头城里,第二天才飞到武汉,会议已经开始了。经历一波三折,吴孟超终于过五关斩六将地闯入了预备会,筹备组安排吴孟超次日在会上宣读论文,让与会专家审查。宣读论文时,他异常地镇定,毕竟成竹在胸。许多代表还记得三年前,就是这位从部队医院来的小个子军医在第七届全国外科学术会议上曾一鸣惊人地提出了"五叶四段"的肝脏解剖新理论,这次他又带来什么新的成果?

吴孟超没有令大家失望,丰富的系列文章,令与会专家耳目一新,哪怕再挑剔的质疑,也被他一一周全地予以回复。可以说,这一切真是令人信服、折服、叹服。最终,吴孟超的精辟分析和见解独到的观点打动了每一位评委,一致通过让其中最精彩的有关"肝叶切除术后代谢改变的动物实验与临床观察"的论文作9月份北京大会的主题发言。这标志了吴孟超所发现并突破的肝脏手术后生化代谢规律,已获得中国外科专家的认同。其实,该成

---

① 张鹏:《吴孟超画传》。上海:上海人民出版社,2007年,第86页。

果在当时的世界肝脏外科领域都是遥遥领先的。

历史往往会跟人开些耐人寻味的玩笑,连武汉预备会也差一点没有机会参加的吴孟超,在这一年的9月21日却带着"肝叶切除术后代谢改变的动物实验与临床观察"令人刮目相看的成功,以正式代表的身份出席了在北京召开的第八届全国外科学术会议。吴孟超是赢得最多鲜花和掌声的成功者之一,成了会场内外令人瞩目的新闻人物。会议还没结束,总后卫生部和北京的一些大医院都纷纷请他去作报告。吴孟超没有什么"专利思想",脑子里思考的就是如何把新的理论和方法尽快传播出去,造福病人,毕竟"救人最要紧"。因此,在会议间隙和会后,他忙得不亦乐乎,作报告,办讲座,解疑难,在北京的这些天,确实过得很充实。

更令他感到幸福的是,那次大会的举办正逢国庆14周年前夕,9月30日晚,他还应邀出席了在人民大会堂举行的国庆招待会,10月1日又登上了天安门的国庆观礼台。这些活动确实是很高的礼遇,只可惜他是第一次参加国庆招待会,第一次走进人民大会堂,激动与拘谨是必然的,他规规矩矩地坐在位子上,专注地等待并聆听总理的讲话,连筷子都没敢动一下,直等

图4-10　在总后勤部给吴孟超记一等功的庆功大会上发言(摄于1963年,吴孟超办公室提供)

宴会结束大家要起身离座，他才赶紧吃了几口。"那天晚上我没有吃饱，闹笑话啦！"吴老至今记忆犹新，笑着对笔者说。不难想象这位在手术室叱咤风云的巨人，在高规格的社会场合却显得那么的拘谨与不适应。

11 月份总后勤部在北京召开全军科学会议，上海第二军医大学派出了三位代表列席，这三位分别是烧伤科和胸心外科的医生以及肝脏外科的吴孟超。党和国家领导人在中南海与全体代表合影留念，吴孟超第一次走进了中南海，第一次见到毛泽东、刘少奇、周恩来、朱德等党和国家领导人。

1963 年底，吴孟超因突破"中肝叶"手术禁区之事迹，中国人民解放军总后勤部给他荣记一等功。这是他人生第一次获得的一等功勋章。

拍摄纪录片《向肝脏外科进军》

我国肝脏外科起步晚，当时又处于中外学术信息和技术交流闭锁的年代，以吴孟超为代表的我国肝脏外科工作者独立自主开展的研究和探索，在肝脏外科领域关键性理论和技术方面的一系列领先工作，在短期内显著缩短了我国与国外先进水平的差距，并在某些方面有所超越。对于吴孟超团队的这一系列工作，著名肝脏病学家叶维法教授在他的论著中评价："应该提出的是，在这个阶段(60 年代)内，中国人民解放军第二军医大学等进行了肝脏解剖、肝切除后代谢改变、中肝叶切除等研究工作，使我国肝脏外科水平大大提高，广泛切除的手术也在我国较广泛地开展。"[①]

吴孟超和他的团队连连突破肝脏外科的"禁区"，接连创造了我国外科手术方面的奇迹，有关他的事迹和人物采访也被各家媒体报道，引起了社会方方面面的极大兴趣和关注。

考虑到我国是一个肝炎和肝癌高发的国家，为了让更多的受众直观形象地了解预防肝脏各种疾患的科学知识，上海科教电影制片厂决定根据吴

---

① 叶维法等主编：《肝病治疗学》。天津：天津科学技术出版社，1993 年，第 518 页。

孟超团队的事迹,拍一部《向肝脏外科进军》的彩色纪录片。

1964年,上海科教电影制片厂派出了国内著名的大导演和摄影师到二军医大附属长海医院,与吴孟超团队合作。解说由著名电影表演艺术家孙道临担任,拍摄所用的是当时最好的彩色进口电影胶片。导演郑小秋的意图是通过有情节的故事来普及医学知识,而不想拍成一部枯燥乏味、一般观众看不懂也不一定有兴趣的纯技术普及影片。因此,就不能采取通常纪录片的现场实录的方式,譬如跟拍吴孟超他们查病房、看门诊、做手术、搞科研……而是事先写好一个电影脚本,让吴孟超、张晓华、胡宏楷当剧中的演员,使影片在尊重技术的前提下尽可能增加可看性。作为影片中的角色,"三人研究小组"成员多多少少需要有一点表演技能,这对他们来说要求还挺高,尽管他们在无影灯下,能如蛟龙戏水游刃有余,而在摄影机前,都显得手足无措,甚至汗流浃背。无奈只得由导演一遍又一遍地示范,一个动作一个动作手把手地教,待他们照猫画虎学会了,再拍摄一小段,然后再教,再练,再拍……因此这部纪录片的拍摄前前后后花了吴孟超他们极其宝贵的大半年时间,后期制作又费了不少工夫。好容易1965年准备公映的时候,却赶上了部队取消军衔制。原来拍成的带有肩章、领章等军衔标志的服饰显然与现行规定不一致了,必须换成不分官阶,笼而统之的"一颗红星头上戴,革命旗帜挂两边"的服饰。这样一来,影片就不得不重新拍摄不少镜头以作相应的替换。从现在的眼光看问题,倒是应该忠实于历史记录,真实反映那段岁月,没有必要也不应当予以重拍,但那时一切都必须服从政治的需要,谁也无可奈何。

吴孟超他们均是大忙人,他们的分分秒秒是掰着手指计算的。毕竟当时他们的肝脏外科事业处于接连创新的阶段,三颗心全系在手术室与实验室,哪有时间陪着电影导演与摄影师们耗个没完没了?若不是为了宣传推广和普及科学知识,他们早就撒手不干了。再说领导上一再强调"这也是政治任务",才不得不把自己变成让艺术家们赶来赶去的"鸭子"。话又说回来,在和郑小秋合作拍摄《向肝脏外科进军》,也在很大程度上帮助整天忙得团团转的这三位大夫,让他们静下心来,梳理了一下这几年的科学实验与理论创新所走过的道路。

不幸的是,接下来的 1966 年爆发了"文化大革命",所拍成的彩色纪录片《向肝脏外科进军》根本不可能如期上映。令人啼笑皆非的是,在"文化大革命"中,造反派居然把参与拍摄《向肝脏外科进军》还作为一条罪状,对吴孟超进行了"革命大批判"。甚至在批斗孙道临、郑小秋时也把他拉去陪斗,但每次批斗会结束后,作为"罪证展示",倒会放映电影《向肝脏外科进军》。因此,那时出现了这样的状况,参加批斗会的人不多,但听说要放映电影了,大家都踊跃来观看了。"这说明群众喜欢这样的科普片,这样的批斗会倒成了给脏胆外科作了普及与传播,效果也不错。"①如今吴孟超倒是这样来思考问题的,带有一丝苦涩的欣慰。

眼下,黄志强院士在《肝脏外科技术的发展》的论文中评论:"五六十年代期间,吴孟超教授致力于肝脏解剖学的研究并发展了肝门阻断下肝切除手术,迄至今日,积累了世界上最大系列的肝癌切除病例。"

1964 年,吴孟超在学术道路上还迈出了重要的一步,实施了第一例肝癌术后复发再切除,并获得成功。这一例肝癌复发再手术最早报道于 1979 年,此前国内外文献均无复发施行再次手术的报道。80 年代随着诊断技术的提高,复发再手术逐渐被国内外同行广泛接受并应用,成为复发性肝癌患者有手术指征者有效的首选治疗方法,使复发患者获得了另一次根治的希望。

在 20 世纪 60 年代,根治性手术切除被医学界一致认为是治疗肝癌最好的办法,但相伴而生的术后复发问题也往往令人很无奈,国内外报道根治性切除术后复发率达 60％以上。以往的实践都表明,一旦复发转移,病人就没有生还的希望。因为对复发转移无论是再手术,抑或采用放疗、化疗,一般认为都不可能挽救病人的生命。教科书与文献都写得明明白白:凡复发转移的病人"再开刀"的和"不再开刀"的,最后的生存时间没有什么区别。但吴孟超认为,文献与教科书上的论述不可不信,但也不可尽信,还是要对具体问题作具体分析,若是小的复发灶,若是远端转移的可切除病灶,在病人各方面情况允许的前提下,为什么不可以"再切除"? 医学科学毕竟有其内在逻辑的,再说病人也有个体差异。吴孟超的成功往往都是敢于打破"传

---

① 吴孟超访谈,2012 年 2 月 10 日,上海。资料存于采集工程数据库。

统"而寻找到"柳暗花明又一村"的。他同时开展的有关肝癌生物病理学特性研究,证实了肝癌存在单克隆和多克隆两种起源。多克隆起源者再手术能获得与初次手术相仿的疗效。自 70 年代起,由汤钊猷教授领衔的上海第一医学院附属中山医院科研团队,陆续对数百位小肝癌"复发再切除"的成功实践也证明了这一点。①

1964 年 5 月,受越南民主共和国的邀请,吴孟超作为团长率领中国肝脏外科代表团赴越南进行学术访问,与越南同行交流肝胆外科手术的技艺及术后处理的一系列学术思想。

---

① 汤钊猷:《诱人的治癌之道》。上海:上海科技教育出版社,1999 年,第 58 - 60 页。

第五章
逆境中的追求

学术背景与科学足迹

1969 年,美国医生海金森(Higginson)的研究认为,90％的恶性肿瘤是由环境因素及生活方式造成的。这里所谓的"环境因素"及"生活方式"就是指我们呼吸的空气、喝的水、吃的食物、生活习惯及社会关系等。

1971 年,上海中山医院的汤钊猷教授应用甲胎蛋白的早期肝癌诊断,提出"量体裁衣"式的肝切除,使肝癌外科治疗有了突破,并发展成为我国乃至亚洲的肝癌外科治疗模式。

同年 12 月,时任美国总统理查德·尼克松签署《国家癌症法》,扩大国家癌症研究所的规模、职责和范围,创立国家癌症研究计划,目标是通过大规模增加研究经费,消除癌症带来的死亡,吹响了美国向癌症宣战的号角。

1975 年,北京医学院附属人民医院陶其敏教授研制出我国第一支血源性乙肝疫苗,在没有易感动物的情况下,毅然自身接种。

1977 年 10 月 21 日,上海第二医学院附属瑞金医院在林言箴、李宏为的率领下,开展了国内首例人体原位肝移植,揭开了我国肝脏移植的序幕。

1966 年爆发的"文化大革命"使吴孟超戴上了"反动学术权威"的帽子,

由于他是归国华侨，也因此有"里通外国"的嫌疑。他顶着沉重的压力在旁人都在"抓革命"时，他却住进了医院全身心"促生产"。1969年夏天，随第二军医大学由上海迁往西安，从此自学中医，当上了"一根银针一把草"的赤脚医生。他牢记医德《誓词》，努力为农民兄弟服务，广受赞誉。1970年，吴孟超受邀进京协助培训阿尔巴尼亚专家，受到了好评。在"文革"中，得益于陈汉医生的全天候守护，吴孟超躲过了造反派扬言要砍他双手的图谋。1974年，吴孟超瞅准了军队要进行整顿的好时机，向医院党委申请成立独立的肝胆外科获批，实现了他人生事业上的第一次飞跃，使他的肝胆外科事业在中断了八年之后又得以延续，这是事业上的"凤凰涅槃"。1975年他神奇地一刀切出了一个医学史上的奇迹——迄今为止国内外所报道的最大的被切除的肝海绵状血管瘤，瘤体重18千克，标志着"吴氏刀法"已达到了炉火纯青的境地。同年7月，第二军医大学奉命迁回了上海，第二年，吴孟超率先在上海进行了18万人次的肝癌普查，开展肝癌早期诊治的课题研究，同时投入到肝癌与肝炎有怎样的联系、肝癌手术后复发了又该怎么处理等课题研究之中，他确信最终攻克肝癌必定要靠科研，从源头弄明白究竟怎么会导致肝癌……带着科学道路中不断涌现的问题，吴孟超艰难地前行着。

沉重的压力

1964年，吴孟超已是第二军医大学的副教授，长海医院外科主治医师，党总支副书记兼支部书记了。他的行政职务是外科主任口头任命的肝脏病区的组长，虽然算不上什么当权派，但在社会上已是名声显赫的肝脏外科专家了，还拍过电影。因此，1966年史无前例的"文化大革命"一爆发，他就被造反派揪了出来，戴的是"反动学术权威"的帽子。由于他还是归国华侨，按那时的逻辑必然有"里通外国"的嫌疑。紧接着，造反派就把他多年宝贵的科研纪录和工作日记没收了，眼睁睁地看着这些记录了十多年科研历程和创新思维的材料被夺走，就像割了心头肉一样疼痛，难过得整夜没法合眼。

尽管到处都在闹轰轰烈烈的"文化大革命",人还是要生病的,医院也照样要收治病人。夺权上台的造反派免去了吴孟超的病区组长的职务,连副教授和党内职务也被免去,并由主治医师降为住院医生。按规定,住院医生不能独立手术,但吴孟超是例外。因为有些手术只有他能担当,连主治医师甚至主任医师也未必做得了。当时,整个二军医大停课闹革命,长海医院的"三人研究小组"自然也被勒令解散。医院突出政治,许多医务人员都"抓革命"去了,吴孟超作为头顶"反动学术权威"的帽子的住院医生,就只能住在医院里"促生产"。于是,他天天在医院值班,这倒正好切合了他的心愿,巴不得多搞一些业务。夫人吴佩煜也天天上班,三个女儿上学,家里的事也用不着他多操心,索性把铺盖也卷到了医院。旁人每天上班下班,他则吃住在外科病房,一个月难得回家一次。病人来了都找他,他也来者不拒,热情地接,认真检查,大到肝脏、胃、乳腺、甲状腺的切除,小到疝气、阑尾的手术,有什么做什么。连肝中叶这么精细的手术都稳稳当当地做下来的外科医生,这些普外手术对于吴孟超来说是十拿九稳的,病人能遇上这么高超的医生,也实在是有福了。难怪病人都乐于找这位矮个子的"吴医生"。

有个很典型的事例,就是为工人蒋声和成功切除肝癌。

1966 年 9 月,浙江金华造漆厂的工人蒋声和患了原发性肝癌,无奈之际到上海第一人民医院求医,医生检查后发现是肝癌晚期,推荐他去长海医院找吴孟超。蒋声和也是有福的,正巧碰到吴孟超接诊,经仔细检查后确诊他患了原发性肝癌、结节性肝硬化,当天就收住入院。一周后,由吴孟超和陈汉主刀,花了整整六个小时,为他切除了长有巨块型肝癌的右半肝叶,取出肿瘤五个,大的直径 20 多厘米。四个小的也有鸡蛋般大小。术后 33 年,蒋声和肝癌复发,吴孟超再次亲自为他手术。到 2012 年,又健康生存了 13 年。这样算来,蒋声和经历前后两次肝癌手术,已健康生存 46 年仍健在,不能不说是一个奇迹。

当年,二军医大有几位越南留学生,汉语已说得相当好。"文化大革命"狂风骤起,他们看到满院满墙张贴着大字报,凡专家与教授都遭到批斗,感到很纳闷:"中国同志究竟怎么啦?"本来学校是有专门培训留学生的带教老师的,可是运动一来,带教老师不是被关进牛棚就是去"造反"了。在长海医院实习的外国留学生只见外科病房有一位矮个子住院医生仍在兢兢业业地

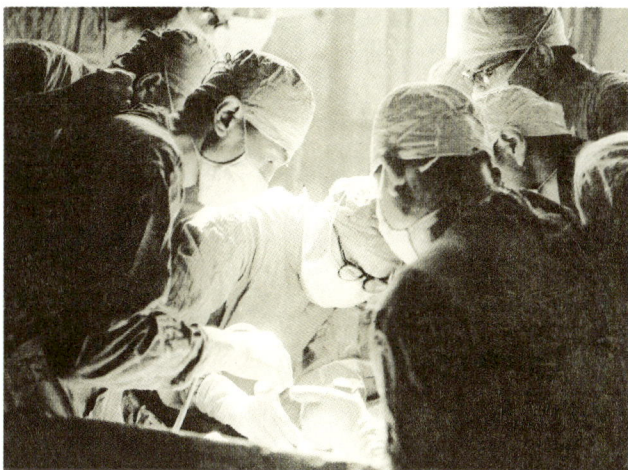

图 5-1　吴孟超(中)在手术中(摄于 1970 年,吴孟超办公室提供)

劳作,那就是把白帽子戴得低低的"反动学术权威"吴孟超,但留学生仔细辨认,还真是认出了:"这不是赫赫有名的吴孟超大夫吗?"吴孟超朝他们点了点头,觉得有些尴尬,不知道该说什么又不该说什么。那几位越南留学生早就听说吴孟超是成就卓著富有开创精神的肝脏外科大家,过去只听老师们在课堂上介绍过,现在却有机会见面了,当然都想跟着他学几手。这种心情与十几年前吴孟超在同济医学院盼望能聆听裘法祖教授讲课是相似的。但是,吴孟超并没有承担培训外国留学生的任务,加上眼下又被列为"反动学术权威",不得不时时处处谨慎小心,不过他对兄弟国家留学生真心想学点本事,还是很能理解并予以配合的,便对那几位越南留学生说:"你们晚上来吧,晚上我一个人值班。"

那几位越南留学生果然晚上都到外科病房里来实习了。吴孟超手把手地教他们做一些阑尾切除之类的小手术。如有急症和危重病人的手术,他们也有幸在吴孟超操作时围在边上观察,看他是怎样手术的,如同早年吴孟超跟着裘法祖教授一般。这些留学生跟着吴孟超好几个月,也确实获益匪浅。其中有一位特别好学的越南留学生为了从吴孟超那儿学到更多的本事,竟然搬到病房里来和吴孟超同住,这样无形之中也把吴孟超保护了起来。造反派见吴孟超周围不分白天黑夜,总有"同志加兄弟"国家的留学生如影相随,也就无法对吴孟超采取什么过激的"革命行动"了。这段时间,吴孟超庆幸自己没有脱离业务,相对来说还巧设了一个比较安全的环境。

1967年国庆节前,北京301医院来电,请吴孟超立即去参加会诊。长海医院两个造反派群众组织,一派让他去,一派不让他去,双方僵持不下。北京方面催得很紧,吴孟超的倔脾气又上来了,自己买了一张飞机票就飞到北京去了。

吴孟超是去301医院为高等军事学院一位姓由的教研室主任治病的,过去他曾经为这位老同志诊治过,对病情比较了解,所以301医院点名要让吴孟超去会诊。之后,吴孟超又在北京滞留了一段时间。

转眼到了1968年的2月,全国性的学习毛主席著作积极分子代表大会要在北京召开,各地各单位都选出了代表。吴孟超人还在北京,长海医院却推选他为出席学习毛主席著作积极分子代表大会的正式代表。这在当时是很高的政治荣誉,他连做梦都没想到会有这样的机遇,是否意味着这个"反动学术权威"在政治上会有某种转机?吴孟超高高兴兴地参加了大会,并再次有幸与毛主席等党和国家领导人合影留念。

从北京回到上海后,吴孟超又被邀请到福建去参加一次为期两个月的会诊。回上海不久,二军医大及所附属的各家医院就开始实行军管。遵照上级规定,部队系统的各单位进行正面教育,军医大学的学生不准再到医院进行串联,运动开始以来的混乱局面有所扭转。

1968年,吴孟超家庭中的另一个变化是大女儿吴玲去了黑龙江北大荒生产建设兵团。吴玲是67届的初中毕业生,那一年只是轮到66届的中学生上山下乡,但吴玲和那时候许许多多年轻的红卫兵一样"左"得可爱,坚决响应毛主席"知识青年到农村去"的号召,自己要求去北大荒,坚信"农村是一个广阔的天地,在那里是可以大有作为的"。吴孟超夫妇是很舍不得玲玲离开的,但他们只能把这份感情深深埋在心底,而不在行动上有任何阻拦举止,他们认为三个女儿今后的路只能由她们自己选择。在玲玲临走的前一天晚上,吴孟超以从来没有过的严肃与她谈了一次话。

他详详细细讲述了自己5岁时是怎么到马来西亚去的,讲了做米粉的艰辛,讲了摸黑去橡胶园割胶的经历,讲了在诗巫怎样挣扎与奋斗的家庭生活,也讲了怎么受"朱毛"的感召,想回国参加抗日,以及怎样在同济苦读的人生经历,当然也讲了童年在福建闽清老家的辛酸生活……吴家祖祖辈辈都是穷苦的农民,如果按照那时制定的阶级标准来划分,应该是地地道道的贫农。由于有侨居马来西亚13年的经历,现在却有了"里通外国"的嫌疑。

"爸爸确实没有做过任何对不起你们的事。以后,即便有人在你爸爸是华侨这件事上抓你的辫子,你都要坚信爸爸告诉你的这一切,要坚信自己……"①

1969年2月5日,吴孟超忽然收到五角场人民银行寄来的一张侨汇通知单,款额为人民币805元,同时还收到一封信。他把钱和信取回家来后,才知道是吴佩煜的一位堂兄从泰国寄来的。这位堂兄叫吴英军,是吴佩煜伯父的大儿子,他和一位来自泰国的华侨女青年结婚后,解放前就从上海去泰国定居了,吴孟超夫妇从此与这位堂兄再也没有任何通信往来。吴佩煜的伯父吴仲仑住在上海瑞金二路新北里81号,原来也是铁路局的职员,后退休在家,因患胃溃疡曾在长海医院做过手术,前些时候又得了肺癌,吴孟超帮他诊治过。堂兄听说了此事,从泰国寄了一点钱来略表谢意。这本是家属中的一件小事,但在"文革"中发现了新的海外关系,岂不是增添了"里通外国"的分量? 作为头戴"反动学术权威"帽子的军医,吴孟超已处于自身难保的境地,岂敢与泰国的堂兄再沾边? 与妻子商量后,主动将钱和信全都交给了组织,并专门写了报告,详详细细地向组织作了汇报,表示由于对吴英军的一切情况不了解,不能收下这笔钱,哪怕是一分钱也不能收,把它们都交给组织上处理,并提出如组织上处理有困难,是否可以交还给吴佩煜的伯父。这样一件小事,从今天看来是人之常情,但在那个年头,只能这么滑稽地处置了。这说明吴孟超由于有侨居海外的经历,心里的压力有多么沉重。

从肝胆专家到赤脚医生

1969年夏天,中国人民解放军总后勤部所属的四所军事医学院校调整

---

① 吴玲访谈,2012年2月15日,上海。资料存于采集工程数据库。

驻地,第二军医大学由上海迁往西安。吴孟超一家服从命令听从指挥,也随同搬到了西安。

在离开上海之前,吴孟超几乎卖掉了家里所有的坛坛罐罐,一条长沙发仅卖了五元钱,而所有的书籍,他却一本也舍不得卖掉,全部装箱运往了西安。

刚到西安,处于异地适应期的专家和学者都觉得工作量不足,面对远远比上海医学院硬件条件好的新学校,总想干出点名堂。学校教务处有见解的领导便组织各学科的专家创造性地策划了出版外科手术图谱的选题,由上海人民出版社相关编辑室的文字与美术编辑赴西安与专家共同编绘。这部书稿最后由吴孟超统稿。吴孟超毕竟头上还戴着"反动学术权威"的帽子,除了兢兢业业撰写自己拿手的肝胆专科外,还负责大量普外的内容。他毕竟发表过大量论文和出版过译著,文字功底以及与出版社编辑的沟通能力显然也具有很大的优势。5个月后,出版社的编辑带着定清齐的初稿返回上海立即投入排版。以后领导又让吴孟超赶到上海,全权负责校勘。说实在的,对于这部书稿吴孟超应该说是执行主编,可那是正处于批评资产阶级名利思想,最后这部《手术图谱》发表的时候,连作者的名字一个也不见,只是署"中国人民解放军后字243部队"。整部大16开本图书厚达1068页,确实是当时国内第一部关于外科手术方面非常权威的"图文并茂"工具书。这半年多的著述,也让吴孟超在闹哄哄的岁月中系统地梳理了一下手术思路。

当时"文化大革命"还处于高潮之中。1970年2月15日,学校召开全校师生员工大会,传达中央关于"一打三反"运动的文件,宣布对6名干部隔离审查,此后又陆续立案审查200多人。吴孟超因有"海外关系",虽没有被审查,但在当年6月进行的重新登记党员的整党建党时,被停止了组织生活。直到12月份,才恢复了他的党组织生活。这段时间的苦闷,吴孟超至今刻骨铭心。那段时间他也只能低着头没完没了地看门诊。

那时时兴让穿白大褂的医生走出病房,做"一根银针一把草"的赤脚医生。吴孟超很快调整了心态,主动转变角色,成了名副其实的赤脚医生。说实在的,他也确实很想了解农民兄弟的生活,帮他们解除病痛。但真要从尖端的肝胆外科手术专家蜕变成"一根银针一把草"的赤脚医生,也不是那么容易的。他找来好几本中医著述认真研读起来，还谦虚地拜当地的一些赤脚医生为师，向他们学艺，学他们看病的风格、方法与过程。不多久，吴孟超就与当地的赤脚医生打成一片了，并随着他的中医水准的很快提高，不仅得到百姓的认可，还成了颇有口碑的"上海来的赤脚医生"。

1970 年 11 月，二军医大自"文化大革命"以来第一次招收来自各大军区和军兵种的 1 096 名学员，分编 2 个大队、8 个中队，经过一个月的集中教育和训练后，年底全校 1 400 多名师生分批拉练到陕西省 8 个县 24 个教学点去开门办学，边教学边访贫问苦。作为"反动学术权威"的吴孟超被分到了陕北队，到韩城地区开门办学。

吴孟超随同几位年轻人走村串乡访贫问苦，常常一走就是几十里地。年近五十的小个子，吴孟超尽管走得筋疲力尽，还是精神饱满，因为从中可以真正了解陕北农民的疾苦，有机会施展为农民服务的本领。当然，那些随同的年轻人也从这位"反动学术权威"那里获益匪浅，学到了真正的行医与为人之道，这是书本上学不到的本事。

一次，两位农民扶着一位病人来找吴孟超看病，是腹部剧烈疼痛。吴孟超检查后确诊为急性阑尾炎，若不及时手术，会引起阑尾穿孔。在征得领队同意后，吴孟超当即搭了块门板作手术床，对农家简易消毒后，在同事们协助下，为病人成功切除了阑尾。术后病人很快康复能下地劳动了，吴孟超的名字也由此在黄土高原的穷乡僻壤中不胫而走，从本县到外县，方圆几百里的老乡都跑到他这里来看病治病。吴孟超借这股东风，正式向学校开门办学的领导提出要加强门诊和做动物实验的要求，以全面贯彻"边医疗边教学"的方针，既培养了年轻人，也提高了办学水准。他的这些建议自然受到学员们的普遍欢迎，也得到队长的支持。

就这样，农村的开门办学开展得挺像模像样，来找吴孟超就诊的农民常常门庭若市，有时几乎天天安排手术。既开胃的刀，也开胆囊的刀，连子宫手术也做，这些疾患经他之手都能很快痊愈。吴孟超思维之清晰、动作之麻利，手术之干净，由"裘氏刀法"而发展出来的"吴氏刀法"之基本功，令随同的年轻人大开眼界，领悟了什么叫军医必备的野战实战之能力，什么叫名医的能耐，眼见为实，被深深折服。他们在背地里都会竖起大拇指，对这位"反动学术权威",他们可真的"服了"。

　　吴孟超早在从医时就牢记了古希腊医学奠基者——希波克拉底的医德《誓词》,曾庄严地承诺:"愿尽余之能力与判断力所及,遵守为病家谋利益之信条……无论置于何处,遇男或女,贵人及奴婢,我之唯一目的,为病家谋幸福,并检点吾身,不做各种害人及恶劣行为……"无论身处顺境或当下的逆境,吴孟超都一以贯之地履行自己的诺言,并以此作为自己行医的准则。他深深明白,我的知识和才能是老师和病人所授予的,没有什么可以值得保守的。他还明白,企望凭一己之力而救天下百姓是万万做不到的,只有让更多的年轻人掌握了手术的技能,才能解救更多的患者。这种"广教乐传"的胸襟和气度是吴孟超一贯身体力行的,几十年后成了我国肝胆外科的一代宗师,他依然主动勤奋地培养一代代名医。

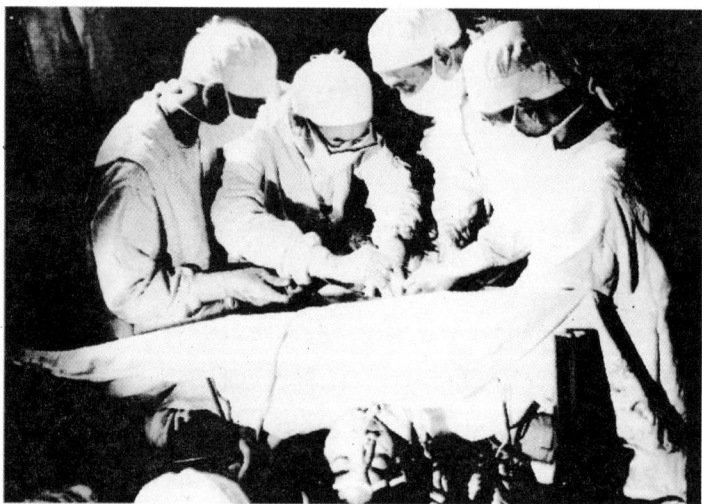

图 5-2　开门办学时条件简陋手术不断(吴孟超办公室提供)

培训外国专家

　　1971 年 5 月后,吴孟超人生中出现了这么一段难忘的经历。那时,中国人民解放军总后勤部曾调吴孟超到北京去培训阿尔巴尼亚专家,在当时这是一项很重要的政治任务。

培训的地点设在北京的中国人民解放军总医院(简称 301 医院)是中国人民解放军规模最大的综合性医院,国家重要保健基地之一,直属于总后勤部,负责中共中央、中央军委、解放军各总部医疗保健工作,负责全军各大军区、军兵种疾病诊疗,同时收治地方病人。由阿尔巴尼亚卫生部长带领的专家队伍中有一位主要是进修肝胆外科的,后来才知道,这位进修生是该国卫生部长的接班人。解放军总医院为此特地把擅长肝胆外科并在黄土高原受到农民兄弟欢迎的"赤脚医生"吴孟超请到北京,协助他们培训外国专家。

阿尔巴尼亚专家原以为吴孟超是一位风度翩翩的大教授,第一次见面的时候,没料到站在他们面前的竟是一位身材矮小、黑黑瘦瘦的半老头,上身披了件旧军棉袄,还光着脑袋。①

"这哪像教授啊?分明是一位老农民嘛!中国的'赤脚医生'是不是就是这种模样?"起初,这些阿尔巴尼亚专家露出了有些不屑一顾的神情。吴孟超倒并不在意,因为这些阿尔巴尼亚专家大都还年轻,阅历有限,但他们是国际友人,看不顺眼或对当下情势不了解,是完全可以理解的。吴孟超毕竟是在部队大熔炉锻炼过的军医,有站在他人位置来思考问题的心理换位艺术,当然也要用这门艺术来为当时的"政治影响"服务。

第二天,吴孟超便开始讲课并带他们实习。他们听到这位中国"老农民"能讲一口流利的英语和德语,都惊呆了!进而看到吴孟超的手术示范,他们更是佩服得五体投地,这才懂得了为什么中国人爱讲"人不可貌相,才不可斗量"了。自此,他们对这位"农民老师"肃然起敬,并投以敬重的目光。不过,吴孟超对阿尔巴尼亚专家一直是关怀备至的,互相间很快形成了"尊师爱生"的融洽关系。

---

① 吴孟超在陕北农村的时候,就是这么一副打扮,和当地农民没有什么两样。那年头,遵照部队的规定,为了和学员们打成一片,他也被剃成了光头,当然也是为了防止虱子。

图 5-3　吴孟超(后左六)与阿尔巴尼亚专家合影于长城脚下(摄于 1970 年,吴孟超办公室提供)

　　为了让阿尔巴尼亚专家学到更多、更全面的知识,吴孟超跑遍了北京各大医院,请医学领域各科有名的专家给他们上课。诸如协和医院的曾宪九、人民医院的黄萃庭、友谊医院的孙衍庆①,还有解放军总医院的几位主任,当时他们都"靠边"了,无事可做,吴孟超便以"外训任务"需要为由,分别登门拜访,请他们出山,共同来参与培训外国专家。当时,培训外国专家可是一项重要的政治任务,那些单位的造反派也不敢阻拦,所以这几位首都著名的专家都被请出来工作了,讲课、带实习……虽然参加"外训"并不等于"解放"或"平反",但总比"靠边站"或"关牛棚"强多了。日后,那几位专家和吴孟超都建立了深厚的友谊,毕竟是患难之交嘛!

────────────

① 孙衍庆,胸、心血管外科专家。山东烟台人。1949 年毕业于北平大学医学院。历任北京友谊医院外科主任、副院长、主任医师,北京第二医学院教授,北京市卫生局局长,北京生物医学工程学会副理事长,卫生部医学科学委员会委员。重点研究限制性门腔静脉侧分流术治疗门脉高压症,在提高疗效的同时,总结出最佳切口的计算公式。1979 年试制成功生物心瓣膜,同年在临床上开始应用。1982 年进行夹层动脉瘤切除并以人工血管替换成功。1985 年在国内第一次应用带瓣人工血管进行主动脉瘤与主动脉瓣切除替换成功。

培训阿尔巴尼亚专家任务结束后,鉴于吴孟超在北京的出色工作,解放军总医院当时的院长靳来川将军执意要把他留下来,吴孟超却不愿意。原因是301医院主要是为高干保健服务的,不是教学医院,连培训外国同行还要由地方医院配合提供实习,而吴孟超自同济大学医学院毕业后一直走的是教学、科研和临床相结合的道路,并且已事业有成,还酝酿在肝脏外科上大展宏图,中途转向未必能适应。301医院尽管规模大、级别高,但吴孟超坚持要回西安二军医大发展。两人僵持了好长一段时间,直拖到了当年的9月份,他终于找到"金蝉脱壳"的机会,去吉林白城一家部队系统的医院——321医院参加一个高干会诊,顺便去看望了一下在北大荒军垦的大女儿吴玲。

不久,吴孟超在白城突然接到解放军总医院的电话通知:由于战备紧张,所有参加"外训"的人员必须一律归队。吴孟超遵命回到了北京,凭着他的政治嗅觉,感到气氛不对,军事机关甚多的京西木樨地至五棵松一线布有许多巡逻的士兵,当时他还不知道发生了"九一三"林彪叛逃事件,只是风闻中苏边境可能爆发大规模战事……本来就不愿意留在解放军总医院工作的吴孟超,更是西望长安归心似箭了。于是,吴孟超顺利回到了西安,回到了他所熟悉的第二军医大学。

人格与胸襟

本书第四部分"第一例成功的肝脏手术"中提到的陈汉是吴孟超一辈子的好战友,也是事业上的"黄金搭档"。

1957年,陈汉被分配到第二军医大学第一附属医院,被爱才的郑宝琦收入外科。吴孟超成立"三人研究小组"后,又央求郑宝琦让陈汉协助攻关。陈汉不仅医学功底扎实,而且处事果断,思路清晰,手术又做得极其漂亮……这一切都让吴孟超对他有种"惺惺相惜"相见恨晚的感觉,而且这种感觉随着科研的进展,成果的迭出,进化成友谊和真诚的战友之情。

"文化大革命"爆发后,学校和医院里"红纵派"和"红旗派"的文斗与武斗日益升温,被戴上"反动学术权威"帽子的吴孟超不时地有造反派来骚扰,几乎每一次都是人高马大的陈汉医生挺身而出予以保护。在学校西迁西安的 1969 年后的艰难岁月,更是见证了他俩的友情。

当时,造反派中有人居心叵测地扬言,要砍断"反动学术权威"吴孟超的双手,让他今后再也上不了手术台。多年后,吴孟超痛苦地说:"听到那个消息后我很害怕,怕人家整我这双手。如果外科医生没有一双好手,也就不是外科医生了……"吴孟超之所以会那样紧张,是有缘由的。

"三人研究小组"中的胡宏楷是吴孟超非常尊重并欣赏的合作伙伴,也是外科界少壮派中的佼佼者。不幸的是,胡宏楷曾就读国民党国防医学院。1949 年初,国防医学院随同国民党撤退到了台湾,胡宏楷也到了台湾。面对岛上的混乱状况,有着远大抱负的学子胡宏楷深感失落,于是又偷偷搭渔船返回大陆。这段经历本是一名年轻知识分子追求光明的故事,可被用心险恶的造反派在"文化大革命"中以"国民党派遣特务"之诬陷关押起来,审讯人员对其施行惨无人道的折磨,为人正直、性情刚烈的胡宏楷在不能有尊严地活着的时候,他宁愿有尊严地死去。一天,他悄悄地用刀片,以外科医生娴熟的手法毅然割断了自己的股动脉,鲜血顿时喷溅出来。想不到的是,看管人员及时发现了自杀的胡宏楷,立即进行抢救。胡宏楷没有自杀成功,被人们从死亡线上硬是拖了回来,但是在抢救过程中,他的右小臂和左小腿肌肉因被注射到血管外的一种药物而发生坏死!

当时,吴孟超正在田里劳动,听到胡宏楷自杀的消息,立即奔回来要求参加抢救,但遭"组织"拒绝。这让他至今都深感遗憾,若让他参加抢救,也许就不会发生那样的悲剧。以后,吴孟超还是获得了参加胡宏楷会诊的机会,令他无能为力的是,胡宏楷手臂肌肉已经坏死,他的外科医生生涯也就戛然而止。对于一名事业至上、才华横溢的年轻医生,再也不能从事他所挚爱的外科事业,这是多么大的悲剧!只有朝夕相处的吴孟超能体会到他的这种悲凉和痛苦。

吴孟超在那段不堪回首的岁月中没有遭遇被"砍手",很大程度上得益于陈汉医生的全天候守护。吴孟超后来很有感触地说:"在最混乱的那段时期,陈汉与我几乎寸步不离,我去劳动,陈汉也去,还给我备了一副厚厚的手套,怕伤着我的手;我做手术,他给我当助手……"①

"文化大革命"开始不久,一个造反派闯入吴孟超所在的外科闹事,吴孟超奉劝他不要在医院闹事,这位被"革命激情"冲昏头脑的家伙竟然扇了吴孟超耳光,吴孟超被打蒙了,陈汉一下子冲过去,抓住那家伙的衣领,一把将他摔倒在地,又一把将其提起,送到"革委会"处理。陈汉保护吴孟超的举动,令别有用心的造反派不得不有所收敛。

经历过"文化大革命"生死患难的洗练,吴孟超与陈汉同事加兄弟的友谊更深厚了。在随后的几十年里,吴孟超活跃在前台,陈汉则一直在幕后默默地做了大量的工作。以后成立肝胆外科的时候,吴孟超是科主任,陈汉则是科副主任;成立肝胆外科研究所的时候,吴孟超是所长,陈汉则是副所长。他俩成了科研、临床、教学等各项工作中的绝佳的"黄金搭档",在生活中也亲如兄弟。

2004年冬天,陈汉教授因病去世,生性坚强的吴孟超泪如雨下,让全院同事为之动容。"好友的重病来得这么突然,我感到难以名状的悲痛。"聊及陈汉,吴孟超至今仍深感落寞。

图5-4 吴孟超出差回来后遇见陈汉(1998年10月,方鸿辉摄于东方肝胆外
科医院)

---

① 张鹏:《吴孟超画传》。上海:上海人民出版社,2007年,第104页。

陈汉身前曾说:"如果说郑宝琦教授是我的启蒙老师,那么吴孟超教授就是我成长过程中的良师益友,与他共事几十年,耳濡目染,受益匪浅。从他身上看到了一名优秀外科医生必备的素养,我看到了他对技术精益求精的追求,看到了他对病人的和蔼可亲……总之,我跟他学到了很多书本上学不到的东西。"

陈汉去世后,有人这样说:"陈汉在吴孟超手下工作长达四五十年之久,而且始终兢兢业业、忠心耿耿,足见陈汉的人格！同时,也可见吴孟超的胸襟！"①

创立肝胆外科

在农村"开门办学"的师生陆续回西安后,吴孟超继续从事日常的教学和医疗工作。由于运动破坏了医院正常的工作秩序,闹哄哄的混乱一时难以扭转,加上二军医大迁到西安不久,还处于人生地不熟的境况,因此正常的医疗、科研和教学的局面总是难以打开。

而让吴孟超最牵肠挂肚的,依然是他曾为之付出巨大心血的肝脏外科。由于"文化大革命"运动,使"三人研究小组"这支队伍散了,科研项目都被撤销了,科研经费也分文没有了。眼看运动还没完没了,肝胆外科的事业何时又能东山再起？吴孟超除唉声叹气外,也陷入了深深的思考。这几年在黄土高原上为开门办学而走村串乡的一幕幕,如电影般在眼前活灵活现:广大农村的饮食和卫生条件极差,生活习惯极不合理,得了肝炎相互传染,尤其是那一张张肝胆病患者面黄肌瘦的脸,那些患者鼓着大大的肚子,还有那些躺在床上无法起立的晚期肝癌患者痛苦的呻吟……他越想越感到肩上责任的重大。从 1958 年到 1966 年,二军医大的肝脏外科不断创新,一派红红火火的景象;1966 年到 1974 年受到"文化大革命"的干扰,肝脏外科平平淡淡,呈现止步不前的境况。吴孟超陷入深深的苦闷之中。

---

① 张鹏:《吴孟超画传》。上海:上海人民出版社,2007 年,第 107 页。

就在吴孟超的"三人研究小组"被解散两年不到的 1968 年,上海西南枫林路上的中山医院内,原血管外科专家——汤钊猷①,却组建起一个"肝癌研究小组"。汤先生有鉴于肝癌最难发现、最难诊断、最难治疗、发展最快、预后最差的"五最"特点,提出国人攻克肝癌的"三早"策略:早期发现、早期诊断、早期治疗。为此,他带领团队赶到当时全国肝癌高发的江苏启东"找病人",采用国外杂志曾报道过的甲胎蛋白标志物,发现凡甲胎蛋白呈阳性而毫无症状的病人,竟有 80% 在一年内会表现肝癌症状。以后,他曾对眼下无任何患病症状而甲胎蛋白呈阳性的病人作探腹检查,确实挖出若红枣般大小的小肝癌……越来越多的病例和临床实践,证实汤先生的思路是正确的,策略是高超的。日后他撰写的英文专著《亚临床肝癌》首次提出"小肝癌"的概念,并获得现代肝病学奠基人——汉斯·玻伯的肯定,认为"亚临床肝癌这一新概念是人类认识和治疗肝癌的巨大进展"。

吴孟超与汤钊猷是两条不相交的科研平行线,只是两条线的起始有先后,似乎是上帝的刻意安排,他们在完成一种接力,共同为国人早日摆脱肝癌的折磨而尽力。

20 世纪 70 年代的时候,全球每年至少有 700 万人死于癌症。1971 年12 月,时任美国总统的理查德·尼克松签署了《国家癌症法》,扩大国家癌症研究所的规模、职责和范围,创立国家癌症研究计划,目标是通过大规模增加研究经费,消除癌症带来的死亡,吹响了美国向癌症宣战的号角。从人类患癌症的疾病谱来分析,不同种族、不同地区、不同性别、不同年龄、不同职业热人群所患的癌症不尽相同。统计分析表明:西方国家一般以肺癌、乳腺

---

① 汤钊猷,肝胆肿瘤外科学家。1930 年 12 月出生,广东新会人。1954 年毕业于上海医科大学。60年代末从事肝癌研究,特别在肝癌临床诊治和相关基础方面成就卓著。在肝癌早期发现、诊断和治疗方面作出了创造性的贡献,首先提出了"亚临床肝癌"的概念,被现代肝病学奠基人汉斯·珀波认为这一新概念是人类对肝癌的认识与治疗的巨大进展。对这个原理进一步引申,又提出了"不能切除肝癌"的缩小后切除。1990 和 1994 年,曾两次担任国际癌症大会肝癌会主席;1986、1991、1996 年曾三次组织并主持了上海国际肝癌肝炎会议。曾获国家科技进步奖一等和三等奖各一项。1979 荣获美国组约癌症研究所颁发的金牌奖,主编肝癌、肿瘤专著多部,论文 440 多篇。1988～1994 年任上海医科大学校长。1990 年为全国重点学科肿瘤学带头人。1989 年任中华医学会副会长。1990 年任国际抗癌联盟(UICC)理事。1994 年入选为中国工程院院士。现任复旦大学医学院(中山医院)肝癌研究所所长。

癌、大肠癌、胰腺癌、前列腺癌及恶性黑色素瘤居多，而我国则以胃癌、食管癌、肝癌、鼻咽癌居多。这与不同地域、不同生活环境及生活方式有关。专家指出：80％的癌症与我们呼吸的空气、喝的水和吃的食物有关。至于患肝癌的病因，专家已倾向于：病毒性肝炎、黄曲霉毒素、饮水污染和遗传等因素。而我国是乙型肝炎高发的国家，肝癌病人90％以上有患乙肝的背景。保守估算，我国至少有1亿以上的乙肝病毒携带者，他们患肝癌的危险性比没有乙肝感染者要高10倍以上。

再往后推至1990年和1991年对我国27个省级行政区抽样调查发现：肝癌仅次于胃癌，上升为我国第二位癌症杀手，在城市则仅次于肺癌；每10万人中，每年约有20人死于肝癌。我国每年死于肝癌的人数约占全球肝癌死亡数的49％以上。[①] 多么惊心动魄的数字！

还在西安的吴孟超很明白，在全球癌症疾病谱中，我国已患肝癌和易患肝癌的人数是庞大的，在全球肝癌患者中的占比又是如此巨大，指望医学发达的西方国家来解决对他们的疾病谱来说属非主流的肝癌问题，是不现实的。为此，必须依靠国人自己的努力。限于当时对肝癌诊治的认识，凡有手术指征的，外科手术无疑是首选的，吴孟超由此感到在整个大外科系统中成立单独的肝胆外科是绝对需要的，是必不可缺的。他坚信，只要有社会需要，肝胆外科就一定会有前途！

吴孟超在黄土高原上已滚了几年泥巴，连军区司令和当地的不少领导都曾找他看过病，他已成了陕北地区的"名医"，眼下他已不像当初刚到西安那阵子"人微言轻"了。

俗话说，"谋事在人，成事在天"。看来，关键在于要把握时机。

1974年，吴孟超瞅准了军队要进行整顿的好时机，向医院党委正式打了一个报告，以"捍卫毛主席革命卫生路线"、"为工农兵服务"的名义，要求恢复已经中断了整整八年的肝胆外科科研与临床实践。

没过多久，他的报告果然获得了批准，吴孟超甭提有多高兴！就像当年成立"三人研究小组"一般，他立即召集原来曾开展过肝胆外科的同事，并尽

---

① 汤钊猷：《没有症状的肝癌》。载于《中国科学技术前沿》，上海教育出版社，1998年，第19页。

可能地"招兵买马",扩大队伍建设,诸如吸收一些年轻的外科业务尖子,诸如当年的工农兵学员杨甲梅医生就被分配到手下工作。新组建的肝胆外科团队立即商量如何运作,如何尽快恢复二军医大有特色的肝胆外科。

经过一阵紧锣密鼓的筹备,二军医大附属医院肝胆外科的牌子在西安亮出来了!这对吴孟超来说,意味着他的科研生命的复活,意味着他为之奋斗的肝胆外科事业在中断了八年之后又得以延续。总而言之,无论对吴孟超本人还是对肝胆外科,都无异于真正意义上的"凤凰涅槃"。

吴孟超和他的同伴们没有辜负大家的期望,开张伊始就连续成功做了几例漂亮的肝脏手术。大家都惊异地发现:吴孟超做手术时的这双手依然那样地灵活自如,操作起来依然那样地得心应手,动作依然那样地麻利干净。看来,经过"文化大革命"腥风血雨的洗礼,"吴氏刀法"变得更纯净、更漂亮和更潇洒了,这实在是不幸中之大幸!

诚可谓:逆水行舟,有进无退。这就是吴孟超。

吴孟超认为自己还算幸运,"文化大革命"中虽然受到冲击,但与地方上的一些大权威相比不算大;从主治医生降为住院医生之后,倒有机会接触到更多的病人,只是"三人研究小组"被解体,但他又聚起陈汉、杨甲梅等不少有志肝胆科学研究的精英;在农村开门办学期间,还能照常看病治病,还经常参加急难危重病人的会诊,只是没条件全副精力投身于肝胆外科;更难得的是他还曾有机会去北京参加"外训",认识了不少首都医学界的著名专家,并有机会向他们当面求教……总之,还算幸运没有丢掉业务。

吴孟超遭受大难而未倒,创立了独立的肝胆外科,实现了人生肝胆事业上第一次大的飞跃,而且这一切发生在"文化大革命"尚未结束的年代,应该说也是一个奇迹。现在说来好像挺轻松,其实这其中的艰难是难以想象的,吴孟超不想过分渲染,只是轻描淡写地说:"无非是我想得开,我也没有丢掉业务而已。"也许,这就是吴孟超能在最艰难的时候,始终坚守的做人、做事与做学问的两个秘诀和两大法宝,并从此走向事业的辉煌。

中国人民解放军第二军医大学附属医院肝胆外科的牌子一经挂出,古都西安很快就传播开来了,而且声名远播省内外。

一刀切下"世界之最"

1975 年春节刚过,西安大地春寒料峭,人们身上依然裹着厚厚的大棉袄。二军医大附属医院的肝胆外科门诊大门刚打开,只见一位男性病人挺着一个连大棉袄都裹不住的大肚子,在两位家人搀扶下,拖着艰难的步履慢慢移进诊疗室。病人叫陆本海,是从安徽千里迢迢慕名而来的农民。听说西安二军医大附属医院肝胆外科有位"神医"吴孟超,便抱着一丝求生的欲望,砸铁卖锅来求治了。一进诊疗室,指定要求见"吴大夫"。病人约莫 40 岁,口口声声非要让"神医"吴孟超救他一命不可,一边说一边还眼泪汪汪地呻吟着。

说来也正巧,那天的门诊恰恰就是吴孟超当班。吴孟超见状,立即招呼病人坐下,哪晓得病人陆本海的肚子实在太大,连坐下都有困难,只见他用长满老茧的双手捧着那个下垂的硕大无比的肚子,脸上露出痛苦万状的神色。吴孟超心头不由得一惊,眼前这位病人的病势可非同寻常。出于对农民弟兄的同情,也出于对危难险重特殊病情的挑战,他细细询问了病情,还是感到大吃一惊。

病人是位庄稼汉,1966 年 6 月,无意中摸到腹部有一个鸡蛋般大小的肿块,经安徽舒城县一家医院检查怀疑是肝癌,未作任何治疗。好心的医生就吩咐家属,病人想吃点啥好吃的就尽量满足他吧。言下之意"没治了",拖不了多久了,准备后事吧。可是,一个月、两个月、半年、一年、两年……陆本海仍好好地活着,只是那个肚子像十月怀胎般越长越大。1970 年陆本海腹部的肿块继续长大,家属又找了合肥的大医院去求治,医生倒也有些见地,认为若是肝癌,绝对活不了这么长时间,不妨先住入医院再做详细检查。检查结果确定不是肝癌,医生们讨论作剖腹探查以明确肿瘤性质。手术时,先在病人腹部作一小切口,进腹后见巨大充满血液的血管瘤,才大吃一惊,立即关腹。好在手术医生曾在吴孟超医院进修过,对吴孟超老师的行踪还是了解的,便告知病人家属,还是去找"吴大夫"吧！他们自己可再也不敢接诊陆本海了。以后腹部的肿块愈长愈大,几年下来陆本海的肚子比分娩前孕妇的肚子大得多,不仅行动有困难,连呼吸、吃饭都发生了问题。这真叫"求生生不得,求死死不得"。才40不到的人,看上去就像年逾六旬的老汉。身处农村,信息闭塞,但他们还是记住合肥大医院的那位医生的话,无奈之际,只得赶赴西安找那位上海来的叫吴孟超的"神医"。他们明白"凡肚子里的毛病,他都能手到病除"。这不,他们再困难也抱着希望赶来了。

吴孟超吩咐病人躺下,细细一摸,硬邦邦的,轻轻一敲,便皱起了眉头。他初步印象是一个罕见的特大肝海绵状血管瘤。他安慰病人,肯定不是肝癌,否则就拖不到今天了。面对陆本海家属紧张的询问,吴孟超明确地告知,最理想的手段是手术切除,但手术难度实在太大,手术风险也很大……

接下来的进一步检查,发现这个肿瘤的直径竟然达到63厘米！简直不可思议。

据1970年的文献记载,直径达到了5厘米的肿瘤,国外定义为"巨大"。美国斯隆·凯特林肿瘤研究中心在1935年至1965年的30年中,共收治了直径5厘米以上的"巨大肝海绵状血管瘤"22例,其中最大的一例为45×25×25立方厘米,但因瘤体太大,只作了剖腹检查。真正进行手术切除的仅有10例,其中还包括2例手术中死亡的。

眼下陆本海腹内的瘤子肯定要比文献上所记载的都大得多,够得上"超级巨大"。这意味着进行手术切除的难度是难以想象的。说实在的,吴孟超尽管已经做过许多例高难度的肝脏复杂手术,但长在肝脏部位这么超巨大血管瘤倒还是头一回碰到。肝海绵状血管瘤虽属于良性肿瘤,生长也较缓慢,但手术摘除的最大危险在于肿瘤破裂引起的腹腔大出血,瘤子切不下来不说,病人在手术台上就会保不住性命。当然,对这种病最好的解决办法还是切除瘤体,但要切除这样超巨大瘤体,谁都没有把握,哪怕是吴孟超这样的肝胆外科专家。怎么办？这个手术是接,还是不接？

其实,在吴孟超的从医词典里,从来就查不到"退缩"这个词。"医本仁术。只要坚持实事求是,做好极其周全的准备,把病人当做自己的亲人,我想还是有成功的把握的。"吴孟超当时就是这么考虑的。

那时,周围一些富有"理智"的医生都劝吴孟超,对没有多大把握治好的病人还是采取"婉拒"的办法较妥,现在委婉地把陆本海请出门还来得及。婉拒一位病人总比治死一位病人要好听一些,对医院的名声和医生的名声也无多大的妨碍。对陆本海这样的病例,哪怕走遍天下,所有医生都会这么处理的,并不是我们二军医大肝胆外科一家。

面对周遭的劝说,吴孟超可不是这样想的,对于有风险的病患者,连医生都不敢承担,病人只有死路一条;医生若能积极地想办法,竭尽一切可能把陆本海这位农民兄弟从死亡的边缘上拉回来,至少他还有生存的希望,哪怕是一线希望。吴孟超的想法同二军医大领导的想法倒是很合拍的,他们全力支持吴孟超。

接下来的日子,吴孟超和他的助手们查阅了大量的国内外相关资料,结合陆本海的病情,制订出详尽的手术方案,并预先对手术中可能出现的问题制订了相应的急救措施。这份详尽的手术方案日后成了肝胆外科界的经典,从理论上说,这份手术方案确实是天衣无缝的。

学校和医院领导对这次手术极为重视,调集了15个科室共40多名医护人员,成立了9个协作组,分头负责指挥、参谋、手术、麻醉、内科、输血、特护、后勤、联络,以全力配合吴孟超攻下这个大堡垒,确保手术成功。

那个时候"为了61个阶级兄弟"的事迹几乎家喻户晓,受新闻报道的启发,这次为农民陆本海做大手术,二军医大附属医院也拟了一个响亮的口号:一切为了阶级兄弟!

1975年2月8日,连续多天的阴霾也奇迹般地散去,太阳露出了久违的笑容。这真是一个好兆头,"天笑了,陆本海也会笑的。"吴孟超对今天的手术虽紧张,却充满信心。

上午8时25分,手术正式开始。这不是一般的手术,倒像一场精心组织而又惊心动魄的战斗,所有"参战"人员全力以赴。由吴孟超担任主刀,陈汉等医生当助手。在切开病人的腹部以前,吴孟超先把手术刀向病人的右上肢动脉伸去,从容地分离出左侧桡动脉。内行从吴孟超的这一非常规动作中已感受到这次手术的风险,其目的在于万一在手术过程中出现大出血的危急情况,一般的输血法又无济于事时,可以通过预先切开的左侧桡动脉加压输血,以确保病人生命无虞。这是吴孟超手术方案中的一个重要布局,也是一着险棋,虽然不合乎常规,但实际上是有备而无大患的。周围的人也都看懂了吴孟超为应付最坏情况所做的最充分的准备。那天,手术室内外,医务人员都时刻准备着,当时的二军医大政委阮汉清也始终站在吴孟超的身后。

吴孟超按照事先拟订的方案,接着在病人的腹部正中切开了一个不长的口子,小心翼翼地进行探查。切口长一分,探查进一寸。当肉眼不能直接观察到里面的时候,就要全凭他的手感了,而吴孟超的这种独特的手感是建立在千百次实践的娴熟基础之上的。待他判定了瘤体可以切除后,便逐步扩大切口直至所需要的长度。一般来说,切口开得越大越便于操作,但切口开大了对病人的损伤也就越大,不利于术后的愈合。有的外科医生图自己方便,往往一下子先切开一条长口子,而吴孟超从来不这样,他总是为病人着想,能少开一寸就绝不多切一分。由于陆本海的血管瘤特别巨大,需要作切掉第六肋骨的大切口。这一切,实际上都还是整个手术过程的序曲,目的是为切除瘤体开路。

时间在高度紧张中过得飞快。当腹腔完全打开后,无影灯下,一个罕见的、被血液充涨成蓝紫色的巨大瘤体赫然在目。只见它上端顶入胸腔,下端侵入盆腔,随着病人的呼吸一起一伏,活像一个怪物,一个无眼无毛无手无脚的怪胎!连见惯了肝癌的助手们也都感到毛骨悚然。吴孟超定了定神,战战兢兢地进入那个由无数根大大小小、粗粗细细的血管所布下的迷魂阵中。他小心地切断一根血管,结扎一根血管,同时小心翼翼地局部分离。这些动作都必须慎之又慎,只要手术刀碰破哪怕是一根血管,大量鲜血立刻会喷涌而出,弄得不可收拾。在手术台上,"吴氏刀法"的精、快、细都淋漓尽致地展现了出来。助手们全力配合着,一次又一次切断与结扎,大家高度紧张,紧密配合,连大气都不敢喘一口,整个手术室里除了传递器械有节奏的响声外,连空气也似乎凝结了。1 小时、2 小时、3 小时,吴孟超站在手术台前,一次又一次重复地做着那些动作:切断、止血、一点一点地剥离……这种比修表匠更精细的活儿确是极耗脑力又耗体力的。吴孟超当时已是53 岁的人了,虽说身体尚健,但毕竟不如年轻的时候,连续几个小时紧张地做下来,身子很疲劳与乏力，只是神经高度紧张，来不及体会而已，但额头上的汗水不由自主地渗了出来。"我一定要把你背过河去，陆兄弟，你要挺住啊！"这是吴孟超一遍又一遍从心底发出的呼唤。旁边的护士连忙用纱布帮吴孟超吸掉额头上的汗水。可吸了又渗，只能渗了又吸。

无影灯下亮如白昼，而外面的夜色已无声无息地罩了上来。吴孟超手术的最后冲刺终于临近了，他吩咐一位大个子助手，将这个巨大的瘤子从陆本海的腹底捧出来。这可是外科手术中从来没有过的动作。

随着瘤子的移走，手术宣告成功。但吴孟超依然站在手术台前，仔仔细细地检查了每一根被结扎的血管是否有渗血，然后细致地进行缝合。最后一针缝好时，时钟指向晚上 8 点 35 分。从上午 8 点 25 分开始的手术，不间断地整整进行了 12 个小时 10 分钟。

手术室中那种极度的紧张、凝重的气氛一下子变得轻松、活跃了。测量结果表明：被切除的瘤体重 18 千克，体积为 63×48.5×40 立方厘米。吴孟超用神奇的手术刀一刀切出了一个医学史上的奇迹——迄今为止国内外所报道的最大的被切除的肝海绵状血管瘤。在 20 世纪 70 年代更属于"世界之最"！

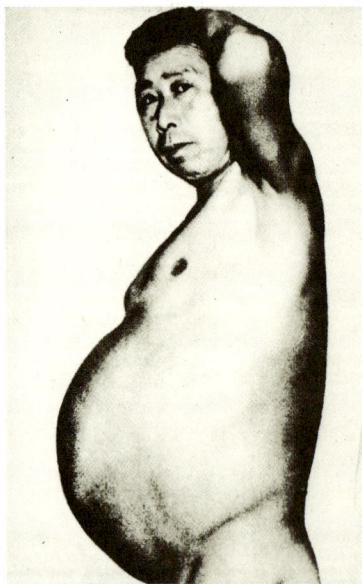

图 5-5　手术前的陆本海(摄于 1975 年，吴孟超办公室提供)

图 5-6　手术后继续下田干农活(摄于 1976 年，吴孟超办公室提供)

日后对陆本海的术后护理工作确实也很到位,吴孟超和陈汉医生住进了病房,整整守候在陆本海身边一个星期。在他们的精心护理和治疗下,仅仅过了11天病人就能下地活动了,一个月后体重增加了7.5千克,不到一个半月陆本海就痊愈出院了。以后他还能正常下田劳动,"是吴孟超大夫给了我第二次生命!"并不善于表达的陆本海逢人老说的就这么简单的一句,这确实是他从心底吐露的声音啊!①

手术成功一个月后,全国各地的媒体都对这项一刀切出一个"世界之最"的手术作了报道,按照当时流行的语言,自然称赞这次成功的手术是"毛主席革命卫生路线的一曲赞歌",有的还把它与"抢救61个阶级兄弟"相媲美。科学的说法应该是:特大海绵状血管瘤和中肝叶完整切除等重大手术的顺利施行,标志着我国肝脏外科的技术已日臻成熟,"吴氏刀法"已达到了炉火纯青的阶段。②

1975年夏,一名患巨大肝海绵状血管瘤的患者见了媒体报道,也慕名来找吴孟超手术。经检查发现这个肿瘤尽管没有陆本海的大,但其位置太靠近大血管,切除会有极大危险。吴孟超摊开双手表示暂时无法手术。这令绝处逢生的患者家属如五雷轰顶。医学毕竟是一门科学,需遵循实事求是的原则。在陆本海手术后,吴孟超一直在思考,对于手术风险很大的巨大肿瘤的切除,应该先用综合治疗手法让肿瘤缩小些再行手术,这样手术的风险会降低很多,成功率也会更高。因此,吴孟超向病人家属作了解释,在征得他们同意的前提下,先采用肝血管内灌注抗癌药物,并施"肝动脉结扎或栓塞术",以观后效。果然两个月不到,肿瘤已明显缩小,为成功地手术切除创造了条件。病人术后很快康复并出院。从这时开始,对巨大肿瘤一时无法切除的,先行综合治疗,既可使瘤体缩小,还能使肿瘤细胞活性减低,并有望肿瘤包膜形成。截至2011年,吴孟超用这种策略对付巨型肝海绵状血管瘤,成功施行了800多例手术,成功率100%。

---

① 2011年,"老科学家采集计划"吴孟超课题组接到任务后,也把目前还健在的陆本海列为"吴孟超周围人物采访"的对象,但知道他已经患有阿尔茨海默病,只能放弃原定赴安徽访谈的打算。
② 吴孟超、陈汉:《特大肝脏海绵状血管瘤一例报告》,《中华外科杂志》1977;15(1):37-39。

肝胆学科的战略思考

1975 年 7 月中国人民解放军总后勤部所属的几所医学院校重新复位，第二军医大学也奉命迁回了上海。这时，"文化大革命"也将要接近尾声了。近十年的折腾，无论工农业生产还是教育与科研，都已瘫痪了。民心思进，民心思改。吴孟超也从心底盼望着科学的春天能早日到来。

搬迁工作结束后，8 月中旬召开了校党委扩大会议，主题是精简整编。结果是将去年刚独立建科的肝胆外科精简掉了，把它合并到了外二科，吴孟超也从肝胆外科主任转变为长海医院普通外科副主任。

面对我国肝癌高发的严酷事实，吴孟超感到坐立不安。这几年他的肝胆外科教学、科研和临床事业因他本人被戴上"反动学术权威"之帽而停顿了，核心团队被打散并解体了，心中一直在思考的有关肝胆事业进一步发展的一些想法未能付诸实践。好在 1974 年终于在大外科中建立了肝胆专科，现在回到了上海，本以为各方面的条件比在西安时强多了，应该可以大干一场了。但是，现在连一个独立的"肝胆外科"也撤销了。为什么？

"文化大革命"毕竟没有完全结束，政治的"寒冬"还常令他感到簌簌发抖，唯恐"反动学术权威"和"里通外国"的帽子不仅脱不了，反而戴得更紧。但是，想做点实事的朴实愿望总会催着他不停地努力。

每当万籁无声的夜晚，吴孟超都会思考得很深很深：在旧社会，多少从事科学文化事业的人们向往着国家昌盛，民族复兴，科学繁荣。但是，在那黑暗的岁月里，哪里有科学的地位，又哪里有科学家的出路？科学和科学家，在旧社会所受到的，只不过是摧残和凌辱。封建王朝摧残它，北洋军阀摧残它，国民党反动派摧残它。"五四"运动虽然喊出了"民主"与"科学"的口号，结果也不过是一场空。大批仁人志士，满腔悲愤，万种辛酸，想有所为而不能为，真是英雄无用武之地。吴孟超和广大科学家都是在这种动荡的岁月中，颠沛流离、坎坷前行的。新中国的建立，人民得到了解放，科学得到了解放。政府为国家规划了建设社会主义现代化强国的宏伟蓝图,对科学事业和科学工作者给予了关怀。由他自己创建的肝胆外科也乘此东风取得了长足的进步。回忆起这些年受恩师裘法祖的指点,投进肝胆外科领域,从荆棘遍野之中艰难地踩出了一条小径。这一幕幕、一件件往事都涌上了心头,好像就在眼前一样。眼下已年过半百,怎能不抓紧时间实现肝胆外科蓬勃发展的梦想呢?

严酷的现实也实实在在地摆在吴孟超的面前:当时我国每年光死于肝癌的患者就有 10 多万人,占全世界原发性肝癌死亡人数的近一半。这是一组多么可怕的、又多么无奈的数字啊!吴孟超带领他的团队尽管能用手术挽救极小一部分肝癌患者的生命,怎样让他们的技术尽可能最大范围地予以推广,让更多的医生有能力投入到有效的手术治疗的队伍中来?在学校里又能否设立专门的科研学科,培养较高层次的人才梯队?

对于癌症这样一种特殊的疾病来说,其特点是愈早发现也愈有可能获得外科手术治疗的机会,到了中、晚期,手术的可能性就很小了。因此,对于肝癌的早期发现和早期治疗也是摆在医学界面前亟待解决的一大课题,根据我国的肝炎和肝癌高发病率的国情,这一课题又显得特别重要。据统计,1974 年上海市肝癌发病率占各种恶性肿瘤的第三位,肝癌发病者的年龄最小仅 5 个月,最大为 74 岁。

为此,自西安迁回上海以后,吴孟超就带领同事们花了大量的时间和精力,首先在上海进行了 18 万人次的肝癌普查。大规模的医学普查是进一步开展肝癌早期诊治科研的前提。前面讲述的自 1972 年起,汤钊猷用甲胎蛋白标志物以发现早期肝癌患者的探索,无疑对吴孟超是有所启示的。吴孟超这时做的普查,其创新点在于:在国内首创了扁豆凝集素、醛缩酶同工酶等先进的检测方法,只要取病人的一滴血就能确诊出低浓度的甲胎蛋白阳性者的肝癌,准确率达到 90% 以上。诚可谓"一滴水可以见太阳,一滴血可以知病症",为肝癌的早期诊断和早期治疗开辟了新的途径。

一般来说,早期病人(即小肝癌患者)经手术治疗效果较好。这段时间,吴孟超和他的团队将早期诊断和早期治疗的研究成果应用到临床实践上,成功地为 100 多例 5 厘米以下的小肝癌患者及时地进行了切除,其中筛选出的最小早期肝癌仅为黄豆般大小,术后的 5 年生存率达到了 68%。

　　在普查的同时,吴孟超还在思考的一系列问题已经远远越出了"肝胆外科"的范畴:我国是肝炎的高发区,而肝癌与肝炎有着必然的联系,怎么预防肝炎应该也是题中之义。怎样寻找到更理想的肝癌标志物,以尽早地发现亚临床肝癌? 再说,到目前为止原发性肝癌首选的还是外科手术,凡有手术可能的,也只能开一个刀救治一位病患,对大量没有手术可能的病人所采取的治疗措施往往是化疗、放射治疗、中医中药治疗……那么,在这些领域能否也有所突破? 对于暂时不能手术的肝癌,怎样使其缩小后创造条件使其尽快被切除? 即使是非得"带瘤生存",又该怎样让患者提高生存质量? 肝癌毕竟是一种全身性疾患,最终攻克肝癌,肯定要靠科研,要靠基础研究,从源头弄明白究竟怎么会导致肝癌的。面对长海医院外科手术室天天切除了这么多的肝癌组织,有没有可能从这些标本的生化视角来探寻其起因呢? 是否应跨出外科视野,来组建强有力的关于肝胆的综合科研队伍呢? 另外,当时肝癌术后 5 年生存率仅为 16.0%,能否进一步予以提高呢? 肝癌手术后复发了,又该怎么办呢? ……

　　带着科学研究和临床实践中一系列未解之谜和不断涌现的新问题,吴孟超艰难地前行着。

第六章
科学的春天

学术背景与科学足迹

1978 年,休杰特(Huguet)使用全肝血流阻断法,手术死亡率为 28%。

1985 年,德国医师埃里奇·梅希芝(Erich Muhe),成功使用腹腔镜完成胆囊切除术。

1986 年,国内第一株同时具有分泌、产生甲胎蛋白和乙肝病毒表面抗原功能的人体肝癌细胞株在上海中山医院培养成功,成为世界上继美国、日本之后的第三株。

1987 年,日本的幕内(Makuuchi)报道肝硬化肝切除术时使用半肝血流阻断是安全的,国内也有部分单位使用。同年,法国医生菲力浦·毛利特(Phillipe Mouret)进一步完善了腹腔镜胆囊切除的操作,在用腹腔镜治疗妇科疾病的同时,给同一病人成功做了病变胆囊切除手术。

1978 年吴孟超出席了"全国科学大会",论文《肝外科新成果——正常人肝脏解剖的研究》荣获了全国科学大会奖。他感受到这是他人生的"第二次解放",解放的不仅是人,还有他的智慧。1979 年吴孟超参加了在美国旧金山举行的第 28 届国际外科学术会议,作了《18 年来手术切除原发性肝癌的体会》演讲,被外媒评论为:"沉默的中国人,以东方特有的睿智,悄无声响地走入了国际外科手术的领先行列……"自 1978 年起吴孟超带头招收研究生,培养了不少学有专长的高端人才,让中国肝胆事业走向更大的辉煌。这期间他还相继提出了肝癌外科治疗的一系列策略:对巨大肝癌的"二期切除";对肝硬化肝癌的局部根治性切除;对肝癌复发再手术……而由他率先成功开展的小儿肝脏外科研究与临床实践,让中国的肝胆外科的声誉更令人瞩目。为了让更多患了肝脏肿瘤的病人获益,吴孟超还接受全国各地大量进修医生,毫无保留地传授高超的技艺,并掷地有声地表示:"为了诊治更多的肝癌病人,我的所有技术属于人类,我吴孟超没有专利!"1990 年在中华医学会召开的第五届中青年医学学术交流会上,吴孟超带了八名研究生赴京参会,八篇论文全部获奖,夺取了这一届全国中青年医学学术交流会的团体冠军。育才有方的吴孟超用他的心血与汗水培育了肝胆外科一代精英,被学界称作"吴氏人才反应堆"。继 1978 年在长海医院申请单独成立了列入正式编制的肝胆外科后,又于 1993 年 5 月肝胆外科获准发展成了长海医院的"院中院",共 200 张床位,实现了吴孟超人生事业上的第二次飞跃。1996 年 8 月总后批准独立建制为东方肝胆外科医院和东方肝胆外科研究所。1999 年医院又加以扩展,床位增至 700 张,使东方肝胆外科医院成为第二军医大学的第三附属医院。由此,吴孟超也实现了人生事业上的第三次大飞跃。

出席全国科学大会

1976 年 10 月 6 日,随着"四人帮"的倒台,标志着"文化大革命"终于结束,满目疮痍的中国从此可以迈向文明、科学与昌盛了。吴孟超和他的肝胆外科事业也迎来了"科学的春天"。

1977 年 8 月 4 日到 8 日,邓小平在北京召开了一次三十人的座谈会,倾听了与会的科学家和教育家对"文化大革命"造成一系列破坏情况的反映,提出了如何尽快恢复各项工作的建议。也就是在这次会议上,他当场拍板,决定来年春天召开一次 5 000 人以上的科技大会；决定要"派出去，要请进来"，与国外建立学术联系与合作；决定废弃工农兵学员的"推荐"制度，全国恢复高考，1978 年招生两次——年初招生一次，秋季再招生一次，1979 年恢复正常高考；决定走改革开放、对外开放之路……邓小平还表示"我愿当科技界的后勤部长"。

1978 年 3 月 18 日至 31 日，如期在北京人民大会堂召开了"全国科学大会"。

吴孟超作为代表参加了这次有 6 000 名代表出席的科技盛会。

在大会开幕式上，邓小平作了重要讲话，庄严宣告："四人帮"肆意摧残科学事业、迫害知识分子的那种情景，一去不复返了！他驳斥了"四人帮"打击迫害知识分子、破坏我国科学技术事业的种种谬论，明确指出"现代化的关键是科学技术现代化"，"知识分子是工人阶级的一部分"，重申了"科学技术是生产力"这一马克思主义的基本观点。他的讲话澄清了科学技术发展的理论是非，打破了长期禁锢人们、特别是知识分子的精神桎梏，激起了代表们阵阵春雷般的掌声。邓小平代表党中央所作的中肯论述，像春雨甘霖，滋润着吴孟超及与会所有代表的心田。饱经沧桑，尤其是在"文化大革命"期间深受迫害的吴孟超，听着不禁热泪夺眶而出……

开幕式结束后，神清气爽的吴孟超走出人民大会堂，十里长街已是万盏灯火。在归途中，在旅馆里，他与代表们兴奋地交谈，久久难眠，深切地感受到这是他人生的"第二次解放"。

思想的解放，观念的更新，必然令吴孟超觉得自己变年轻了，更有劲了。他说："解放的不仅是人，还有我的智慧！"

在大会的闭幕式上，中国科学院院长郭沫若作了题为《科学的春天》的书面发言。他在用诗一般的语言赞美科学大会的同时，向广大科学工作者表达了期望中华民族创造一部"写在无限的宇宙之间巨著"的心愿。

吴孟超至今完好地保存着中科院老院长郭沫若的《科学的春天》这份报告，通篇既有思想又有逻辑，既有科学家的严谨又有诗人浪漫情怀，令他深深折服。

科学是讲求实际的。科学是老老实实的学问，来不得半点虚假，需要付出艰苦的劳动。同时，科学也需要创造，需要幻想，有幻想才能打破传统的束缚，才能发展科学。科学工作者同志们，请你们不要把幻想让诗人独占了。嫦娥奔月，龙宫探宝，《封神演义》上的许多幻想，通过科学，今天大都变成了现实。伟大的天文学家哥白尼说：人的天职在勇于探索真理。我国人民历来是勇于探索，勇于创造，勇于革命的。我们一定要打破陈规，披荆斩棘，开拓我国科学发展的道路。既异想天开，又实事求是，这是科学工作者特有的风格，让我们在无穷的宇宙长河中去探索无穷的真理吧！

我祝愿中年一代的科学工作者奋发图强，革命加拼命，勇攀世界科学高峰。你们是赶超世界先进水平的中坚，任重而道远。古人尚能"头悬梁，锥刺股"，孜孜不倦地学习，你们为了共产主义的伟大理想，一定会更加专心致志，废寝忘食，刻苦攻关。赶超，关键是时间。时间就是生命，时间就是速度，时间就是力量。趁你们年富力强的时候，为人民做出更多的贡献吧！

我祝愿全国的青少年从小立志献身于雄伟的共产主义事业，努力培育革命理想，切实学好现代科学技术，以勤奋学习为光荣，以不求上进为可耻。你们是初升的太阳，希望寄托在你们身上。革命加科学将使你们如虎添翼，把老一代革命家和科学家点燃的火炬接下去，青出于蓝而胜于蓝。

我的这个发言，与其说是一个老科学工作者的心声，毋宁说是对一部巨著的期望。这部伟大的历史巨著，正待我们全体科学工作者和全国各族人民来共同努力，继续创造。它不是写在有限的纸上，而是写在无限的宇宙之间。

春天来了，科学的春天来了，经历严冬的人们倍感春天的温暖。这次全国科学大会，题在科技，意在全局，它确立了科学技术工作正确的指导思想，是我国科技发展史上的一个里程碑；它是向科学技术现代化进军的总动员令，对我国的社会主义现代化建设起了极大的推动作用，并以其重大的现实意义和深远的历史意义,载入人民共和国的辉煌史册。

春分刚刚过去,清明即将到来。"日出江花红胜火,春来江水绿如蓝"。这是祖国的春天,这是人民的春天,更是科学的春天!吴孟超张开双臂,热烈地拥抱这个春天。

在这次盛会上,吴孟超的《肝外科新成果——正常人肝脏解剖的研究》荣获了全国科学大会奖。

吴孟超不会忘记,大会结束后,他和与会的代表有幸受到了邓小平同志的亲切接见。之后他又参加了中国人民解放军总后勤部召开的科学大会,会议期间,他曾返回上海为上海长征医院原院长赵志民做了肝癌切除手术,手术后的赵志民至今仍健在。

吴孟超也不会忘记,鉴于肝胆外科事业发展的需要,从北京回上海后,踏准节拍,借科学大会的春风,他不失时机地打报告,申请将原设在普外科内的肝胆外科分离出来,开设独立的肝胆外科,使肝胆外科的临床治疗和基础研究踏上高速发展的道路。学校领导紧接着又向总后勤部打了报告。出

图6-1 出席全国科学大会后,吴孟超(前左六)参加总后勤部科学大会
(摄于1978年,北京,吴孟超办公室提供)

人意料的顺利,一路绿灯,上级很快批准在长海医院成立独立建制的肝胆外科,并给了编制。这可不是仅仅多了一个科室,这在当时的中国可是绝无仅有的创造,是外科学的一门独立分支,这是他梦寐以求的人生事业上第一次飞跃的延续。

出席第 28 届国际外科学术会议

1979 年 9 月初,第 28 届国际外科学术会议在美国旧金山举行。参加这次会议的有美国、苏联、英国、法国、德国等 60 多个国家 2 000 多名全球顶尖的外科专家,代表了当时国际外科界最高的学术水准。

中国肝脏外科的创始人吴孟超与其他三位外科学界泰斗级人物——著名的泌尿科专家吴阶平(任团长)教授、因断手再植而闻名全球的陈中伟教授、上海第一医学院著名的手外科专家杨东岳教授,都荣幸地接到了大会发来的邀请函。根据大会组委会的安排,他们都将在大会上宣读自己的论文。

从 1958 年成立"三人研究小组"到 1979 年,吴孟超在肝脏外科领域披荆斩棘,探索创新,整整奋斗了 21 个春秋,提出了一系列有见地的创新理论,积累了深厚的临床经验,取得了令世人瞩目的成就,但由于闭关锁国的原因,除了曾对越南作过短暂的学术访问外,还真的没有走出过国门。能参加这届高层次的学术会议,无论对他本人,还是对我们国家的肝胆外科事业,不能不说都是一次让世界了解中国,同时学习各国先进技术的极好机会。

作为改革开放后我国派出的第一个国家级的医学代表团,各方面都对这次出访极为重视。代表团全体成员首先在北京集中了一段时间,学习有关政策和外事纪律。吴孟超除了要在会上宣读肝胆外科方面的学术论文,还在代表团内分工当记账会计[①],杨东岳教授负责日常开销,陈中伟教授则

---

① 2012 年 10 月 28 日,吴孟超在同笔者交谈对本研究报告的若干意见时,曾出示当年记账用的一本"工作手册",上面清晰地记载当时出国的明细账,还结余了 1 000 多美元回国后上交卫生部。

负责对外联络。他们随身带去的是卫生部给他们的 4 000 美元差旅费。到了旧金山，为了节省费用，他们下榻于普通旅馆，而不住星级饭店，两个人一间。如果按照国内官本位的观念和标准，吴阶平作为团长本应单独住一间的，但他坚持和其他成员一样，这样四个人正好住两间房，节约了开支。出门办事或开会他们也不租小轿车，而是乘公交车，或者干脆步行。

中国代表的与会，并没有引起其他国家代表们的重视，外国人一般都认为中国人只是在中医针灸方面独树一帜，仅仅是代表了人类古医学的文明，外科毕竟源于西方，只有西医才能在国际外科学术会议上一展风采。虽然这是一种偏见，但由于闭关锁国加上"文化大革命"造成的倒退，中国外科医学的步履艰难、前行缓慢也是不争的事实。

在第 28 届国际外科学术会议开幕之前，各国代表团都收到了大会宣读论文的目录。吴孟超从这份目录上看到宣读肝胆外科论文的专家一共有三位，都安排在同一天上午，按顺序他被排在最后发言。毕竟与外面的世界隔绝多年了，吴孟超又是第一次参加这样的国际盛会，不免有些忐忑不安。孙子曰："知己知彼，百战不殆。"知己，那是毫无疑问的；知彼，却是一无所知。各国的肝胆外科的现状究竟如何？人家的理论水平和临床实践已经达到了什么程度？所有这些，他都不得而知。当时国内的通讯手段很落后，科研经费也很有限，许多国外的专业期刊根本连影子都看不到。吴孟超的一系列科研成果完全是按国内临床医学发展的需求，彻彻底底走了一条自力更生的本土化发展的道路。既然雄起起气昂昂地闯入国际外科学会议了，面对这么多国家著名的外科专家，就不允许"怯场"或退缩，唯一的选择就是把我国肝脏外科的成就实事求是地予以展现，把我们自己开创的理论介绍好。

"我可不能给中国人丢脸！从前法国人强迫我摁过手印，日本人曾蔑视我国的肝脏外科……我早就憋了一肚子闷气了，我要争的就是这口气！"说实在的，吴孟超这次出席国际外科学术会议，除了进行学术交流外，确实还带着为国争光的心愿，这可不是说教。从他个人来说，多少带有一些"洗刷耻辱"的意味在内。

吴孟超的论文题目是《18 年来手术切除原发性肝癌的体会》，他在国内已作了充分准备，除校准了英语的发音和语气语态等的贴切表达外，还精心

图 6-2　在美国旧金山举行的第 28 届国际外科学术会议期间，杨东岳、吴阶平和吴孟超(左)合影(陈中伟摄于 1979 年)

制作了配合演讲的幻灯片。

在吴孟超听了其他国家两位肝胆专家先后宣读的论文后，他对自己文章的质量更有把握了。

作为最后一名肝胆外科论文的宣读者，吴孟超跨上讲台时，大会执行主席却突然宣布每人的发言时间不得超过 10 分钟。吴孟超一下被愣住了。因为他宣读论文要配合幻灯的放映和讲解，根据参会前的报告时间的"约定"总共需要 15 分钟，这也是大会邀请函中讲得明明白白的要求。为遵守大会规则，吴孟超已将 20 多年所做的工作精炼再精炼，演讲内容被压缩得就像他的手术一般，几乎没有一个多余的动作了。临时缩短至 10 分钟的时限太出人意料了！超过 10 分钟时限又显得对会议主席的不尊重。该怎么办？好在坐在第一排的吴阶平很冷静地示意吴孟超去跟大会主席商量，请他多给 5 分钟时间。吴孟超返身恳请主席能够公平地将报告时间改回预定的 15 分钟。台下一片议论，满头银发的会议主席被他诚恳而又坚决的态度所感动，友好地点了点头，把 5 分钟时间还给了吴孟超。经历这番"好不容易"，他的情绪总算安定，为接下来的报告捡回了信心。

吴孟超以流利的英语开门见山地提供了一组数据：从 1960 年 1 月到 1977 年 12 月，已手术切除并治疗原发性肝癌 181 例，手术死亡率 8.8%，有

6 例已生存 10 年以上……

这些枯燥乏味的数字对在座的外科专家,如同生命乐章中最华丽的音符,令他们的耳朵都竖了起来,太精彩了！上面两位专家加在一起的肝癌切除才做了 18 例,中国专家却已经做了 181 例,手术成功率超过 90％,真是不可思议！

"181∶18——中国人了不起！"

"我还是不太相信中国人在医学上也掀起了'大跃进'……"

躁动的会场复归安静后,吴孟超简洁地论述了手术指征、手术操作、降低死亡率的策略、疗效评价等四个方面,其间涉及自创的肝脏解剖理论、常温下间歇性肝门阻断切肝法、术后代谢综合治疗策略、中肝叶的切除……并配以极有说服力的图像演示,令所有代表均伸长脖子,目不转睛。吴孟超的报告正好 15 分钟,他以 Thank you for your attention 结束演讲,代表们依然沉浸在他的报告里,愣了好长一段寂静才爆发出热烈的掌声。

吴孟超发言一结束,许多与会的专家就逐个轮番地向他提出各种问题,并且提问的语态已由轻视变得充满敬意。吴孟超成竹在胸,以流畅的英语一一作答。当吴孟超走下讲坛时,不少与会专家都围上来与他握手,表达钦佩与祝贺。

那天,中国代表团刚回到下榻的旅馆,美国加州大学的教授跟着也到了,诚邀吴孟超去该院参观并讲学。

第二天,旧金山各家报纸都发表了形形色色的评论与赞叹,诸如:"沉默的中国人,以东方特有的睿智,悄无声响地走入了国际外科手术的领先行列,而令所有曾经忽视了他们的人,大大地吃了一惊……"

"中国医师吴孟超教授的论文《18 年来手术切除原发性肝癌的体会》使旧金山会议刮起了一阵'吴旋风'！"[1]

中国医学代表团不虚此行,不辱使命。吴孟超以他事业的辉煌走向了世界,为中国医学界争得了荣誉:在第 28 届国际外科学术会议上,他还被增选为国际外科学会会员。

---

[1] 桑逢康:《吴孟超——游刃肝胆写春秋》。北京:新华出版社,2008 年,第 129－130 页。

这次国际会议给吴孟超最大的收获是,更清晰地了解了全球肝癌患者的分布:患肝癌的主要是黄种人、黑人、阿拉伯人,白种人几乎不患肝癌。在美国,若有美国籍患者,往往也是华裔。这就是两位外国学者的报告只做了18 例肝癌手术的原因,但不能由此误认为人家落后了。我们确实是做了181例,值得骄傲吗? 全球每年新增的肝癌患者,为什么一半以上会在中国?

培养学有专长的高端人才

"中国的肝胆外科要发展,就需要一支梯队,我必须花更多的时间和精力放在培养学生身上。"这是吴孟超在接受笔者采访时反复强调的。①

以 1978 年全国科学大会为契机,我国的科研和教育机构改革的重要举措之一,就是相继恢复了研究生的招生制度,恢复了学术职称的评定工作。

俗话说"时势造英雄"。对于有准备的吴孟超,浑身像装了发条一样都充满了动力。这一年,他已晋升为教授,完全有资格带研究生了。作为心系肝胆外科事业的学科领路人,他深知培养学有专长的高端人才是当务之急,就算自己的本事再大,"吴氏刀法"再高明,自己毕竟不是千手观音,每天埋头手术,也只能救治有限的病人,肝胆外科事业要想更上一层楼,得到长足的发展,必须尽快培养并造就一支优秀的人才梯队。

吴孟超压抑多年的渴求人才的火苗,借着科学的春风升腾起来。

当时,不少和他一样有资格带研究生的老教授,对申报培养研究生这件事都顾虑重重。不知道怎样带教和培养研究生固然是原因之一;但深层的原因还是心有余悸。"文化大革命"中知识分子被当作"臭老九",被整得太惨了,难免会产生"一朝被蛇咬,三年怕绳草"的畏惧心理。瞻前顾后,教授们都生怕重蹈覆辙,再被扣上"培养资产阶级苗子"的大帽子。因此,尽管二军医大校方竭力鼓励学有专长的教授、副教授们申报招收硕士或博士研究

---

① 方鸿辉:《肝胆相照》。《中华读书报》,2008 年 11 月 19 日。

生,却呈现曲高和寡,应者寥寥的景象。

"是否要招收研究生",环绕这个问题,教授群中折腾得够呛,那个阶段吴孟超常常为此而夜不能寐,躺在床上翻来覆去睡不着。"多一事不如少一事"的想法勉强被压下去了,但"我国肝胆外科亟须有一支人才梯队"的想法又执拗地浮了上来,而且后者似乎更强势,更成熟,也更坚定。征求老伴吴佩煜教授的意见,却被警告:你吃了豹子胆啦? 现在大家都在等待观望,你是不是嫌"文化大革命革"的苦头还没有吃够? 大家都害怕"枪打出头鸟"!

吴孟超固执地认为:这是一个时不我待的重大机遇,我国的肝胆外科实在是太需要人才了,为此我已足足等了20年了,总不能老靠科室里少得可怜的这样几个人,势单力薄地去专攻肝胆外科呀?

吴孟超是个主意打定,说干就干的人。他可管不了那么多瞻前顾后的忧虑,全国科学大会都开过了,科学的春天已扑面而来,他确信国家现行的政策,先干起来再说。于是,写了一份申请招收研究生的报告。

当吴孟超把自己的打算向其他教授和盘托出时,岂料十之八九都摇头耸肩,怕政策有变,怕再关入"牛棚"。为了慎重起见,吴孟超又特地征求了著名胸外科专家蔡用之①教授的意见。蔡老对申报培养研究生项目也心存顾虑,他对吴孟超的决定表示了钦佩,但语重心长地说:"你的想法确实好,我们国家和学校也都需要补进高层次科研人才。可是,孟超,你的实验室条件还很差呀!"

吴孟超信心十足:"没有条件,咱们创造呗! 蔡老你当初搞中国的人工心脏瓣膜,不也是白手起家的吗?"

蔡用之仍有些犹豫:"这种事还是严谨一点好,到时候不要误人子弟啊……"

吴孟超说:"你知道,我现在急需人才。我先干起来再说吧,总得有人先

---

① 蔡用之(1917—1989),胸外科专家,广东大埔人。1937年入广州军医学校,毕业后留校任教。1946年该校迁上海后改为国防医学院,蔡任副教官兼联勤第二总医院外科主治医师。上海解放前夕,拒绝随迁台湾,受聘在中国人民解放军华东人民医学院附属医院(现上海长海医院)从事外科临床与教学工作。作为第二军医大学附属长海医院胸心外科创建人和第一任科主任。1955年开展二尖瓣狭窄闭式扩张及其他心血管手术。1963年在国内首先开展人造心脏瓣膜的研究工作,并于1965年6月12日在国内首次应用国产球型心脏瓣膜替换二尖瓣成功,推动了我国心脏瓣膜外科的发展,在国内、外引起了很大的反响,评为当年国内十大科技新闻之一。

行一步,带个头么!"

蔡用之被他的执著感动了,握着吴孟超的手说"好,那就干吧! 有困难我支持你。"[①]

关于申报培训研究生这件事,吴孟超后来有一段肺腑之言:

> 1978 年恢复研究生制度,我想这是一个好机会,原来人员受限制。过去没有接受过研究生培训,不知道怎么个搞法,所以学校里面很多老教授也没有信心,大家议论很多,都不敢申请。说实话,我当时也顾虑很多,怕条件受限制,没有好的实验室,误人子弟。但是我有一个信念,那就是要尽快为我国肝脏外科培养出学有所长的高层次人才。于是,就顶住压力决定申请培养研究生。

吴孟超心里很清楚,我招收研究生是为了把我的知识和经验传授给学生,面对未知的领域,我该引导学生去探索,我也会与学生共同去探索,在探索的过程中造就学生的科研能力,并获得探究性成果。学校党委很快研究并批准了吴孟超的申报。由于吴孟超的带头,其他几位老教授也相继申报了研究生的培养计划。二军医大将他们的申报按照程序分别上报总后勤部和国家教委。1978 年 9 月 23 日,国家教委公布了"文化大革命"后全国高等院校和科研机构第一批硕士点,第二军医大学的微生物学、寄生虫学、生理学、外科学、影像医学、药物化学等六大学科榜上有名。吴孟超领衔的肝胆外科也列入了第一批硕士点,指导老师当然就是这一领域的奠基人和开拓者——吴孟超教授。

吴孟超申报的硕士培养点获得国家教委批准后,做了细致准备,于 1979 年开始正式招收硕士研究生。由于吴孟超是著名的肝脏外科专家,肝胆外科又是一门亟待开发的专业,慕名前来报考的年轻人很多。吴孟超招收研究生,除了国家规定的政治条件和学业成绩以外,他还有他附加的录取标准:

一、字体要工整,做事要认真;

二、思路要清晰,思维要新颖;

---

① 张鹏:《吴孟超画传》。上海:上海人民出版社,2007 年,第 119 页。

三、学习要努力,工作要刻苦。

吴孟超设的硕士生门槛确实较高,因为他培养的是国家急需的人才,到他这里来混文凭、滥竽充数,或者把他这里当作跳板,都是绝对不允许的。

1979 年,按照严格的筛选标准,吴孟超第一批招收了两名硕士研究生:一名是从云南来的陈训如,另一名是屠振兴。出于当时科研的实际需要,吴孟超给这两名研究生确定的课题是"肝癌的早期诊断"。从肝胆事业的发展来说,欲攻克肝癌非得从源头做起,他已是 57 岁的人了,这个课题只能指望有志的年轻人去完成。他这样安排课题的用心是很深的,既具有启迪创新的意图,也带有承前启后的性质。

继 1979 年招收了两名硕士研究生以后,吴孟超便一发而不可收,年年都有优秀的年轻人才进入他的研究生系列。

1981 年,吴孟超又申请并建立了第二军医大学的第一个博士培养点,以培养更高一级的肝胆外科专业的精英。他招收的博士生既有经过他培养的硕士生毕业后再进一步深造的,也有从其他院校(研究所)或其他专业毕业的硕士研究生改读肝胆外科的。

吴孟超培养研究生带有明显的裘法祖当年带他成长的痕迹——"六字诀"的要求。根据自己多年的实践,适应时代的要求,吴孟超把"六字诀"作了全新的诠释:

会做,能准确判断,具有良好的手术技巧,动作干净利索,手术成功率高;

会讲,要博览群书,精通理论,重视临床,善于表述,有走上国际医学讲坛的勇气和能力;

会写,善于将临床经验和实验研究成果上升到理论高度进行总结概括,撰写出高质量的论文和专著。

"这可是看家的法宝啊!我自己从中获益匪浅,你们按照它的要求去做,也会一生受益无穷。"

对每一位新招收进来的研究生,吴孟超都是这样要求的,他相信传火于薪,薪不尽,火亦愈炽。这是学术层面的要求,更是做人的基本素养。正是一代代传承并光大了裘法祖开创的"六字诀",才使吴孟超的人才培养和学科建设取得了丰硕的成果。

图 6-3　2009 年 4 月 8 日,吴孟超在第二军医大学授课后与学生合影(吴孟超办公室提供)

吴孟超还根据学科发展的需要,并结合研究生个人的特长,以两种类型的方向引导他们发展:如对杨甲梅、杨广顺等学生着重培养他们向临床实践上发展,令他们手术技艺精益求精,并力求开拓新的领域;如对郭亚军、丛文铭等学生则着重让他们向实验研究上发展,瞄准世界医学科技走向,以期在理论上有所发现或突破。这两类人材互相配合,共同提高,这是导师吴孟超一贯的思路:由临床实践到实验研究,再回到临床实践,而每一轮循环都意味着使肝胆外科达到一个新的水准,上到一个新的台阶。

提出肝癌外科治疗的主要概念

在 20 世纪 80 年代,凡临床诊断患了肝癌的,只要条件许可,外科治疗总是首选的理想方案,也被认为是具有根治作用的治疗。由于我国肝癌存在"三多"——发现时已晚期的多、手术后复发的多、合并肝硬化的多,真正有条件进行手术切除的病人数量并不很多,术后的并发症发生率和死亡率也较高,术后生存的时间往往也较短。针对这些现状,要提高肝癌外科治疗的效果,下一步该寻找怎样的策略? 这是摆在吴孟超面前的创新课题。

当年的"三人研究小组"经过"文化大革命"的折腾已完全解体了,好在他的周围又聚集起陈汉等精英,他带着他们继续开拓起肝脏外科的新领域,提出了一系列具有原创性的肝癌外科治疗的重大概念和策略,并取得了一系列理论结合临床的令人瞩目的新成果。

第一项突破便是提出对巨大肝癌"二期切除"的概念和相应的策略。

从手术的可操作性来说,巨大肿瘤的手术切除在技术上有很大的困难,尤其是多结节的大肝癌,包膜不完整又侵犯血管形成癌栓的,或者肿瘤与周围组织发生黏连的,有时不得不放弃手术治疗。20 世纪六七十年代,我国肝癌患者在发现时,约 70％为晚期,肿瘤已很大,外科手术无法施展其本领。面对这种状况,吴孟超别出心裁地思考:既然肿瘤能够"由小变大",那么能否"由大变小"呢? 从哲学视角,事物应该可以向其对立方向转化。临床上也确实看到个别病人的肝癌对化疗很敏感,治疗后有肿瘤明显缩小的状况,当然这种情况很少,但偶然之中有必然。吴孟超认为,只要找到其中的规律,偶然就有变必然的可能。60 年代初期,吴孟超曾采用手术与非手术的方法,采取各种措施,让大肝癌缩小,使患者获得"二期切除"的机会,诸如用通过外科手术进行"肝动脉结扎"或肝血管内"插管"以灌注抗癌药物等,也可通过非手术的经导管施行"肝动脉化疗栓塞术"等方法进行综合治疗……这些措施一般都能阻止肿瘤的生长以延长患者的带瘤生存期。[①] 在 70 年代中期,临床研究发现,采用上述措施治疗的部分病人中约 20％原先不能手术的肿瘤会明显缩小,具有了手术切除的可能,因此能对这些病人施行"二期切除"。术后的标本显示,虽然这些已缩小的肿瘤中绝大多数肿瘤细胞已经坏死,但还有残存的活的癌细胞,若不及时予以切除,必定还会死灰复燃,致患者于死地。实践表明,试行"二期切除"策略,确能获得良好的疗效。1983 年

---

① 谢大业、吴孟超、王懿龄、张志义:《肝血管内灌注抗癌药物治疗晚期肝癌的观察》,《中华外科杂志》1963;11(7):514-515;吴孟超、胡宏楷、张晓华、陈汉:《肝动脉插管注射抗癌药物治疗晚期肝癌》,《解放军医学杂志》1964;(3):189-191;张晓华、吴孟超、尚立德:《肝动脉结扎术治疗肝癌》,《肿瘤防治研究》1975;4:340-342;吴孟超:《原发性肝癌的诊断和治疗》,《人民军医》1977;7:60-65,8:67-72。

初,吴孟超正式提出了肝癌的"二期手术"概念,即对于发现时暂时不能切除的大肝癌先进行综合治疗,待瘤体缩小后再予以手术切除。[①] 这就使部分晚期肝癌病人最终也获得了手术切除肿瘤的机会,从而延长了生命。长海医院肝胆外科自 1978 年 2 月至 1986 年 2 月,用"二期手术"治疗不能首次完成手术切除的原发性肝癌共 9 例,效果令人满意:术后一年生存率为 88.9%,两年生存率为 81.2%,五年生存率达到 61.5%。[②] 而以往巨大肝癌的平均自然生存时间仅在六个月之内。

"二期手术"的概念和相应的策略被认为是肝脏外科手术史上的一次飞跃,目前已成为巨大肝癌外科治疗的一种成熟模式。国外对肝细胞癌"二期切除"的最早报道见于 1987 年,[③]比吴孟超正式提出这一概念晚了好几年。从时间上说,吴孟超无疑是最早提出"二期手术"概念和策略的临床医学家,我国的这项研究也因此走在了世界的前列。该项成果曾获得国家科技进步奖二等奖和军队科技进步奖一等奖。

第二项突破是提出对肝硬化肝癌的局部根治性切除的概念和相应的策略。

我国的肝癌患者合并肝硬化的在 90% 以上。如果采用国外经典的规则性肝叶切除术,肿瘤虽然被切除了,但是病人也常常因难以耐受巨量肝叶被切除而死亡。毕竟创伤过大,术后极易引起肝功能代偿不足,而导致手术死亡率提高。早期,肝癌切除报道的死亡率高达 20% 以上。吴孟超根据他的肝脏"五叶四段"理论中有关肝脏左、右半肝之间存在门静脉、肝静脉吻合支的解剖发现,以及肝硬化术后代谢改变研究的理论,于 1966 年开始探索肝癌的局部根治性切除,即不完全切除病变所在的肝叶,只切除病变及包绕其的

---

① 张晓华、吴孟超、姚晓平、姜贞祥:《手术中肝动脉栓塞法治疗原发性肝癌 16 例报道》,《肿瘤》1983;3(1):585-588;陈汉、吴孟超、张晓华:《原发性肝癌再次手术的体会》,《第二军医大学学报》1984;5(1):9-12;Wu Mengchao, Zhang Xiaohua, Chen Han, Yao Xiaoping, Xu Guannan, Wu Bowen, Yang Jiamei: Hepatic resection for primary liver cancer: report of 400 cases, Chin Med J 1986;99(3):175-180;陈汉、吴孟超、张晓华:《二期手术切除原发性肝癌九例报告》,《实用外科杂志》1988;8(10):529-530;Wu Mengchao, Chen Han: *Hepatectomy for primary liver cancer in 1102 cases*, Asian J Surg 1994;17(1):14-16。

② Wu Mengchao: *Clinical advances in primary liver cancer in China*, Hepato-gastroenterology 2001;48:29-32。

③ Sitzmann: *J Clin Onco*, 1987;1566-1573。

2 厘米肝脏的组织①。这一概念的推广既能保证疗效,又降低了手术死亡率,目前已成为我国肝癌肝切除手术的主流,在我国各所医院大系列的肝癌切除报道中,采用局部根治性切除者占 60% 左右,在疗效显著提高的同时,手术死亡率降至 0.35%—2.30%②。

2000 年 1 月不列颠医学会会刊在对全球肝癌研究的综述中,对局部根治性切除作出了明确的肯定,并详尽介绍了吴孟超院士的临床疗效③,并称"肝癌的局部根治性切除与提高肝癌术后 5 年生存率具有相关性"。此后,有关小肝癌和肝癌恶性生物学特性的理论研究证实了局部根治性切除的必要性和科学性。该项成果获军队医疗成果奖一等奖。

第三项突破是提出对肝癌复发再手术的概念和相应的策略。

肝癌的手术后复发转移率高。国内外报道,根治性切除术后五年复发率达 60% 以上。以往国外学者认为肝癌一旦复发不宜再行手术,因而多采取保守疗法,患者往往由于缺乏有效的治疗而在短期内死亡。

1964 年,吴孟超就曾施行了第一例肝癌术后复发再次切除,并获得了成功,但对这一例肝癌复发再手术的最早报道见于 1979 年④。此前,国内外文献均无复发施行再次手术的报道。20 世纪 80 年代,随着诊断技术的提高,复发再手术的概念和相应的策略思想逐渐被国内外同行广泛接受和应用,成为复发性肝癌首选的有效治疗方法,使复发患者获得了另一次根治的希望。

吴孟超的这一工作被国内外相同研究作常规引用。⑤ 来自美国著名的斯隆—凯特琳肿瘤中心的一项研究在引用吴孟超论文的同时,称"复发的肝

---

① 吴孟超、张晓华、胡宏楷、陈汉、徐化民:《原发性肝癌的诊断及外科治疗》,《解放军医学杂志》1964;1(1):16 - 18;陈汉、吴孟超、张晓华、姚晓平、杨甲梅:《原发性肝癌直径小于 5 厘米的切除病例分析》,《上海医学》1979;2(3):136 - 140; Wu Mengchao, Chen Han, Zhang Xiaohua, Yao Xiaoping, Yang Jiamei: *Primary hepatic carcinoma resection over 18 years*, *Chin Med J* 1980;93 (10):723 - 728; Cheng Hong-Yan, Chen Dong, Xu Ai-Min, Jia Yu-Chen, Wu Mengchao: *Influence factors to recurrence of hepatocellular carcinoma after surgical resection*, *Chin J Cancer Res* 2000;12(2):135 - 137。

② Wu Mengchao: Clinical advances in primary liver cancer in China, Hepato-gastroenterology 2001;48:29 - 32。

③ Sara B: *Postgrad Med J* 2000, 76:14。

④ 陈汉、吴孟超、张晓华:《原发性肝癌再次手术的探讨》,《上海医学》1979;2(12):794 - 796。

⑤ Lee P H, *Ann Surg* 1995; 222:670 - 676; Nagasue N, *Brit J Sug* 1996;83:127 - 131。

癌适合其他治疗,其中再手术被证实有效,我们也施行了两例"。[1] 迄今国内外报道的肝癌复发后再手术的 5 年生存率在 50% 左右,使复发患者获得了另一次根治的希望。[2] 在此期间,为了阐明肝癌复发的机制,他开展了肝癌的生物病理学特性研究,证实了肝癌存在单克隆和多克隆两种起源,以后者为多,多克隆起源者再手术能获得与第一次手术相仿的手术疗效。此项研究也被大量引用,同时为再次手术和抗复发研究提供了理论依据。[3] 上述研究结果均发表于 *Semin Surg Oncol*,*Cancer* 等杂志,获得国家科技进步奖二等奖。

1982 年,吴孟超主编的《肝脏外科学》由上海科学技术出版社出版。

同年,由汤钊猷与吴孟超主编的 *Primary Liver Cancer* 由德国 Spring-Verlag 出版社出版。

率先开展小儿肝脏外科研究与临床实践

1983 年春天,一对浙江渔民夫妇抱着刚出生四个月的女婴,匆匆赶到二军医大长海医院肝胆外科来求助吴孟超。这名女婴腹部长了一个硬硬的包块,在四处求医无果的慌乱之中,经一名小儿科医师的提醒:去求解放军军医吴孟超救救你们的孩子吧! 他们便连夜风尘仆仆地从舟山渔港码

---

① Charles HC, Ann Surg 2003;238:315 - 323。

② 陈汉、吴孟超、张晓华:《原发性肝癌再次手术的探讨》,《上海医学》1979;2(12):794 - 796; Wu Mengchao, Chen Han, Yan Yiqun: *Rehepatectomy of primary liver cancer*, Sem Surg Oncol 1993;9:323 - 326。

③ Cong Wenming, Wu Mengchao: *The biopathologic characteristics of DNA content of hepatocellular carcinoma*, Cancer, 1990;66(3):498 - 501; Cong Wenming, Wu Mengchao, Chen Han, Zhang Xiaohua: *Studies on the clinical significance of the clonal origins of recurrent hepatocellular carcinoma*, Chin Med Sci J 1992;7(2):101 - 104; Zhang Zhijian, Liu Qi, He Jia, Yang jiamei, Yang Guangshun, Wu Mengchao: *The effect of preoperative transcatheter hepatic arterial chemoembolization on disease-free survival after hepatectomy for hepatocellular carcinoma*, Cancer 2000;89:2606 - 2612。

头赶到上海。吴孟超当即为女婴做了检查,明确诊断那腹内包块为"肝母细胞瘤"。

肝母细胞瘤是儿童常见的肝脏恶性肿瘤,多发于 3 岁以下的儿童,大多数患儿是在无意间发现腹部的硬块而就诊的。由于该病临床症状不典型,故 50％以上的小病人发现时已错过了手术切除的时机。肝母细胞瘤可能是在胚胎发育时期肝脏细胞的增生与分化发生异常所致。在肝脏原发性恶性肿瘤中,肝母细胞瘤约占 50％。

如果不马上动手术,这个出生才四个月的小生命肯定会夭折;如果动手术,因为婴儿体质太差,血管细小且脆弱,可能难以接受这样一次大手术。吴孟超尽管已做了二十多年的肝外科手术,对这么幼小患者的肝脏手术却从未做过。其难度极大,后果也难以预测。

何去何从? 确实太棘手了。面对渔民夫妇愁苦的哀求,他动了恻隐之心。

医生的一大天职是义不容辞地救命。一个可爱的小生命刚刚诞生就要被病魔扼杀在摇篮之中,而做医生的却束手无策,实在是一大悲哀。如果置之不理,更成了不可饶恕的罪过! 那么,冒再大的风险也得为女婴动手术。吴孟超安慰愁眉不展的渔民夫妇:"别着急,我们一定会尽最大努力的!"

吴孟超把自己的想法告诉同事们时,大家都为他捏了一把汗。已经功成名就了,何必冒这么大的风险? 可他还是很坚定很固执地要尽最大努力去挽救这名女婴。于是,和团队成员制订了详细的适合婴儿生理特点的手术方案,并亲自主刀,花了一个多小时,成功地切下了女婴腹内重达 600 克的肿瘤,该瘤子的体积竟比婴儿的脑袋还大! 随后,吴孟超送患儿进了重症监护室。让吴孟超欣慰的是,小生命很顽强,三天后居然已能进食母乳了,一个星期后,各项指标全都趋于正常,体重还增加了 1 千克。10 天后,她的父母千恩万谢地抱着婴儿平安出院了。

在吴孟超刀下救活了这个垂危的、幼小的生命,开了为四个月婴儿成功切除肝母细胞瘤之先河。这个消息不胫而走,连美联社也把这一病例作为震惊世界医坛的重要新闻,迅速作了报道。这不仅是一台成功的婴儿肝脏手术,还开创了一个小儿肝脏外科的全新领域。

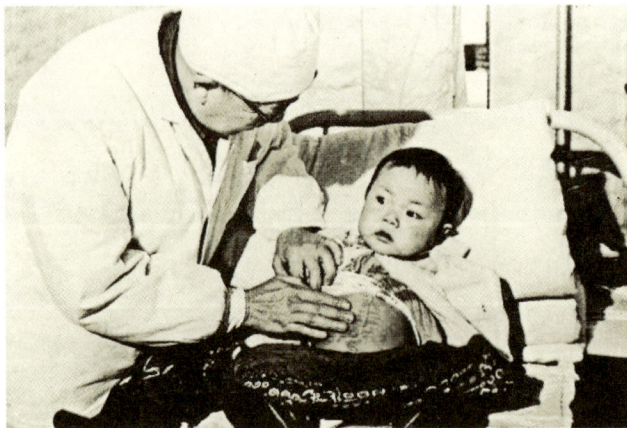

图6-4　吴孟超给手术后的患儿作检查(摄于1984年,二军医大长海医院病房,吴孟超办公室提供)

　　兴许是上苍的有意安排,当年的这名女婴18年后成为了一名护士,名字叫朱科娜,现在就在吴孟超领导的东方肝胆外科医院工作。当父母告诉刚懂事的她,"你是吴爷爷冒着极大风险,把你从死亡线上拉回来"时,朱科娜不假思索地回复:"那我将来也像吴爷爷一样做一名治病救人的白衣天使。"初中毕业后,她决定报考卫校,学习护理专业,成为一名为病人送去爱心和温暖的白衣天使。卫校毕业前夕,她又一次来到17年前给她第二次生命的吴孟超爷爷身边,表达了期望能在吴爷爷身边工作,以报答当年的救命之恩的心愿。吴孟超看到当年手术切除肝母细胞瘤的婴儿如今已是亭亭玉立的姑娘,满心欢喜,也就留下了朱科娜,成为东方肝胆医院的一名护士,让她日后也献身于肝胆外科事业。①

　　当然,吴孟超对小儿肝脏外科的研究与临床实践的事例还有许许多多。1984年,一对印尼籍的华裔中年夫妇辗转万里来到上海,请求吴孟超为其出生刚12个月的婴儿林兴辉切除腹内肿瘤。在来中国之前,他们已经去过好几个国家,找过好多位名医,都诊断为肝癌,但谁也表示无能力切除。这一对印尼夫妇已年过四十,中年得子,婴儿当然是他们的命根子。如今婴儿得

————————

① 原本采访吴孟超周围人物的安排中有"与护士朱科娜访谈"的打算,由于朱科娜本人谢绝,访谈只能作罢——笔者注。

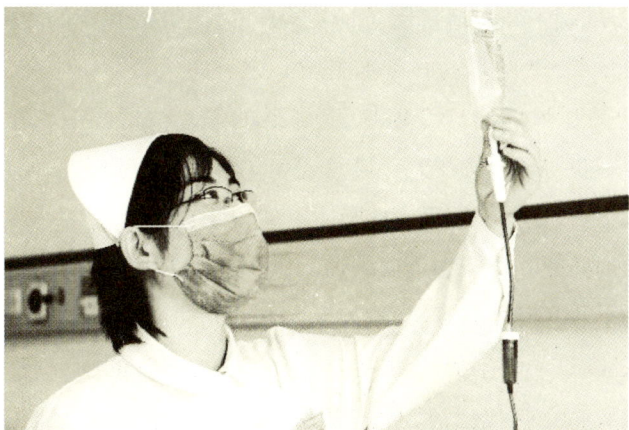

图6-5　朱科娜在东方肝胆外科医院当上了白衣天使(吴孟超办公室提供)

此绝症,做父母的心都碎了。情急之下,他们不忘求神拜佛,但都无济于事。一个偶然的机会,听说中国有位叫吴孟超的名医对小儿肝外科很有造诣,便找到上海长海医院的肝胆外科来了。吴孟超听了他们的诉说,检查了婴儿林兴辉的病情,没有任何犹豫便收下了这位病婴,并安排孩子的父母陪住。

吴孟超的想法很简单:人家从印尼大老远跑到中国来找我们,这是对我们的信任,对中国的信任。我们一定要站在这个角度去看问题,只要有一丝希望,我们就要尽一切努力。

在进一步检查确诊后,吴孟超亲手为婴儿切除了重达800克的肝母细胞瘤,使年仅12个月的婴儿脱离险境,转危为安。以后,这位男孩每隔两年都要到上海来复查一次。1987年11月18日的《上海大众卫生报》还刊载了吴孟超乐呵呵地亲着小兴辉脸蛋的照片。2001年7月,已在悉尼上大学的林兴辉又与父母来上海复查,他已长得比吴爷爷还高出了一头。

由吴孟超率先开展的小儿肝脏外科研究与临床实践,成功地为数十位4到12个月的婴儿切除了肝母细胞瘤,其中最大的肿瘤竟达1 300克,除一例术后两年死亡外,其余全都健康地存活着。这一系列手术成功再次引起了中外医学界的震惊。

据2011年11月30日的《文汇报》报道:当年7月,来自江苏射阳县新坍的一岁半农家孩子小玥被查出患了肝母细胞瘤,无奈之下来到上海东方肝胆外科医院,求助于吴孟超院士。10 月 13 日,由吴孟超亲自主刀为小玥顺利切除了 8 厘米×6 厘米的肝母细胞瘤。这是由吴孟超医学科技基金会所设立的"小儿肝脏肿瘤治疗专项基金"资助的第一位贫困患儿,小玥的本次手术医疗费用获得了全额资助。吴孟超表示:"小儿肝脏肿瘤治疗专项基金会一直延续下去,我们要用爱心托起明天的太阳!"

这里必须补充一个极为重要的事例:1983 年夏秋之交,由于吴孟超率先成功开展的小儿肝脏外科研究与临床实践的成功,引起了国际医学界的重视,也引起邻国日本医学界的重视。同年在日本召开的国际肝脏移植学会邀请吴孟超参加会议,这当然不是因为吴孟超在小儿肝脏外科研究与临床实践的令世人瞩目的成功,而是由于吴孟超在 70 年代末已着手开展的肝脏移植的几列成功实践与理论探索。说起来,当时第二军医大学长海医院的肝胆外科所做的肝移植手术并非国内第一例,排着他们前面的倒是上海的瑞金医院,吴孟超团队"试水"肝移植只是与同济医科大学几乎是同时,但从肝胆外科的理论研究与临床实践等综合实力来看,吴孟超团队显然是遥遥领先的。吴孟超至今清晰地回忆起 70 年代末,他们尝试肝移植工作的艰难。尤其是面临正常肝脏供体来源的缺乏,有时为了抢救患者,不得不冒着风险将患者送到浙江省宁波,因为那里能获得供体。因此,移植手术后,他和他的团队成员有时得在当地守候术后病人整整一周,待情况稳定后才返回上海。至今,吴孟超团队已成功施行了数百例肝移植手术。一个比较典型的案例是 1996 年,一位来自连云港的初中女孩由于肝脏的豆状核变性,造成肝脏组织坏死,不得不进行肝移植手术。这位出生于世代教师家庭的女孩被确诊并须肝移植后,一时急得不知所措。好在知书达理的父亲头脑清醒地将孩子尽快送刚挂牌不久的东方肝胆外科医院,由吴孟超和他的助手成功施行了肝移植手术。如今这位当初的初中生已结婚生子,继承父母的事业,为"阳光下最辉煌的教育事业"辛勤耕耘着。

回过头来叙述,那次在国际肝脏移植学术会议上,吴孟超荣幸地接受了日本器官移植学会荣誉会员的称号,会后还应邀到全日本好几所著名医学院校作有关中国肝胆外科理论与临床实践的学术演讲,广受日本医学界的好评。说实在的,洋溢在吴孟超心中的激动是因为能对二十多年前那位傲慢的日本专家作出极有说服力的回答。

"吴氏刀法"没有专利

20世纪80年代,吴孟超的做人、做事、做学问的成功,不仅在国内家喻户晓,从海外远道而来求他看病的人也愈来愈多。当时长海医院肝胆外科的病房条件较差,仅有几十张床位,根本容纳不了这么多的病人,肝胆外科病房常年人满为患,接受外宾病人更显得无能为力。为了适应对外开放的需要,吴孟超打算建一座条件较好的外宾病房,但学校和医院经费都很紧张,不可能拿出这么大的一笔钱来,只有向总后勤部要求拨款。

1985年,总后勤部部长洪学智上将到上海第二军医大学视察,学校领导向他汇报工作,重点介绍了吴孟超主持的肝胆外科的卓著成绩,同时提出现在国外来求医的人愈来愈多,病房太紧张了,能否拨款新建一幢肝胆外科专用外宾病房,让我国肝胆外科的先进理论与技术在世界上发扬光大?

洪部长听了汇报,当场批准了修建外宾病房的计划。会后还拉着吴孟超和学校其他领导马上去选址,并指示要办得快,办得好,设计要力求新颖……洪部长雷厉风行的作风使吴孟超和学校其他领导深受震动。不久,总后拨款到位,工程立即开工。半年以后,长海医院就建成了一幢专门接待海外侨胞的病房大楼,内设100张床位,各种设施堪称一流。这座被命名为"康宾楼"的病房专用于为海外来宾的健康服务,使他们有在长海医院康复身体,有宾至如归的感觉,也把中国先进医学的良好口碑更广泛地传播到海外。

同年,吴孟超还与恩师裘法祖赴德国参加学术会议,吴孟超在会上所作的有关肝脏手术的学术报告引起与会专家极大的反响,报告结束时,他特意向与会同行介绍"裘教授是我的启蒙老师,永远是我的学习榜样!"赢得一致喝彩。与会专家都觉得师徒俩医德高尚,人格更伟大。

图 6-6　设施先进的"康宾楼"（吴孟超办公室提供）

11 月,由吴孟超作为第一完成人的"肝脏疾病手术治疗的临床研究"荣获国家科学技术委员会颁发的国家科学技术进步奖一等奖。

1986 年,第一届中日消化道外科会议在上海举行,吴孟超是中方主席。日本医学代表团带来了一个摄制组,要求能借开会之际,专门拍摄吴孟超教授的肿瘤切除手术全过程。有关部门征求吴孟超本人的意见,吴孟超不假思索地一口答应。

他的同事和学生都善意地提醒:"吴老,你那一整套技术可还没有申请过专利呀,万一让日本人学到了手,岂不……"吴孟超却微微一笑,很有把握地表示"没关系"。

世人都知道日本人是擅长模仿的,他们往往把别人的好东西弄了去,稍作加工,改头换面,作为日本的专利产品再高价卖给人家,以此赚取高额利润。针对日本人的这种过分的要求,完全可以婉言拒绝,吴孟超却偏偏不在乎,是不是太大意了?

其实,"吴氏刀法"的奥秘在于吴孟超的特殊的手感,尽管日本人能够摄下吴孟超做手术时的每一个细节,唯独这种特殊的手感是摄像机摄不了的。

那天,在第二军医大学附属长海医院外科手术室,特意安排了由吴孟超主刀的肝癌切除手术,由他的几位研究生做助手。日本摄像师的镜头围着吴孟超远近推拉,俯仰转动,拍摄了高精度的大特写,而且始终对焦吴孟超那双神秘的手,他却旁若无人似地专心致志,柳叶刀

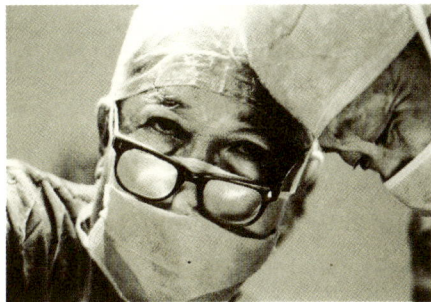

图6-7 吴孟超手术时的神情令日本摄像师莫名其妙(摄于东方肝胆外科医院,吴孟超办公室提供)

下娴熟的动作,肿瘤切除如行云流水。一般医生手术时双眼会紧紧盯住手术的部位,甚至连眼皮都不敢眨一下,可吴孟超将手伸进病人的肚子里摸呀摸的,头却微微抬起,眼睛注视天花板,这时他的眼睛是长在手指上的,这种悠闲自得的样子哪像在做大手术? 不多久,一个瘤子被剥离了出来。这令日本摄像师感到莫名其妙,如同看魔术表演一般。其实,在手术的关键时刻,吴孟超完全是凭自己的手感行事,没有神助,胜似神助。这就是"吴氏刀法"的精髓和神韵。诚如吴孟超的得意高足施乐华教授所说:"吴老有个绝活就是处理黏连,我们说的黏连就是组织与组织靠在一起,你要把它分出来,分出来的时候终归要出血的,慢慢分的话出的就多,吴老的风格就是快。在肝脏下面的小窟窿里做文章,各人全凭自己的手感,里面千变万化,几乎没有相同的。吴老的奥秘我们跟了他这么多年还没弄清。"①日本人靠一台摄像机就能弄清?

其实,吴孟超能答应日本专家来观摩和摄像,也是对三十年前日本专家傲慢断言的有力回答。

1986 年 9 月 12 日,吴孟超被任命为中国人民解放军第二军医大学副校长,分管全校的医疗和科研工作,同时兼任长海医院肝胆外科主任,这一年他 64 岁。在副校长的位置上,他一干就是八年。那段时间养成的行政、科研、教学与临床四副担子双肩挑的快节奏生活,一直延续到今天。

那时候,他每天清晨就赶往学校,在副校长办公室批阅好文件,处理好

① 施乐华访谈,2011 年 12 月 8 日,上海。资料存于采集工程数据库。

当天必须办理的事情,9点钟急忙赶到肝胆外科去查房或手术。午饭后顾不上休息,又赶回副校长办公室,一直忙到下午4点左右,再回到肝胆外科去查房、读片或制定第二天的手术方案。有的时候正在开会的他,接到手术室求助的电话,他会立即向会议主持者请假往手术室跑,毕竟他的心还是挂在肝胆外科,挂在病人身上。而且,他那时出行完全是靠他的那辆全身都响唯独车铃不响的"老坦克"(自行车)。

吴孟超一直十分关心老、少、边地区的医疗卫生事业。1988年8月中下旬,他曾应新疆军区23医院邀请去那里帮助工作,短短的13天中,共为新疆三个少数民族的11例肝胆病人做了外科手术,同时举办了6次专题学术讲座,听讲人数在500人次以上。8月22日在伊犁为了满足病人和医务人员的要求,吴孟超连续做了几台手术,最后一台手术进行到凌晨2点多钟,第二天照常讲课。由于飞机票已经买好了,25日的课没讲完,26日早上起来后他就加班,在上飞机前讲完了全部课程,使大家深受感动。返回23医院后,吴孟超顾不上休息,在当天晚上就为病人做手术直至深夜,第二天连着又做了3台手术。当时在新疆生产建设兵团医院工作的年轻女医生李爱军,既为吴孟超忘我工作的精神所感动,又为吴孟超高超的技术所折服,她深感新疆与内地的差距太大了,下决心报考吴孟超的研究生,后来如愿以偿。

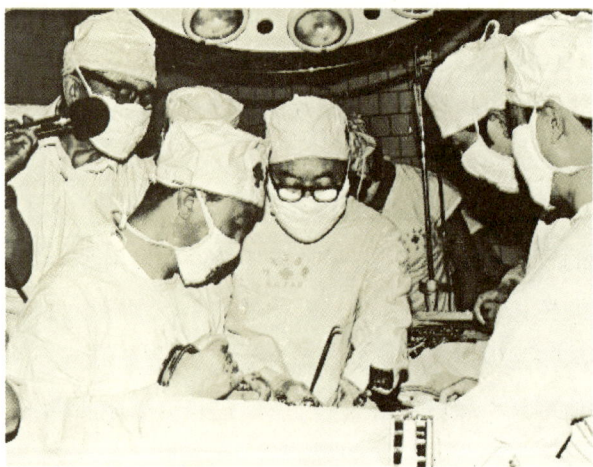

图6-8　吴孟超顾不上休息为新疆病人手术至深夜(拍摄于1988年,吴孟超办公室提供)

为了让"吴氏刀法"尽快普及，让更多患肝瘤的病人获益，吴孟超还接受了全国各地的大量进修医生，为地方医院培训肝胆外科人才。那时候长海医院门庭若市，有的病人不远千里来找吴孟超求治，甚至说只要让"吴老的手摸一摸，我死也甘心了"。

我国是肝癌高发区，全球每年肝癌发病人数中约一半在我国，仅靠一位名医、一所医院是远远不能满足病患需要的。因此，吴孟超常说："我个人的本事再大也只是沧海中一粟，如果我的手术方法能遍地开花，各地都能成功开展肝胆外科的手术治疗，就能使大量病人得以分流，既免除了患者的往返奔波之苦，减轻了他们的经济负担，同时长海医院和我本人又可腾出更多的时间和精力，进行更高一级的科学研究，岂不是一举两得吗？"

为此，他积极为上海、宁波等地的医院培训肝胆外科医生，他不辞辛劳地亲自去宁波等地传授经验。他的指导思想很明确：组织更庞大的团队共同来"把病人一个一个都背过河去"。

同行常感到吴孟超的举动不可思议，靠本事吃饭的人该留一手，否则何谓"知识产权"？你吴孟超却毫无保留地把"吴氏刀法"的秘诀传授给了所有有志于从事肝胆外科的医务人员，你今后凭什么吃饭？吴孟超听了却掷地有声地回答："我的所有技术属于人类，我吴孟超没有专利！"[1]

吴孟超确实是毫无保留地把自己的创新理念和临床经验无私地奉献了出来，只要翻阅一下同时期他所发表的论文和科普文章，也能窥一斑而见全豹了。

"吴氏人才反应堆"

为了实现救治更多肝癌患者的目标，从 20 世纪 70 年代末起，吴孟超年年招收硕士和博士研究生，以不断扩大核心团队。早年毕业的学生成长起

---

[1] 桑逢康：《吴孟超——游刃肝胆写春秋》。北京：新华出版社，2008 年，第 115-116 页。

来后,也能协助导师吴孟超为新的研究生上些基础理论课和临床带教,像"滚雪球"般,在肝胆外科这门学科上形成一支以吴孟超为首的学有专长、人才济济的协作团队。这件事现在描述起来挺轻松,这个过程却耗去了吴孟超很多心血。没有甘为人梯的献身精神,没有伯乐相马的眼光和智慧,没有借助外力(甚至国外专家的力量)的智慧,没有事必躬亲的细致和体贴入微的关照,要培养出一支过硬的队伍无疑是异想天开,而常年的耕耘和灌溉也总是会有收获的,常言道"种豆得豆,种瓜得瓜"嘛!

1990 年 12 月,中华医学会在北京召开的第五届中青年医学学术交流会上,他的弟子的出色表现,令这位德高望重的学界泰斗感到十分欣慰。

吴孟超深知这次学术交流是云集四面八方精英人才的平台。作为导师,他要像当年恩师裘法祖教授栽培自己一样,尽力为学子们多争取几个参会的名额,使他们能够在全国性的竞技舞台上一显身手。于是,他要求凡符合参会条件的学生都能按照会议要求,结合自己的研究项目写出高质量的论文,并亲自帮他们逐篇审读把关。这届中青年医学学术交流会旨在检验当前我国医学科学接班人的水准,为中华 21 世纪的医学发展提供可靠的后续力量。因此,全国各地的医学专家都高度重视这次年轻才俊的学术盛会,纷纷带着自己的得意门生赴会,使本届学术交流会大有中青年医学人才群英会的盛况。

吴孟超带了八名研究生赴京参会。为确保会议的公平与权威,会议组织程序科学严密,旨在让中青年学者能在同一条起跑线上公平竞争,不让社会上拉关系、走后门之类丑恶行为玷污科学的神圣殿堂。会议规定:所有论文的提交者如同正规的考卷一样进行编号,不得写上作者和导师的姓名;层层把关严审论文,所有论文先分组筛选,再进行大会评审,一篇论文至少要经过两道关口。无疑,这既是一次紧张的学术擂台赛,也是一场严格的素养大考核!

经过第一轮分组筛选,吴孟超带领的研究生团队提交的八篇论文全部入选。初战告捷,也在吴孟超的意料之中,令出线的八位学子信心也更足,谁也顾不上休息,进一步准备第二轮宣读与答疑。

论文宣读那天,吴孟超坐在听众席上默默为他们鼓劲。最终评审结果

图 6-9　在第五届中青年医学学术交流会上吴孟超与弟子们合影（摄于 1990 年，吴孟超办公室提供）

令人满意，八篇论文全部获奖，其中一等奖三篇，二等奖两篇，三等奖三篇。吴孟超的学生们赢得了满堂彩，夺取了这一届全国中青年医学学术交流会的团体冠军。这时，与会者才弄明白，那些精英全出自吴孟超教授门下，来自第二军医大学长海医院的肝胆外科。这么突出的表现当然吸引了众人的眼球，这是育才有方的吴孟超教授的心血与汗水，众口一致地称他们为"吴氏人才反应堆"。

我们不妨再举几个实例。

在肝胆外科尤其是治疗肝癌这一领域，吴孟超的大名是无人不知、无人不晓的。施乐华在 80 年代上大学的时候就拜读过吴老的大作，这个响当当的名字对他来说如雷贯耳。拿到硕士学位并工作了几年后，他很想报考吴孟超的博士研究生，但又担心"自己是在小地方工作，不是军队系统的，吴教授名气太大，门槛一定很高，要想成为他的门生恐怕如同登月那么难，可望而不可及"。犹豫再三，1989 年他试探性地给吴孟超教授写了一封信。出乎他的意料，没过几天吴孟超就亲笔给他这位素不相识的年轻人回了信，语气亲切而又平易近人：

施乐华同学：收到你的信我很高兴，由于工作忙，给你的回信拖了一天，请原谅……医学是一门激励和攀高峰的科学，敢考我的研究生，说明你很有志气，我欢迎并期待你脱颖而出。你应该有信心……当今肝癌的基础研究是一门亟待开拓的热门课题，我急需这方面的人才……①

寥寥数语，就把肝胆外科的发展方向和对年轻人的殷切期望都表达出来了，吴孟超一颗热诚的、渴求人才的心也跃然纸上了。施乐华十分感动，1990年毅然地报考了吴孟超的博士研究生。为了争取一举成功，他同时报考了好几所院校，由于学业优秀，也被上海中山医院、同济医院同时录取，但施乐华还是理智地(当然从情感上也已被吴孟超的人格魅力所倾倒)选择了第二军医大学，做了吴孟超的肝外科博士研究生，实现了自己多年的愿望。那年，吴孟超招收了一名博士、三名硕士。

施乐华在读博期间，得到吴师的悉心指导和不断提携。他的主攻方向是临床医学，研究课题是吴老帮他确定的——肝癌的导向治疗，又称"生物导弹"。这一课题列为"863"重点课题。在研究过程中，吴老带他攻克了一个又一个难关。

1993年6月施乐华要进行博士论文答辩了，这是能否取得博士学位的重要关节点。为了对自己学生的前途负责，吴孟超提前一个星期便将施乐华的论文审校完毕。答辩前一天，他似乎不完全放心，又重新核对了实验数据，连文章的语句和标点符号也仔细予以推敲，务必使其博士论文不留下任何瑕疵。

第二天上午要进行答辩。由于吴孟超事先早就受到邀请，要到北京出席一个重要会议并已买了当天上午的机票，但作为导师，他对施乐华的答辩还是放心不下，决定改签下午1点半的航班。当年的秘书李捷伟劝他：你这么繁忙，答辩会就请科里别的教授代表你去坐一坐，何必亲自参加？

吴孟超则认为，施乐华是自己的学生，答辩会考学生也是考导师，导师

---

① 施乐华访谈，2011年12月8日，上海。资料存于采集工程数据库。

不去怎么知道自己学生的质量如何？再说，多听听与会同行的意见，自己心里才踏实。

论文答辩上午 9 点钟正式开始，施乐华宣读好论文，继之与会专家一一提问，施乐华逐题答辩。高难度的论文，高难度的提问，高难度的辩答，这些都很费时间。吴老一直坐着仔仔细细地倾听，似乎把中午要乘飞机到北京开会的事完全忘了，秘书李捷伟在答辩室门口左顾右盼，时不时地看手表，生怕误了航班。好不容易论文答辩结束，吴孟超站起身来，向与会专家拱手示谢后才走了出来。二军医大离虹桥机场有几十里路程，而此时已近中午 12 点，时不待人，吴老饿着肚子风驰电掣般地往机场赶⋯⋯

图 6-10　吴孟超在学生的论文答辩会上（吴孟超办公室提供）

施乐华日后也没有辜负恩师的辛勤栽培，他所从事的"双功能单抗治疗肝癌的研究"等项目获得了两项"国家自然科学基金"的资助，并取得了令人鼓舞的研究成果，从而为肝癌的治疗开辟了除手术之外的又一重要辅助手段。东方肝胆外科医院成立后，他一直担任导师吴孟超的协理，被同事们称作"住院总医师"。

沈锋教授是 1992 年获肝胆外科博士学位的。当时留学美国等西方国家一度很困难。尽管如此，吴孟超仍大力推荐，多方奔走，利用他个人的影响与同国外学术界的关系，使得沈锋能够有机会于同年 8 月赴美国深造。吴老去美国访问时特地去看望自己的学生，对沈锋研究的课题提出了重要的意见。

沈锋深深感到：吴老最大的长处就在于对学科方向的把握上，凡师从吴孟超的研究生都从中获益匪浅。沈锋在美国哈佛医学院、麻省总医院和芝加哥 Rush 医学中心一共学习了两年，主要从事肿瘤免疫学的博士后研究

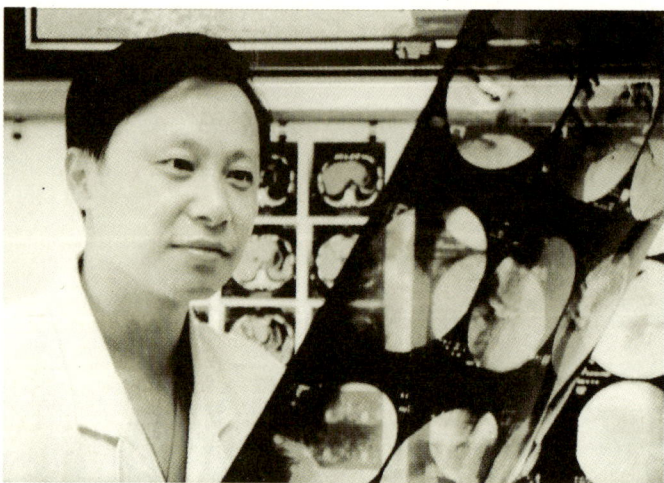

图 6-11　沈锋教授在读片（吴孟超办公室提供）

工作。

　　1994 年沈锋学成回国，担任了东方肝胆外科医院副主任医师，主要从事原发性肝癌的外科和综合治疗临床研究。他在肿瘤转移机制、T 淋巴细胞激活机制和肝癌免疫、基因治疗方面均有相当造诣，曾获国家科技进步奖二等奖、军队科技进步奖、军队医疗成果奖一等奖和全国普外中青年优秀论文一等奖等诸项荣誉。1996 年，年仅 34 岁的沈锋入选总后勤部"科技新星"。沈锋有缘与恩师一起工作的机会较多，获得的教益和启示就更多，因此对吴老的理解也就比常人更深刻。在沈锋看来，所谓"吴氏刀法"绝不仅仅是一种刀法或手术技巧，实际上是富含医德和医术在内的、有独创精神的综合系统，若不从根本上入手，是绝对掌握不了"吴氏刀法"的。

　　有这样一件事令沈锋终生难忘。1995 年的一天，吴老带领沈锋作一个肝切除手术。最后做肝创面缝合时，担任一助的沈锋一不小心将针扎在主刀吴老的手上了，而且这一针扎得不浅，只听吴老"哎哟"一声，沈锋吓了一大跳，别的同事也闻声跑了过来，纷纷问道："吴老，怎么啦？"

　　大家都知道，缝合时主刀和一助之间配合稍有疏忽，缝针就容易扎在手上。如果患者 HBV 阳性，被扎者很容易受到感染。沈锋知道自己闯了祸，犯了一个不应当犯的低级错误，顿时面红耳赤，羞愧难当。吴老却完全不以自己为重,想到的倒是年轻人自身的保重,语重心长地对沈锋说:"小沈啊,我年纪大了不要紧,你们年轻可得当心哪!继续缝吧!"尽管吴老的话听起来很平淡,但沈锋心里却比刀扎还疼。吴老是"国宝",如果因为自己的不慎而引起任何闪失,真的会后悔一辈子。

一个月后吴老作例行体检,沈锋仍忐忑不安,去干部病房看望老师时站了半天,想说又不敢说,想问又不敢问。吴老看出了他的心思,笑着说:"血液检查全是阴性。常在河边走,哪能不湿鞋?我这一辈子被扎多了,没事!"沈锋心中悬着的一块石头这才落了地。他庆幸老师安然无恙,同时又为恩师博大的胸怀和对年轻人的谅解深深感佩。

作为学校和医院的领导,作为一名导师,吴孟超的最大特点是知人善任。他常给研究生肩上压担子,希望每一名博士生都能在理论研究和临床实践中学到真本事。

姜小青在读吴孟超的临床博士学位期间,东方肝胆外科医院已经成立并高效率地运转了,吴孟超就让姜小青担任了医院协理,即担任"住院总医师",负责急诊、会诊、排班等工作。他对姜小青交代:"医院里白天我说了算,我一下班,晚上你说了算。"姜小青不加思考地回答:"白天是你说了算,晚上还是……"这不是推卸责任,而是出于对恩师的尊重,感到自己绝对没有这种能耐。

吴孟超对病人非常关心,对医生尤其是研究生的要求必然十分严格,身教重于言教。作为一位耄耋老人,吴老常常一天要亲自做两三台手术,对病人的术后护理又非常重视,要求包括姜小青在内的主治医生、住院医生每天晚上必须向他汇报,当天术后病人的情况。晚上9点左右是汇报情况的法定时间,这个时候打电话到吴老家里,再忙他也会亲自接听电话,有情况就会及时赶到医院来处理。他常常对姜小青说:"出事不要紧,但千万不要没发现。病人千变万化,术后产生并发症有时是难免的,观察不细致可不行,有问题要及时向我汇报,不管什么事情,有困难我马上来帮助你。"

1997年的一天晚上,姜小青果然发现有位病人术后不断渗血,量也比较多。姜小青当即打电话向导师作了汇报。吴孟超虽然告诉了姜小青一些应急的处理办法,但心里总是不放心,他要姜小青每隔半小时来报告一次。病人渗血总也止不住,姜小青只能隔一会儿就往吴老家里打电话,一直到了晚上 11 点多,吴老半夜 12 点赶到医院,重新为病人开刀,一直忙到了凌晨 2 点,终于从根本上解决了渗血的隐患。凌晨 3 点,吴老回家,可第二天早上他又准时上班了,这一年吴老已 75 岁高龄。

这就是吴孟超给研究生上的"医德课"。

与吴孟超共事的肝胆外科的医生们不管值班还是不值班,晚上总要到医院里去看一看当天自己主刀的病人,发现问题及时解决,这已经成为"东方肝胆人"的职业习惯了。

创立肝胆外科医院

早在 1974 年二军医大还在西安时,"肝胆外科"的牌子已经挂出来了,但仍归属于普通外科。1975 年 7 月二军医大迁回上海后,受精简编制等条件的限制,"肝胆外科"未能延续。经过吴孟超重新筹备与组建后,1978 年在长海医院单独成立了列入正式编制的肝胆外科,也是全国第一个肝胆外科,由吴孟超任科主任,在建制上实现了我国医学界独立的肝胆外科从无到有的历史性转变。那年,长海医院肝胆外科整个科室搬到另一座楼里,病床由起初的 24 张增加到 50 张。70 年代末,中国人民解放军总后卫生部拟在全军成立若干专科技术中心,吴孟超第一个申报并获得批准,由他牵头在长海医院建立了肝胆外科中心。也就在同时,他着手培养研究生,开始建设人才梯队,并组建肝胆外科研究中心。

1989 年,总后勤部首长在二军医大检查工作时专门召开了专家教授座谈会,轮到吴孟超发言时,他直言直语地将自己期望成立一所肝胆外科专科医院的想法和盘托出。

吴孟超的"期望"是建立在科学论证的基础之上的:据当时世界卫生组织调研和统计的资料显示,光 1985 年全球就有 760 万新发现的癌症病患者,当年有 500 多万人死于癌症。预期到 2000 年新癌症病患者将增加到 1 030 万,将有710万人会死于癌症。至 2010 年,癌症病人将继续增加,而发展中国家癌症患者的数量会增加得更快,主要是污染工业向发展中国家转移、人口增加和老龄化诸因素。上升的癌症会包括肺癌、大肠癌、胰腺癌、乳腺癌和前列腺癌,当然也包括肝癌。我国是肝癌高发的国家,全球每年新增的肝癌病人,据联合国相关组织的统计约 43％ 发生在我国大陆。由于肝癌最难发现、最难治疗、发展最快、复发最多,已成为影响我国人民生存的第二大肿瘤杀手;同时我国有庞大的肝癌危险人群,即 1. 2 亿乙型肝炎病毒携带者。因此,肝癌的防治工作一直是我国医学界面临的重大难题。从上海这几年肝癌患者的就医困难,尤其是长海医院肝胆外科和已经建立的肝胆外科研究中心的接诊情况来看,每天门庭若市,应接不暇。可见,眼下我国肝胆外科的发展已严重滞后于病患者的需要……在场的首长和学校的领导被他娓娓道来富含逻辑的说理折服,也被他的理想、胆魄和真诚所打动,多么可贵的科学探索勇气和为民服务的理念,在座的专家与教授一致认为,这是体现学科发展的前瞻思考,是具有科学精神的管理创新思路,也是二军医大学科发展的一个方向。总后首长和学校领导当场拍板,同意了他的请求。由吴孟超领衔的肝胆外科研究中心很快升格为长海医院东方肝胆外科医院,成了长海医院的"院中院"。吴孟超也实现了梦寐以求的肝胆事业上的第二次大飞跃。

作为肝胆外科的奠基人,吴孟超总是不失时机地推动学科建设。当然这一点兴许与他作为二军医大副校长的地位有关,毕竟高屋建瓴,统观全局,看问题的视角更宽广了。再说,他反映诉求也更方便了。

吴孟超是一位很会抓住关节点以寻找机会的人,也确实是一位努力促进并实现肝胆外科跨越式发展的智者。随着就诊患者数量的日益增加,也随着肝胆外科学科自身的快速发展和科研与临床力量的不断加强,吴孟超越来越觉得,光一所"院中院"已完全不适应事业发展的需要了,在可能的情况下必须尽快将它从长海医院中分离出来,成立一所完全独立建制的肝胆外科专科医院,并相应成立配套的肝胆外科研究所,能展开拳脚大干一场。

1990 年,军队正在进行体制和编制的调整,大规模地进行人员裁减。吴孟超在这个当口提出要扩大东方肝胆医院的规模以独立建制,旁人都说他是不识时务和异想天开。吴孟超却振振有词地说:"精兵之路绝不等于简单地裁减员额,而是要加强科技强军的力度。建立独立的肝胆专科医院,也是为了提高部队的科技含量,与精兵之路是完全相融与合拍的。"他的构想在招致旁人非议的当口却得到了学校和医院党委的高度重视,一致认为这既是必要的,也是可能的。因为经过吴孟超数十年的努力,以他领衔的肝胆外科团队已经站上了我国肝胆外科的制高点,人才济济,实力雄厚,完全有条件跻身世界肝胆医学的先进行列。总后领导对此也大力支持,很快批准筹建独立建制的东方肝胆外科医院和东方肝胆外科研究所,并拨出了专款。

于是,在繁重的医疗、科研、教学和学校行政工作的同时,自 1991 年起,吴孟超又开始为筹建独立的医院而到处奔波。打报告、选院址、跑批件……光是硬件建设已令他操碎了心,这毕竟是他梦寐以求的事业,如今要实现事业上的再一次腾飞,他怎么会不全力以赴呢? 宛若在做大手术时担任主刀一样,自己的构想一定得事必躬亲地踏踏实实地去做。这段时间他没日没夜地干,连身家性命都搭上去了。他请来了华东设计院的建筑专家设计图纸,他以医学家的角度对整座大楼乃至每个房间的设计都提出很有见地的想法与要求,使设计更趋合理与实用。

1991 年底,吴孟超被评为中国科学院生物学部学部委员。[①] 肝胆外科医院的病房大楼工程也破土动工了。

虽年已七旬,吴孟超经常半夜才能回家,天天关注着工程的进展,那种劲头就像对亲生儿子的关怀一般。期间发生的最大困难是经费不足,尤其是到了 1992 年的下半年,由于建材价格扶摇直上,所需经费大大超过了原来的预算,致使工程难以为继。吴孟超眼看着自己的构想面临"胎死腹中"的危险,只能亲自多次到北京向总后领导求援,争取追加拨款。精打细算,资金还是不够,吴孟超不得不利用个人的影响与关系——向国内外各方朋友拉赞助。以往吴孟超拒收一切赞助,这在业内是出了名的,眼下他为了事

---

① 1994 年后,中国科学院学部委员改称中国科学院院士——笔者注。

业、为了医院、为了工程如期完工，不仅乐意而且积极争取各种捐资，用他自己的话来说是"四处化缘"，"收大红包"。由于吴孟超的人格魅力，果然收到了国内外一些单位和友人的捐助：上海造船厂送来了13万，施贵宝公司送来了30万，光华教育基金会送来了300万，被吴孟超治好病的香港"鞋业大王"洪长存汇来了50万元港币，在美国的学生郭亚军汇来10万美元……最后由原来预算的800万元追加到2 300万元。另外，还有人捐献了汽车、电脑……这些对经费捉襟见肘的工程来说确实是及时雨。为了解决购置实验仪器所需的费用，吴孟超还向美国、日本等研究部门抛出了进行技术合作的"橄榄枝"，由我方出技术，对方提供设备，先后添置了200多万元的实验仪器，在硬件的配置上达到了现代化水平。

1992年6月，吴孟超的"中晚期肝癌的外科综合治疗研究"荣获中国人民解放军总后勤部颁发的军队科学技术进步奖一等奖(吴孟超为第一完成人)。同年，吴孟超还迎来了著述的丰收年，多部由他主编的著述出版，其中《腹部外科学》由上海科技文献出版社出版；《临床外科手册》由金盾出版社出版；《肝癌与肝病》由上海科技文献出版社出版。由他撰写"肝脏"一章的《黄家驷外科学》则由人民卫生出版社出版。

由于吴孟超的努力，新院建筑工程保质保量如期完工。1993年，两幢高七层、建筑面积共1.4万平方米的银白色大楼，在长海路上拔地而起。知情者都说，没有吴孟超就没有今天的东方肝胆外科医院，也没有现代化的东方肝胆外科研究所。

1993年5月3日，这座长海医院的"院中院"和研究所举行隆重的

图6-12　吴孟超向恩师裘法祖介绍工程进展情况(摄于1993年，东方肝胆外科医院建筑工地，吴孟超办公室提供)

新大楼落成典礼,总后勤部周克玉上将出席了庆典,并将江泽民主席题写的"东方肝胆外科医院"和"东方肝胆外科研究所"字幅交给了吴孟超。东方肝胆外科医院和东方肝胆外科研究所同时进驻。在这两幢大楼内,有 5 个病区、200 多张床位、一个现代化的标准实验室、一个可同时开展 7 台手术的手术室、一个监护室……几十名高、中级科研与医护人员在这里紧张而高效地工作着。来自美国、德国、日本、澳大利亚的 12 位医学专家,也被吴孟超请来担任客座教授。

1996 年 8 月,东方肝胆外科医院经批准正式列编,吴孟超任院长,同年独立营运并进入三级甲等医院行列。这年吴孟超已 74 岁。旁人觉得他的梦想实现的脚步太艰难也太迟缓了,但吴孟超并不这么认为,而是以此为新的起点,马不停蹄地飞快奔跑起来,他心里有谱,目标还在更高处。

吴孟超的目标是把东方肝胆外科医院建成世界上一流的肝胆外科专科医院,把东方肝胆外科研究所建成世界一流的肝癌研究中心。这两项目标都不是轻而易举所能实现的,需要他投入更大的精力,付出更多的心血……

事业一起步,马上发现这两座 7 层大楼已不敷使用了,毕竟肝脏外科发展太快了,病人的需求量太大了。雄心勃勃的吴孟超又动脑筋要在医院的东侧再盖一座更新、更高、设备更先进的集临床、教学与科研为一体的高层建筑。

说来也巧,1996 年底,台湾慈济慈善事业基金会尹衍梁先生钦慕吴孟超的大名,主动捐款 4 000 万元,用以发展他的肝胆外科事业。这可是一笔相当大的捐款,吴孟超在征得总后和二军医大领导同意后,决定用它作为启动资金,盖一座新的病房大楼。总后和二军医大还在资金、物资和人员各方面对这项工程给予了大力支持。

1997 年 8 月 31 日,新病房大楼举行奠基典礼。吴孟超提出了两点要求:一、要有超前意识,大楼建成后保证十年不落后,并预留足够的发展空间;二、钱都是捐助人的善款,必须十分珍惜,精打细算,要一分钱当两分钱用。

大楼原设计为 11 层,后加高为 16 层(如果把三四层之间的夹层和顶上的局部高层算上应为 18 层),面积由原计划的 1.8 万平方米扩大到 2.8 万平方米。建筑与安装总投资 1.1 亿元人民币,除台湾尹衍梁先生的捐款外,还动用了东方肝胆外科医院历年积累资金 2 000 万元,另外向银行贷款 5 000 万元。

图6-13 新病房大楼(右)落成时的东方肝胆外科医院(吴孟超办公室提供)

新病房大楼历时两年零八个月全部建成。由于实行了工程项目招标，在保证质量的前提下厉行节约，比实际投资节约费用2500万元。

2000年6月7日，新病房大楼正式启用，成了长海路上的一座标志性建筑。由于质量优秀，还获得了上海建筑行业的"白玉兰奖"。

新病房大楼启用后，病区扩展为12个，病床数增加到600张，不仅医院规模扩大了，连医疗设备也得到了加强和更新。更有特色的是，一贯重视肝胆科研的吴孟超，在研究所大楼专门辟出了肿瘤分子研究、信号传导、肿瘤分子生物学、基因和免疫、病理实验等五大实验室，分别由他的五个大弟子郭亚军、王红阳、钱其军、殷正丰、丛文铭主持，如今已结出累累硕果。截至2011年12月，吴孟超领导的东方肝胆外科医院共施行肝叶切除手术42 300例，其中肝癌切除手术20 200多例，手术成功率达98.5%。从20世纪90年代以来，东方肝胆外科医院的肝癌术后5年生存率由80年代的38.2%，提升到90年代的48.6%，21世纪初达到53.2%，其中最长存活46年，目前仍健在，是迄今文献报道中肝癌术后生存年份最长的。眼下，东方肝胆外科医院和东方肝胆外科研究所，无论科研还是临床医疗都是第一流的，是我国四大开放参观的医院之一。

2001年，经总后批准，东方肝胆外科医院是继长海医院、长征医院之后，被列为第二军医大学的第三附属医院,也是三级甲等医院。可以说,吴孟超实现了肝胆事业上的第三次大飞跃。

作为东方肝胆外科医院院长和东方肝胆外科研究所所长的吴孟超提出的建院方针是:人无我有,人有我新。这个"有",不仅是硬件上的,医疗技术上的,更重要的是"有高尚的医德医风",是该院每一位职工从心底明白并见诸行动的"医本仁术"和"以人为本";而这个"新"不仅是要有新风新德,更要有创新精神,要不断有新的发现。

东方肝胆外科医院至今仍是全球独一无二的肝胆外科医院,也是世界上规模最大的肝癌诊断与治疗机构,收治的病人除国人外,还包括全球各大洲的病患者。东方肝胆外科医院也是目前全球诊治肝癌方法最多的医院,不仅有多种手术治疗的方法,包括肝移植和目前许多医院尚无能力开展的中肝叶切除术,还可以做介入治疗、微创治疗、生物治疗、药物化疗、放射治疗、免疫治疗、病毒治疗、肿瘤免疫-病毒治疗,以及中西医结合治疗等。

吴孟超管理的东方肝胆外科医院最大的特色是强调"肝癌规范化治疗"。其核心理念是:全院医生要严格为每一位患者选择最佳治疗方案,从第一次接诊开始,就必须选择最佳治疗方案,诸如凡可做腹腔镜下微创手术的,绝不开腹;肝癌晚期瘤体过大的,尽可能用非手术方式将其缩小后再行手术(即"二期切除");不能因手术难度大而轻言"肝移植",导致"放宽"肝移植标准变得"合法"……

从无到有,在长海路这片空地上矗立起当今世界上规模最大的肝胆外科专科医院和肝胆科研中心,其中充满了一位七旬老人的一片丹心,折射了一位医学家与祖国、人民的肝胆相照。

第七章
人才培养与基础研究

学术背景与科学足迹

1996 年,国际上有了成功切除中肝叶肿瘤的报告,肝尾叶肿瘤切除也有了报告。永末(Nagasue)报告 6 例原发于尾状叶肝癌单独尾叶切除术的远期疗效不逊于其他部位的原发性肝癌切除,证明单独的尾状叶切除已再不是肝外科的"禁区"。

2000 年 7 月 11 日,美国食品和药物管理局(FDA)批准了由 Intuitive Surgical 公司开发的达芬奇手术系统,这是第一个可在手术室使用的机器人系统,使外科医生可以到达肉眼看不到的外科手术点,比传统的外科手术更精确地进行工作。

2001 年,第三军医大学"肝胆管结石及其并发症的外科治疗与实验研究",针对不同病因设计了不同的外科治疗手段,远期疗效优良率提高到87.1%。

1996 年 1 月,中华人民共和国中央军事委员会授予吴孟超"模范医学专家"荣誉称号。无论科研和行政事务多忙,造就人才梯队是吴孟超不间断的,也是最核心的责任。自 1978 年恢复硕士生全国招考至今,吴孟超本人先后亲自带教了 175 名硕士生、博士生和博士后。吴孟超还善于利用国外先进的科研和教学资源，首创构建科研国际合作平台和人才培养的"哑铃模式"，为东方肝胆外科医院和军队培育并引进了不少人才。作为一名战略型医学科学家，吴孟超敏锐地认识到，欲从根本上提高肝癌的防治水平，必须依赖基础研究的进步，提出"要把基础研究放在比临床治疗更重要的地位"的战略思想，并在东方肝胆外科研究所内组建了中德合作生物信号转导研究中心、中日合作消化道内镜临床研究中心、中美合作肿瘤免疫和生物治疗中心、沪港合作基因病毒治疗中心等四个在国际上具有较大影响的基础研究基地，开展了肝癌信号转导研究、肝癌的病毒及基因治疗，发现肝癌细胞的重要生物学特性，用生物治疗抗肿瘤，并首创两项肝癌疫苗技术。1996 年，吴孟超慷慨解囊，以个人历年来积蓄的 30 多万元和社会各界表彰奖励的 400 多万元为基础，设立了"吴孟超肝胆外科医学基金"。

模范医学专家

1996 年 1 月 7 日，中央军委主席江泽民签署命令，授予吴孟超"模范医学专家"的荣誉称号。

中华人民共和国中央军事委员会

授予吴孟超同志"模范医学专家"荣誉称号的命令

第二军医大学东方肝胆外科研究所所长、中国科学院院士、全军医学科学技术委员会副主任、中华医学会副会长、一级教授吴孟超同志，是马来西亚归国华侨，1922 年 8 月出生，1949 年毕业于上海同济大学医学院，同年 8 月到第二军医大学从事医学工作，1956 年 3 月入党，同年 6 月入伍。历任第二军医大学助教、主治军医、讲师、副教授、教授、副校长等职，是党的十四大代表，上海市第八、九、十届人大代表，第五届全国侨联委员。几十年来，他刻苦钻研医疗技术，奋力攀登医学高峰，在他从事的肝胆外科学领域，从临床到科研，从基础研究到应用研究，从个人的医疗技术到学科的建设发展，都取得了显著成就，成为国内外知名的肝胆外科专家。他勇于开拓，大胆创新，改变了世界医学界普遍采用的低温麻醉切肝法，发明了常温下间歇肝门阻断切肝法，使中国肝脏外科手术方法居于世界领先地位；他率先在国内开展常温下无血切肝法，提高了手术成功率；他积累总结了一整套简便、安全、先进的肝脏外科手术新技术、新方法，其肝癌临床确诊率达 90% 以上，小肝癌手术成功率达 100%。多年来，他带领肝胆外科全体同志，共同努力，做肝叶切除手术 3 000 余例，其中肝癌手术 2 000 余例，肝血管瘤手术近千例。其手术方法、数量和成功率在国内外均处于领先地位。他治学严谨，在科研上贡献卓著。先后在国内外一级刊物发表论文 200 多篇，撰写和主编学术著作 10 部，参与编写专著 16 部。1979 年以来，他领导的研究所共获国家、军队科技成果一、二、三等奖 27 项。他带领同志们创建了"全军肝胆外科研究所"，把一个只有三个人的研究小组，发展成为拥有 230 张床位、1.4 万平方米的国际一流的肝胆外科研究、教学、治疗基地。他医德高尚，清正廉洁，竭尽全力，救死扶伤，视病人如亲人，从不收病人赠送的财物。他诲人不倦，精心育才，先后带出了 26 名硕士、20 名博士和 2 名博士后研究生，培养了几代肝胆外科学人才，为发展祖国医学事业做出了重大贡献。他赤胆忠心，报效祖国，多次谢绝亲属劝他移居海外的请求，一心扑在祖国肝胆事业上，被全国侨联授予"侨界十杰"称号。

为了表彰吴孟超同志的卓著功绩，中央军委决定，授予他"模范医学专家"荣誉称号。全军官兵特别是医疗卫生战线的同志，都要向吴孟超同志学习。学习他忠心耿耿，献身祖国医疗事业的爱国主义思想；学习他满腔热忱，全心全意为人民服务的优秀品质；学习他刻苦钻研，勇攀医学高峰的顽强意志；学习他不图名利，廉洁行医的良好医德医风。要以吴孟超同志为榜样，奋发图强，开拓进取，埋头苦干，献身国防，为加强我军革命化、现代化、正规化建设而努力奋斗！

由中央军委以发布命令的形式,授予一位知识分子这样崇高的荣誉称号,在我军历史上是鲜见的。中国人民解放军总后勤部党委随即于1月14日作出在机关和直属单位中广泛开展向吴孟超同志学习的决定,指出中央军委的命令"既是对吴孟超同志为医学事业作出卓越贡献的充分肯定和褒奖,也是对全体后勤官兵、特别是广大科技工作者的巨大鼓舞和鞭策"。

授予吴孟超"模范医学专家"荣誉称号的消息传到上海,二军医大全校师生倍感光荣和自豪,决心以饱满的政治热情和良好的精神状态,把学校的改革和建设进一步引向深入,力争早日跻身国家"211工程"。而在吴孟超所在的东方肝胆外科医院和东方肝胆外科研究所,更是群情激奋。

1月29日,是一个历史性的日子。中央军委授予吴孟超同志"模范医学专家"荣誉称号的命名大会在上海第二军医大学礼堂隆重举行。出席大会的有当时的上海市委书记黄菊、总后勤部部长王克、总后勤部政委周坤仁、上海市市长徐匡迪、二军医大政委傅翠和等各级领导。吴孟超和他的恩师裘法祖教授也并肩坐在主席台第一排的座位上。出席命名大会的二军医大及其附属医院及应邀代表共有1 000人。除少数在地方上工作的同志以外,基本上都是军队系统,军容整齐,全场一色的橄榄绿,军帽上的"八一"徽章宛若一颗颗亮晶晶的星星在"一片绿"中闪动。

图7-1 "模范医学专家"表彰会主席台(1996年,第二军医大学礼堂,吴孟超办公室提供)

中央军委委员、总后勤部部长王克首先代表中央军委宣读授予吴孟超荣誉称号的命令，并将"模范医学专家"荣誉称号的奖状颁发给吴孟超。全场顿时爆发出热烈的掌声，上千双眼睛一齐聚焦在了头戴军帽、身着军服的吴孟超的身上。两位年轻的二军医大女学员跑上台，笑盈盈地给吴老胸前戴上了一朵大红花。

王克部长发表重要讲话："吴孟超同志的先进思想和模范事迹，集中体现了我党我军的优良传统，体现了中华民族先进知识分子的优秀品质。大力表彰和宣扬吴孟超同志，对于弘扬爱国奉献、艰苦奋斗的革命精神，引导官兵树立正确的人生观、价值观，推动科技后勤发展战略的实施，繁荣我军医疗科技事业，都具有十分重要的意义。"他号召全军后勤各条战线，尤其是总后系统的广大官兵，都要以吴孟超同志为榜样，要努力做到讲政治，坚定爱党、爱国、爱社会主义的政治信念；要重事业，增强爱国防、爱本职的敬业精神；要爱科学，创造尊重知识、培育人才的良好风气；要牢记宗旨，培养全心全意为部队服务的职业道德。

中共中央政治局委员、上海市委书记黄菊，代表中共上海市委和上海市政府向吴孟超教授表示热烈的祝贺："今天，在我们贯彻落实党的十四届五中全会和全国科技大会精神之际，中央军委又授予吴孟超教授'模范医学专家'荣誉称号，这必将进一步推动二军医大的改革和建设，加速实现'211 工程'的宏伟目标，也必将在上海各行各业，特别是教育、卫生、科技战线产生深远的影响，为上海的改革开放事业注入新的生机与活力。在共同分享吴孟超教授崇高荣誉的时候，我们还从中央军委的命令和总后勤部党委的决定中深刻体会到宣扬学习吴孟超教授的时代意义。目前，上海正处于改革开放的关键时期，我们正按照党中央的战略部署，规划实施本世纪和2010 年前的国民经济和社会发展蓝图，努力把上海建成一流的国际大都市，充分发挥'一个龙头'、'三个中心'的作用。时代需要吴孟超教授这样的典型，上海需要吴孟超教授这样的典型。我们一定要借鉴和利用这一先进典型并把他的先进思想推广运用到各行各业中去，为上海的两个文明建设谱写新的篇章！"

裘法祖教授在会上宣读了全国人大常委会副委员长、中华医学会会长吴阶平的贺信：

第二军医大学：

欣闻中央军委将于 1996 年 1 月 29 日在贵校举行授予吴孟超教授"模范医学专家"荣誉称号仪式，不胜欣喜。原拟前往参加庆典，奈因时间上与工程院的会议冲突，同时我 2 月 1 日有出国任务。因此，难以出席。请代向吴孟超教授致以衷心祝贺。

吴孟超教授在肝胆外科专业方面，刻苦钻研，勇攀医学高峰，在医疗、科研、人才培养方面，数十年如一日，成绩卓著。江泽民总书记指出："要坚持党的基本路线，大力弘扬爱国主义精神、拼搏奉献精神、求实创新精神、团结协作精神。这四种精神，是我国数代科技工作者崇高品质的结晶，也是科技事业繁荣的重要保证，要作为科技界精神文明建设的重要内容，发扬光大。"孟超教授的贡献正是因为他数十年的工作完全符合这四种精神。对授予"模范医学专家"的荣誉称号是当之无愧的。医务界都要向吴孟超教授学习，为我国社会主义现代化建设努力奋斗，在自己的岗位上作出贡献。

吴阶平

1996 年 1 月 24 日于北京

总后勤部政委周坤仁宣读了总后党委《关于向吴孟超同志学习的决定》。二军医大政委傅翠和、上海警备区政委王传友、第二军医大学科技干部代表张宝仁教授等也相继讲话。

胸前戴着大红花的吴孟超，在全场热烈的鼓掌声中发言。那是他发自内心深处的肺腑之言。他向主席台上的各位领导和台下的同志们各行了一个军礼，便开始发言：

各位首长、同志们：

中央军委授予我"模范医学专家"的荣誉称号，今天又在这里召开隆重的命名大会，我感到无比激动和无上光荣，更感到肩负的责任和神圣的使命。我想，这不仅是党对我个人的关怀和鼓励，更体现了党对广大知识分子的关心和厚爱。此时此刻，用语言难以表达我对我们党、我们军队的崇敬之心、感激之情。在此，我想说两句话，也是我发自肺腑的心声：第一句话是，没有共产党，没有人民军队，就没有我吴孟超的今天。我从小是个漂泊海外的苦孩子，新中国成立前是个连衣食都没有着落的穷学生，只有当我跨进了人民军队的大门，在党的培养教育下，才有了我的今天，是党和人民军队给了我一切；第二句话是，像我这样的医务工作者，在我们学校、军队和国家有成千上万。我作为一名战士，一名军医，只是做了本职工作中应当做的事，工作成绩的取得既有自己的努力，又凝聚着全校同志特别是老一代专家教授的心血和汗水，党和人民给予我这么高的荣誉，我理解，这只是把我作为一名知识分子的代表予以关怀、鞭策和鼓励，我只有更加勤奋努力地去工作，来报答党和人民。

荣誉归功于党、归功于我们军队、归功于第二军医大学历届党委、领导和全体同志。离开党的正确领导和国家的繁荣富强，我们知识分子个人终究难以有所作为。在我工作的各个时期，每当我遇到困难的时刻，总是及时得到了院党委、校党委、总后党委和军委首长的亲切指导和大力扶持，为我们创造了非常好的工作条件和环境，各级组织和领导是我们肝胆外科建设和发展的坚强后盾，这是我之所以能够取得一点成绩的主要原因。同时，我还要感谢我的老师、战友和学生对我的帮助和支持，离开了他们，我个人的力量是微不足道的。

我从医执教已经48个年头了，年逾七旬，但不觉老之将至，感到我要做的工作还很多很多。我将不遗余力地从事我一生所钟爱的肝胆外科事业。千里之行，始于足下，我要站在新的起跑线上，带领全院同志抓紧把东方肝胆外科医院建设成为具有一定规模和特色优势的专科医院，要充分发挥"吴孟超医学基金"的作用，为国家和军队培养更多的一流肝胆外科人才，集中力量开展肝癌的预防研究，为人类攻克肝癌这个堡垒再创新的成绩，攀登医学科学的新高峰，为国家和军队的医学卫生事业作出新的贡献！

谢谢大家！

大会还向吴孟超颁发了一级英模奖章,再次赢得了全场经久不息的掌声。面对掌声和鲜花,吴孟超此时此刻只有一个心愿:老骥伏枥,志在千里;鞠躬尽瘁,死而后已。

吴孟超74年的人生历程,回答了这样一些问题:人究竟应当为什么活着,人生的最大价值是什么,什么才是崇高,如何理解奉献,"人"字为什么要大写……

1996年9月,吴孟超应邀赴昆明讲学,偕夫人重访同济校园旧址。

同年,吴孟超荣获中国人民解放军专业技术重大贡献奖、实用医学荣誉奖。还获得香港外科医学院授予的"荣誉院士"称号、英国皇家外科学院也授予他荣誉院士。

桃李满天下的一代宗师

亚洲是肝胆疾病高发区,仅我国每年死于肝癌的病人就逾10万。作为一名有时代责任感的战略医学家,吴孟超深感任重而道远,自己手术再高明也仅是沧海一粟。要跟上突飞猛进的医学科学,必须组建学术梯队,必须培育年轻人。尤其自1986年当了二军医大分管医疗和科研的副校长之后,更深切感受到人才是发展的瓶颈。因此,无论科研和行政事务多忙,造就人才梯队是他不间断的也是最核心的责任。他尤其注重对高层次和创新人才的培养,数十年来,吴孟超的肝胆学术团队已由最初的"三人研究小组",相继发展成肝胆专科、研究中心、研究所(院中院)和独立的东方肝胆外科医院、东方肝胆外科研究所。

自1978年底恢复硕士生全国招考至今,二军医大由吴孟超领衔的肝脏外科成了肝胆科研人才培养的摇篮。由吴孟超院士本人带教的硕士生、博士生和博士后学生绝大多数已成为目前我国肝脏外科队伍中的中坚力量,其中18人次获得中国青年科学家、长江学者奖励计划特聘教授、总后科技金、银、新星、中国有突出贡献博士、国家百千万人才工程入选者、上海市科

技精英等。更为重要的是,由吴孟超领衔的肝胆学科已为国内外培养了近
1 000 名肝胆外科专业人才,其中 70％以上的人员已成为各单位肝胆外科的
学科和学术带头人,推动着我国肝脏外科整体水平的提高。

眼下,吴孟超领导的肝胆外科研究梯队,已发展成"四世同堂"、老中青
俱全、硕士以上学历占 90％的技术密集型团队,呈现出国内外同类学科少有
的技术力量和科研阵容。

诚如吴孟超所说:"学科也是这样,从开始的小组,发展成专科、中心、研
究所,1993 年又组建了专科医院。但我还是不满足,瞻望未来,任重道远。
亚洲是肝病高发区,我国每年约有 10 万人死于肝癌,怎样克服它,预防它,治
疗它,还有许多多多工作要做。中国的肝胆外科还要继续发展,需要一支梯
队,我就将更多的精力放在培养学生身上,现在我的博士后已经出站,还有
多名博士和硕士毕业后工作很出色,令我感到十分欣慰。"[①]

如今,年已九旬的吴孟超仍不知疲倦地将自己的德、识、才、学毫无保留
地传授给他们,并积极创建条件,让学生脱颖而出。

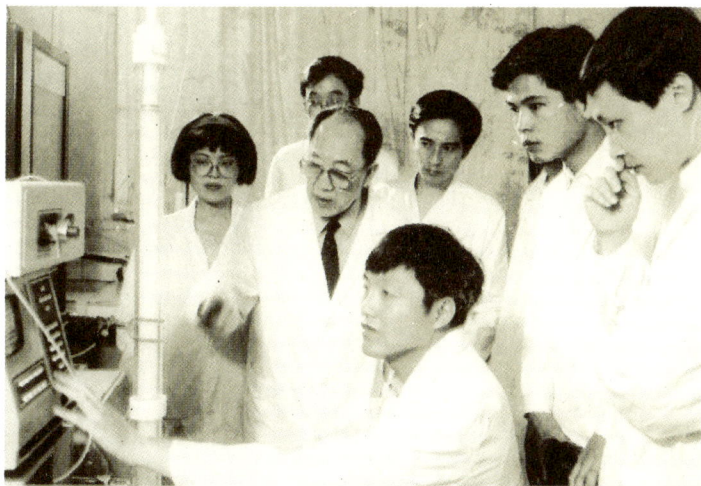

图 7-2 吴孟超在指导研究生实验(1997 年,东方肝胆外科医院,吴孟超办公室
提供)

① 吴孟超:《祖国在我心中是神圣的》,载于《科学的道路》(上卷)。上海:上海教育出版社,2005 年,
第 715 页。

吴孟超培养每一位研究生,首先关注的是教会他们如何做人,然后才是做事与做学问。凡是他的学生也都明白,恩师一贯倡导:医乃仁术,行医是实践仁爱之道的修炼过程,因此要当一名好医生,必须要有德行,有爱心,有人道,有济世的品格;凡从医者必须具备三种精神,那就是无欲无求的献身精神,治病救人的服务精神,求实求是的科学精神;还要有丰富的临床经验与精湛的技艺,两者相辅相成,缺一不可。凡是他的学生也明白,恩师最讨厌的是:缺乏仁爱之心,以牟利为目标的行医,治病先看病家的地位、财富,对权势者或富人用心、对报酬丰厚的事用心,而对贫者轻忽甚至粗心;医术不精,不通医典,用药不上心,甚至误用乱用或不假思索地为病人用贵重药品;开刀不细致,甚至频出事故;抬高自己,贬低同行;侥幸治好一位病人则飘飘然,到处吹嘘,若治不好,则把责任推诿旁人或同行,甚至背地里诋毁同事或同行。[①]

东方肝胆外科医院肝外二科主任王义教授说:"我刚到导师手下时,从发展方向到攻关课题,从学习书目到实验研究,从手术方案到如何下刀,吴老无一不是言传身教。这不但让我一生受益,也指引我今天像吴老当年对我一样地对待我的学生。"[②]

综合一科主任施乐华教授依然清晰地记得:"导师在与我第一次谈话时就提出了要'会做、会说、会写'的六字基本要求,从拉钩到打结,从下刀到探摸,从切除到缝合,吴老一一细心指导,并鼓励我们大胆动手,特别是培养我们处理复杂手术的能力。"现在,施教授已是我国肝胆外科界著名的专家了。

吴孟超始终要求他的学生:一名好的外科医生必须具备严谨、细致和耐心的医疗作风,否则将一事无成。在这方面吴孟超近乎苛刻。腹腔镜科主任宗明教授很有感慨:"每次查看医疗记录,吴老都会一个字一个字地看,甚至连标点符号都不放过,一旦有谁的字写得不工整或数据不对,他就会当着很多人的面大声训斥'粗枝大叶',一点也不会给你面子。他常说,写病历同

① 方正怡、方鸿辉:《肝胆相照——吴孟超的人生选择与事业追求》,载于《院士怎样做人与做事》。上海:上海教育出版社,2011年,第157-158页。
② 张鹏:《吴孟超画传》。上海:上海人民出版社,2007年,第162页。

给病人看病一样,都要严谨细致,要有足够的耐心,不能有丝毫的马虎和不耐烦。"①

麻醉科主任俞卫锋教授也是吴孟超的弟子,是当年上海最年轻的麻醉科主任、"银蛇奖"得主,他认为:在学术问题上,吴老的严谨和细致可以用"过分"来形容。对学生对外投稿去发表的论文,不管多忙,他都会认真审阅,对一些言过其实的提法和描述,他会毫不留情地要求修正或删除。因为"医学是来不得一点虚假的",这是吴老常挂在嘴边的一句话。

崇高的医德和精湛的医术,源于吴孟超"救死扶伤,治病救人"的职业自觉。在吴孟超看来,医本仁术,医学是一门以心灵温暖心灵的科学。医生之于病人乃子女视于父母,其首要不在于手术做得如何流光溢彩,名动四方,而在于如何向病人奉献天使般的温情。

综合二科主任胡和平教授可谓得恩师真传的医生。在看专家门诊时,一位患晚期肝癌的农民操着浓重的地方口音,拿出一大叠各种各样的检查单子,向胡教授咨询该怎样保养和治疗,胡教授竟花了整整40分钟耐心地向老人解释,直到老人心满意足地离去。胡教授是这样解释的:要像吴老一样对每一位病人都有足够的耐心,这样即使不能挽救病人的生命,也让他们对生活充满希望。就是这样,胡和平成了这所闻名全国的外科医院里的最出色的内科医生之一。

肝外一科主任严以群教授曾多次说自己是"被吴老批评最多的人"。严以群说:"像吴老这样严格要求学生的老师,我有时想想都害怕。但再仔细想想,吴老对你严格要求的目的只有一个,那就是希望你能成才。如果你手术做得很漂亮不出任何问题,如果你一年能发表几篇高质量的论文,如果你能把自己的病区管理得秩序井然,恐怕也就不会再怕老师的严格要求和严厉的目光了。"②

在吴孟超的医学哲学与生命伦理里:一名好医生应该眼里看的是病,心里想的是人。始终把病人看作是大写的"人",才能不把医院开成药铺,才能

---

① 张鹏:《吴孟超画传》。上海:上海人民出版社,2007年,第163页。
② 张鹏:《吴孟超画传》。上海:上海人民出版社,2007年,第164页。

不把病人当作摇钱树。凡是由他亲自操刀的手术,每次结扎都坚持用手、用线,他常不厌其烦地对年轻医生说:"我们要多用脑和手为病人服务,用一次缝合器械,'咔嚓'一声1 000多元就花掉了,那可是一个农村孩子几年的读书费用啊! 我吴孟超用手缝线可分文不要。"多么人性化的换位思考,多么富有人文关怀的情操! 在吴孟超的从医和医学管理"辞典"里明明白白地录下了:患者生病已经是非常不幸了,为了治病他们可能已经花光了家里的所有,有的还负债累累。我们当医生的,一定要设身处地为病家着想,替病家算账。正是如此精打细算,在东方肝胆医院切除一个肝脏肿瘤的手术费、治疗费等均低于全国平均水平。东方肝胆医院也赢得了国内外病人的极大关注和声誉。①

吴孟超常说的一句话:病人就是病人,没有高低贵贱之分,对他们要像对待亲人一样。在他的病人中,有高级领导干部,有外国友人、海外侨胞、港澳台同胞,更多的是普通工人和农民,也有家里穷得掏不出一分钱的病人,只想请吴孟超用他那双具有传奇色彩的手摸一摸的。数十年来,不管什么样的病人找他看病,哪怕是在马路上遇到的,他都会热情相待,细心诊疗。

现任东方肝胆外科医院副院长的沈锋教授永远也忘不了第一次随恩师查房的情景:那是一个冬天,吴老去给一位刚入院的农村患者查房。他进了病房后不是直接把手伸到病人身上去探摸,而是先把手捂暖再轻轻地撩起患者的衣服进行检查。这个动作当时让沈锋感动得差点落泪……现在,沈锋也像吴老那样,冬天查房时,先将手焐暖,离开时不忘将病人的被角掖好,有时顺带将病人的鞋子放整齐,便于下床时穿着。

吴孟超最深恶痛绝的是医生收病人红包的现象,他有言在先:"谁若是收了红包,那就玷污了医生的神圣称号,再也不是我吴孟超的学生了。"在他的教导下,他的学生从不收病人的红包,还尽可能地捐助经济上有困难的病人。诸如胆道一科主任张柏和教授,就被病人称作"穿着军装的活菩萨"。这位"中国有突出贡献博士学位获得者"在2001年,遇到一位来自江西的小

---

① 方正怡、方鸿辉:《肝胆相照——吴孟超的人生选择与事业追求》,载于《院士怎样做人与做事》。上海:上海教育出版社,2011年,第146-147页。

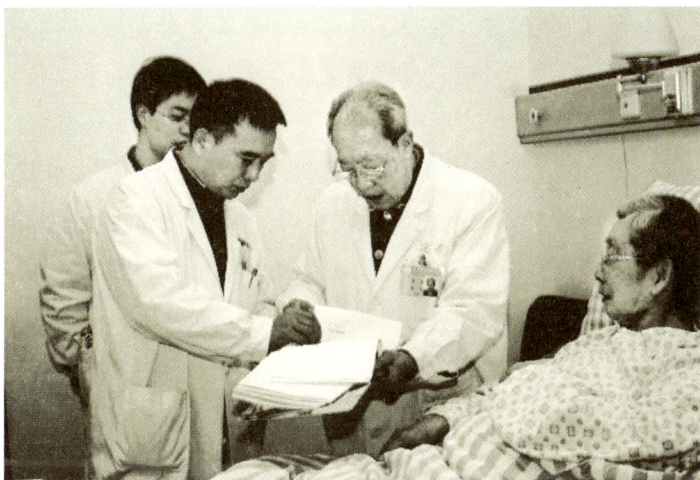

图 7-3　带领学生杨甲梅等查房(东方肝胆医院病房,吴孟超办公室提供)

男孩病人,入院后,不管用什么药,他父母都像买菜一样要讨价还价。经调查,他们家实在太穷,根本支付不起医疗费。张柏和二话没说,从工资里拿出 2 000 元交给小男孩的父母,还倡议全科室医护人员捐助,募集了 5 000 多元,使小男孩得到及时救治。

　　吴孟超的育人还遵循因材施教和量才录用的原则。是好钢就一定得用在刀刃上,做到人尽其才,心情舒畅。病理科主任丛文铭教授 1986 年考取吴孟超博士研究生,本欲学习临床,但吴孟超建议他转向从事肝胆病理研究。吴孟超语重心长地对他说:"现在我们国家的肝癌病人量还是很大,外科医生只能是一个一个地切除,真正要从根本上解决这个问题,还得进行基础科学研究⋯⋯我这一生做了不少手术,也救活了不少人,但要救的人太多,我力不从心啊!"所以从那个时候,吴孟超就开始招不同专业的人员来组建实验室,这也就是后来东方肝胆外科研究所的前身,旨在从深层次、多角度、多学科地进行肝癌的基础研究。其实,吴孟超从 20 世纪 70 年代末就已着手肝癌基础研究的人才战略布局了。① 遵循导师的指导,丛文铭经过多年的刻苦钻研,现在已是全国肝胆外科病理协作组组长,并已建成世界上规模最大的

① 丛文铭访谈,2011 年 12 月 29 日,上海。资料存于采集工程数据库。

肝胆病理标本库,被誉为书写病理诊断"金标准"的专家。

杨甲梅自1974年分配到吴孟超手下工作后,吴老就发现他有一股常人不具备的"韧劲",因欣赏他的这种个性而经常关照他,适时辅导他。在成为吴孟超研究生后,还特意送他到美国进修两年。现在杨甲梅已成长为特需治疗和肝移植科主任。杨教授在我国较早地开展了选择性肝动脉造型等技术,在肝移植上也取得突出的成绩,荣获多次国家和军队的科技进步奖、上海"科技精英"等殊荣。

吴孟超历年来培养的研究生都取得了不俗的业绩,诸如荣获上海第七届"银蛇奖"的优秀中青年专家周伟平教授、现任国务院海外专家咨询委员会委员的孙君泓博士、中华医学会外科学会解放军肝胆外科专业委员会主任的杨广顺教授、成都军区昆明总医院外科主任陈训如教授……由吴孟超培养的事业有成的学子数不胜数。所以说,"桃李满天下"确实是对吴孟超作为一名医学教育大家的恰如其分的描述。

2008年吴孟超被选为"上海十大教育功臣"之一,可谓实至名归。凭着吴孟超的人格魅力,我国不少肝胆外科的精英都凝聚在他的周围,共铸肝胆外科的辉煌。当然,他培养的人才也遍布各地。如今吴孟超的科研团队仍在不断吸引有志于肝胆外科临床与基础研究的青年才俊。

首创国际科研合作与人才培养的"哑铃模式"

郭亚军教授是吴孟超招收的第一批硕博连读的研究生,他现在是中国人民解放军总医院(即301医院)肿瘤中心主任、第二军医大学肿瘤研究所所长。笔者采访郭亚军时,他一打开话匣子便滔滔不绝地说了起来:"应该说,吴老1979年就带研究生了。但那个时候,我们军队叫试点招生。真正第一批正规招生同时具有博士研究生的,我应该算是吴老招收的第一个(1981年),硕士、博士都在他名下,连同博士后,三个阶段都在吴老名下完成的第一人。以后当然很多了,他的学生很多嘛!在那个年代,我有幸跟着他跨了这三个阶段:一个是纯临床阶段,硕士研究生;博士研究生是一半临床,一半基础;到了博士后就是纯基础研究。跨了这三个阶段,收获很大。这三个阶段不仅是对我个人,应该说对我们整个科研的体系,也应该说是一个缩影,反映了我们当时国家整个科技发展的一个方向,特别是医学。我们医学过去哪有实验医学? 实验医学最早就是由吴老提出这个概念的……"①

1989 年,吴孟超送博士后的郭亚军赴美国哈佛医学院合作研究。

郭亚军历任美国哈佛大学、圣地亚哥大学助理教授、副教授、教授。1997 年后在国内完成了一系列治疗肿瘤和自身免疫性疾病的抗体类药物的研制和生产,部分药物已经成功上市。郭亚军曾任国家 973 项目首席科学家和 863 重大专项专家组专家,并领衔担任抗体药物国家工程研究中心主任、上海市细胞工程及单克隆抗体重点实验室主任,以及全军肿瘤学重点建设实验室和军队 2110 工程"军事生物工程"重点建设学科的负责人。至今已先后申请国家发明专利 15 项,获得专利授权 6 项。曾获中国青年科学家、上海首届十大科技精英等荣誉称号。2007 年度就曾荣获国家自然科学奖二等奖和国家技术发明奖二等奖各 1 项。2011 年,中央军委给郭亚军记一等功。2012 年他和他的团队因新型重组肠激酶的研制及其在生物制药中的应用还荣获国家技术发明奖二等奖。

在处理郭亚军跨地域的科研历程中,吴孟超创造性地提出了"立足国内、放眼世界,有利于发挥海外学子优势,开展长期稳定的国际科技合作"的科学研究与人才培养的崭新模式——哑铃模式。

1989 年,肝胆外科刚从长海医院外科中独立出来,由于科研经费不足,吴孟超只能以"自费公派"的形式送郭亚军到美国哈佛大学医学院去合作研究,期限两年。作为导师,眼光超前的吴孟超给他的任务很明确——用国外先进的研究手段进行国内急需科研项目,重点是从事"肝癌免疫治疗"研究。说实在的,"肝癌免疫治疗"并非吴孟超的强项,但往后的肝癌攻坚战中,这是不可或缺的一个方面军,这点吴老心里很明白。借用外力来培养团队成员,只能走这"智慧"的一步。作为人才培养的方略,人们在事后才明白:在

---

① 郭亚军访谈,2012 年 4 月 1 日,上海。资料存于采集工程数据库。

征服肝癌的大棋盘上，郭亚军是吴孟超放到美国的一枚棋子。

由于郭亚军在国内已打下坚实的学科基础，跟随哈佛医学院的肿瘤科主任专攻肠癌、肺癌的免疫治疗，两年内在学术上已有了起色，但作为一名军人，1991年时限一到又非得回国，怎么处理这对矛盾？"我就给吴老写了一封长信，讲到要么我现在就回来，但是我们国家眼下的条件确实太差。那时候，哪有现在基金这么多，实验室也没有，这样回来就等于从头干起，太浪费了。那时候是中美的'蜜月期'——中国和美国作为战略伙伴关系最好的时期，军方来往也是很好的时期。所以就有一个想法，利用那个时间，能不能把国外先进的实验技术用到国内临床上？我们的病人多，肝癌也多，我们的临床做得很好，可我们的基础研究太差了……"①那时，郭亚军已经在哈佛大学当上讲师了。吴孟超考虑再三，允许他延期一年，第二年再允许他延期一年，目标始终很明确："用美国的研究基地给咱们中国真正做点事。"

1993年，郭亚军已成了俄亥俄州克利夫兰市的凯斯·西储大学医学院肿瘤中心的助理教授，正主持着该中心的单克隆抗体研究，进展很顺利。那年秋天，在做有关器官移植的单克隆抗体实验的时候，突然产生了这样一个念头：肿瘤的可怕在于它会欺骗人体免疫系统，使你无法产生抗体。若把具有提呈肿瘤抗原的免疫细胞与肿瘤细胞融合成一个杂交细胞，令机体"聪明"地将它识别出来，并杀死它，这不成了最简单的去除肿瘤的方法吗？这个让他在"肝癌免疫治疗"上取得了重大突破性的灵感，使研究很快取得了大进展。接下来的日子，他全身心地投入了实验并撰写论文。但这个关节点上，他的留美延期时限又接近了。

10月初吴孟超来美国了。6日，他先到达芝加哥鲁斯医疗中心，接受该中心授予的"杰克·佛莱瑟·史密斯访问教授奖"。22日赴旧金山接受"东华医院医生团1993年度医学荣誉奖"。领完奖，自然是直奔克利夫兰打算接学生郭亚军回上海。毕竟国内对"郭亚军不再会回国"的质疑声太高，哪怕让他回国服务一段时间也可堵一下流言蜚语，同时也能保持他的职务和军籍。

---

① 郭亚军访谈，2012年4月1日，上海。资料存于采集工程数据库。

吴孟超首先参观了他的实验室并听取了相关研究工作进展情况汇报，师生俩围绕如何依靠留学人员开展中外科技合作和人才培养进行了深入的探讨。如果郭亚军此时中断在美国的研究工作，即使不是前功尽弃，也是十分可惜的。尽管当时国内尚不具备郭亚军在美国所拥有的那些先进的高科技研究手段和相应的研究团队。那么，能否创造条件，朝这个目标努力呢？

　　改革开放以来的出国留学热潮，确实使不少人才流到了美国，当然有一部分学成后也回国了。美国利用其优裕的物质条件和先进的科学技术，从包括中国在内的发展中国家挖走了不少人才。但反过来说，我们许多年轻人在美国学习、深造，不也正是利用美国先进的科技手段为中国培养了人才、储备了人才？只要全面辩证地看待这个问题，把眼光放远一点，相信国力强盛后，大量人才还是会流回来的。再说，好的种子播了下去，不管在什么土地上都能开花结果。若能利用别人的土地，让别人来浇水施肥，我们收获丰硕的果实，不也是一件划算的事情？关键是要为留学人员开展中外科技合作创设良好的环境，提供必要的条件……

　　吴孟超又想：如果长海医院的肝胆外科"院中院"建一个同类的研究中心，开展肿瘤免疫治疗研究，同时保留郭亚军在美国的科研基地，让他穿梭于两者间，这不是很容易既出成果又出人才吗？

　　吴孟超确实是一位具有雄才大略的创新性医学科学大家，凭借他的宽阔胸怀和远见卓识，当即同意郭亚军继续留在美国进行肿瘤免疫治疗研究，一切流言蜚语由自己顶着："一个人只要有爱国心，回国是为国服务，留在国外同样可以为国服务，从某种意义上讲还可以发挥更大的作用。我同意你继续在美国工作！"并再三强调："你现在有了这个地位，当了教授，也有了那么漂亮的实验室，已经进入到美国的科研圈子内，要尽可能地保住这个研究基地，使我们的人能进来，你也能回去工作……"①

　　吴孟超的意思是"要借船过河，引水养鱼"。他冷静又客观地对比了当时中美双方的优势：自己领衔的科研团队经过几十年的努力，肝胆外科已成为国家的重点学科，每年收治的肝癌病人并成功进行手术的已达几千例，从

---

① 郭亚军访谈，2012 年 4 月 1 日，上海。资料存于采集工程数据库。

临床中提出的课题均属当时这一领域的前沿的也是重大的课题,这是其他任何国家的医疗和科研机构均无法比拟的;而美国有着最先进的科研团队和技术装备,当然还有雄厚的科研基金,如果中美双方能建立对等的合作伙伴关系,实现优势互补,肯定能产生"1＋1＞2"的效果,这些科研成果今后能造福于全人类。

这有点类似于"哑铃"这种健身器械,两端同时举起可以强身健体。郭亚军的功能就在于将重负的两端连接起来。以这种形式来开展国际科技合作与人才培养,就犹如一只两端负重的"哑铃",因此也可称作是"哑铃模式"。也只有吴孟超那样的战略科学大家才有魄力提出这种创新的模式。

吴孟超从美国回来以后,把上述构想向二军医大党委作了详细汇报,得到了一致的肯定和支持。作为实施"哑铃模式"的第一步,由吴孟超提名,二军医大任命郭亚军为东方肝胆外科研究所副所长,和母校共同筹建"肝癌免疫与分子生物治疗研究中心",并约定中心建成之后,他每年回国工作四五个月。

图7-4　郭亚军教授接受采访(摄于2012年4月1日下午,第二军医大学郭亚军教授办公室,方鸿辉摄)

这一年郭亚军在美国凯西·西储大学病理学院研究成功可以杀死肝癌细胞的新型疫苗,它能使免疫系统识别并杀死肝癌细胞,这一突破在美国医学界引起轰动,著名的《科学》杂志(*Science*)率先发表了有关的论文,并把它作为美国的重要研究成果向全世界宣布。郭亚军则坚持第一作者单位为中国第二军医大学,同时要求论文发表时还要署上"东方肝胆外科研究所所长吴孟超教授"的名字,作为中美双方协作完成的研究成果。按照惯例,《科学》杂志必须与作者签订协议,以保证其独家登载的权利。

1994年1月26日上午10时许,

第二军医大学吴孟超副校长办公室的传真机收到《科学》传来的一份具有法律效用的协议书，要求作者之一的吴孟超教授签字，并即刻回传美国。按吴孟超一贯的处事作风：在学生们每做完一个科研项目并写成论文发表时，总要把导师的名字放在最前面，以示对恩师的敬重，而甘愿做人梯的吴孟超不论付出了多少心血和智慧，总会把自己的名字划去，即使做了大量的关键性工作也仅把名字挪到最后。这回的情况稍微有些不同，作为导师，他完全理解郭亚军要与他共同署名的用意——"哑铃模式"的重要体现！论文在1994年2月号《科学》上发表了，全球医学界反应强烈，有关专家给予了高度评价，称赞这项已在大白鼠体内试验成功的研究成果是"开启了免疫系统防治癌症的大门"，是"当今最有前途和有实用价值的肿瘤治疗方法之一"。[1]

自1994年起，郭亚军就利用休假回国来筹建实验室了。他先是每年回国一个月，后来变成两个月、三个月、四个月，甚至六个月，每年中美两地跑，整整10年后才带领在美国培训后的所有团队成员一起正式回国。作为"哑铃模式"的体现，这期间由郭亚军牵头的主要交流项目包括总后勤部和美国内布拉斯加州立大学共同签署的合约——两军高级肿瘤人才交换计划，即每年派5名正教授以上的科研人员到美国训练一年，连续五年，郭亚军是该计划的中美方共同主任。另外，国内刚成立的肝胆外科研究中心急需要培训人才，其中沈锋、施乐华等就是郭亚军第一批带到哈佛医学院去进修和学习的。类似地，由郭亚军发邀请和协助办理手续的前后一共有67名学者，也就是为全军培养67名高级科研人才尽了力。

其实，"哑铃模式"这个词的提出并不是吴孟超或郭亚军，而是1997年时的《解放军报》和《科技日报》的几个整版的报道中的用词。那时候记者采访了驻美大使馆的参赞、医科院的院长、基金委的领导等，产生了一系列文稿：大使馆参赞谈"哑铃"，医科院院长谈"哑铃"，基金委国际合作局局长谈"哑铃"，等等，形成了系列访谈。不过，这种模式创新的理念是由吴孟超所开创

---

[1] Guo Yajun, Wu Mengchao, Chen Han, Wang Xiaoning, Liu Guangluo, Li Guanglo, Ma Jing, Sy Mansun. *Effective tumor Vaccine generated by fusion of hepatoma cells with activated B cells*. *Science* 1994;263(28):518-520。

的,他把人才的培养、技术的引进吸收、利用国外基地克服自己的弱项进行有成效的实验和科研,构建一种科技平台模式、合作模式以及人才培养模式,作了这样形象化的比喻。

吴孟超所开创的"哑铃模式",不仅很好地解决了留学人员"回国服务"和在国外"为国服务"的结合问题,开辟了中外科技合作的新模式、新途径,而且在研究合作和人才培养两方面都显出了很强的生命力。日后,全国自然科学基金委、科技部、教育部、卫生部、总后勤部卫生部、上海市政府、上海市科委都全力支持这种模式,也分享到这种模式带来的科研平台和人才培养的成果。吴孟超相信,只要我们适时地转变观念,认识到海外学子"回国服务"与在国外"为国服务"在本质上是一致的,并努力为他们创造"为国服务"的各种条件,通过他们在国外建立一个个"合作基地",开设一扇扇"前沿窗口",形成一个个"学科部落",就能使中国科技尽快走向世界! 实践也已雄辩地证明,吴孟超的这种敢于冲破藩篱的大胆创新的思想确实是很前瞻的,也很具可操作性。

王红阳的科研道路也体现了吴孟超"哑铃模式"的思想。

1987 年,吴孟超作为中德医学会上海分会的会长和二军医大副校长,曾承办过一次中德医学会议。王红阳当时在长征医院消化科,她被吴孟超吸收为大会秘书组成员。由于她工作认真、细致,受到了吴孟超的赏识。会后,吴孟超与中德医学会会长裘法祖教授联名推荐王红阳去学德文,1989 年送她去德国攻读博士学位,那年吴孟超 67 岁。自从 10 年前参加第 28 届国际外科学术会议以来,他一直在思考这样一个问题:我国是一个肝癌患者的大国,攻克肝癌得靠自己的力量。我们虽然在手术上有所突破,但在基础理论研究和药物研发上底子实在太薄,今后的主力军得靠现在的年轻人。因此,培养年轻才俊是当务之急。有谁能承担培养年轻人的重任? 看来必须借用外力,借用发达国家(诸如美国、德国)为我们培养医学人才。我们的主要任务是选准选好苗子。现在回过头来分析当初裘法祖和吴孟超送王红阳出国深造,应该能明白,这其实是战略科学家早就谋划好的攻克肝癌大棋盘上一枚放到德国的棋子。以后王红阳的出色表现,让我们更加叹服老先生的这一招是极其高超的。

1992 年王红阳在德国乌尔姆大学获博士学位后,曾短期回原单位工作,不久又去德国科学院马普生化所做博士后，并从 1995 年 6 月起担任高级研究人员及课题组组长。

自从把王红阳送到德国去深造后，吴孟超经常给她打电话，趁赴欧洲开会之机，总不忘顺道去马普看望她。90 年代组建东方肝胆外科医院后，吴孟超确实很需要人才，他就开始联络国外的这些留学生。王红阳当然是他渴求的人才之一，即使暂时不能回国也希望她以各种可能的方式为医院做一点实事，并与王红阳探讨有没有可能短期回来做些工作？当时王红阳在德国科学院，国内对外开放的步伐比原来大多了，她经常要接待一些国内来的代表团，当时就有一个国家自然科学基金委的代表团去了，王红阳则以马普的角度出面接待了他们……二军医大也请王红阳回国作过好几次学术报告。

1996 年底，吴孟超利用去德国参加学术会议的机会又去看望了王红阳。那天下着大雪，年过七旬的吴孟超和当时的副校长傅继梁在海德堡开完会，连夜冒雪赶到王红阳所在的慕尼黑西南卫星城的马普生化研究所，由于风雪交加，原本 3 小时的车程却足足开了 6 个多小时，直到晚上 10 点多才赶到王红阳的研究室。吴老直言直语地提出，希望她能尽早回国。吴老求才若渴的形象至今王红阳还历历在目：

> 我在德国是做肿瘤基础研究的，是比较基础也比较前沿的研究。我毕竟是消化科医生出身，知道中国的肝癌是全世界第一高的发病率，属"肝癌大国"，再加上国家有一亿多人患乙型肝炎，肝炎和肝癌毕竟是有关系的，但是谁也不知道两者是什么样的关系，这里面有很多问题都没有解决。当时吴老新建肝胆外科医院不久，我觉得如果是真的要做肿瘤研究的话，最重要的该做肝癌的研究，对于中国人来讲，肝癌是最重要的一种恶性肿瘤。而要做肝癌研究，对我来说，回国是最有价值的，也是最能够发挥作用的。实际上，从消化科医生的角度来看，我也发现还有很多问题都没有解决，需要用到的恰恰是我正在从事的这些前沿理论的研究方法和思维。[1]

① 王红阳访谈，2012 年 2 月 15 日，上海。资料存于采集工程数据库。

在获悉王红阳有意回国做事的愿望后，吴孟超自然十分高兴，并积极为她的回国开展科研创设条件。

王红阳在德国科学院是有科研经费的，德方愿意和中方合作，同意王红阳把科研经费带回中国，同时要求中方匹配一定的经费。这不正是吴孟超所倡导的"哑铃模式"吗？

2012年2月15日，笔者采访王红阳院士时，她说了一番心里话。

吴老请王红阳到肝胆医院时，她也是心有所动的。但她毕竟是从长征医院去德国留学的，按理讲回国该回原单位，再说长征医院也坚持让她回去，但王红阳还是选择去东方肝胆外科研究所。她觉得这个决定还是比较合适的，其中最关键的因素是吴老的人格魅力。吴老虽然是外科医生，但他极其重视基础研究，这一点让王红阳特别佩服，他的学术视野完全是一位战略型的医学科学大家。王红阳多年来接触到很多有名的外科医生，一般都只知道开刀，往往认为做基础研究没什么用。吴老就同一般的外科医生不一样，他在建设肝胆外科的同时就建立实验室，尽管当时的规模比较小，但他注重引进人才，王红阳只是其中一位。当然，他还从美国、从其他地方也都引进了一些人才。他有这种战略上的考虑，王红阳觉得这是吴老的肝胆事业能有今天这样成就的一个很重要的原因。吴孟超从一开始的布局就关注到基础研究，吴老曾跟王红阳说的一句话，她一直记得，"肝癌的问题光靠我们开刀解决不了，要靠你们做基础研究的"。这话对王红阳很有鼓舞，否则的话，作为基础研究的人，"我到你一个外科医生的圈子里，怎么发挥我的作用？我觉得，吴老在这方面给我的印象非常深刻。他是从战略上考虑问题的，因此十分重视基础理论的研究，而恰恰我个人也认为，肝癌靠开刀不能完全解决问题。所以我回来以后，就建了这个国际合作实验室，使我了解了一些临床上的难题、瓶颈的问题、一些临床上开刀的具体情况。我当时跟吴老商量：来的病人都是晚期的，尽管吴老您高超的开刀技术能帮上忙，但是术后存活时间往往非常短。开完刀病人出院了，几个月后你去随访他，可能已经不在了。"①所以，王红阳觉得已经很晚期的病人来开刀，延长病人的

---

① 王红阳访谈，2012年2月15日，上海。资料存于采集工程数据库。

生命时间是非常有限的,生活质量也不行。看来,早期诊断、早期预防是极其关键的。吴孟超当然完全同意王红阳的观点。

在吴孟超诚心诚意地邀请下,王红阳从德国带着每年10万马克的科研经费、带着实验研究的课题以及一个集装箱的仪器设备回到了国内,并最后落户东方肝胆外科研究所。

图7-5　王红阳教授在办公室(吴孟超办公室提供)

吴孟超为王红阳搭建了施展才华的舞台。不久,以王红阳领衔的中德合作生物信号转导研究中心在东方肝胆外科研究所成立。吴孟超在新医院刚成立,经济上还挺拮据的情况下拿出近百万资金支持王红阳建立生物转导信号实验室,以后又批准王红阳筹建临床综合治疗病区。而且,吴孟超请回的不仅是王红阳,还有她的导师——信号转导研究的鼻祖、德国马普生化所所长乌尔里希教授,聘请他担任二军医大客座教授,定期来华讲学。

"肝癌问题的解决最终要靠基础研究"

肝癌是我国发病率很高的一种肿瘤,在有手术指征的前提下,外科手术切除虽是主要的治疗方法之一,但在手术最大限度地切除肿瘤之后的转移复发,特别是对肿瘤已全身转移的晚期病患者,外科手术往往就无能为力了。

进入 20 世纪 80 年代,作为一名战略型医学科学家,吴孟超越来越紧迫地意识到,欲从根本上提高肝癌的防治水平,必须依赖基础研究的进步。为此,他率先在长海医院肝胆外科内建立起国内第一个专业性研究肝癌的实验室,还为实验室日后的发展,前瞻性地做了人才部署:建立国家首批硕士、博士学位授予点和首批博士后流动站,每年都有计划地招收相关的研究生,还选送合适的人才到国际著名科研院所去进修,并千方百计地引进相关的基础研究高级人才……为肝胆外科的基础理论研究组建团队,蓄积能量。

实际上在 20 世纪 80 年代末,从开始谋划建立独立的专科医院起,吴孟超就定位这所将要建立的医院是一家研究型的医院,既从事基础理论研究,又是一家专科医院,是院所合一的模式。

30 多年过去了,今天全世界的医学科学界才真正意识到"转化医学"的重要性,才感觉到一所专科医院同时兼有研究功能是多么重要,它们对国家医学事业的发展和人民健康水平的提高是不可或缺的有机整合体。

对东方肝胆外科医院的所有医务工作者来说,当他们在近日接受"转化医学"理念的时候并没有感到有什么新奇感,也没有觉察到这是一种 21 世纪的医学新理念,因为这么多年来,他们的领头人——吴孟超院长一直就是带领大家这么思考、这么实践的,院里所开展的工作确确实实一直围绕着肝癌临床实践在做"转化医学"。说得更贴切一点,他们天天在做"转化医学"。

1993 年,在东方肝胆外科医院成立后的一次党委会上,吴孟超提出要加大在基础研究上的投入,可有人提出反对意见,认为肝胆外科医院的特色在于临床治疗而不在于基础研究,在资金很紧的情况下往基础研究上投大量的资金和人力根本没有必要,也没有这个能力。但作为我国肝胆外科创始人的吴孟超却据理力争,并斩钉截铁地表示:基础研究确实不像临床治疗那样立竿见影,但如果没有基础研究的推动,临床治疗只能停留在手术上,我们这样一家医院每天充其量也就施行十几例手术,挽救十几位病人的生命。有手术指征的肝癌病人很多,眼下我国的手术条件与能力能满足所有病人的需求吗？再说，手术后的复发问题还横在我们面前，而我国又是肝癌大国，不能指望西方发达国家来攻克发展中国家疾病谱中高发的肝癌……为此，我们只能靠自己的能力来真正弄明白导致肝癌的病因、机制，从源头上找出彻底解决肝癌的办法！

"我认为，肝癌问题的解决最终要靠基础研究。"从某种程度上来说，要把基础研究放在比手术治疗更重要的地位！我们具有得天独厚的病例、病理和专家资源，怎能舍本求末呢？

吴孟超以有据有理的思想，言简意赅地说服了与会的所有人员。不愧是战略科学家的高屋建瓴和远见卓识。最后，党委达成共识，一定要加大基础研究投入。

其中最显著的举措是：1996 年，医院从并不宽裕的资金中拿出几百万元，先后成立了中德合作生物信号转导研究中心、中日合作消化道内镜临床研究中心、中美合作肿瘤免疫和生物治疗中心、沪港合作基因病毒治疗中心等四个日后在国际上具有较大影响的基础研究基地。这四个中心果然身手不凡，每年都有数十篇高质量论文发表在国内外权威的学术刊物上，为肝癌病人的早期诊断和综合治疗提供了科学依据，也为肝癌手术的临床治疗提供了可靠的理论。同时，东方肝胆外科医院和研究所也培养出了像王红阳、郭亚军、丛文铭、钱其军、卫立辛、殷正丰等国内、国际均有一定知名度的科研工作者。也就是说，吴孟超以其前瞻的眼光和战略的部署，布列了一个基础研究的人才方阵，建立了东方肝胆外科研究所这一实力雄厚的肝癌基础研究平台。长期以来，围绕肝癌的发生、发展机制以及新的治疗途径和手段等方向进行研究[1]，取得多项突破性成果。有厚实的基础理论研究垫底，东方肝胆外科医院的临床技术的发挥才能更淋漓尽致，进入 21 世纪，由吴孟超主持或组织实施的肝癌介入疗法、微创治疗、生物治疗、免疫治疗、病毒治疗等一系列前沿科技的治疗方法相继运用于临床，并取得重要突破。

日后，吴孟超在关于"坚持院所合一的办院模式"的医院建设论坛上深

---

[1] Wu Mengchao, Shen Feng: *Progress in research of liver surgery in China*, WJG 2000；6(6)：773 - 776。

有感慨地说：

不断创新管理机制是专科医院协调发展的必由之路。本院是迄今为止世界上仅有的一家"院所合一"的肝胆外科医院。这种院所合一的办院模式精髓来源于基础与临床相结合，就是把临床中遇到和形成的课题，拿到研究所的实验室中去，运用新的技术和方法进行系统深入的研究，再用研究的成果指导临床、充实教学，以实现医疗、科研、教学的协调发展。院所合一的办院模式的优越性是显而易见的，但真正要长期坚持下来，就会有两个问题必须引起高度重视：一是研究所是专职从事科研工作的，从近期效益看很难给医院带来直接的经济效益，往往投入多、产出少、周期长、见效慢。二是全军院校精简整编后，医院编制短缺的矛盾十分突出，临床医疗的人手捉襟见肘。在这种情况下，建议把研究所的编制加强到临床一线上去的大有人在。这两种短视思想引起了医院党委的高度重视。医院在2006年底举办了"医院建设发展学术论坛"，是本院肝胆外科学科发展50周年，也是本院成立10周年。医院邀请院内外同行专家作学术讲座寻找专业上的差距，邀请管理专家为医院"十一五"发展规划出谋划策。通过这样一个专场活动，发动全院工作人员总结院所合一办院模式的经验，分析医院面临的机遇和挑战，引导大家站在战略高度认识研究所地位和作用。也正是通过举办这次论坛，全院统一了思想，确立了建设"国际一流研究型专科医院"发展目标。[1]

肝癌信号转导研究

细胞信号转导研究是当今国际细胞分子生物学研究的前沿领域。在吴孟超任所长的东方肝胆外科研究所里，具体负责实施这项研究的是王红阳教授。

---

[1] 吴孟超：《从"三人小组"到"三甲医院"》，《解放军医院管理杂志》。2010年2月28日第17卷第2期。

所谓信号转导,就是研究肿瘤的发病机制,即正常细胞是怎样变成癌细胞的这个过程,中间有哪些关键因素,这个网络是怎样构成的,怎么才能阻断其中的通路,使网络被打破,把它恢复到正常态。也可以这样通俗地表达:尽管基因是生命中的最小单位,但它也是有语音的,这种语音就是"生物信号"。若人类掌握了这种语音,就等于拿到了破译奥秘的金钥匙。眼下全球做肿瘤基因研究的科学家,都在你追我赶地寻找这样的金钥匙。

　　王红阳实验室的基础性工作就从筛选肿瘤标志物开始,特别是从肝癌的早期诊断标志物入手。为此,他们做了大量极艰苦的初创工作,诸如第一件事就是把东方肝胆外科医院所有手术切下来的肿瘤样品收集起来,建立一个肝癌样本库。这也是我国第一个肝癌样本库,就建在王红阳的实验室里。这个样本库从一开始逐个收集,现在已经有几千例标本了。这些一例一例收集起来的肝癌样本,对他们的研究是非常重要的,当然也为全世界的肝癌研究积累了不可多得的资料。王红阳很有感慨地说:"现在很多国家才刚开始重视肝癌样本库建设,像美国现在就不断地要找我们合作,实际上看重的是我们这么多样本的积累,我们有吴老做手术的大量肝癌病人,我们把这些病人的样本都收集起来,这样就积累了很多有效样本。这个库就像一个'样本银行',它有很大学术价值和利润价值。别人很多是在动物实验上做的结果,都是动物的样本,动物和人是不一样的种系,所以你拿动物的实验结果来解释人的疾病,肯定是有很大距离的,可信性也是受到挑战的,这个时候一定要拿人的这些样品,再来做一个验证性的实验。现在,我们就有了非常独特的资源和基础,所以这也是我们实验室受到全世界关注的很重要的原因,也是大家对吴老这家医院关注的原因之一。"①

　　1997年新病房大楼建成后,生物信号转导研究中心在硬件和软件上进一步得到了加强,拥有了1 400平方米的实验室,开发了不少很前沿的研究课题,还有800多万元的仪器设备……这在国内同类实验室中是属第一流的,有关的课题及科研进展均处于领先地位,已经由人体器官的研究深入到

---

① 王红阳访谈,2012年2月1日,上海。资料存于采集工程数据库。

细胞核内物质信息网络变化的探索之中,深入到基因的突变研究之中。

眼下,生物信号转导研究团队收集的病例数已达上万例,肝癌样本几千例,[①]这是很重要的资源。他们将这些外科手术切除下来的样品进行筛选实验,譬如说病人是在晚期出现一个高表达的基因,还是早期就出现一个高表达的基因? 假如说一千个病人都有那样的一个高表达基因的话,那就对早期诊断有一定的价值了。他们做了大规模的筛选,在此基础上已发现了三四个非常有前景的标志物,其中有一个现在已产业化了,[②]因为已从临床实验上,证明对病人是非常有用的,而且也拿到了国家发明专利和国际的发明专利。

这些年来,细胞信号转导实验室研究了受体型蛋白酪氨酸磷酸酶 PCP -2、抑制性受体 SIRP、抑癌基因 PTEN 及癌基因 p28 的组织表达特征和相关信号通路及与肿瘤的关系,发现抑制性受体 SIRP 和 PTEN 在肝癌中的变化及意义,报道 PTEN 在肝癌中 4 种新的突变形式;明确了一组重要信号分子参与疾病信号转导通路的调控。在此基础上,运用差异显示 PCR 技术和最新的基因芯片技术平台筛选人类肝癌相关基因,筛选得到 100 多个差异显表达片段,已从中发现和克隆鉴定了 HCCA1、HCCA2、HCCA3 和 p28 - Ⅱ 等新的全长基因,申报了 8 项国家专利,并研究了上述基因的组织表达特征和基本的生物学功能。[③] 信号分子异常和肝癌相关新基因的发现丰富了人类在分子水平对疾病的认识,有助于在深入了解肝癌发生和侵袭转移分子机制的基础上获得新的诊断治疗靶标,具有重要的临床意义。上述研究获得国家自然科学基金重点项目、"863"、"973"等专项基金的资助,部分结果获得军队科技进步奖一等奖和全军"九五"重大科技成果奖,在影响因子为 6—

---

① 并不是每一个肝癌样品他们都能收集到的,因为必须要先满足临床诊断用,诊断剩下来的他们才能把它收集起来,再加上大家不断地研究消耗,也用掉了不少,所以现在他们存有几千例样本——笔者注。

② 也就是已作为国家肝癌重大专项的标志性成果而处于临床报批阶段了。

③ Wang Zhengxu, Wang Hongyang, Wu Mengchao: *Identification and characterization of a novel human hepatocellular carcinoma associated gene*, *Br J Cancer* 2001;85(8):1162 - 1167; Zeng Jinzhang, Wang Hongyang, Chen Zhengjun, Axel Ullrich, Wu Mengchao: *Molecular cloning and characterization of a novel gene which is highly expressed in hepatocellular carcinoma*, *Oncogene* 2002;21:4932 - 4943。

10 分的 *Hepatology*、*Oncogene* 等国际主流期刊发表了多篇论文。仅 2011 年一年,细胞信号转导实验室就发表了 7 篇高质量的论文,其中影响因子大于 10 的就有 5 篇。

作为这个实验室的具体负责人,王红阳教授没有辜负导师吴孟超的厚望,在肝癌等疾病信号转导的研究上相继取得了突破性进展,先后发表有影响的论文近百篇,获得发明专利多项。因此,王红阳于 2000 年受聘为"长江学者"特聘教授、总后勤部"科技金星"。2003 年被评为上海市"十大科技精英"之一,受聘担任科技部"863 计划"主题专家、国务院学位办学科评审组专家和国家自然科学基金委评审专家等。以她为第一完成人的科研成果荣获国家自然科学奖二等奖、军队科技进步奖一等奖、总后"九五"重大科技成果奖,何梁-何利基金"科学技术奖"、上海医学科技奖一等奖和上海市科技进步奖二等奖等奖项。2005 年还被选聘为中国工程院院士。

王红阳反复强调:"推荐我出国又引荐我回国的吴孟超院士,他对我的事业倾注了很多心血。吴老作为医院的院长,从一开始建院就能够关注基础研究,始终关注临床的问题、外科医生不能解决的问题,刻意找一批做基础研究的人来针对肝癌治疗上的问题做一些前瞻性的研究。他有十年前的布局,才能有十年后的收获,所以他在这个方面是远远走在别人前面的。实

图 7-6　师徒三人(左起吴孟超、裘法祖、王红阳)均为院士(摄于 2006 年,北京,吴孟超办公室提供)

际上，没有哪家医院肯养这么多做基础研究的人，当时吴老是顶了很大压力的，因为很多大夫并没有像吴老那样的想法，他们不理解，提了很多意见，这我也知道。他们说，这个实验室每年发表一大堆文章我们也看不懂，有什么用？但是，吴老从战略发展的角度，就意识到这个基础研究太重要了。只有他当年的这种决定，才能使东方肝胆外科医院能够在国家肝癌重大专项上能牵头，来做国家的专项，也能够承担国家最前沿的课题，国家肝癌科学中心也能够建在我们这个地方。"①

建立肝癌的病毒及基因治疗

肿瘤的病毒及基因治疗是生物治疗领域的研究热点，吴孟超在东方肝胆外科研究所建立的病毒及基因治疗实验室，共有三个部分组成：一个 900 平方米的实验室；一个符合 CGMP 的约 300 平方米的生产细胞的车间（或者说是一个细胞培养室）；再有一个生物治疗的临床科室。眼下由他的学生钱其军领衔。

钱其军是 1994 年协和医科大学博士毕业的，毕业后想出国，给吴孟超写了一封信。吴孟超很快就回信，希望他到东方肝胆医院来做博士后。1996 年，钱其军博士后毕业，又到中科院上海生化所刘新垣院士那里研读了几个月。1998 年，吴孟超就派他到香港大学临床肿瘤科搞科研，在香港大学待了整整 4 年。吴孟超希望钱其军关注并寻找肿瘤生物治疗的新方法和新策略。当时钱其军发现溶瘤病毒的治疗思路非常有意义，在获得吴孟超大力支持的情况下，他于 2000 年，带着香港商人提供的 1 000 万元资助，回上海组建病毒基因治疗实验室。

"吴老是一名由手术起家的外科医生，但他对肿瘤有很深的研究，特别是在肝癌方面造诣很高。吴老一直认为单靠外科手术治疗是不能彻底根治肿瘤的，肝癌就是一个很典型的例证。我们可以觉察到的肝脏肿瘤是一个显见的物块，可以看到它，条件允许的话我们当然会设法用手术把它切掉，

---

① 王红阳访谈，2012 年 2 月 15 日，上海。资料存于采集工程数据库。

但问题是,在肝脏其他的部位甚至在患者全身都可能有很小的肿瘤,是我们肉眼无法觉察到的。"①为了把全身其他地方的病灶也都清除掉,就必须开展基础研究,寻找更理想的治疗手段。早在20世纪60年代刚开始搞肝脏科研的时候,吴孟超就做了很多基础研究,诸如把肝癌进行分型,还做了很多有价值的动物试验等。

通常以为病毒似乎都是坏的,实际上通过改造之后的溶瘤病毒,可以只在肿瘤细胞增殖,而在正常细胞不增殖,这就形成只杀死肿瘤细胞,不会杀死正常细胞的局面。为此,实验团队就通过"训练"病毒去杀肿瘤,训练后的病毒能把肿瘤杀死而不影响正常细胞。

基于上述一系列思想,东方肝胆外科研究所的病毒及基因治疗实验室建立了共刺激分子B7、ICAM-1、IGF-1等单基因和多基因联合转导的肝癌基因治疗方法,并在大量基因治疗实验研究的基础上,针对国内外基因治疗转导率低和靶向性差的薄弱环节,提出基因与病毒相结合的新思路,研制了两种分别以端粒酶阳性和P53突变的肿瘤细胞作为靶点、携带抗癌基因的新型肿瘤增殖病毒——CNHK300、CNHK200。由于该病毒仅在肿瘤细胞内特异性增殖及复制,能极大地提高抗癌基因在肿瘤内的表达量,因而有效克服了传统肿瘤基因治疗的缺陷,临床前实验证明这种疗法优于传统的肿瘤基因治疗与病毒治疗,由此建立了一种全新的抗癌治疗新技术,现在已经获准进入临床试用阶段。② 这项研究曾获得国家"863"专项、国家自然科学基金委国际合作重大专项基金资助。

根据吴孟超的理念,实验室还研发抗体治疗。抗体在临床上用的很多,生物治疗市场里50%是抗体治疗,由于太贵,很多中国人用不起。所以该实验室的科研人员就把抗体放到基因里,设法做出药后,抗体的成本可能就很低了。

眼下,实验室还在研究细胞治疗。鉴于一些癌症病人发现时已处于晚期,或者有些患者外科手术后很快又复发了,在没有(或者说是无法进行)手

---

① 钱其军访谈,2011年12月8日,上海。资料存于采集工程数据库。
② 沪卫技准字[2004]第02号。

术的情况下，经过细胞免疫治疗后，他们的肿瘤消退了，免疫指标正常了。这种治疗，他们已经做了300多人次了，已经看到很多确确实实有疗效的实例。肿瘤的发生跟免疫是有关的，在免疫功能低下的时候才会发生肿瘤。实际上，绝大部分正常人的体内也是有肿瘤细胞的，譬如说在男性的前列腺或女性的乳腺，绝大部分人都带有肿瘤细胞，但这种肿瘤细胞数量较少，并没有变成一个临床肿瘤病人，但在免疫功能低下（免疫细胞有问题了）的时候就会成为临床病人。该实验室的科研人员就想，能把免疫细胞输进去就有望把肿瘤控制住。这几年免疫细胞治疗的方法发展很快，通常也就是在体外大规模培养免疫细胞，一般可培养到近千亿数量级的免疫细胞，再输回病人体内去，使很多病人的生命获得挽救。这个项目的课题组已经拿到应用批文了（以前是试验批文），这也是全国第一家拿到应用批文的研究所。

钱其军很有感慨地表示："吴老一直这样认为：对于一位肝癌病人来说，其肝脏的局部表现比较突出，而实际上他全身也会散布着一些肿瘤细胞，这种肿瘤细胞如果在其他部位长出来了，那就是转移了，如果不长出来停留在那里，那么这个细胞并没有在临床上被察觉，就没看到转移的现象，但并不代表其他地方没有肿瘤细胞，肿瘤细胞还是存在的。最典型的例子就是肝移植，若把原来患病的整个肝都拿掉了，把新的肝移进去，但肿瘤往往又会复发。这就说明在他的血液里面、骨髓里面确实也有肿瘤细胞。我们可以把它们取出来，可以检测到这位病人是存在肿瘤细胞的。哪怕肝脏的手术做得再好，肿瘤细胞不清掉，他还是有复发可能的。因此，针对全身的免疫治疗是有必要的。"[①]

眼下，东方肝胆外科研究所的病毒及基因治疗实验室已申请了9项国家发明专利，已授权2项，另有7项正在申请国际专利，相关论文发表在著名肿瘤期刊 Cancer Research、Inter J Cancer 等上面，而具体负责这些项目实施的吴孟超的学生钱其军教授也荣获了上海市科技"启明星"的光荣称号。

---

① 钱其军访谈，2011年12月8日，上海。资料存于采集工程数据库。

发现肝癌细胞的重要生物学特性

肝癌的生物学特性研究是了解其发生、发展机制的重要基础。20 世纪 80 年代中期吴孟超领导开展了肝癌分子病理学研究,结果发现肝癌在肝硬变期→癌变期→肿瘤浸润转移期的演变过程中,肝癌的 DNA 干系呈现出从二倍体→四倍体→异倍体的特征性转变;对不同体积肝癌的 DNA 倍体检测发现,瘤体直径小于 3 厘米的肝癌以二倍体为主,大于 3 厘米的肝癌则以异倍体为主。结合临床病理表明肝癌在瘤体生长至近 3 厘米大小时,是 DNA 倍体开始从二倍体向异倍体转变、生物学行为从早期相对良性向演进期明显恶性转变的重要时期。[①] 这一发现是国际上小肝癌的首次科学定义,为临床早期小肝癌的诊治提供了理论依据,2001 年广州第八届全国肝癌学术会议制定的《原发性肝癌的临床诊断和分期标准》将小肝癌的体积标准从直径小于等于 5 厘米改为小于等于 3 厘米。该研究受到多项国家自然科学基金资助,曾获国家科技进步奖三等奖、上海市科技进步奖一等奖,论文发表在 *Cancer* 上。具体负责这一项目实施的是吴孟超的学生丛文铭教授,也是总后科技"银星"称号的获得者。

1984 年,31 岁的山东青年丛文铭考上吴孟超的硕士研究生。他是学病理专业的,那么,吴老为什么要招非外科的学生为临床专业的研究生。跟随吴孟超多年后,丛文铭逐渐理解了导师的战略思考:我们国家肝癌病人量很大,外科医生的本事只能是一个一个地切除,哪怕肝胆外科医生个个都是千手观音,恐怕也解决不了这个问题,因此非得进行基础医学研究不可。为此从 70 年代起,吴孟超就已经开始战略布局了,物色相关人员并招收不同专业的研究生来组建各类实验室,这些实验室就是东方肝胆外科研究所的前身(或者说雏形)。吴孟超的目标很明确:要从更深的层次、更广的视角,集更

---

① Cong Wenming, Wu Mengchao: *The biopathologic characteristics of DNA content of hepatocellular carcinoma*, Cancer 1990;66(3):498 – 501; Cong Wenming, Wu Mengchao: *Small hepatocellular carcinoma: DNA content and biological characteristics*, Chin Med J 1989;102 (10):783。

多学科的优势,以集成的策略进行肝癌的基础研究,寻求从本源上解决问题的办法。于是,他陆陆续续招来了学检验专业的,学分子生物学的,学病理学专业的……然后把这些人员组建起来,逐渐向前发展。学分子生物学的组建成分子实验室,学病理学专业的组建成病理科……后来就逐渐变成一个一个的实验室和学科了。吴孟超确实看得很远,能胸怀宏图地布局多学科建设,以后的实践证明了这是非常有眼光的思想和举措。

丛文铭在研究生选题的时候,曾经向导师咨询,该选什么样的课题,吴孟超就对他说:研究肝癌要研究早期的,不要等到中晚期了,大肝癌了再去治疗,花费的精力很大,但效果并不好。要研究就选早期的着手,所谓早期的肝癌实际上就是"小肝癌"。那么,什么才是小肝癌,小到什么程度算是比较早期的? 通过开展肝癌分子病理学的研究才获得了上述发现,并作出了受国际上认同的"小肝癌"定义,也被确认为"小肝癌"的金标准。

1990 年丛文铭破格评上了副教授。两年后他又破格晋升为教授,那年丛文铭才 37 岁。2000 年吴孟超送丛文铭到美国匹兹堡大学医学院的病理学系深造,那是世界上最有名的肝脏移植外科中心。在国外,果然有人征询丛文铭的意向:你病理基础这么好,是否可以长期留下来?

2001 年春节前,丛文铭学成回国了。那一天,天特别冷,出了机场,他远远就看见年近八旬的导师吴孟超穿着大衣站在那里,亲自来接学子回国,"我印象特别深,特别感动。我坐上吴老的车,一路上他问长问短,表明他是多么急切希望把肝脏病理这个学科建好啊!"[①]这个场景丛文铭至今历历在目。

多年来,丛文铭通过对肿瘤的生物系特性、免疫病理学、组织病理学,以及蛋白表型、组织起源和恶性程度等方面的研究,提出了肝胆系统肿瘤的分类方法。把肝胆肿瘤分为三个大型(瘤样病变、良性肿瘤、恶性肿瘤)和七个亚型(肝细胞肿瘤、胆管性肿瘤、血管淋巴性肿瘤、肌纤维脂肪性肿瘤、神经性肿瘤、内分泌性肿瘤、杂类肿瘤),极大地丰富了人类对肝胆肿瘤的认识,对临床治疗有重要意义。譬如,血管平滑肌脂肪瘤是最常见的肿瘤,它的包

---

① 丛文铭访谈,2011 年 12 月 29 日,上海。资料存于采集工程数据库。

膜已经突出到周围的肝组织里，甚至扎进去。这种病变看上去挺可怕，但其生物学行为是良性的，对这种病变手术切除范围可小一些。以后的临床处理上参考了丛文铭的意见，先后做了 60 多例血管平滑肌脂肪瘤手术，没有一个术后复发的。由此可见，基础研究对临床的指导意义。[①] 在 2011 年新发表的 SCI 论文上，丛文铭和他的团队成员提出一个新的病理学分类，将肝脏肿瘤的病理分为一百多类，而世界卫生组织在 2010 年的分类才三十几类。

图 7-7　丛文铭展示刚出版的由导师吴孟超撰写前言的《肝脏移植临床病理学》（摄于 2011 年 12 月 29 日，东方肝胆外科医院展示室，方鸿辉摄）

如今，东方肝胆外科医院已是国内肝胆病理工作量最大的医院，几年前他们还是每年四千到五千例病理，现在基本上以每年一千多例的增量在迅速发展，2011 年已达到九千多例肝癌病理标本了。

用生物治疗抗肿瘤

现代医学发展迅速，交叉学科很多，吴孟超虽已是耄耋老人，但他始终站在学科的前沿，也始终要求科研人员一要创新，二要实用，即结合临床搞科研，基础研究的成果要适时地服务于临床。用生物治疗抗肿瘤是吴孟超一直关注的大课题，为此，他用兵如神地派他得力的弟子卫立辛主持东方肝胆外科研究所的肿瘤免疫和基因治疗中心的科研重任。该中心旨在寻找对付肝癌术后复发的机理及相关的策略。

卫立辛是 1994 年考取吴孟超博士研究生的。"吴老一直非常重视科研

---

① 王宏甲、刘标玖：《吴孟超传》。北京：华文出版社，2012 年，第 227 页。

与临床的互动,也是现在大家经常提到的'转化医学'。实际上,吴老是'转化医学'思想和概念很早的提倡者,也是一位脚踏实地的'转化医学'践行者,只不过那个年代大家不提'转化医学'这四个字罢了。"①

　　肿瘤免疫和基因治疗中心的科研团队成员发现,我国的肝癌发病主要跟病毒相关,即肝癌的发生同炎症与免疫有关。我国肝癌患者很多都是乙肝病毒(HBV)或者丙肝病毒(HCV)感染后发生的(主要是乙肝病毒),感染了就有炎症,有肝硬化,发展到一定程度就演进为肿瘤。那么,它们之间的内在关系是什么?为什么有的病人虽然乙肝病毒感染了,只是携带病毒,还能够像正常人一样生活,而有一部分人就形成慢性肝炎、肝硬化,还有一部分人就形成了肝癌?若能找到这些差异性的内在规律,对于找出肝癌的发生就有重大意义了。因为只有从本质上找到这种机制,才可能有效地对肝癌进行防治,也就是通常所说的找到肝癌发生的学术靶点。像战士打仗,只有明确了目标和靶子才能知道往哪儿打,才能打得准打得狠。吴孟超对卫立辛团队提出的这一科研方向,任务可不轻。

　　既然有炎症就有损伤,就会有干细胞的参与。因此,近年来他们力图弄明白干细胞和肿瘤之间的关系到底是什么。现在很多人在做干细胞治疗,但并没有很充分的论证。到底这些治疗是不是安全,对肝癌是不是合适,它们在肝癌的发生中究竟发挥了什么作用……这些都需要团队成员在实验室里作深入研究,才能指导将来的临床。到底干细胞治疗能不能用在肝炎或肝癌治疗上?还要弄明白干细胞在肝癌发生中的作用究竟是什么,干细胞在治疗过程中的有效性和安全性怎样……当然,研究还在进行。他们已经发现,由肝炎导致肝癌同肝脏肿瘤周围的微环境有关系,这些微环境又同炎症、免疫、微环境里面的细胞也有关系。因此,他们还在做微环境和肿瘤之间关系的研究。譬如,能不能通过干预这些微环境抑制肿瘤的生长,找到哪些微环境对肿瘤是有利的,哪些是不利的,将来能不能进行人为的干预,譬如对肿瘤生长不利的干预,那就可以用于治疗。他们的很多实验数据和事实已在权威的刊物上发表,并引起学界很大的反响。

----

① 卫立辛访谈,2011 年 12 月 8 日,上海。资料存于采集工程数据库。

肿瘤形成癌症是由于细胞增殖发生了异常变化,而导致肝癌的基因有很多。肝癌病人在手术以后残留的癌细胞会迅速滋长,像星星之火可以燎原一样引起癌病复发、转移,所以需要调动人体自身肌体的免疫能力,通过生物治疗的方法,提高医疗效果。他们的这项研究已被列入国家重点研究规划项目。

首创两项肝癌疫苗技术

肿瘤疫苗研究是生物治疗研究领域的另一个热点。人类肿瘤疫苗的研究已有 80 多年的历史,但未有根本性的突破,主要原因是肿瘤呈低免疫原性,癌细胞表面缺乏特异性的标记,难以被人体的免疫系统所识别,因此如何增加肝癌细胞的免疫原性是肿瘤疫苗技术的关键。吴孟超领导下的研究小组创新性地利用肝癌细胞与激活的 B 淋巴细胞进行融合,形成细胞融合瘤苗,这种瘤苗既保持了肝癌本身固有的免疫原性,又利用 B 细胞提供的免疫分子有效修饰,提高了肝癌细胞的免疫原性,成为国际上第一项细胞融合瘤苗技术,诚如前面"首创国际科研合作和人才培养的'哑铃模式'"一节所述的,研究结果由郭亚军和吴孟超等共同署名发表于 1994 年 2 月号的美国《科学》杂志上,[①]并在 1999 年获准作为国家生物一类新药进入临床试验。这一研究成果其意义不局限于肝癌,而且辐射到其他恶性肿瘤的疫苗研究,引发了国际上该领域研究的重要突破。

在此基础上,又创新性地以双特异性单抗修饰肝癌细胞,在肝癌细胞和 T 细胞之间架起信息沟通的桥梁,使 T 细胞被特异性地激活并发挥抗癌免疫功能,建立了另一项全新的双特异性单抗修饰的肿瘤疫苗技术,研究结果发表于 Nature Med 上[②]。该项研究获得国家自然科学基金重点项目、自然

① Guo Yajun, Wu Mengchao, Chen Han, Wang Xiaoning, Liu Guangluo, Li Guanglo, Ma Jing, Sy Mansun: *Effective tumor Vaccine generated by fusion of hepatoma cells with activated B cells*, *Science* 1994;263(28):518−520。

② Guo Yajun, Che Xiaoyan, Shen Feng, Xie Tianpei, Ma Jing, Wang Xiaoning, Wu Shuguang, Donald D. Anthony, Wu Mengchao: *Effective tumor vaccines generated by in vitro modification of tumor cells with cytokines and bispecific monoclonal antibodies*, *Nature Med* 1997;3(4):451−455。

科学基金委国际合作项目、"973"项目、上海市科委重大专项等基金资助。由吴孟超的学生郭亚军教授具体负责这一项目的实施。

上述对肝癌的免疫治疗、基因治疗乃至病毒治疗……尽管都取得了一定的疗效,但这些方法都属于西医范畴,而且大有方法用尽、局限较大之感。吴孟超又把研究的触角伸向祖国传统中医中药。

其实,吴孟超在 20 世纪 60 年代曾学过几个月的中医中药,尤其是针灸与草药,但对中医中药如何在治疗肝胆肿瘤上确实没有下过工夫。毕竟读的是西医,柳叶刀又天天不离手。促使他关注中医中药的直接因素是 1999 年 1 月,偶然遇到出生于中医世家的闽清同乡郑伟达。这位同乡创办了"福州伟达中医肿瘤防治研究所",还总结了"治癌新十法"、"四位一体抗癌康复疗法",并研制了国家级广谱抗癌新药——慈丹胶囊,并于 1998 年被卫生部批准为"准"字号国药。吴孟超将慈丹胶囊引入临床,发现对肝癌确有一定疗效。尤其是发现中医在治疗术后昏迷中产生的显效后,令吴孟超对中医中药刮目相看了。他感到:从眼下的治疗观点来看,西医的着眼点是看肿瘤的大小、有没有转移、有没有癌栓,往往盯住了局部,忽视了全身。而中医的特色恰恰是从整体、从系统来治病,旨在祛邪扶正,改造机体以增强抗癌能力。临床上还发现,在西医施行手术后,中医对改造残癌使之"改邪归正"方面确有优势。若能将中西医结合起来,互补互利,起到"消灭"与"改造"并举的作用,治疗效果岂不是更趋完美? 特别是对那些没有手术指征的肝胆病人以及病人的术后恢复诸方面,中医中药应该有大展身手的舞台。

吴孟超说:"百余年来西医治癌,包括手术、放疗、化疗、局部治疗以及分子靶向治疗,均旨在消灭肿瘤,但这样的抗癌战略至今未能彻底取胜。中医与西医是肿瘤治疗的左臂与右膀。西医重视局部治疗,中医重视整体治疗,二者合一,才是完整的治疗。"[①]为此,吴孟超及时在东方肝胆外科医院开设了中西医结合科。诚如中医所云:临证如临阵,用药如用兵。

从吴孟超上述一系列基础理论与临床实践相结合的研究规划与实施

---

① 王宏甲、刘标玖:《吴孟超传》。北京:华文出版社,2012 年,第 268 页。

中,我们不难看出作为一名战略型医学大家的大手笔,他是以脚踏实地的努力,诠释着"肝癌问题的解决最终要靠基础研究"的理念。

建立"吴孟超肝胆外科医学基金"

1996 年被授予"模范医学专家"荣誉称号以后,吴孟超感到肩上的责任更加重了,感到时间更加不够用了。毕竟是年过七旬的智者,他不会把荣誉作为包袱使步履变得沉重,只会以只争朝夕的精神更优化地处理好各项工作。再说,上帝不会因为你是重要人物,每天给你的时间大于 24 小时。因此,吴孟超也只能"有所为,有所不为了"。

为了培养更多的高科技人才,吴孟超尽力构筑各种平台,把青年才俊推上去。在基础理论研究这一摊,年过七旬后,他确实没有精力与时间扑进实验室去具体指导学生或亲手去做实验了,他只能主要从事领导和组织工作,具体项目则放手让年轻人去做。说得形象一点,他已逐步让王红阳、郭亚军等带领学生"演主角",自己成了"导演"或在台后发挥"舞台监督"的作用。

为了学科的发展,为了鼓励和表彰年轻的科研人员多出成果,吴孟超从1995 年起筹划成立科技表彰基金,并慷慨解囊,将个人历年来积蓄的 30 多万元、光华教育基金会、王延芳女士、尹衍梁先生等团体和个人的捐资,以及多年来社会各界表彰奖励他的 400 多万元作为基础,设立"吴孟超肝胆外科医学基金"。他是这样解释的:"这些积蓄和奖金虽然是我所拥有的,但这些钱也得研究该怎么花的问题。我想来想去,最妥当的应该用在为祖国的医学科学事业发展和促进人才的培养与成长上。"并不富裕的吴孟超就以这么朴实的语言表达了他的金钱观,让这近 500 万元财富有了最好的归宿。他没有把这些钱用作个人享受,也没有考虑留给家人,这种襟怀在"金钱至上"物欲横流的当下,让人们看到了一位无私军人的风采,让人们看到了"大医"吴孟超的一颗仁爱之心。

作为享誉世界的名医,吴孟超 365 天穿着军衣,平时与医护人员共享医院食堂的手术餐,从来舍不得买任何奢侈品或下馆子消费,将从牙缝中省出来的钱全部捐了出来,将所有获得的奖励也捐了出来,用于设立医学基金,来助推肝胆外科事业的发展,诚可谓来自于"荣誉"用之于"育人"。

1996 年,经中国人民解放军总后勤部批准,同意设立"吴孟超肝胆外科医学基金",批文上写得明明白白:用于奖励对肝胆外科作出杰出贡献的优秀人才,每两年评选一次。这是我国在肝胆外科领域设立的第一个专项基金。以后吴孟超又连续获得国内外各项大奖和多项资助,他都分文不留地充入基金之中。2004 年 6 月 1 日,经上海市人民政府批准,将原先的"吴孟超肝胆外科医学基金"正式更名为"上海市吴孟超医学科技基金会"(SHANGHAI WU MENGCHAO MEDICAL SCIENCE FOUNDATION)时,基金总额已达到 1 000 万元。上海市吴孟超医学科技基金会是具有独立社会团体法人资格的非营利性的社会公益组织,其宗旨是:弘扬吴孟超院士"勇闯禁区,勇于创新,永不满足,永远争先"的精神,推动中国医学科技事业不断进步。吴孟超医学科技奖又分吴孟超医学科技奖和吴孟超医学青年基金奖,均是奖励那些在医学领域有重大发明、创造、发现,为医学事业发展作出重大贡献的医学工作者,尤其是年轻的优秀医学工作者。吴孟超医学科技奖每两年受理并评选一次,奖励评审工作委托国家自然科学基金委员会医学部专家评审组,获奖者由基金会理事会批准后,择时召开颁奖仪式,发放奖金和证书,一等奖获奖人员一名,奖金 20 万元。1998 年 1 月,首届吴孟超医学科技奖(当时称"吴孟超肝胆外科医学奖")一等奖颁给了中国工程院顾健人院士,第二届一等奖颁给了郭亚军教授,第三届一等奖颁给了王红阳教授,第五届一等奖颁给了上海肿瘤研究所的何祥火研究员……迄今该基金已奖励了数十位在肝胆外科领域作出创新性贡献的杰出专家。基金会有力地助推了我国肝脏外科的向前发展,也进一步调动了年轻科研人员献身科学的积极性。譬如第五届吴孟超医学青年基金奖一等奖得主,上海市肿瘤研究所癌基因及相关基因国家重点实验室课题组长何祥火,2011 年底又荣获第十三届"银蛇奖"二等奖。此外,上海市吴孟超医学科技基金还分别资助了临床医学基础与应用研究项目、贫困地区学生助学专项基金、贫困地区乡村医生培训专项基金、国际合作与交流专项基金、绿色医院建设技术研究专项基金、小儿肝脏肿瘤治疗专项基金。

图 7-8　在第四届吴孟超肝胆外科医学奖颁奖仪式后(摄于 2003 年,吴孟超办公室提供)

　　1999 年《人民日报》为庆祝中华人民共和国成立 50 周年编制的典藏版巨型画册《见证辉煌》中,在介绍医疗卫生战线的伟大成就时写道:"中国医疗卫生事业 50 年成就斐然,举世公认。公费医疗制度逐渐被社会医疗保险取代,红十字会的旗帜从大中城市飘向城镇乡村,覆盖全国的 30 多万个各类医院诊所,近 500 万医务人员给亿万中国人带来了健康福音。上海东方肝胆外科医院是目前世界上唯一的肝胆外科专科医院,在院长吴孟超教授的带领下,肝瘤切除手术成功率居世界领先地位。"

　　吴孟超及其领导的东方肝胆外科医院,作为新中国成立 50 周年医疗卫生战线辉煌成就的重要内容和标志,被载入了共和国的史册。作为个人和单位是唯一被入选的,真可谓"独占鳌头"。这是吴孟超的骄傲,是上海东方肝胆外科医院的骄傲,也是整个医疗卫生战线的骄傲!

国际肝胆外科领跑者

　　早在 1963 年,吴孟超带领"三人研究小组"成员成功进行的中肝叶切除术已令世界外科学界感到震惊。在往后的日子里，随着"吴氏刀法"的日臻完善，吴孟超手术技艺的炉火纯青，又相继一刀切下了18千克的超大肝海绵状血管瘤，并为年仅4个月的婴儿切下肝母细胞瘤……此外，他还培养了一大批肝胆领域叱咤风云的研究型专家，主持或组织实施了肝癌介入疗法、微创治疗、生物治疗、免疫治疗、病毒治疗，并相继取得重要突破，"吴孟超"已造就了世界肝胆外科史上的神话。慕名前来的有探个究竟的，有前来采访的，有诚心诚意来学习取经的，当然也有像前述的前来拍录像"偷技术"的。而且，吴孟超也频繁地被请出国去交流或讲学。

1964年，越南民主共和国就曾邀请吴孟超作为肝外科专家访越。作为中国肝胆外科代表团的团长，吴孟超想起了24年前在西贡的"摁手印"之辱，如今踏上越南的国土，顿觉扬眉吐气，意气风发。这个时候，小时候舅舅再三叮嘱的"要成为有出息的人"，终于找到了答案。功成名就的专家，自然受到了隆重的礼遇，也坚定了要领跑国际肝胆外科的决心，任重而道远，须不断创新，不断超越，永远向前迈进。面对眼前的敬重与欢迎，完全能体悟出：只有国家强大，人民才能受到尊重；学科上只有领跑者，也才能受到业界的尊重。在访越的几天里，吴孟超在谦虚地向越南同行学习的同时，也无私地以"同胞加兄弟"的身份把肝胆外科的技艺传授给越南的同行。

图7-9　吴孟超接待来访的外军友人（摄于第二军医大学，吴孟超办公室提供）

1989 年,时任苏联"拉达"汽车公司医疗联合体主任的列斯金大夫再次萌生了来上海长海医院考察的强烈愿望。因为 20 多年前,他通过一本期刊了解了吴孟超,就想来中国认识吴孟超,来看看吴孟超的手术,但一直没有成行。第二年早春,通过苏联驻华使馆武官的帮助,来到长海医院,见到了吴孟超,圆了他 20 多年的梦。当年负责接待列斯金的杨甲梅说:"列斯金在长海医院住了两个星期,天天都觉得很新奇。他在苏联得到过国家医学奖,知识面自然很宽,可他每次看完我们的手术,都被吴老深深地折服。"回国后他还发表文章,向同行们介绍在中国亲眼目睹吴孟超肝胆外科的魅力。

1990 年 10 月 20 日,一辆中巴直接驶进长海医院的肝胆外科,从车上走下来自德国、日本、荷兰、瑞典、澳大利亚、泰国和孟加拉国等七国的 8 名外科医生,作为民间医学代表团,团长是当时国际消化协会的主席,他们此行是对"肝胆外科"在无任何准备情况下的突访,以寻找真实的吴孟超及其"神奇"的团队。那时,吴孟超作为二军医大的副校长忙得连喘气的机会都没有,但他对国际同仁一贯充满友谊与尊重,他和副手陈汉教授连忙招呼凡没有手术任务的博士、硕士等出来与客人会面。在场的除了陈汉教授外,均是吴孟超的研究生,全是二三十岁的年轻人。现场自然不用翻译,陈汉以流利的英语简单介绍了肝胆外科的基本情况后,代表团成员就连珠炮似地发问,吴孟超的学生也初生牛犊不怕虎地一一回答了有关免疫学、肝移植、病理学、分子生物学等所有问题,不管对方问题提得如何刁钻,知识如何前沿,年轻人都很有分寸地圆满回复,客人们都伸出大拇指,啧啧赞叹!吴孟超则友善地坐在一边,从容自信,微笑点头。在参观病房和实验室时,吴孟超觉得尴尬,客人们也都皱眉,"这么简陋的环境和条件,竟能作出如此成绩,难以置信,难以置信!"眼见为实,七国医学代表团的成员众口一致地说:"吴教授,你的团队是第一流的!"

肝胆外科大医的神采,果然如媒体所报道。突如其来的考试,赢得了满分!

1993 年 10 月 6 日,吴孟超应邀偕夫人到美国芝加哥鲁斯医学中心讲学,并接受了芝加哥拉什医疗中心外科颁发的"杰克·佛莱瑟·史密斯访问教授奖",这个奖两年前曾颁给世界上成功实施首例肝移植手术的斯塔基尔(Starzl)教授,由此可见其学术含量。

图 7 - 10　吴孟超在国际学术会议上作演讲（吴孟超办公室提供）

随后于 10 月 22 日晚，来到美国旧金山海景假日翠亨村酒楼，因为"东华医院医生团 93 年度医学荣誉奖"颁奖仪式要在这里举行。吴孟超由于在国际肝胆外科领域成就卓著，由医师团在十多位候选人中通过无记名投票的方式一致推选决定，获得此项殊荣。这也是从 1973 年该奖设立以来，长期接受台湾资助的这家华人医院第一次向来自大陆的医学专家颁奖。因此，仪式更加隆重而且有新意。有近 400 名嘉宾出席了颁奖典礼，其中包括许多医学界的著名专家和教授，以及当地知名人士和侨界社团负责人。我国驻旧金山总领事梅平和夫人、副领事谈家伦也应邀出席。

翠亨村酒楼是以孙中山先生的故乡——广东省香山县翠亨村命名的，是当地华人对"国父"的尊敬与爱戴。临海而立的酒楼，入夜灯火通明。在颁奖典礼上，东华医院院长伍璇璨先生首先致词，高度评价了吴孟超教授在肝胆外科领域里的突出贡献，指出这些成就使他扬名国际，是医学界公认的肝肿瘤手术的专家和先锋。针对国外对中国现代医学知之甚少的状况，伍璇璨先生充满自豪地说："不少外国人还以为我们中国医生只懂得针灸，而吴教授在医学上的成就是举世知名的，这证明我们中国人在医学方面并没有比外国人落后，中国人在西医方面同样能创造出优异的成绩！"

东华医院医生团团长陈宇强在书面发言中强调指出：吴孟超教授在医学上的成就是全体华人医生的骄傲。在热烈的掌声中，他代表东华医院医生团向吴孟超赠送了长幅贺联，上书：

术高德硕泽被病患
蜚声寰宇耀我华夏

旧金山的侨胞黄俊英对神奇的"吴氏刀法"极表赞誉，特撰赠贺联一幅，上书：

技比长桑起死回生三两刀
誉满杏林春风雨露千万人

这两幅贺联使得颁奖典礼隆重、热闹、喜庆的气氛充分呈现。在众人由衷仰慕与企盼中，吴孟超从座位上缓缓地站起来发表讲话。他向与会者简单介绍了自己的履历及有关肝癌的研究与临床的成就，介绍了国内医学部门在肝癌防治方面取得的重大进展，然后充满激情地说道："今天晚上是我一生中最荣幸和最值得纪念的时刻！我再次感谢东华医院给予我的崇高荣誉，同时我要感谢中美两国医学界同行的支持。肝癌是一个顽固的堡垒，到现在发病率还没有下降。希望全世界和中美医学界的同行共同努力，一齐攻克这个堡垒！"

作为答谢，吴孟超接着向东华医院回赠了《中国医学百科全书》一套共 89 册，以及由他主编的《肝癌和肝病》《腹部外科学》等著作。一面制造精致，刻有"弘扬中华医术，为全人类造福"字样的铜牌，闪闪发亮，既是赠给东道主的礼物，也是吴孟超此行的主旨

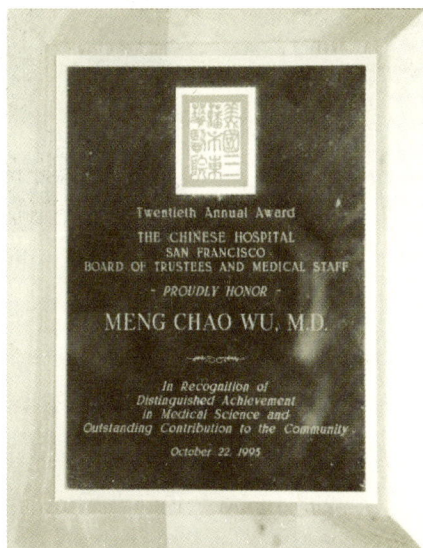

图 7-11　吴孟超获东华医院医生团 93 年度医学荣誉奖奖牌（方鸿辉摄）

之所在:团结全球的华人医生,大力弘扬中华医术,以造福于人类的健康事业……①

在以后的岁月里,吴孟超先后担任了国际外科学会会员、国际肝胆胰学会会员、中德医学协会副理事长兼上海分会理事长、中日消化道外科学会中方主席等学术职务,为推动国际肝脏外科领域的学术交流做出了不懈的努力和巨大的贡献。这些学术职务的取得也从客观上反映出吴孟超在肝胆外科临床实践以及基础研究方面已被国际学术界公认为领跑者,其国际影响是极其深远的。因此,1985 年,吴孟超被日本器官移植学会授予荣誉会员称号,1993 年被授予前述的两项学术荣誉,1996 年分别被英国爱丁堡大学和香港外科学院授予外科学院名誉院士。

图 7-12　杨振宁教授访问东方肝胆外科医院(拍摄于 2000 年,吴孟超办公室提供)

2000 年 10 月 26 日,诺贝尔物理学奖获得者、著名物理学家杨振宁教授慕名到东方肝胆外科医院参观,被吴孟超这些年的成就深深折服,在展览室留言:"吴大夫对国家的贡献是真正的了不起。"

真正了不起的一幕还在后头。

————————————

① 桑逢康:《吴孟超——游刃肝胆写春秋》。北京:新华出版社,2008 年,第 130-133 页。

第八章
永不停止的脚步

学术背景与科学足迹

2009 年美国西北大学完成了他们自首例（2002 年）报告后的 33 例腹腔镜辅助供体右半肝切取手术。2011 年四川大学华西医院肝胆外科也成功为 2 例活体肝移植供体进行了腹腔镜辅助右半肝切取。

2012 年中国科学家韩泽光带领的团队经过三年努力，找到 347 个肝癌突变基因，并已证明 ARID1A、VCAM1、CDK14 等基因在肝癌的发病和转移中，发挥了关键作用。

2006 年，吴孟超联合了汤钊猷、顾健人、闻玉梅、郑树森、杨胜利、王红阳等六位院士，向国务院提交了"集成式开展肝癌研究"的报告，得到了国家领导人的高度重视。同年荣获 2005 年度国家最高科学技术奖。2010 年 12 月，国家发改委正式批复国家肝癌科学中心项目的可行性研究报告。2011 年 5 月 3 日，国家科技部举行仪式，将第 17606 号小行星命名为"吴孟超星"。2011 年 10 月 12 日举行国家肝癌科学中心项目开工仪式，选址在上海市嘉定区安亭镇东方肝胆外科医院的新院区，吴孟超实现了人生事业上的第四次大飞跃。2011 年 5 月，根据胡锦涛主席的指示，第二军医大学组建了吴孟超同志先进事迹报告团，分别在北京、兰州、重庆、上海等地作了巡讲。感人肺腑的报告，回答了为什么九旬老人会这么执著肝胆外科医学研究和临床实践的动因。2012年2月3日，90岁的吴孟超又被评为2011年"感动中国"十大杰出人物之一。

获得国家最高科学技术奖

在2006年1月9日，在北京人民大会堂召开的全国科学技术大会上，吴孟超荣获了2005年度国家最高科学技术奖。这是自2000年设立国家最高科学技术奖以来，第一次奖给一位医学家。

这次全国科技大会，以增强自主创新能力、建设创新型国家为标志，成为我国科技发展史上的一个里程碑。上午9时，人民大会堂里华灯齐放，出席大会的来自全国的科技工作者和各界代表共3 000多人欢聚一堂，气氛庄严热烈。中共中央总书记、国家主席、中央军委主席胡锦涛，以及党和国家其他领导人出席会议。大会由全国人民代表大会常务委员会委员长吴邦国主持。中共中央政治局常委、国务院总理温家宝首先宣读了《国务院关于2005年度国家科学技术奖励的决定》。根据《国家科学技术奖励》的规定，经

图8-1　胡锦涛主席向吴孟超院士颁发国家最高科技奖证书和奖金(2006年1月，北京人民大会堂，新华社记者摄，吴孟超办公室提供)

国家科学技术奖励评审委员会评审，国家科学技术奖励委员会审定和科技部审核，经国务院批准并报请国家主席胡锦涛签署，授予叶笃正院士和吴孟超院士2005年度国家最高科学技术奖。

吴孟超是由中国人民解放军总后勤部和上海市人民政府联合推荐的。他是上海市第一个获国家最高科学技术奖的科学家，也是医学界第一个获国家最高科学技术奖的临床医学家。

在雄壮的乐曲声中，胡锦涛主席分别向叶笃正院士和吴孟超院士颁发了奖励证书和500万元奖金支票，并同两位德高望重、成就卓著的科学家亲切握手。他对吴孟超说："祝贺你获得大奖！"吴孟超则激动地回应："感谢主席，我还要继续努力！"会场上响起一次又一次热烈的掌声。要强调的是，92岁高龄的吴孟超的恩师——裘法祖院士也专程从武汉前来参加学生获大奖的会议，吴孟超一如既往地搀扶着老师进场，令与会代表都深受感动。

吴孟超又一次站在了领奖台上。与以往不同的是，这次他是在庄严的人民大会堂，领取的又是国家最高科学技术奖。人生没有比这项奖励更重的奖励了！

胡锦涛主席在大会上发表的重要讲话《坚持走中国特色自主创新道路，

图8-2 裘法祖院士也来向吴孟超祝贺（2006年1月，北京人民大会堂，吴孟超办公室提供）

为建设创新型国家而努力奋斗》，让吴孟超受到了极大的鼓舞，他决心按照讲话的精神和具体要求，使东方肝胆外科医院和研究所在现有基础上，加大自主创新力度，培养更高水准的创新人才，以健全的创新体制和机制，用科学的发展观引领肝胆外科更快发展，更好地造福于人类。

科技大会刚结束，吴孟超与叶笃正院士随即被请到中央电视台演播厅，进行直播采访。当主持人问吴孟超的获奖感受时，吴孟超直话直说："获得国家最高科技奖，我心里非常高兴，我是代表我们东方肝胆外科医院来领奖的，我只是这个集体里的一分子。我本人要感谢各级领导的关怀和组织的培养，感谢我的老师裘法祖教授的教诲，感谢我的同事们在工作中对我的支持和帮助，感谢我的病人给了我为他们服务的机会。"这些话语绝不是客套，而是发自肺腑的真言。

吴孟超确实把领奖台当作了新的起跑线！

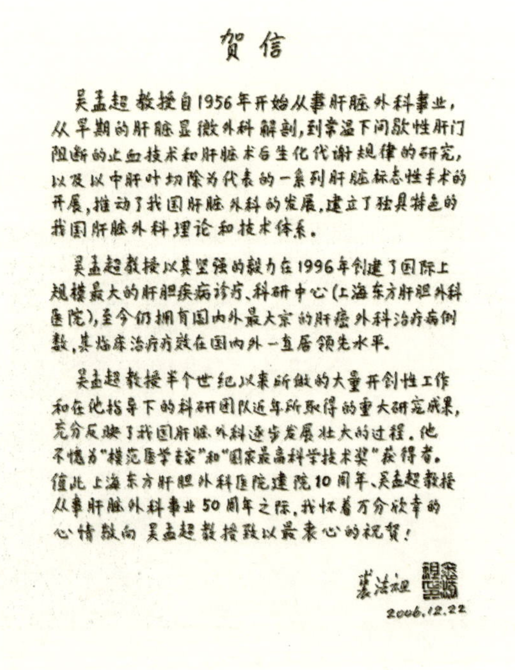

贺　信

吴孟超教授自1956年开始从事肝脏外科事业，从早期的肝脏显微外科解剖，到常温下间歇性肝门阻断的止血技术和肝脏术后生化代谢规律的研究，以及以中肝叶切除为代表的一系列肝脏标志性手术的开展，推动了我国肝脏外科的发展，建立了独具特色的我国肝脏外科理论和技术体系。

吴孟超教授以其坚强的毅力在1996年创建了国际上规模最大的肝胆疾病诊疗、科研中心（上海东方肝胆外科医院），至今仍拥有国内外最大宗的肝癌外科治疗病例数，其临床治疗效果在国内外一直居领先水平。

吴孟超教授半个世纪以来所做的大量开创性工作和在他指导下的科研团队近年所取得的重大研究成果，充分反映了我国肝脏外科逐步发展壮大的过程，他不愧为"模范医学专家"和"国家最高科学技术奖"获得者。值此上海东方肝胆外科医院建院10周年、吴孟超教授从事肝脏外科事业50周年之际，我怀着万分欣幸的心情敬向吴孟超教授致以最衷心的祝贺！

裘法祖
2006.12.22

图8-3　就东方肝胆外科医院建院10周年和吴孟超从事肝脏外科50周年，裘法祖教授的贺信（吴孟超办公室提供）

1月12日夜晚吴孟超回到上海,1月13日清晨他就赶到医院上班,直接到病房去看望他牵肠挂肚的病人,这位病人是他赴京开会前所做的手术。见到病人恢复良好,吴孟超自然十分高兴。

1月17日上午,中共上海市委和市政府领导会见了吴孟超,祝贺他荣获国家最高科学技术奖,并勉励吴孟超为建设创新型国家继续作出更大的贡献。同日下午,总后勤部在第二军医大学举行庆祝大会,总后首长、科技部领导和上海市领导都到会祝贺,二军医大1 800多名师生共同分享了吴孟超的光荣。他的恩师裘法祖院士也赶来祝贺。总后勤部又奖励吴孟超100万元奖金。

1月19日,由于连续奔波劳累患了感冒的吴孟超,还是坚持着为一位肝癌患者做了肝叶切除手术。他说:"十来天不进手术室,心里空落落的。"

对于600万元的巨额奖金,吴孟超表示:"奖金我是一分钱都不会拿的,一部分用于加强基础研究,一部分用于加大学科人才培养,剩下的放入基金会里用于加快肝胆外科事业的发展。现在我的月工资有3000多元,加上国家和总后勤部补贴的院士津贴,还有医院的补助,足可保证三餐温饱,衣食无忧。现在要做的就是想办法多救治一些肝癌病人,争取早日攻克肝癌这个威胁我国人民健康的'头号杀手'。现在我国每年有10多万人死于肝癌,我们用手术刀虽然能延长一些病人的生命,但对于整个肝癌群体来说,我们的能力是微不足道的。如果能在预防肝癌、根治肝癌等基础研究方面有突破性的研究成果,我国的肝炎、肝硬化和肝癌患者将会大大减少。所以,我们要坚定地走临床治疗和基础研究相结合的道路,在保证手术成功率和疗效的同时,加大基础研究的投入以及相关学科的横向联合,找出中国人易患肝病的根本原因,还更多的人以健康……"

一个月后的元宵之夜,吴孟超被请到北京参加元宵晚会,幸运地坐在胡锦涛主席旁边。胡主席一见到吴孟超就亲切地握着他的手说:"吴老,我们这么快又见面了,祝你节日快乐!"胡主席的亲切与随和,让吴孟超觉得特别温暖。他向胡主席汇报了自己联合上海的六位院士,要集成式开展对癌症发生机制的研究以预防癌症的设想,得到了胡主席的充分肯定与赞扬,并表示,如果研究过程中遇到什么困难,可以随时找他。吴孟超自然连声感谢:"我现在的身体还很好,我相信自己能一如既往带领学生在与肝癌斗争的道路上继续前进,不断取得新的研究成果。"

吴孟超对于肝胆外科事业未来的发展,思路更加清晰,措施更加得力,步骤和方法也更加落实,他充满信心地站在了新的起跑线上。

创建国家肝癌科学中心

对于 84 岁的吴孟超来说,他的起跑线就是:进一步探索适合中国人群的肝癌预防体系,力争使肝癌的发病率比现在下降 15%。

这个目标可不是轻易就能达到的。最新统计资料表明:我国是肝癌发病率最高的国家,肝癌的死亡率仅次于胃癌、肺癌,是第三大最常见的恶性肿瘤,其特点是发病凶险,进展极快,疗效较差,死亡率高。我国有一亿多乙肝病毒携带者,有大量的肝炎病人,这些人中间的一部分最终也会发展成为肝癌。目前,我国肝癌患者人均每年的医疗花费约 4 万元,给患者家庭带来的经济负担是沉重的,而对于整个社会来说,光用于肝癌医疗的资源花费就已经是天文数字了。最无奈的是,全球医学科技在肝癌的预防和治疗上始终没有大的突破,而最新统计的数据表明,全世界约 55% 的肝癌病人在中国,所以中国科学家不在肝癌预防上有突破,而指望别的国家来研究你的肿瘤,那是不靠谱的,唯一的道路还是要靠中国自己的科研力量。

吴孟超对上述状况太了解了。经过几十年的不懈努力,我国虽然已经形成了若干肝癌科研团队,不过都是小而散的模式。面对如此凶顽的癌魔,这种离散的小团队总会觉得力不从心,花费不小,收获不大。

作为战略科学家,吴孟超意识到,当下最重要的策略就是要将分散的五指收拢,捏紧一个大拳头,去迎战癌魔。用管理学的术语表达,就是尽快整合我国肝癌研究的优势资源,将研究着重点由治疗向预防转型,要促进抗肿瘤药物的发展,要充分发挥上海在肝癌研究领域的优势,可采用跨系统(军队和地方的结合)、跨学科发展的集成式研究模式。

2006 年初,吴孟超联合了汤钊猷、杨胜利、顾健人、闻玉梅、郑树森、王红阳等六位院士,向国务院提交了"集成式开展肝癌研究"的报告,得到了国家领导人的高度重视。

尊敬的温总理:

您好!

我们来自国内长期从事肝癌基础和临床研究的单位,在国家各级领导和政府部门的长期关怀和支持下,我们与同行们近几年在肝癌的基础和临床研究方面取得了一些标志性成果,得到了高度评价和充分认可,我们甚感欣慰。但目前肝癌还是威胁我国人民健康和生命的主要恶性肿瘤,我们希望能继续为攻克肝癌这一目标努力。在国家"十一五"规划即将启动之际,特向您提出建议,恳求能设立和启动"集成式研究乙型肝炎、肝癌的发病机理与防治"的重大专项,开展全国范围的跨部门、跨学科的肝癌协作攻关。提出以上建议的依据和设想如下:

全世界半数左右的肝癌病人集中在中国,其致死率居我国所有肿瘤的第二位,而占我国总人口近十分之一的 1.2 亿乙肝病毒携带者是肝癌发病的重要易感人群。我国每年有近 40 万新发肝癌病例,这些患者的医疗问题成为原本投入不足的医疗卫生事业的沉重负担,而推广使用了乙肝疫苗后发病率至今仍未降低的肝癌成为国人"谈癌色变"的最严重威胁。

我国政府对具有中国特色的乙肝病毒相关的肝癌研究非常重视,在我国近年来在肝癌相关基因克隆鉴定、乙肝病毒基因突变与转基因小鼠研究、肝癌复发转移机理和以手术切除为主的综合治疗等领域的研究国际领先地位,具中国特色的肝癌基础与临床结合的研究模式和创新发现令世界瞩目。然而,因肝癌是多基因参与、遗传与环境因素共同作用的复杂性疾病,发病机理仍然不明,给早期诊断、早期发现和预料防治带来严重困难。

现代生命科学的飞速发展大大深化了人们对生命本质的认识和理解,使我们目前能从以往单一、孤立的小作坊式或单一"组学"的研究方式转为采用现代技术进行系统的、跨学科的集成式研究,这种打破单位界限、学科界限和研究手段局限的系统性和集成化的研究模式将使我们从不同层次、不同侧面和不同角度,观察、研究和理解肝癌的发生发展与转移复发问题,使早期诊断、早期预防和个性化治疗的"三 P"理念成为现实,从源头上解决肝癌的防治问题。

经过对乙肝、肝癌的国内外发病特点与研究状况的全面分析和深入讨论,我们一致认为,目前是在以往取得重要进展的基础上开展乙肝相关肝癌的"集成式研究"的最好时机。我们建议,在科技部的统一部署下,以"两弹一星"和"神舟六号"攻关精神和运行机制为榜样,组成打破部门界限、学科界限的肝癌攻克协作组,以长期致力于肝癌基础与防治研究的科学家为主体,采用基础研究与临床防治相结合、经典方法与现代规模化平台技术相结合的方式,将肿瘤分子生物学、基因组学、蛋白质组学、代谢组学等多种"组学"研究与临床医学的研究相互整合,探索集成式研究的崭新模式,解决以下若干乙肝病毒感染与肝癌防治研究相关的关键科学问题和技术问题……(所列具体问题,略。)

有关协助攻关研究计划详见附件材料。

以上建议妥否,请批示。

此致

敬礼

吴孟超 院士 第二军医大学东方肝胆外科医院
汤钊猷 院士 复旦大学肝癌研究所
杨胜利 院士 上海交通大学系统生物学研究所
顾健人 院士 上海交通大学肿瘤研究所
闻玉梅 院士 复旦大学上海医学院
郑树森 院士 浙江大学医学院附一医院肝胆外科
王红阳 院士 第二军医大学东方肝胆外科医院

2006 年 1 月 6 日

这也就是上文提到的，吴孟超参加元宵晚会时向胡锦涛所作的汇报。卫生部、科技部将这份研究报告列入"十一五"国家传染病重大项目。

拟就上述报告的汤钊猷院士和王红阳院士前面已分别作了介绍。另外四位院士的情况简述如下。

杨胜利院士系生物技术专家。1941年出生，江苏太仓人。1962年毕业于上海华东化工学院，同年9月被分配到中国科学院上海药物研究所工作。1980年赴美国加州大学作博士后研究。长期从事基因工程在酶、发酵和制药工业中的应用研究和开发以及代谢工程研究，在所主持的青霉素酰化酶基因工程研究中建立了基因克隆、定位表达系统，并采用DNA体内重组提高质粒的稳定性，优化了宿主和表达的条件，构建了高稳定性、高表达的基因工程菌，主要技术指标优于国际同类基因工程菌，发展了基因工程菌膜反应器，已于1990年用于工业生产。致力于将微生物血红蛋白、热休克蛋白、分子伴侣等基因用于工业生产菌株的优化，推动基因工程和代谢工程在医药和工业生物技术产业中的应用。他还在分子药理学、微生物血红蛋白和蛇毒基因工程、蛋白酶蛋白质工程、分子伴侣等方面进行了开拓性的创新研究，取得了一系列成果。近年来主要从事系统生物学及其在生物技术中应用的研究。1997年当选为中国工程院院士。现任中国科学院上海生物工程中心研究员，博士生导师。中科院生物技术专家委员会主任委员，中科院新药专家委员会副主任委员、国家"863"生物技术领域专家委员会委员等。

顾健人院士系肿瘤分子生物学家。1932年1月出生于江苏苏州。1954年毕业于上海第一医学院。现任上海交通大学肿瘤研究所教授、研究员。1985年创建癌基因及相关基因国家重点实验室，任该实验室主任，2001年后任该实验室学术委员会主任。长期从事肝癌发生的分子机制研究，在国际上首次发现了肝癌的活化癌基因谱，创建了以细胞生长为基础的高通量功能基因筛选系统，发现了372个具有抑制或促进细胞生长的新基因全长cDNA，发表学术论文230多篇，学术著作2部，获中国发明专利58项和美国专利4项。先后荣获包括上海市科技进步奖一等奖；国家科技进步奖二等奖；卫生部科技进步奖一等奖；何梁-何利基金科学与技术进步奖；光华工程科技奖等十多项嘉奖。1987年至2000年曾任国家"863"生物技术医药卫生专题专家组组长、专家委员会委员,主持了全国医药生物技术计划的执行。1994年当选为中国工程院首批医药卫生学部院士。2001年至2004年任国家"973"专家顾问组成员。

闻玉梅院士系分子病毒学家。1934年1月16日生于北京,祖籍湖北浠水。她诞生于书香门第的医学世家,其父闻亦传是伟大爱国主义者、著名学者、诗人闻一多的堂兄。闻玉梅1956年毕业于上海第一医学院,曾在上海第二医学院、中国医学科学院读微生物学研究生及进修。1980年赴英国伦敦大学卫生与热带病研究所世界卫生组织肝炎合作中心及美国卫生研究院变态反应及传染病所肝炎室进修。回国后主要研究乙肝病毒分子生物学与免疫学,发现用乙肝表面抗原-抗体复合物可打破动物对乙肝病毒免疫耐受性。通过合作开发,研制了可供慢性乙肝患者应用的治疗性乙肝疫苗(乙克),已获准进入临床研究,前景良好。对我国乙肝毒株的变异作结构与功能基因组研究,发现乙肝病毒酶的新功能区,可作为新的药靶。长期在上海医学院从事教学及研究,相继发表论文200余篇,编写专著6部。1999年当选中国工程院院士。现任复旦大学病原微生物研究所所长,教育部、卫生部医学分子病毒学开放实验室学委会主任。

郑树森院士系肝胆外科、肝移植专家。1950年1月生于浙江龙游。1973年毕业于浙江医科大学,后留校任教。1986年获浙江医科大学外科学硕士学位,1989年获华西医科大学博士学位。1990年赴香港大学外科学系玛丽医院从事博士后研究。1991年10月作为第一助手参与香港地区首例人体原位肝移植获得成功,列为当年香港十大新闻之一。1993年开展浙江省第一例肝移植以来,主刀施行肝移植860余例,其中活体肝移植150余例,良性肝病受者术后1年生存率为95.2%。2007年为出生仅106天的先天性胆道闭锁患儿实施亲体肝移植成功,刷新我国年龄最小儿童亲体肝移植记录。自1994年和1999年分别开展胰肾联合移植和肝肾联合移植以来,实施例数最多、移植疗效最佳,胰肾联合移植受者创造并保持亚洲最长存活纪录(16年),肝肾联合移植受者创造并保持国内最长存活纪录(11年)。由他领衔开展的多器官联合移植项目被卫生部列为推广项目。2001年当选为中国工程院院士。现任浙江大学医学部副主任,浙江大学外科学教授,浙江大学医学院附属第一医院院长、肝胆胰外科主任、主任医师，卫生部多器官联合移植研究重点实验室主任，兼任香港科技大学教授、中国医师协会副会长、中华医学会外科学分会副主任委员、器官移植学组组长、中华医学会器官移植学分会主任委员等。

可见，在上海确实已集聚起一支不同凡响的挑战肝癌的科研精英。

东方肝胆外科医院则在吴孟超和王红阳院士的带领下，申请组建国家肝癌科学中心。2009年8月，国家发改委批准了国家肝癌科学中心的立项申请。

2010年12月，国家发改委正式批复国家肝癌科学中心项目的可行性研究报告。

作为法人单位的第二军医大学，联合了复旦大学、上海交通大学等共建单位共同申报国家肝癌科学中心项目。此外，还吸引了中国科学院上海生命科学研究院、华中科技大学、四川大学、中山大学、中国医学科学院、天津医科大学、第四军医大学、香港中文大学等在肝癌研究领域具有雄厚实力和特色的科研院所及医院参与建设和运行。

由吴孟超构想的国家肝癌科学中心主要由诊断标志物筛选与分子分型研究室，病原、宿主互作解析实验室，分子网络调控研究室，药靶发现与研发实验室，细胞治疗研究室，循证医学研究室等六个核心平台，以及资源保藏和数据链应用中心、动物中心、中试平台等三个公用辅助研发平台构成。各平台既具有相对独立性，又能紧密联系、互相补充，形成一个不可分割的整体。

思考严密、眼光前瞻的吴孟超表示：国家肝癌科学中心将紧紧围绕降低我国肝癌发病率和死亡率为目标，希望通过该中心的研究，能把肝癌的研究尽可能往前提，就是能从肝癌的预防、肝癌发病率源头上去找到答案，这样使我们国家减少大量的卫生资源的消耗，能够使病人不得肝癌，而不是得了一个大肝癌，找医院去切除。要建成高水准的科研和高层次人才培养的基地，能够保证最优秀的青年人能在这个中心里得到最好的培养，让他们今后能够在肝癌研究上做出最前沿的一些科研成果，同时也希望他们能够在医学转化上做出一些有标志性的成果，真正能解决肝癌的一些问题。还要建成优势资源共享的公共服务平台,具有高开放性、高共享性、国际一流的三重属性。让中国的肝癌研究走向世界。国家肝癌科学中心的远期目标是建立国际公认的、适应我国肝癌人群的肝癌预防体系、早诊体系和治疗体系。就是一定要早期诊断,早期预防,把一部分病人的病情终止在肝炎这个初始阶段,不要让它发展成肝癌。力争使肝癌的发病率达到在现有的基础上下降 15%、肝癌的早期诊断率提高 10%、肝癌的 5 年生存率提高 10%。

对吴孟超的这些构想,专家们都很认可,也很有信心,认为国家肝癌科学中心的建立必将推动我国肝癌研究系统能集成攻关,解决肝癌防治瓶颈的关键问题。同时,该中心也必将发挥引领、辐射和示范作用,为保持我国攻克肝癌的原始创新能力提供强大的智力储备。这也是吴孟超一辈子的期盼。

幸运的是,2011 年国家发改委拨了 4 亿元款作为建设资金,而上海市给以相应的配套。于同年 10 月 12 日举行项目的开工仪式。

国家肝癌科学中心的选址在上海市嘉定区安亭镇东方肝胆外科医院的新院区。之所以这样选址是考虑到研究中心绝不能脱离临床,所以国家肝癌科学中心必须要与我国唯一的肝胆专科医院紧密结合,这种结合就是保

图 8-4 国家肝癌科学中心奠基仪式(摄于 2011 年 10 月 12 日,上海嘉定,吴孟超办公室提供)

证基础研究与临床实践的结合,就是要从临床中发现科学问题,通过基础研究去找到解决问题的方法,再把这些实验研究的成果转化到临床应用上。这整个是一个闭合环,也是一条完整的链,这条链最终要解决中国的肝癌问题,就是减少发病率,降低病死率。

吴孟超与上海市副市长沈晓明、中国人民解放军总后勤部卫生部副部长王玉民、二军医大校长刘振全、政委陈锦华等出席了开工仪式。那天,吴孟超特别兴奋,九旬老人亲自铲土奠基,因为国家肝癌科学中心创建是让他人生事业上的第四次大飞跃终于实现了!

其实,2011年对吴孟超来说大事还特别多。回溯到5月3日,国家科技部举行小行星命名仪式,吴孟超院士接过小行星命名证书和小行星运行轨道铜牌,正式获得永久性"吴孟超星"命名。

小行星是目前各类天体中唯一可以根据发现者意愿进行提名,并经国际组织审核批准从而得到国际公认的天体。由于小行星命名的严肃性、唯一性和永久不可更改性,使得能够获得小行星命名成为世界公认的一项殊荣。自吴孟超荣获2005年度国家最高科学技术奖起,为了褒奖吴孟超院士的学术贡献,弘扬其科学精神,国家天文台就决定将这颗正式编号为17606的小行星命名为"吴孟超星",并向国际小行星中心提出了申请。经国际天文学联合会小天体命名委员会讨论通过,2010年7月26日国际小行星中心发布公报,通知国际社会,第17606号小行星永久命名为"吴孟超星"。

永久命名为"吴孟超星"的小行星,是中国科学院国家天文台施密特CCD小行星项目组于河北省兴隆县的国家天文台兴隆观测基地发现的,发现时间为1995年9月28日。

2011年8月5日,吴孟超的夫人吴佩煜教授逝世。他们是一对相濡以沫60多年的恩爱夫妻,痛失爱妻对吴孟超的打击实在很大,但纷繁的事件一个接着一个,不允许他一直陷于极度的悲痛之中。

2011年8月26日至27日,由中华医学会、人民卫生出版社和《健康报社》主办,第二军医大学东方肝胆外科医院承办的"2011东方国际肝胆外科论坛",在上海国际会议中心隆重举行,这是对吴孟超院士九十华诞的贺礼。

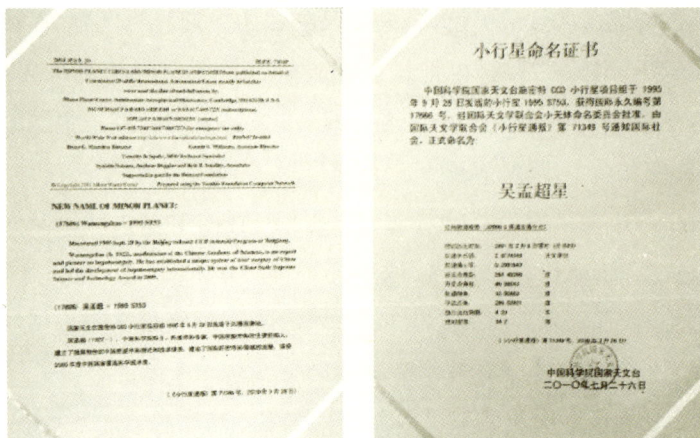

图 8-5　"吴孟超星"证书（方鸿辉摄）

　　12 位中国科学院与工程院院士以及来自世界与全国各地的专家代表共700 余人参加了这一盛大的学术活动与生日庆祝晚宴。会上来自美国、英国以及国内各地肝胆外科的著名专家报告了肝胆外科领域的最新进展与成就，还特别举行了院士论坛，吴孟超、黄志强、汤钊猷、刘允怡、顾建人、郝希山、郑树森、王红阳八位院士作了精彩的学术报告。

图 8-6　相濡以沫的恩爱夫妻与恩师合影（摄于 2001 年，东方肝胆外科医院，吴孟超办公室提供）

在这场学术盛会上,吴孟超报告的题目是"中国肝脏外科发展的回顾与展望"。

吴老简要回顾了中国肝脏外科发展史:中国肝脏外科的发展虽然起步较晚,但经过几代人的努力,现在已经跻身国际先进行列。肝脏外科主要需要解决的是肝脏解剖、控制出血、断肝方法,以及围手术期生理代谢规律等重要问题。由于中国是肝癌大国,中国的肝脏外科发展史同时也是一部肝癌诊治的发展史。20世纪五六十年代,国内的研究者先后开展了肝脏解剖、生理生化的研究,对肝癌病人以施行规则性切除为主。70年代,随着甲胎蛋白应用于肝癌诊断,通过普查使大量的小肝癌病人得以早期诊断,手术的疗效也得以大幅提高。同时,研究者还着眼于肝癌术后复发再切除,使部分复发病人的生存时间得以明显延长。也有研究者开始肝移植手术的探索。80年代随着CT、MRI等先进影像诊断技术的进步,肝癌的诊断和治疗水平都得到进一步提升。各种非手术治疗复发如TAE、PEIT、免疫生物治疗等开始应用于临床。而肝癌的二期切除使更多的病人可以受益于肝癌的手术治疗。90年代,各种微创方法开始用于肝癌的治疗,肝癌的综合治疗体系初步形成。

吴老最后言简意赅地指出:进入21世纪,研究者着眼于各种治疗方法的优化组合,同时尝试采用各种抗转移复发的方法以提高肝癌的疗效,观念的更新和医疗器械的发展也使肝脏手术日益地精细化。展望未来,肝癌的基础研究的突破和转化医学等新的研究模式的成果必将带来肝癌治疗的新的局面。

黄志强院士作了题为"肝内胆管与明日胆道外科"的演讲,郑树森院士作了题为"肝癌肝移植的现状与展望"的演讲,顾健人院士作了题为"癌症研究前沿的若干概念"的演讲。此外,二军医大杨甲梅教授作的"外科切除治疗巨大肝海绵状血管瘤"报告,上海交通大学医学院附属瑞金医院普外科彭承宏教授作的"机器人辅助胆囊癌根治术的初步经验"的报告,复旦大学附属中山医院樊嘉教授作的"原发性肝癌基础与临床间的转化医学"的报告,四川大学华西医院肝胆外科严律南教授作的"活体肝移植采用腹腔镜辅助供体右半肝摘取"的报告等,都精彩纷呈。吴孟超以一场学术盛宴别开生面地欢度了九十寿辰。这次盛会也表明以吴孟超院士为代表的中国肝胆外科队伍人才济济,成果辉煌。

12 月 26 日,由上影集团联合拍摄的故事影片《大医》及纪录片《吴孟超》在沪宣布开机,2012 年将把"中国肝胆外科之父"吴孟超形象搬上银幕。以吴孟超为原型的电影《大医》,将真实地再现一个凡人走向医之大者的心路历程。纪录片《吴孟超》则从吴老的童年寄居马来西亚的生涯开始,追踪他波澜壮阔的一生,给予观众人生意义的启迪和人文关怀的温暖。

永不停止的脚步

自 1964 年解放军总后勤部给吴孟超记一等功以后,随着他的科研、教学和临床实践上屡屡创新,1980 年、1982 年、1984 年,第二军医大学给他记三等功各一次;1989 年,总后勤部给他记二等功一次。1994 年,因他在肝胆外科中作出的突出贡献连续获得"陈嘉庚奖"、首届"何梁-何利基金奖"、首届"上海医学荣誉奖"、首届"实用医学荣誉奖"和"全国侨界十杰"等光荣称号。1985 年被授予日本器官移植学会荣誉会员称号,1993 年接受美国鲁斯医学中心杰克·弗雷泽·史密斯访问教授称号,1993 年接受美国"1993 年度东华医院医学荣誉奖"(此奖使他成为该奖设立 20 年来第一位获此殊荣的中国大陆学者)。1994 年获全军科技重大贡献奖;1995 年获光华科技基金特等奖、上海烛光奖、爱国奉献奖;1996 年 1 月被中央军委授予"模范医学专家"荣誉称号;1996 年被香港外科学院授予荣誉院士,同年被英国皇家外科学院授予名誉院士;1998 年获全国百名名医奖;1997 年至 2005 年连续获全军医疗保健特殊贡献奖;2004 年荣获全国高等医药教材特殊贡献奖和国际肝胆胰协会杰出成就奖;2005 年被评为中央保健工作先进个人;2006 年荣获2005 年度国家最高科学技术奖;2012 年荣获中央电视台"感动中国"的十大人物之一;同年 9 月 22 日英国爱丁堡皇家外科医学院授予吴孟超荣誉院士……

图 8-7　英国爱丁堡皇家外科医学院授予吴孟超荣誉院士的典礼（2012 年 9 月 22 日，吴孟超办公室提供）

图 8-8　英国爱丁堡皇家外科医学院授予吴孟超荣誉院士的证书（方鸿辉摄）

这么多的荣誉(准确地说是"成就")还只是罗列了一部分,吴孟超的著述还一部都没表述。作为一位年逾九旬的耄耋老人,任何"名"与"利"对他都不具有"诱惑"作用,不断超越,不断为全人类作出贡献,倒是他永恒的追求。按理说,一位90岁的老人完全应该安享晚年了,可至今吴孟超依然全程参与医院的管理运作、临床实践、科研指导和研究生的培养。

90岁的吴孟超平时总爱到病房里走走(专业术语叫查房),了解病人情况,也了解医院的管理状况。在病床前,吴孟超会按按病人肚子,侧身叩击并听一听;查查病人的指甲;撸起病人的裤腿看看腿肿不肿;摸摸病人的额头,感知病人的体温是否正常;示意虚弱的病人不要多说话,顺手轻轻地为病人拉好衣服,掖好被角,弯腰把病人的鞋子放到最容易穿的地方。冬天查房,吴孟超总是先把手在口袋里捂热,然后再接触病人的身体。他觉得,举手之劳,能给病人带来温暖。

肝病听起来让人感到恐惧,避之不及。吴孟超却依然与病人那样亲近,拉手问诊。不是不怕传染,而是为了拉近与病人的距离,让病人树立起战胜疾病的信心。从医几十年来,吴孟超亲眼见过三位大夫接触病人而死于癌症。惟一预防的有效办法就是洗手,在输血、输液、打针过程中要多注意。即使这样,也有避之不及之时。每年体检,吴孟超都是抗体阳性,说明有了抵抗力,这肯定与经常接触病人有关。

吴孟超每周二还要坐堂一次专家门诊,他不能割断与病人的联系,病人也争着要看这位大仁大德大医的门诊,挂号的自然非常多,本来上午只挂10个号,常为种种特殊原因而加号,多时能加到15个。他看病费时费力,问诊之间,总找机会与来自祖国各地的病人聊几句。简短几句话,让病人感到非常亲切,一下拉近了距离,愿意把心里话掏给他听。门诊告一段落后,他总亲自为每一位病人做B超。凡B超能确诊的绝不再查CT或磁共振。几乎每个星期二门诊总要看到中午12点左右,同事们再催也无效。有的时候,恰巧星期二要主持重要的学术会议或重大的疑难疾病会诊,他的专家门诊的号照样有效,因为他明白,挂上他的门诊号不容易,没有大毛病也不会大清早赶来挂号。因此,记下挂号者的电话,一回到医院,只要时间允许,马上通知病人,为他们补上门诊。这位一生以征服肝癌为志向的医学科学泰斗,就

图 8-9　每次坐堂专家门诊后,吴老都会亲自为需要做 B 超的患者检查(2013 年 11 月 19 日,东方肝胆外科医院,方鸿辉摄)

怕因为穷而被拒于医院大门之外的肝癌病人,他会觉得这是医者的耻辱。这就是他再忙也要坚持开设星期二门诊的动因吧! 他明白,自己能做的很有限,但能做多少就做多少吧![1]

这里,笔者还想补充一个实例。

病人费新根是上海一位无权无职的退休船员,常年漂泊在海上,身体似乎一直很结实,除了血压有点高,几乎没有其他疾病。一次偶然去医院配降压药,医生提醒他长期服用此药,不妨做一下肝功能测定。测定下来果然指标都很高,紧接着做了肝胆 B 超,又发现有占位性阴影。于是马上引起他的警觉,到自己住家附近的上海浦东一家三甲医院求治。[2] 2010 年 9 月 16 日手术切除前,费新根曾疑惑地询问主刀医生"有把握吗"? 对方很自信地表示:"我们连肝移植都能做,切除一个小瘤子当然有把握。"但是,打开腹腔,这个瘤子居然紧挨着大血管,当然也就没有把握了,最终只能在切除胆囊后匆匆将其腹部缝合,并嘱家属"病人想吃些什么就尽量满足他吧"! 言下之意是"没救了"。9 月 25 日出院后,费新根觉得家属都心事重重,眼光也都很

---

① 王宏甲、刘标玖:《吴孟超传》。北京:华文出版社,2012 年,第 282 页。
② 为方便叙述,不便指出具体医院名称——笔者注。

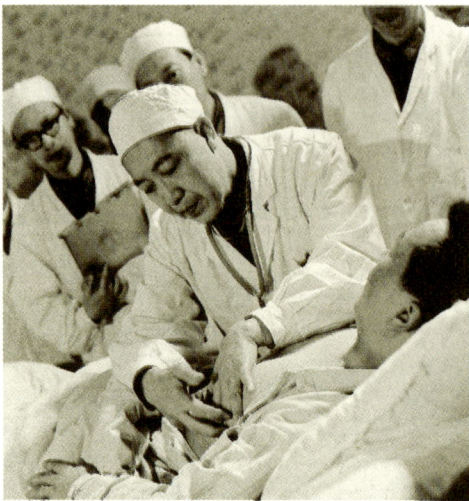

图 8-10　吴孟超平时总爱到病房里走走（摄于 1980 年，第二军医大学长海医院，吴孟超办公室提供）

异样，便恳求他们实话实说，自己一切都能承受。等家属实情相告后，才明白真相。瘤子没有切除，要切除只能换肝脏，正常的肝脏要花费 30 多万元，若是带病毒的恐怕也要十几万。这对于一个退休工人家庭确实是难以承受的。冷静之后，费新根想起了上海滩大名鼎鼎的吴孟超和他领导的东方肝胆外科医院。10 月 20 日，第一次去东方肝胆外科医院，没挂上吴孟超的专家门诊，但接诊的医生还是负责任地给他做了介入治疗。12 月 14 日，终于挂上了吴孟超专家门诊的号。"我心里想，吴老是顶尖的医生，科学院院士。我还有个思想负担，什么负担？又想看又不想看。看了，吴老讲，不行了，这个不就完蛋了吗？但又想看，抱一线希望。我想吴老肯定是很严肃的……"①但出乎意料的是，吴老一点没有权威的架子，和蔼可亲地询问病情，在做了检查并看了已经做的磁共振片子后，还亲自帮他做了 B 超，"你的病情我们要商量一下，要分析一下，你在家里等，我会通知你的。"

　　费新根一下子觉得有新生的可能，觉得从来没有过的幸福。仅过了 6 天，东方肝胆外科医院就通知他住院了。紧接着吴老就为他和其余三位病人开了病情讨论会，从下午 4 点一直讨论到 6 点半。"2011 年 1 月 17 日，吴老将我转到 2 号楼 4 楼，给我做手术。进手术室后我就不知道了，等我醒来以后，我听家属说，是吴老亲自动的手术。而且我在醒来以后，吴老的一个学生陈医生，每天来看我两次。我说谢谢。他说，你不要谢我，谢吴老，是吴老叫我来看你的。他上午来看一次，下午来看一次。手术后，我在重症监护住了五天。我心想，我的运气太好了。为什么？吴老他这个级别，我想跟中

① 费新根访谈，2012 年 4 月 1 日，上海。资料存于采集工程数据库。

图 8 - 11　病人费新根接受采访(2012 年的 4 月 1 日下午,第二军医大学,方鸿辉摄)

央首长或者其他高级别的人士治病是可能的,可跟我平民老百姓……我是工薪阶层呀,我的运气太好了。我很感谢他,我很激动。"①如今,手术切除肝脏肿瘤的费新根定期到东方肝胆外科医院做检查。上面的照片是访谈时拍摄的。在对话中他不时地对吴老人格的高尚啧啧称赞。吴老的星期二门诊就是开了一扇直接为"无权无钱"而恰恰急需治疗的百姓病人求医的窗口,架设了他与患者间联系的桥梁。由此不也能看出,吴孟超确实是与病患者"肝胆相照"。

吴孟超亲手带教过的徒弟已是第四代了。30 多年来,他们绝大多数已成为我国肝脏外科的中坚力量。他常对学生说:看病是人文医学,是人与人之间的沟通,一定要关心病人,爱护病人,热情接待病人。病人没有高低贵贱,医生对病人要有信心、耐心、爱心、细心。医生没有挑选和应付病人的权利,只有为他们解除病痛的义务。一人生病,全家痛苦,有的还很穷,我们不能欺骗,更不能欺诈他们。

吴孟超有一套手保健操,一有空就做,以保持手的灵活。与人谈话时,他的双手常拢住大号茶杯,不停地转动着,茶杯衬托出他灵活的手指。细细观察他的右手还能发现一个奇特的细节:他的食指的指尖向大拇指方向蜷

———————————

① 费新根访谈,2012 年 4 月 1 日,上海。资料存于采集工程数据库。

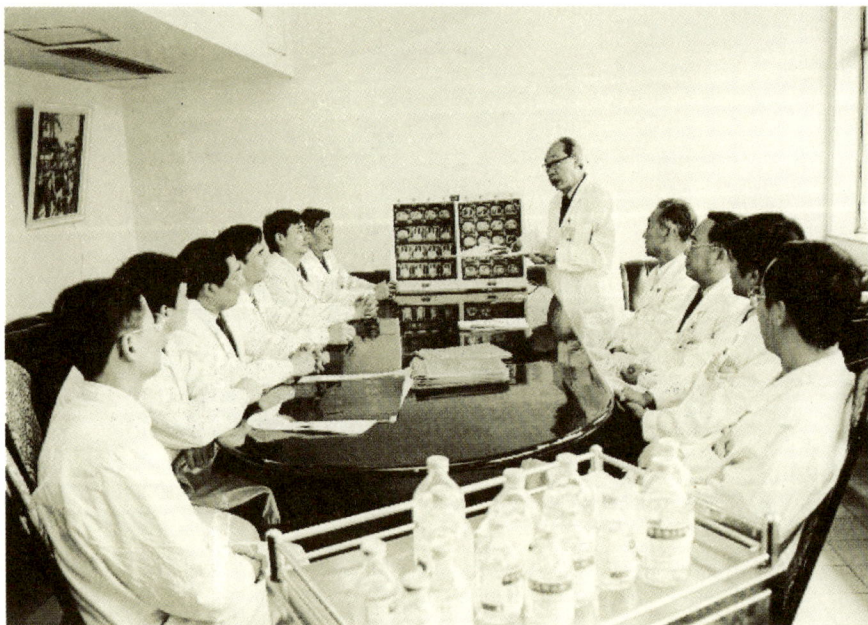

图 8-12　吴孟超常对学生说:医学是人文科学,看病是人与人之间的沟通(摄于东方肝胆外科医院,吴孟超办公室提供)

曲,像个弯钩;而中指的指尖却向无名指方向蜷曲。摊开手掌,如果不刻意地并拢,食指和中指的第一节就会形成一个小小的"V"形。这是天生的吗? 吴孟超笑着说:"60 多年了,每天要开刀、缝合、用手术钳,就变成这模样了。" 这不禁让人心里为之一动,就是这弯曲的指头,把上万名肝癌患者从死亡的门槛钩了回来。

这就是当年被朱镕基总理称为"国宝"的手! 这个"V"形是 60 多年执著手术的标记,更是吴孟超肝胆外科事业成功的标记。不知哪位雕塑大师还专门为吴孟超雕塑了一副双手的模型,现在陈列在东方肝胆医院的展示室里。正是用这双手,握着柳叶刀,书写出一部辉煌的肝胆春秋。

60 多年的从医生涯,使吴孟超和病人融为了一体。他感谢病人给了他力量与智慧。他说,病人就是一本书,从门诊、治疗、手术到康复,内容非常丰富。治好了一个病人就积累了一分财富,认真总结这笔财富,积蓄下来就是一部巨著,掌握了就是一名好医生。

他还常常这么说:"只要拿得动手术刀,我就会一直站在手术台上,直到

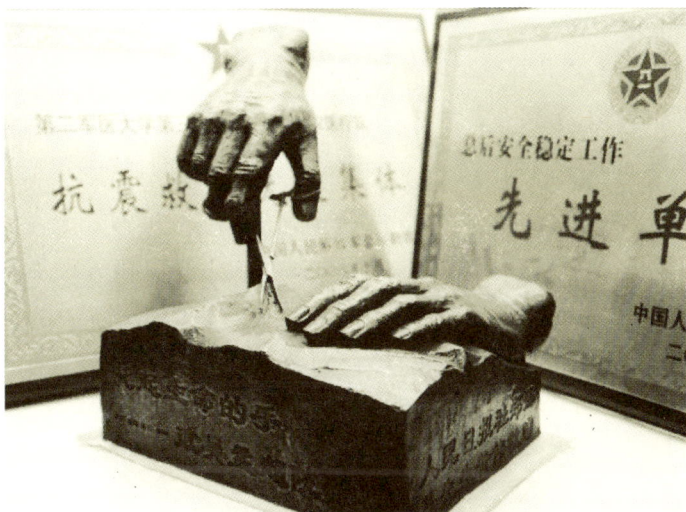

图 8-13　陈列于东方肝胆外科医院展示室内的"托起生命的手"雕塑(《人民日报》社职工赠送,方鸿辉摄)

我倒下,也就算是光荣结束了。但这要在身体允许的情况下,因为我不能拿病人的生命逞自己之强。"

这确实是一位冲锋陷阵的老战士的发自肺腑的声音。

如今,只要没有非得出差或参加的会议,吴孟超几乎天天会站在手术台前,"我经常是早晨八点半进开刀房,小手术能做两三台,大手术就做一台,从手术台上下来总差不多一两点钟了。"吴孟超平静地说道。

其实,只要肝癌没有攻克,只要吴老还能站在手术台前,他是永远不会退下来的。预防和治疗癌症毕竟是一项高难度的艰巨的挑战。

2011 年 3 月 25 日出版的《科学》杂志,聚焦美国癌症研究 40 年,也许让我们能更清醒与理智。1937 年,美国总统富兰克林·罗斯福批准《国家癌症研究所法》,国家癌症研究所正式成立,隶属国立卫生研究院(NIH)。1971 年颁布的《国家癌症法》,赋予了国家癌症研究所更多的独立权,极大地促进了癌症研究。国家癌症研究所的经费在一夜之间上升了 23%,达到 2.33 亿美元,之后一再攀升,2010 年的经费达到 50 亿美元。从 1971 年开始,国家癌症研究所在科研、治疗和预防上共花费约 900 亿美元。尽管从 1990 年开始,美国癌症的发生率和死亡率开始下降,但今天,癌症仍然是美国和世界各国导致死亡的主要疾病,多种癌症仍不可治愈,癌症研究已成为国际社会共同努力的事业,人类抗癌之路依然漫长、艰巨。

《科学》杂志总编辑布鲁斯·阿尔伯茨指出:绝大多数癌症在被探测出来的同时,长大的肿瘤已经包含了上亿个癌细胞。通过许多年变异和自然选择,癌细胞学会了多变,能够逃离保护人类身体安全的许多失败保护机制。比如,凶猛的癌细胞规避了人体精致复杂的生长控制系统,打破了消灭异常细胞的细胞自杀机制,进化出对免疫系统监视的抵抗力……癌症是一种导致可怕死亡人数的疾病,对科学家们来说,预防和治疗这种疾病仍然是一项巨大的挑战。

吴孟超先进事迹巡讲

2011年9月19日,笔者亲眼目睹了吴老为一位肝癌患者切除10厘米×12厘米肿瘤的全过程。吴老精神矍铄,手术干净利落。

九十高龄的医学大家从事临床的已鲜见,而上台操主刀的恐怕绝无仅有了。

为什么一位九旬老人会这么执著?

这个问题,笔者在不同场合、不同层次的人群中都曾提出来,希望获得有见地的回答。要圆满寻求解答其实是很不容易的。不过,从2011年吴孟超赴各地巡讲的报告中,我们兴许能找到答案。

根据胡锦涛主席的指示,第二军医大学组建了吴孟超同志先进事迹报告团,于2011年5月10日至20日,分别在北京、兰州、重庆、广州、上海等地作了巡讲。6月7日吴孟超又回母校——同济大学、6月15日在中科院研究生院,以及6月19日在他的原籍——福建省的省会城市福州,分别作了巡讲。听众被吴孟超院士爱国爱民的赤子情怀、理论与临床创新的杰出成就、倾心为民的大医风范、无私育才的高尚情操、奋斗不止的战士精神所深深感动,会场不时响起如雷般的掌声。

2011 年 5 月 10 日,由中宣部、卫生部、总政治部、总后勤部、上海市委在北京人民大会堂联合举行了"吴孟超同志先进事迹"首场报告会。

吴孟超院士、第二军医大学校长刘振全、东方肝胆外科研究所副所长王红阳、东方肝胆外科医院手术室护士长程月娥、湖北省随州市农村信用合作社职员王甜甜分别作了报告。

读了这些报告的全文,笔者的心震颤了。由此可以想见,身处报告会现场的听众为什么会情不自禁地流泪。

说实在的,按惯例书写这样一场报告会,应该把报告人的话语拆散重组,添上评论,可写得传神动人。但又一想,什么叫"原汁原味"? 什么叫"研究报告"? 留下的应该是本初的、原始的素材。纵有生花妙笔,也远不及五位报告者原生的文字和逻辑更真实、更动人。为此,我想还是不折不扣地附上这五篇报告的全文,让大家来细细品味吧!

第二军医大学校长刘振全少将报告的题目是"爱党爱国爱民的杰出院士":

从上世纪六十年代起,吴孟超同志就是我们学校的一面旗帜。几十年来,这面旗帜始终熠熠生辉、光彩夺目,感召和激励了一代又一代人!

作为一名肝胆外科专家,他 1991 年当选为中国科学院学部委员。

作为一名革命军人,他是我军一级英模,1996 年中央军委授予他"模范医学专家"荣誉称号。

作为一名科技工作者,他 2005 年荣获国家最高科学技术奖。

作为一位快九十岁的老专家,他目前仍然坚持在临床一线,仅去年就主刀手术 190 台。

吴孟超以挽救无数病人的生命创造了奇迹,而他自己传奇的一生,本身也是一个生命的奇迹!

这些年来,很多人都想知道,吴孟超为什么能够创造奇迹,是他的智慧与学问? 是他的医德与医术? 还是他的勤奋与健康? 应该说都是，但又不全是！纵观吴孟超的一生，他创造奇迹的根本动力，是他那种"爱党爱国爱民的情怀"。正因为他对党爱得执著，他把为党增光作为最高的荣誉；正因为他对祖国爱得深沉，他把为国争气作为毕生的追求；正因为他对人民爱得真挚，他把为民造福作为最大的幸福。为此，吴孟超追求了一生，奋斗了一生，创造了一生。

吴孟超是一位一心向党、立志报国的忠诚赤子。

他说："一个人，找到和建立正确的信仰不容易，用行动捍卫自己的信仰更是一辈子的事。"这句话，来自于吴老的切身体会。

吴孟超 5 岁时，随母亲漂洋过海，投奔马来西亚做工的父亲。抗战爆发后，17 岁的吴孟超放弃去英国读书，回到战火纷飞、灾难深重的祖国。

吴孟超告别父母回国途中发生的一件事，让他刻骨铭心。途经越南西贡，要中转签证，白人在入境表上签个字就过去了，吴孟超也准备签字时，却被法国签证官大声喝住："你不能签字，你要摁手印！"

当时，越南是法国的殖民地。吴孟超说："我是读书人，我能签字。"对方说："这是规定，黄种人一律摁手印。"吴孟超大声说："我是中国人，我有权利写自己的名字！"对方说："不摁手印，你就滚！"

急切想回到祖国的吴孟超，含泪摁下了屈辱的手印。

吴孟超说，他一生醉过两次酒，一次是抗战胜利，一次是上海解放。民族的独立、人民的解放，一洗他心中"摁手印"的屈辱，深感做主人的自豪。吴孟超后来回忆说，自从见到了共产党和共产党领导的解放军，他就对共产党特别崇敬，立志要当一名解放军的外科医生，立志要成为一名共产党员。

今天，吴孟超已是有着55年党龄和军龄的老党员、老军人，他一生忠诚自己的信仰、忠实践行全心全意为人民服务的宗旨。他说，"我一生中有过两次宣誓：当医生我是宣过誓的，加入中国共产党我是宣过誓的，宣了誓，就要信守诺言！"

"文革"期间，吴孟超因归侨身份，党籍被挂了起来，他曾伤心地痛哭。但哭过之后，他仍然发自内心地爱党信党，仍然坚信自己就是一名共产党员，仍然按时交纳党费，仍然按照党的宗旨和党员义务做事。因为在他心中，共产党员不仅是个身份，更凝聚着他的信仰，寄托着他的灵魂。

吴孟超一生以自己是一个医生、一名共产党员而骄傲，他忠诚于自己的信仰，更是用实际行动捍卫这个信仰。

近年来，吴孟超筹建肝癌诊疗中心，得到了多方支持，但经费仍有缺口。有人建议，别守着金山不去挖，你们医院的肝癌治疗费与其他医院相比太低，放开一点，钱就来了。这话说的人多了，他就急了："我们坐堂行医，坐的是共产党的堂，行的是老百姓的医。"他说医疗费长个一两万，对有钱人不算啥，可对不少老百姓来说，就会有人进不了医院的门，上不了手术台，甚至失去生的希望。共产党的宗旨是为人民服务。如果大楼盖起来了，肝癌诊疗中心建好了，老百姓却看不起病，我吴孟超是不会安心的。

其实，吴孟超也有着难言的心痛。他清楚地记得，17岁那年，当回国的轮船开动那一刻，父母带着年幼的弟妹，泪流满面地与他挥手告别。他万万没有想到，这竟成了与父母的诀别！40多年后，远在马来西亚的弟弟，偶然从一张香港报纸上得知，中国有位叫吴孟超的"神医"，便来上海找到了吴孟超。吴孟超这才知道，父亲已去世多年，母亲也卧病在床。他立刻办理出国探亲手续，并让弟弟先给母亲带去了三件礼物：一对玉手镯，一双绣花鞋，一盘介绍自己生活和医学成就的录像带。老母亲收到儿子的录像带，一遍遍地观看，一遍遍地流泪。不停地说，孩子能为国家做这么大的事，我死也瞑目了。就在他准备启程的时候，老人抱着儿子的礼物含泪去世了。这件事，成为他心中永远的愧痛，但他把这种痛深深地埋藏在心底，把对父母的爱，全部投入到对祖国和人民的大爱之中。

每当有重大灾害发生，他都积极参加医疗救援。1988年上海甲肝大流行，他心急如焚，积极组织开展流行病学调查，夜以继日地奋战在临床一线。抗击"非典"期间，他坐镇发热门诊，收治患者。汶川特大地震发生后，87岁高龄的吴老，要求带医疗队奔赴一线，因年事高，组织上没有批准,他就通过网络视频会诊,为前线服务。他还以吴孟超医学科技基金会的名义,向灾区捐献了价值 500 万元的急救药品。在吴孟超的心中,始终涌动着爱党爱国爱民的炽热情怀,经久而不衰,逢机遇而勃发!

吴孟超是一位勇攀高峰、成就卓著的科学大家。

我国是肝癌高发国家。2005 年,全国乙肝病毒携带者多达 1.2 亿,40 多万人患有肝癌。上世纪五十年代,我国还没有做过一例成功的肝脏外科手术,肝癌的防治研究更是一片空白。当时,一个日本专家断言:"中国的肝脏外科想赶上我们的水平,至少要二三十年。"强烈的使命感,使年轻的吴孟超立下壮志,坚定地向肝脏外科领域进军。

他创立了我国肝脏外科的关键理论。1958 年,吴孟超与张晓华、胡宏楷组成"三人小组",依靠独立自主的研究和探索,创造性地提出了肝脏结构"五叶四段"解剖学理论。从此,中国医生掌握了打开肝脏禁区的钥匙。1960 年,吴孟超主刀实施了我国第一例成功的肝脏肿瘤切除手术,实现了中国外科在这一领域零的突破。

他创造了我国肝脏外科手术的经典方法。1963 年,吴孟超发明了"常温下间歇肝门阻断切肝法",改变了西方沿用已久的传统技术,使肝脏手术成功率一下子提高到 90% 以上。同年,成功实施了世界上第一例中肝叶肿瘤切除手术,闯进了肝脏手术"禁区中的禁区",在肝脏外科史上树起了一个新的里程碑。时至今日,吴孟超已经做了一万四千多例肝脏手术,其中肝癌切除手术九千三百多例,成功率达到 98.5%。这一系列成就,使我国肝脏外科长期处于国际领先地位。

他推动了我国肝癌基础理论研究的创新发展。吴孟超深知,光靠手术治疗,不能从根本上解决肝癌问题。早在上世纪八十年代,他就带领学生在基础理论研究领域开辟了新的战场,向肝癌的主动预防、早期发现和综合治疗进军。他带出了 260 多名研究生,开展了肝癌基础治疗一系列重大课题研究,他带领的团队先后在肝癌信号转导、免疫治疗、分子病理研究等方面,取得多项突破性成果。

医学理论上的重大贡献,关键技术上的不断突破,学科建设上的显著成就,使吴孟超成为"中国肝脏外科之父",享誉中外的医学大家。

吴孟超是一位倾心为民、德技双馨的一代名医。

他不仅有精湛的医术,更有着高尚的医德。吴老说:"一个好医生,眼里看的是病,心里装的是人。"他每次接诊,都对病人亲切地微笑,聊聊家常,拉近与病人的距离。冬天查房,他总是先把自己的手捂热,再去触摸病人的身体,还常常用额头去感觉病人的体温。做完检查,他也不忘顺手为病人拉好衣服,掖好被角,还摆好床下的鞋子。每年大年初一,吴孟超都早早地来到病房,给住院病人一一拜年,送上新春的第一声祝福。

2005 年冬天,吴孟超被推荐参评国家最高科技奖,上级派人对他进行考核,确定第二天上午和他谈话。机关考虑到这是件大事,取消了他原定的手术。吴老得知后,坚持手术不能推迟。考核组的同志感到不解:这是个什么病人,怎么这么重要? 第二天下午谈话时,禁不住问了一句:"吴老,上午在给谁做手术啊?"吴老说:"一个河南的农民,病得很重,家里又穷,乡亲们凑了钱才来上海的,多住一天院,对他们都是负担。实在抱歉,让你们等我了。"考核组的同志听了肃然起敬,非常感动。这就是吴老,他把患者的生命看得比天还大,把老百姓的利益看得高于一切!

吴孟超总是设身处地为病人着想,想方设法为病人减轻负担。在东方肝胆外科医院,有一条不成文的规定:在确保诊疗效果的前提下,尽量用便宜的药,尽量减少重复检查。医院财务上算过一笔账,这样做,一年就能给病人节省 7000 多万元。至今,吴孟超做手术还沿用手工缝合的传统做法。他说,器械缝合固然很好,也省事,但"咔嚓"一声,一千多元就花掉了,这可是一个农村孩子读书一年的费用啊! 用手工缝合,医生是辛苦一些,但病人一分钱也不用花。解决看病难、看病贵的问题,医院和医生要从自己做起,千万不能把医院开成药店,把病人当摇钱树。我们是军队的医院,必须带个好头。吴孟超一生行医,最痛恨医生收病人的红包。他常说,病人生病已经很不幸了,如果再收他们的红包,于心何忍啊!

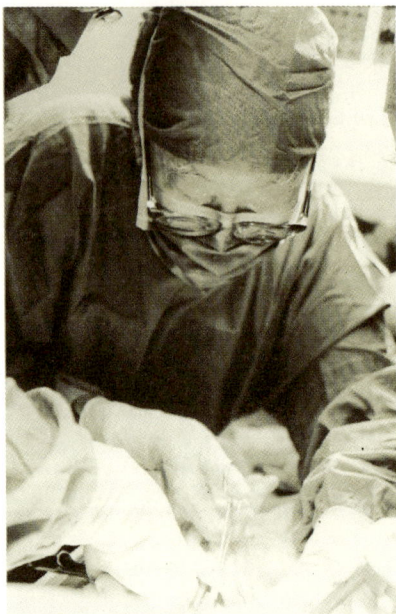

图 8-14　"只要我活着一天,就要和肝癌战斗一天。"(摄于 2011 年 9 月 19 日,东方肝胆外科医院第六手术室,方鸿辉摄)

很多群众说,我们从吴老的身上,看到了中国医疗界的良心和光明!

吴孟超是一位生命不息、奋斗不止的坚强战士。

早已功成名就的吴老,在不少人眼里,本可以选择尊荣,选择享受,选择超脱,甚至还可以选择很多,但他选择了继续前行。他说:"我是一名医生,更是一名战士,只要我活着一天,就要和肝癌战斗一天。"

他总是那样不知疲倦,仍然每天按时上班,很晚下班。仍然出门诊,做手术,最多时一天要做三台。他还经常外出主持学术会议、参加重大疑难疾病会诊。有一次参加国际学术会议,回到上海时,他的腿迈不动了,是随行的同事把他搀下飞机,用轮椅推上汽车,护送他回家。老伴和女儿看到他那么疲倦,恳求他,不要再拼命了。他说:"你们不要担心,我是身倦心不倦,有事情做,我内心很充实,很快乐。"

吴老获得国家最高科学技术奖后,大家都觉得这已经是他事业的顶峰了,可他没有停步,他联合汤钊猷、顾建人、王红阳、杨胜利、闻玉梅、郑树森等 6 名院士,向国务院提交了"集成式研究乙型肝炎、肝癌发病机理与防治"的建议案,受到党和国家领导人的高度重视,被列入"十一五"国家科技重大专项。目前,他正在领导建设"国家肝癌科学中心"和东方肝胆外科医院安亭新院,打造世界上最大的肝癌研究和防治基地。按照吴老的设想,再用 5 到 10 年时间,使我国的肝癌发病率再降低 15%,治愈率再提高 15%;通过 30 到 50 年的努力,找到治疗肝癌的根本途径,使人类最终战胜肝癌!

各位领导、同志们,这就是吴孟超院士,一个信念坚定的共产党员,一个深爱着祖国的忠诚赤子，一个心里永远装着患者的医生，一个至今仍然在科学道路上冲锋不止的老兵！

第二军医大学东方肝胆外科研究所副所长王红阳院士报告的题目是"一代宗师的师道情怀"：

  我是吴老的学生，也是他的战友。在我们的眼里，吴老的高贵品质、渊博学问、大家风范和可贵精神，是一本厚重的书，一生也读不完。特别是吴老呕心沥血培养我们的师道与情怀，让我们一生受益、终身难忘。

  吴老总是那样登高望远，最令我佩服的，是他那放眼未来早抓人才的远见卓识。

  吴老在培养人才上，总是看得那么远、那么准。大家有口皆碑的，是他在关键时候作出的三次重要抉择。

  第一次是上个世纪六十年代，吴老探索总结的"吴氏刀法"名声大振，他主动提出要开办进修班，让其他医生也学会这项技术。有人提醒他："外科医生靠的就是一手绝活，教给别人，你的优势就没了。"吴老却说："我国有几十万肝癌患者，我一个人救不了那么多病人，只有把技术贡献出来，才能挽救更多的生命！"他自编教材，亲自示范，把他独创的先进技术毫无保留地教给每一位进修学生，带出了一千多名"吴氏刀法"的传人，四十岁的他已是桃李满门。

  第二次是 1978 年。我国迎来了科学的春天，国家恢复了研究生招考制度，由于"文革"阴影尚在，不少教授心有余悸。吴老却立即提出申报肝胆医学硕士点。一向支持他工作的老伴，劝他再等一等。吴老激动地说："我等这一天等了十来年，事业急需人才，不抓住这个机会，要后悔一辈子！"他第一批申报了硕士点，第一批招收了研究生，此后又第一批申请成立了博士点和博士后流动站。得益于吴老的积极带动和推动，我们的肝胆外科专业至今已培养了 500 多名研究生，仅院内就是人才济济，几代同堂。

　　第三次是上个世纪80年代初。那时肝脏外科手术技术发展很快，吴老备受业内推崇，这时他提出，把人才培养的重点，转移到基础研究上。不少人担心，这样会不会把我们临床治疗的特色和强项削弱了。吴老说："开刀治疗，顶多开一个救一个，只是治标的措施，要解除更多病人的痛苦，找出彻底治疗肝癌的办法，必须培养基础研究方面的人才。"他主导建立了国内第一个肝癌基础研究实验室，创建了东方肝胆外科研究所，并有计划地派出和引进高级人才。时至今日，我们医院已有20多人分别获得中国青年科学家奖、长江学者奖励计划特聘教授、国家百千万人才工程人选，一个高水平的基础研究人才培养基地出现在一所临床医院，其意义不可估量。

　　今天，我们提起吴老这三次抉择，没有人不佩服他的远见卓识。这种远见卓识，来源于他对祖国医学事业的深深热爱和极端负责。也正是这种远见卓识，使他实现了由一名外科医生向一位科学大家的跃升。

　　吴老总是那样独具慧眼，最令我难忘的，是他那不拘一格举贤荐才的伯乐风范。

　　在肝胆外科领域，有不少领军人才，是吴老从普通学生和普通医生中发现、培养起来的。1987年，我还是第二军医大学长征医院的普通大夫，到中德医学协会学术年会做会议的秘书工作。担任大会中方主席的吴老，会后找到我，说有两个去德国留学的名额，他和他的导师裘法祖教授联名推荐了我。我非常意外，问他："您怎么会想到我？"他说："这次会议，你给我的印象很深，你外语水平不错，工作认真细致，科研思维也好，我们的基础研究需要你这样的苗子！"

　　一次并不经意的接触，得到一次格外垂青的推荐。也正是因为这样一次机遇，使我走上了肝脏医学基础研究的道路。

　　1996年冬天，我正在德国科学院马普生化研究所工作。一天下午4点多，突然接到吴老的电话，说他在德国刚开完会要来看我。当天正风雪交加，气温达到零下20多度。我想吴老年纪那么大，天气那么冷，路上到处是冰雪，便急忙说："老师，还是我去看您吧。"吴老说："我有特别重要的事情要和你商量，到了再谈，你在家等着，我已经出发了。"我左等右盼，一直到晚上 10 点多才听到敲门声。开门一看，吴老的头发、眼镜、衣服、鞋子上都是雪花。因为下雪，原本 3 个小时的路程，走了 6 个多小时，望着几乎成为雪人的老师，我感动得半天说不出话来。

吴老来不及拍打身上的雪，便说："我向学校党委汇报过了，要把你请回国内，这次来，就是和你商量这件事。"

说实在的，回国是我早有的想法，可是那时手头上的课题还没做完，带的研究生也没毕业，这个时候走得了吗？

吴老看出了我的犹豫，说："德方的工作，我们来做，你就不要顾虑了。"

他接着又说："回来工作，刚开始可能会遇到一些困难，不过国内的舞台很大，很需要你这样的人才，我也很想和你合作做肝癌的研究。"

我是吴老亲自推荐出国学习的，现在他又为了我的事远道赶来，说得这么真诚，我还能犹豫什么呢？我当即答应了。

不久，我带着整整一集装箱的资料和仪器，回到了母校。担任大学副校长的吴老，亲自帮我解决了场所、设备、人员、经费等种种难题。不到一年，我主持的生物信号转导实验室进入全军重点实验室行列。不到两年，我的研究成果获得军队科技进步奖一等奖。此后，又一项研究成果获得国家自然科学奖二等奖。2005 年，我当选为中国工程院院士。

吴老的爱才之心、惜才之情，远不止体现在我一个人身上。他手把手带出的外科专家，他倾心扶持的青年才俊，他关爱培养过的学生弟子，国内国外能听得到、看得到，但一下子很难数得清。

吴老总是那样甘为人梯，最令我感动的，是他那鼓励学生超越自己的博大胸怀。

常温下间歇肝门阻断切肝法，是吴老亲手创立的经典手术方法，被我国肝脏外科沿用了几十年。有的学生在临床实践中感到，这项技术还有可以改进和完善的地方，但考虑到这是老师的成就，不敢贸然尝试。吴老知道后，热情地鼓励说："后人有质疑前人的胆识，学生有超过老师的勇气，我们的事业才有希望，你们不要有顾虑，要大胆地去试。"

得到吴老的支持，学生们迈开了创新的步伐。2004 年，周伟平教授发明了"不阻断下腔静脉全肝血流阻断切肝法"。2006 年,杨甲梅教授发明了"半肝完全血流阻断下的无血切肝术"。肝脏手术技术一次再一次地得到发展,手术成功率不断提高。

为了鼓励创新,吴老用个人积蓄 30 万元和社会各界捐赠的 400 万元,设立了"吴孟超医学科技基金"。这是国内首个、也是最大的肝脏外科专项基金,如今总额已有 1 000 多万元。2006 年,吴老获得国家最高科技奖后,又把国家奖励的 500 万元、总后勤部奖励的 100 万元全部拿出来,用于奖励和资助取得创新成果的学生。

开明的师长,良好的条件,宽松的学术氛围,孕育了学生的创新精神和创造才华。2000 年以来,吴老带领的团队,取得了 56 项国际和国家发明专利,发表了 1 000 多篇高水平学术论文,获得了 64 项省部级以上科技成果奖。

吴老总是那样与时俱进,最令我叹服的,是他那敢闯新路培养人才的大家气魄。

1995 年,吴老到德国科学院马普生化研究所访问,看到这个所的实力雄厚、水平很高,了解到我的研究课题前沿性很强,便对我说,这里的条件好、水平高,如果我们能跟这里合作,多送一些人来学习,那多好啊!他主动拜访当时的所长乌尔里希教授,提出合作培养医学人才的设想。吴老讲,我们有世界上惟一的肝胆专科医院,有最丰富的手术案例,有最大的肝脏样本库,如果能合作培养人才,一定能够互利双赢。一番话,激起了乌尔里希教授浓厚的兴趣,两人一拍即合。很快,这个世界顶级的研究所携手我们东方肝胆外科医院,成立了中德合作生物信号转导研究中心。那一天,吴老特别开心。借助这个平台,我院已有50 多名研究生被派往国外进修深造。

国家"973"首席科学家郭亚军教授,也得益于吴老在培养上的敢为人先。1989 年,郭教授被派往美国哈佛大学麻省总医院学习进修。就在他的肝癌免疫治疗研究进入关键阶段时,归国的日期到了。当时,国内还不具备让郭教授继续进行研究的条件。如果他中断研究回国,对本人发展和肝癌免疫治疗研究都是一个损失;如果不按期回国,又会违反规定。面对两难选择，吴老十分焦急，找来政策研究，多方请教协调，最终拿出了一个高招：在我院建立中美合作分子肿瘤实验室，让郭教授领衔负责，每年回国工作四五个月，其他时间仍在美国进行研究，得到了上级批准。这种基础研究在国外、临床研究在国内的"哑铃模式"，军委首长给予充分赞许，并在全军推广。

继中德、中美合作后，吴老又推动建立了中日合作内镜实验室、沪港合作基因病毒研究室，更多的合作课题、资金、师资和设备引入国内，肝胆医学人才培养的路子越走越宽！

我们庆幸，能有这样的一代宗师带领，在医学科学的坎坷征途上一路向前。我们自豪，能与这样的科学大家同行，为祖国的医学事业拼搏奋斗！

吴老，我们的恩师，今天，我要再一次地说一声：谢谢您！

第二军医大学东方肝胆外科医院程月娥护士长报告的题目是"手术台上的精神之光"：

我是医院手术室的护士长。吴老作为一名肝胆外科专家，手术室是他活动的主要舞台，是他与病魔争夺生命的主战场。我有幸从1986年开始，担任吴老手术的器械护士，配合他做了5 000多台手术。在25年的近距离接触中，吴老在手术台上展现出来的大医风范和可贵精神，一直在感动着我，激励着我。

很多人都想知道，吴老的手术成功率为什么那么高，为什么做得又快又漂亮。我很清楚，他不完全是靠技术，更不是靠运气。他真正的过人之处，是他对待每一台手术都极其认真负责。吴老常说，每一台手术都牵系着患者的生命，容不得丝毫疏忽。我最钦佩他那种严谨求实的精神。

尽管吴老医术高超、经验非常丰富，但他对每一台手术都做了非常充分的准备。不管这个病人是谁，不管病情轻重，不管病人的CT、磁共振等影像检查结果多么肯定，他都要在动手术的前一天，再次和B超室的医生做一次术前病灶确认，上手术台之前，还要在看片灯上再次查看

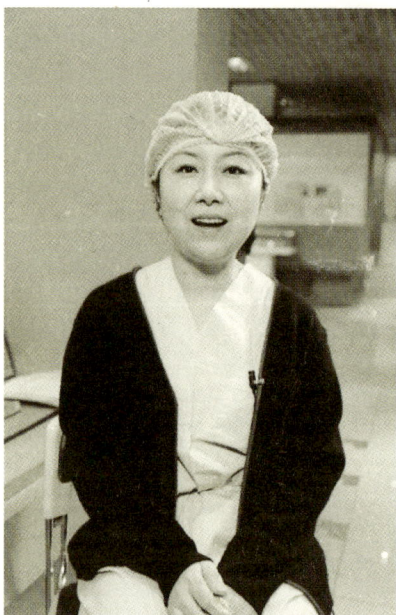

图 8- 15　护士长程月娥接受采访（摄于 2011 年 12 月 29 日下午，东方肝胆外科医院展示室，方鸿辉摄）

病变部位，验证一下，好做到万无一失。

当遇到比较复杂的病情时，吴老一定要召集专家会诊。一次会诊不满意，就再来一次，甚至换一批专家会诊，充分吸纳各个方面的意见，直到把所有可能出现的问题都预见到，把各种应对措施都制定好，他才会上手术台。

我想，这就是吴老的手术为什么总是做得那么好的原因。也正因为如此，我每次跟他上手术台，心里就很有底气。

去年冬天，上海有个肝癌病人，在一家医院做手术，腹腔打开后，医生说，这个肿瘤靠腔静脉太近，没法切，我们这里正好有肝源，建议做肝移植。病人经济条件不允许，医生就把刀口又缝上了。他的家人不甘心亲人就这样等死，找到了吴老。

吴老仔细研究了病人的资料，觉得切除肿瘤的可能性是有的。但他没有轻易动手，而是两次组织专家会诊，并把病人的亲属请到会诊现场，详细地了解病人的情况，每次会诊都用去了很长时间。吴老这样严谨负责，几次把病人亲属感动得流泪，他们说："吴院长，我们先来找您就好了。你们这样认真，我们到这里看病，就是治不好，也认命了。"

手术那天，吴老早早就来到手术室。我看到他的时候，他一个人面对墙上的看片灯，就像指挥员站在地图前，研究进攻路线，我立刻就感到了一种战斗气氛。

手术开始了，这时，我注意到吴老十分从容，上台、开腹、探查、剥离、切除……流畅地操作着，一切就像以往做过的无数例高难度手术那样，最后是有惊无险，成功地把肿瘤切了下来。走出手术室，摘下口罩的时候,吴老轻轻地说了一句:"比我想象的容易。"就这轻轻的一句,忽然让我非常感动,没有百遍千遍的琢磨,哪有吴老所说的"容易"?

42 天后,病人平安出院了,他拉着吴老的手说:"我这条命是您给的,您是我一辈子也忘不了的救命恩人!"

我上学的时候就听说,吴老成功地做了不少堪称"中国第一"的手术,来医院手术室后,又亲眼看见他做了许多别人从没做过的手术。很多人说,他有做手术的天赋。我很清楚,比他的天赋更为宝贵的是,他总以开放的胸襟向同行学习,向学生学习。他那虚怀若谷的精神,让我们深受教育。

吴老有个学生叫陈训如,在成都军区昆明总医院工作,最早在我国应用腹腔镜开展腹部手术,并取得明显效果。吴老感到这项技术很好,提出派人去学习。有人说,在国内,我们医院是领先的,有必要去学他们的吗? 吴老说:"不能这么讲,只要是先进的、对病人有用的,我们都应该学。"陈训如听说吴老要派人来学习,连忙打电话给吴老说:"您就别派人来了,还是我去上海给您汇报吧。"吴老说:"这项技术你运用得早,你就是老师嘛! 这次我派人先去学,过些日子,我也要去学的,你可不要留一手啊!"正是在吴老的倡导和带动下,我们医院在国内最早把这项技术应用到肝脏手术上。

1994 年 2 月,一位 19 岁的大学生遭遇车祸,被急送到我们医院,当时昏迷不醒,已处于休克状态。经诊断,这位大学生腹部闭合伤、肝脏破裂、颅脑外伤,生命危在旦夕。吴老和专家们紧急会诊,感到病人伤得这么重,如果实施开腹手术,他将难以承受。吴老决定立刻施行"腹腔镜下肝破裂修补手术",经过多名医生的全力抢救,只用了 90 分钟,就补好了全部裂口,止住了肝脏出血。学来的这项新技术,挽救了一个年轻的生命。

让我特别佩服的,还有吴老那种面对险情不回避的敢于担当的精神。外科医生在手术中,遇到处理不了的意外情况,需要其他医生来救场,这是免不了的事。不过近些年,由于医患纠纷增多,担心出了问题责任不好划分,愿意主动救场的医生渐渐少了。但在吴老这里,不管哪个医生求援,他都是随叫随到。他还专门定下一条规矩:"任何时候、任何人,只要遇到处理不了的问题,不管我在干什么,都要及时向我报告,我会立即赶来支援。"

记得一天中午,吴老刚做完一台大手术,出来路过2号手术间时,从里面跑出来的护士告诉吴老:手术大出血了,正在抢救!吴老一听,转身就冲进房间,只见手术台上病人的腹腔内都是血,止血的纱布已经用了200多块,地上4个2 500毫升的大玻璃瓶都装满了血,眼看情况就要失控,看得出来,主刀医生有点顶不住了。吴老立马上台,果断剪下两根纱布带子,沿着血管瘤和正常肝组织的分界线,迅速把出血部位捆扎起来,巧妙地缓解了出血。要知道,用纱布带子捆扎肝脏的出血部位,这绝对是一个非常规动作,我从来没有见过这么做的。那一幕,至今想来都让人惊心动魄。事后我问吴老:"您当时想没想过,如果抢救失败,可能毁了你一世英名啊!"吴老一听这话,脸就板了起来:"是我的名声要紧,还是救病人的命要紧?"那一刻,我觉得,吴老虽然只有1米62的身高,可他是一个顶天立地的男子汉!

让我们感动不已的,还有吴老那种鞠躬尽瘁的精神。他都快九十岁了,现在每年还做近200台手术,在很多人听来,这绝对是个传奇。看他这么大年龄还坚持做手术,我也曾劝过他:"吴老,您已经功成名就,啥样的奖励和荣誉都有了,干嘛还要这样辛苦自己?"每当我说这个,他总是笑笑说:"我从二十几岁做手术,已经几十个年头了,习惯了这里的氛围,甚至气味,只有站在手术台前,我才觉得踏实,才觉得自己是年轻着的。"

也确实有些神奇,吴老一上手术台,人就像换了一个样,平时握笔有些抖的手,一握住手术刀就不抖了,好像一下子年轻了不少。其实,从近处看他,我还是能看出他的吃力来。有一次,手术结束后,我看他非常疲惫了,就扶他在手术椅上坐下来,轻声问他:"很累了吧?"

他沉默片刻,叹口气说:"唉,力气越来越少了,确实累了。"

我说:"累了就少做一点吧!"

他说:"你看这个病人,才20岁,大学刚读了一年,多可怜,再累也得做啊！"

这时，我看到，靠在椅子上的吴老，胸前的手术衣都湿透了，两只胳膊支在扶手上，掌心向上的双手在微微颤抖，他说："小程啊，我的有生之年怕是不多了，如果哪一天，我真的在手术室里倒下了，你不要慌张，你知道我是爱干净的，记住给我擦干净些，别让人看见我一脸汗水的样子。"

我听他说这个，眼泪立马下来，急忙打断他的话："您可不能说这种不吉利的话！您一定得长寿，多少病人等着您去救他们的命啊！"

图 8-16 90 多岁了依然操刀手术，吴孟超每次手术都站在垫子上，同事们在他身后特意放置一把转椅，以备他万一累了可稍坐片刻，可他上了手术台就浑身来劲(2011 年 9 月 19 日，东方肝胆外科医院六号手术室，方鸿辉摄)

我非常庆幸，能在吴老领导下的医院手术室担任护士长，能与这样一位德高望重的济世名医共事多年，能从最近处感受这位医学大师献身医学事业的宝贵精神。

如今，我常做的一件事，就是在心里默默地为他老人家祈福，愿他保重身体，尽量不要这么劳累，愿他开开心心，健康长寿！我想，他挽救了那么多人的生命，上苍一定是厚爱他的！

湖北省随州市农村信用社职员王甜甜报告的题目是"吴爷爷给了我们第二次生命"：

大家好！我叫王甜甜。七年前，我在北京外国语学院读书，体重莫名其妙地增加。当时我妈妈来北京打工，看到我腰身臃肿，背上却瘦得都是骨头，就带我去医院检查。结果出来后，医生把我妈妈单独叫去。

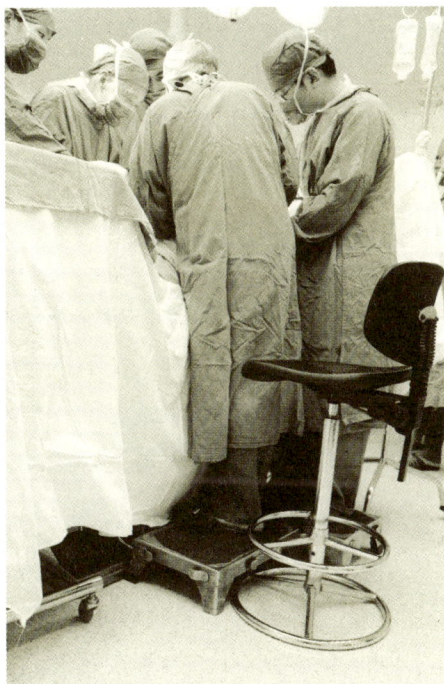

当妈妈从医生那里出来，脸色煞白，却还微笑着对我说："甜，没事，医生说，是肝里长了个良性的瘤子，我们再去别的医院看看。"

我从没见过妈妈的脸色那么难看，我不知道医生给我妈妈说了什么，但我预感到不好。我也不敢多问，怕问出什么来我承受不了。

可是，我们在北京跑了几家大医院，都没有人敢为我切除这个瘤子。妈妈再也瞒不住我了。妈妈曾经是纺织女工，很早就下岗了。妈妈一辈子都是站着上班的，那时为了救我，见到医生就下跪。这时我才知道，我的肝脏中部长了个血管瘤，快有足球大了。这个位置好比肝脏的"心脏"部位，被很多大小血管包绕。如果手术动进去，应对不了大出血，生命就会在手术台上结束。如果不动手术，生命也可能随时结束于瘤体血管破裂。

我一下子懵了，刹那间天旋地转，瘫倒在地。"晴天霹雳"，这个原本只在小说里读到的词语，真实地降临到我头上。我才21岁啊！还没有完成学业，没有参加过工作，没有报答父母的养育之恩，没有尝过爱情的甜蜜，生命却要走到尽头？我真的不甘心啊！

妈妈把我带回湖北老家，爸爸妈妈又带着我到武汉、广州等地去寻医求治，到哪里都找最便宜的旅馆住。有的医院也很重视，组织了会诊，最后都觉得切不了这个瘤子。都说，要保命，只有一条路可以试试：做肝移植。

做肝移植要30万元，30万元如果能换一条命，听起来不算贵，可是我爸爸工资每月只有一千多元，妈妈到北京打工就是为了挣钱供我读大学。现在到处求医，已经是借钱治病。爸爸决定卖房子，可是我家房子差，开价15万元还没人要。就算卖了房子也凑不够钱！我是父母的独生女儿，父母为了救我不惜一切代价。可是就算借债换了肝，也不一定就能成功，后续的抗排异治疗还要高昂的药费，到哪里去找？如果我不在这个世界上了，爸妈连个住的地方都没有，我死都不会瞑目啊！万般无奈中，我在媒体上发出求救信："谁能出钱救我，我愿'典身'10年！"媒体的叔叔阿姨为了救我，他们说："典身救命"，这是一个青春少女对生的极度渴望！

就在走投无路的时候,一个好心人在网上留言:"上海东方肝胆外科医院有个吴孟超教授,他也许能让你起死回生。"我们立刻上网查看吴教授的情况,看到了一线生机,连夜赶去上海,最先接诊的是姚晓平主任,接着见到了吴爷爷。吴爷爷听完叙述,看完片子,拉着我的手和蔼地说:"你叫甜甜?"

我点点头。吴爷爷说:"甜甜,不要怕,咱们一起和病魔斗一斗,相信会有办法的!"

吴爷爷组织了多次专家会诊,最后决定:不做肝移植,就用手术切除肿瘤。

2004年9月24日,这个原本普通的日子,却以"再生"的含义,深深地刻在我生命的年轮里。那天,我被推出病房去做手术的时候,因为知道我的手术风险非常大,同楼层很多病友都来送我,说:甜甜,你一定能回来! 8点30分,我就要被推进手术室了,爸爸妈妈拉着我的手不放,我突然看到了爸爸妈妈那万般不舍无限留恋的眼神……几个月来,妈妈始终没有在我面前流过一滴泪,现在,妈妈的眼泪和哭声瞬间就抑制不住地迸发出来……"生离死别",我年轻的生命从未有过的一种体验,像闪电一样闯进我的头脑,我也紧紧攥着爸爸、妈妈的手不放。我知道,这很可能就是看爸爸妈妈最后一眼了。我被推进手术室后,还留恋地看了一圈周围的环境。

这年吴爷爷82岁,姚晓平主任69岁,共同主刀为我做了手术。两天后,我从深度昏迷中醒来,还在重症监护室里,看到吴爷爷就站在我眼前,慈祥的脸上满是笑容,他轻轻地对我说:"甜甜,你没事了,你没事了。"

我仿佛在梦中。吴爷爷又说了一遍,说得非常肯定。

那一刻,我意识到了,我的生命还在,一股暖流顿时涌遍全身,我的眼泪流了出来,我看到眼前满面笑容的吴爷爷是有光芒的。

妈妈告诉我,那天的手术,从早上8点50分做到下午近7点,整整10个小时,吴爷爷一直站着,没吃一口饭、没喝一口水,摘除的瘤子有9斤重。妈妈还告诉我,你做完手术被推进重症监护室后,仍然非常危

图 8-17　王甜甜感谢恩人吴孟超和姚晓平医生 (拍摄于 2004 年,东方肝胆外科医院,吴孟超办公室提供)

险,心跳一分钟 170 下,真吓人啊,吴爷爷把长海医院心内科专家请来照护你,如果不是这样周密细心的救护,你活不过来。

爸爸对我说:你要永远记住,是吴爷爷把你从死神手里抢了回来,恩重如山,恩同再造啊!

两个月后我康复出院。那天,我非常高兴,吴爷爷也很开心,他说:"甜甜笑得真甜!"是啊,病好了,我又可以继续上学了。大学毕业后,我到一所学校当上外语教师。随后,遇到了爱我的男朋友。2009 年,我们选择了 9 月 24 日,这个让我获得再生的日子,我和心爱的人携手走上了红地毯。

其实,像我一样幸运的人还有很多。住院期间,医生和护士们常鼓励我不要怕,做了手术,就会好起来,能像正常人一样生活和工作。他们还给我讲了不少故事。

有一个女孩的故事给我很大的震撼,她就是这个医院里的护士,叫娜娜。她与我同龄。她的父母是舟山岛上的渔民。1983 年,父母抱着她找到吴爷爷时,她才四个月,肝上长了个大肿瘤,已经四处求医无人能治。吴爷爷给她做了全面检查,确定她长了个"肝母细胞瘤"。如果手术切除,小娜娜年纪太小,体质太差,细小而脆弱的血管可能承受不了这么大的手术。但如果不做手术,肿瘤将很快夺去这个婴儿的生命。

吴爷爷主刀成功地做了这个手术。护士们告诉我,这是个世界之最,在世上目前的肝脏手术中,吴爷爷为年龄最小的患者成功地切除了这个肝母细胞瘤,瘤子重达一斤二两,体积比婴儿的脑袋还大。

娜娜长大了立志学医,初中毕业考上卫校,卫校毕业后,18岁的娜娜带着深深的依恋和多年的理想,来到17年前给她第二次生命的吴爷爷面前,希望能在吴爷爷身边当个护士。吴爷爷很感动,破例给护理部打招呼,就这样,娜娜成为东方肝胆外科医院的一名护士。我住院的时候看着她,感觉她就像天使,我由衷地羡慕她。

在吴爷爷救治的肝癌患者中还有个世界之最,是个男性患者,他是目前世界上肝癌手术后存活时间最长的人。

他叫蒋声和,1966年患病时,是浙江金华的一名工人,吴爷爷和陈汉医生联手,为他切除了5个肿瘤,最大的一个直径有20多公分,小的4个也有鸡蛋大。蒋声和出院后,吴爷爷一直牵挂着他,嘱咐他每年都要来复查。1998年,蒋声和69岁的时候,肝癌复发了。

肝癌复发后的再次手术,风险极大。吴爷爷与陈汉医生再次联手,为蒋声和切除了复发的肝癌。至今又过了13年,蒋声和已经82岁,仍然健在。在首次肝癌手术后,他已经生活了45年,这对人类与肝癌作斗争,是个极大的鼓舞。

2001年,吴爷爷80岁生日,蒋声和兴冲冲地来为他贺寿,到吴爷爷家,发现前来贺寿的有五个是和自己一样,几十年来一直受到吴爷爷关心照护的肝脏肿瘤患者。

我也是吴爷爷多年来关心照护的患者之一。住院期间,我听吴爷爷对学生说过,都说医学是自然科学,在我看来,更像人文科学,你不是跟机器打交道,是人与人之间的交流相处。医生没有挑选和应付病人的权利,只有为患者解除病痛的天职。一人生病,全家痛苦,有的还很穷,我们不能欺骗,更不能欺诈他们。

在患者心中,吴爷爷是一个可以托付生命的人。他尊重每个生命,不离不弃,真正做到了超越血缘亲情,不分贵贱尊卑。多年来,吴爷爷的故事和他说过的话一直在我心中回响，我深深感到，吴爷爷不仅给了我身体的第二次生命，也使我的精神和灵魂如同获得再生。

它让我思索，人应该怎样活着，生命的意义究竟在哪里？我珍惜吴爷爷给我的第二次生命，我更珍惜生命的意义！

最后，由第二军医大学东方肝胆外科医院院长吴孟超作了"我的几句心里话"的答词：

刚才，几位同志介绍了我做过的一些事情。其实，作为一名医生和老师，看病、治病、做学问、带学生，是我的本职工作。有许多同行，他们做得比我好。我们有不少新的技术，就是向同行们学习的。党和人民却把这么多的荣誉给了我，2006 年 1 月 9 日，胡主席就在这里，亲自给我颁发国家最高科技奖。今天，党和人民又给了我这么高的褒奖，我心里很不安。这些荣誉和褒奖，不是我吴孟超一个人的，它属于教育培养我的各级党组织，属于教导我做人行医的老师们，属于张晓华、胡宏楷、陈汉，以及与我并肩战斗的战友们！

这些年，遇到不少年轻的朋友，与我探讨人生的意义，谈论知识分子的价值，还问我有些什么成功的秘诀。回顾我的一生，我常常问自己，如果不是选择了跟党走，如果不是战斗生活在军队这个大家庭，我又会是一种怎样的人生呢？我可能会有技术、有金钱、有地位，但无法体会到为人民服务的含义有多深，共产党员的分量有多重，解放军的形象有多崇高。我发自肺腑地感激党、热爱党，发自肺腑地感激军队、热爱军队！

有人问我："你这一辈子不停地看门诊、做手术，会不会觉得很累，有没有感到很枯燥？"我的体会是：一个人全神贯注地做他愿意做、喜爱做的事情，是很愉快的。

我从拿起手术刀、走上手术台的那天起，看到一个个肝癌病人被救治，看到一个个肝病治疗禁区被突破，看到一个个康复者露出久违的笑容，常常情不自禁地喜悦，发自内心地高兴。在医生这个岗位上，我感悟了生命的可贵、责任的崇高、人生的意义。

看来，我这一辈子是放不下手术刀了。我曾反复表达过个人的心愿：如果有一天我真的倒下，就让我倒在手术室里，那将是我一生最大的幸福！

有人说，吴孟超，你拿了那么多第一，拥有那么多头衔，获得那么多荣誉，你这一生值了。是啊，就我的人生来讲，这些东西确实够多了。但是要说"值"，它究竟值在哪里？我想最重要的是，它凝聚着祖国和人民的需要。作为一个知识分子，

图 8-18　手术间隙吴孟超会坐一会儿（吴孟超办公室提供）

只有把个人的发展与祖国和人民的需要紧紧联系在一起，我们的知识价值、人生价值才会有很好的体现。

回想我走过的路，我非常庆幸自己当年的四个选择。选择回国，我的理想有了深厚的土壤；选择从医，我的追求有了奋斗的平台；选择跟党走，我的人生有了崇高的信仰；选择参军，我的成长有了一所伟大的学校。

如果说有什么成功秘诀的话，我这几条路走对了，就是秘诀。

岁月真是不饶人，我快 90 岁了。可我觉得还有太多太多的事情需要抓紧去做。特别是当前，我国的肝癌治疗主要靠手术，基础研究、药物研究还有许多难关，迫切需要突破。只要肝癌这个人类健康的大敌存在一天，我就要和我的同行们与它斗争一天。为人民群众的健康服务，是我入党和从医时作出的承诺，我将用一生履行这个承诺！

读了这几篇报告，相信大家对以上的疑问也应该有答案了。

感动中国

就在笔者刚要搁笔时,2012 年 2 月 3 日,90 岁的吴孟超又被评为 2011 年"感动中国"的十大杰出人物之一。

中央电视台的颁奖晚会上播放的"获奖名片"是《肝胆春秋》。

推荐的"事迹"是:

在中国医学界,肝脏医学曾长期处于荒芜。上世纪 50 年代,从同济医学院毕业的吴孟超投入了肝脏外科研究,与同事做出了中国第一个肝脏解剖标本,提出了"五叶四段"肝脏解剖理论。1960 年 3 月 1 日,他成功完成了我国首例肝癌切除手术。半个多世纪的呕心沥血,吴孟超推动了中国肝脏医学的起步与发展。1996 年建立的东方肝胆外科医院,每年收治逾万名患者,年均手术量达 4 000 例。肝癌术后五年的生存率,从上世纪六七十年代的 16％上升到今天的 53％。年近 90 岁,他依然坚守在一线。据统计,吴孟超做了 1.4 万余例肝脏手术,完成的肝癌切除手术 9 300 多例,成功率达到 98.5％。2006 年 1 月,他获得"国家最高科学技术奖"。吴孟超是医院院长,平时不但忙于院务,还要经常外出主持学术会议。即便如此,他仍坚持在每个星期二的上午看门诊,若是出差错过了,回来还得补上。从医近 70 载,吴孟超始终认为医德比医术重要,"德"是他挑选弟子的首要标准。吴孟超定下规矩:在确保诊疗效果的前提下,尽量用便宜的药,尽量减少重复检查。据说这样做,每年能给病人节省 7 000 多万元。

在"感动中国"颁奖晚会上,吴孟超与中央电视台主持人敬一丹,就当前的医患关系问题有一些很精彩的对话,兴许是节目播出时考虑到时间问题,只留下很简洁的几句话。事后,吴孟超在接受笔者采访时说到医患关系时说:"我们两个座谈的时候,其实我都讲了,就是后来删掉了,那一段没有播。我认为,医患矛盾主要有三个方面问题造成的……"

按吴孟超的分析,第一方面来自医生。有些医生态度确实不好,为了赚钱收红包。这样的医生之所以态度不好,没有"仁爱之心",主要是见钱不见人。病人钱多,他就态度好一点,钱不多态度就不好,大腿跷二腿的爱理不理,问而不答,像这种情况造成的医患矛盾很大。最后出了事,病人当然会找你麻烦。即使不出事,病人也不会感激你。"医务人员方面做得不到位的主要是服务不到位,没有把病人当成自己亲人一样。医生应该要跟病人解释清楚,因为病人不了解疾病情况,往往只听医生的,医生怎么讲,他就怎么做。病人信任医生,医生就应该把病人当作自己亲人一样来对待。要有仁爱之心,这样的话,对待病人态度就好了,矛盾也会解决了,否则很容易造成矛盾。"

第二方面来自病人。很多病人不了解医术,总觉得我找到了医生,你就必须要给我解决我的疾患,要百分之一百帮我解决。其实,所有病要达到百分之一百治好,是不现实的,也是不可能的,这对眼下的医学科学的要求太高了。正是这种过高的要求,对医疗方面、对医生医术方面、对医学知识方面似乎都期望太高,存有这种偏见和对医学缺乏了解,就造成了心理状态问题。哪怕医生对他讲得很清楚,把他当做自己人一样地倾诉,他也觉得你没有施展本领。还有的病人以为"我有钱,有钱能使鬼推磨",把钱看得太重了,也会为医患矛盾埋下种子。

第三方面则来自社会。其中最典型、最恶劣的要数社会上违法的"医闹"存在。出钱找"医闹",就让医院搞得不得安宁,什么"追悼会"搬到医院的大堂上,什么乱七八糟的打砸抢,唯恐天下不乱。确实有想赚这种钱的人,当然不是主流,但实实在在是存在的。

"只要这三个方面问题解决好了,我说医患之间的关系肯定会好转。其中,最主要的还是我们作为一名医生,我站在医务工作者的立场,就必须要全心全意对待病人,真心真意地对待病人,用自己最高的技术,最科学的方法,最便宜的药品和器械,用最简单的手段,治好病人的病,这就行了。那肯定人家就佩服你,这个矛盾就可以解决了。否则,中间加这个钱那个钱,甚至乱收费,这样行医绝对不行。我以为最主要的是强调医生这一环节,从我们自身出发应该强调这一点,其他的靠政府去解决。"

至于使用贵重仪器诊断与治疗的话题,吴孟超分析得极其精辟,"我们外科医生不要忘记自己这双手的技艺,你编一个篮子若靠仪器来编,不一定编得好,仪器有程序的一波一波,这是死的。你面对的病人是个体化的,有各种差异的。仪器的这一系列程序有的时候达不到适配,要因人而异。若用一个仪器来治疗,医疗费也肯定就要贵了。外科医生技术越熟练,做得越好;技术不熟练,那肯定要出问题。"

现在很多医生被病人称为"片子医生",什么"片子"呢?就是只看片子,不看别的,不检查身体,不用听诊器,这些都是错误的。吴孟超深有感慨地说:"医生一定要接触病人,越接触得仔细,你了解的情况越多。我有一个病人,他们说又没有肝炎,又不喝酒,怎么得肝癌呢?奇怪了,没有肝炎,这个癌哪来的?我说你们问病史了没有?问了,问不出来。你检查了没有?检查了。好,那我自己去查房。我亲自去查,去问,三问两问,这个病人原来是做放射性工作的。这很关键的一点没有问到,放射性对肝脏有损害,长期工作会造成肝损害,肝功能会不好,再发展成肝癌。这个他们没有问出来。一检查他的肝癌发生了,还有腹水了,肝功能又不好。这下,治疗方法就不一样了,不是说拉来就开刀。不能开刀,先得治疗肝脏,然后再考虑进一步治疗。先保住肝,你不保住肝的话,怎敢马上去动它,那不更伤了?"[1]难怪有一些医生被称为"片子医生"了,对病人的一切诊断全交给"片子"了,这不免是一种悲哀。比比吴孟超的医风医德,就会令人感动了。

"感动中国"的评论语是:

> 吴孟超,现年90岁,中国科学院院士。他是世界上90岁高龄仍然工作在手术台前的唯一一位医生。50年间,吴孟超推动中国的肝脏医学从无到有,从有到精。1996年,他推动建立了中国的肝胆外科专科医院,并成为国内最大、国际唯一的肝胆外科疾病诊疗和研究中心。

---

[1] 吴孟超访谈,2012年2月10日,上海。资料存于采集工程数据库。

推选委员胡占凡说："吴孟超总以无尽赤忱善待病人,以赤子之爱对待肝胆外科事业。医者仁心,一个伟大的医者,不仅凭医术,更凭仁爱感动世人。吴孟超先生,是当之无愧的医学泰斗。"

推选委员任卫新说："吴老以九十高龄,与患者肝胆相照。作为医生,作为军人,他都是一座丰碑。"

感动中国组委会授予吴孟超的颁奖辞是:

图 8-19　手术成功后的喜悦(拍摄于 2010 年,东方肝胆外科医院,拍摄者为《解放军报》记者,吴孟超办公室提供)

六十年前,他搭建了第一张手术台,到今天也没有离开。

手中一把刀,游刃肝胆,依然精准。

心中一团火,守着誓言,从未熄灭。

是啊,一位坚守肝胆事业的精诚大医,一颗绕着地球运行的"吴孟超星"⋯⋯他,是中国医疗界的良心和光明。

结　语
吴孟超的学术成长之路

　　我们的研究目的,是探讨吴孟超之所以为吴孟超的成因,也就是想弄明白吴孟超是如何成为肝胆医学泰斗级大家的,其中有哪些关键因素以及是由怎样的特定环境促成了他的成功,它们又是通过什么方式影响了他的成才过程的。

　　当然,欲作这样的分析,需要对传主的一生有完整的把握,并能掌握足够丰富的细节,当然还要找出它们间的相互关系。这就必然涉及林林总总的许多问题,而且解析必须客观公正,否则会犯主观臆断的低级错误。说实在的,即使由传主本人来作自己的学术成长之路的分析,也会有挂一漏万之憾。年事高、记忆乏,固然是客观原因,而主观上"不事张扬"或出于"爱惜自身羽毛"的考虑而绊住手脚,也不是没有可能。因此,传主自身也往往难作出能够服众的阐释。对我们这样的局外人来说,虽然占了旁观者视角的便宜,可依然是一项不可能圆满完成的任务。

　　鉴于采集工作领导小组要求在这份研究报告中有关于"老科学家学术成长道路分析的结语"的要求,也只能勉为其难地试着从我们肤浅的理解出发,尽可能将我们从调研、访谈、阅读等途径所获得的材料予以梳理,开掘更深一点,思考更周全一点、作一些我们自认为是"深刻"的分析。要说明的是,在正文中已反复提及的,诸如传主吴孟超有缘拜得名师——裘法祖、有理解他并一生支持他的同窗与夫人——吴佩煜、有幸福美满的家庭的支撑、有和谐科研团队的协力……这些也是几乎所有事业有成科学大家都必备的成功"元素"，对这些"共性"的元素请允许我们不再费笔墨予以赘述了，只是对吴孟超与其他成功科学家相比照而言，我们自以为显得更具特色的成功因素，试着作一些粗浅的解析。

我们更期望对这份研究报告(或准确地说，这部吴孟超传)有兴趣的读者，能通过自己的咀嚼，作出对吴孟超成功的解读，兴许在思想上会比我们所提供的文字深刻得多。

一、苦难是一所大学堂

作为中科院院士，吴孟超并没有出生于书香门第，也不是来自于富豪家庭或官宦府邸，他恰恰诞生在福建闽清白樟乡后垄村一户贫苦农民的家庭。自幼过着食不果腹衣不蔽体的困苦生活，甚至因缺乏营养而在 3 岁前本该独立行走的年岁却站不起来。

我们不妨回放或补放下面几个镜头：

● 5 岁时，吴孟超拉着妈妈的衣角，整整漂泊了 38 天，经受了船体剧烈颠簸的眩晕，尝够了翻江倒海般呕吐的滋味，南下马来西亚诗巫，寻找在那里打工谋生的父亲。到了诗巫就加入家庭作坊，帮着父母一起做米粉以糊口。

● 8 岁起，每天凌晨黑灯瞎火地跟着父亲到橡胶种植园去割胶。饿了吃一些老香蕉树砍掉后剩下来的芯子(当地人用作喂猪的称作"士莪"的食品)来充饥。少年吴孟超的小腿上、手臂上总会涌起不少被橡胶园里虫子叮咬后的肿块。

● 19 岁那年，太平洋战争爆发，日寇在马来半岛北部登陆后，马来西亚沦陷了。从那时起，在昆明求学的吴孟超与马来西亚家中的联系中断了，没有了经济来源，不得不靠变卖衣服或找些家教，或干些誊抄资料的杂活，甚至在昆明街头卖报，以勉强维持在同济附中的学业……

俗话说，苦难是一座大学堂。其意指从苦难中能学到书本和课堂中学不到的知识，获得真真切切的艰难生存的感受。从小经历的这一系列苦不堪言的生活,锻造了吴孟超非凡的吃苦耐劳的品格和意志力,正是这种品格和意志力使他往后的人生中,无论遭遇多大的困难,都不会有丝毫惧怕,都能咬咬牙关,勇于战胜艰难险阻,勇于开创崭新的天地。

俗话还说,"穷人的孩子早当家"。其意指"穷人的孩子早懂事"。出身贫苦家庭的吴孟超特别懂事,又加天资聪慧,刻苦用功,学习成绩总是名列前茅,而且为人诚恳,能热心为同学们服务,深得校长和老师的器重,从小学到初中,同学们都推举他当班长,在人生的青少年时代就锻造了他的领导力。从医后,他也特别同情贫穷的病患者,特别有团队精神,时时处处以"假如我是他"的心理换位思考艺术来为人处事。

这一段青少年时期遭受的苦难,犹如将一个倔强系数很高的弹簧紧紧地压紧了,这个弹簧积蓄了巨大的势能,一旦放开,就会释放出巨大的动能。吴孟超日后能取得这么大的成就,不能不说与从小的苦难历练相关。现在回过头来看,说"苦难是一所大学堂""刻苦锻造了人的意志力"或者"艰难增强了人的素养"都行,反正,这些都是一笔无限宝贵又不可多得的财富。诚如古人所说,天将降大任于斯人,必先劳其筋骨,饿其体肤,苦其心志,为此方能修身齐家治国平天下。

图9-1 吴孟超院士90华诞时与三个女儿及女婿的合影(自左起:二女儿、大女儿和小女儿,摄于2011年,上海国际会议中心,吴孟超办公室提供)

二、军队医院提供了成才的环境

中国当代社会变化对做学问的科学技术人员来说，其影响和干扰确实是很大的。社会上不可能存在真正意义上的"象牙塔"。社会学科自不待言，医学研究或临床实践领域，也不可避免地会受到社会大环境的干扰和影响。

吴孟超自同济医科大学毕业后，为圆"外科医生"之梦，志愿放弃留校当小儿科医师的"肥缺"，自谋生路。历经波折，被招聘到筹建中的华东军区人民医学院第一附属医院（即后来的二军医大第一附属医院），当上了一名梦寐以求的外科医生，而且是一名军医。应该说，这是他日后能大展宏图的人生事业上极关键的一着棋。虽然历史不能"假设"，若吴孟超当年留在同济医科大学附属医院的小儿科，日后凭他的意志和功力，肯定也能成为儿科界的一代名医。不过，吴孟超一旦作了决定的事——当一名外科医生，而且是一名军医，谁也改变不了，倒是"上苍"圆了他的梦想。而军队医学院的良好环境和力求发展的迫切愿望，都成了他日后事业能相对顺利发展的机遇和动因，为勤奋努力、踏实钻研的吴孟超脱颖而出提供了成才的大环境。除了参军入伍外，1956年他还加入了中国共产党，晋升为主治医师，并被授予大尉军衔。

历史当然不能"假设"，倘若吴孟超没有"因1米62的矮个子"而被拒于同济医学院外科，那么日后的"整风反右""大跃进""大炼钢铁""社会主义教育运动"等一系列运动势必将其卷入其中，他日后的发展轨迹就很难料定，当然他最终肯定也能成功，但其中的坎坷与难测的风险，恐怕就不是上述研究报告所写的了。而在军队医院，虽说不是"世外桃源"，吴孟超还是能较少受干扰地从事自己钟爱的外科事业，让他幸运地乘上了军队医学院及其附属医院大发展的东风。

我们不妨回放或补放下面几个镜头：

● 1954年，二军医大聘请裘法祖先生来第二军医大学第一附属医院当兼职教授，让吴孟超有缘再拜裘法祖教授为师，学其医术与医道，对"裘氏刀法"的理解能从书本、听讲直接上升到了体验的高度,并努力将其精髓学到手,找到了特殊的手感。经裘师推荐,由吴孟超和方之扬翻译并出版了由荷兰医生所撰的我国第一本肝脏外科方面的专著——《肝脏外科入门》,让吴孟超有幸经历了投身肝脏外科事业的一场"热身赛"。

● 要不是身处军队这个大环境,又怎么可能有机会在 1958 年组建以他为首的以攻克肝脏外科为目标的"三人研究小组",成了勇敢的拓荒者?(当时二军大及附属第一医院还组建了"烧伤"和"胸心外科"科研攻关小组)要知道,那个年代正是外界"反右"斗争轰轰烈烈之时,不少思想活跃的知识分子都挨了棍子,戴上了"右派帽子"。

● 第二军医大学第一附属医院又大力扶植"三人研究小组"从事肝脏的基础理论研究,使他们克服重重困难,成功制成了肝脏铸型标本,从而提出了"五叶四段"的创新理论。1960 年 3 月 1 日,医院还支持吴孟超主刀为一位中年女患者成功切除了肝癌,成了二军医大第一附属医院的第一例成功的肝脏手术。同年吴孟超还发明了"常温下间歇性肝门阻断切肝法",这项发明已被数十年的临床实践证明是适用于几乎所有肝胆外科手术的,不仅提高了手术的安全性,而且简化了手术过程,减轻了病患者的痛苦。1961 年,吴孟超又发现了"正常和肝硬化肝脏手术后生化代谢规律",并据此提出了纠正肝癌术后常见的致命性生化代谢紊乱的新思路与新策略。1963 年,吴孟超还突破了"中肝叶手术"的禁区,并取得"中肝叶手术"令世人震惊的成功。同年底,吴孟超为此被中国人民解放军总后勤部荣记一等功。

● 正当吴孟超创新的热情最高涨的时候,史无前例的"文化大革命"爆发了,让吴孟超戴上了"反动学术权威"兼"特务嫌疑"的帽子,这个从天而降的厄运差一点让他陷入绝境。幸运的是,吴孟超身处军队这所大学校,使无序的"造反"时日并不能维持太长的时日,上级规定部队系统各单位以正面教育为主,军医大学的学生不准再到医院进行串联,"文革"运动开始时的混乱局面很快有所扭转,使吴孟超依然有机会从事肝脏外科手术和外出会诊,他的"吴氏刀法"也在埋头"促生产"中日益炉火纯青。诸如 1966 年 9 月为患结节性肝硬化和原发性肝癌的工人蒋声和成功施行了手术(至今还健在)。若是在地方上,吴孟超有再大的能耐,作为"反动学术权威"在这段时间必然是被揪斗的,哪有上手术台的可能?

● 1974 年,吴孟超还在西安开门办学时,瞅准了军队要进行整顿的好时机,向医院党委申请成立独立的肝胆外科,居然也能获得批准,实现了他人生肝胆事业上的"凤凰涅槃"。1975 年,获得医院各方面大力协作,他神奇地一刀切出了一个医学史上的奇迹——迄今为止国内外所报道的最大的被切除的肝海绵状血管瘤,瘤体重 18 千克。要知道,这个时期还处于"文革"中,外界的科研均处于停滞状态时。

● 1975 年 7 月,第二军医大学奉命迁回了上海,第二年作为长海医院普外科主任的吴孟超,率先在上海进行了 18 万人次的肝癌普查,开展肝癌早期诊治的课题研究,同时投入到肝癌与肝炎有怎样的联系、肝癌术后复发了又该怎么处理等课题研究之中,试图从源头弄明白究竟怎么会导致肝癌。带着科学道路中不断涌现的问题,吴孟超虽痛苦,却还是能在"文革"的年月艰难地前行。若在地方上,像他这样的"反动学术权威"恐怕就不是仅遭皮肉之苦的问题,许多一流大夫恐怕生命也会险遭不测。

● 自 1978 年起,受二军医大领导支持,吴孟超带头招收研究生,以后培养了不少学有专长的高端人才,组建了攻克肝癌的团队,推动中国肝胆事业走向更大的辉煌。他还相继提出了肝癌外科治疗的一系列策略:对巨大肝癌的"二期切除";对肝硬化肝癌的局部根治性切除;对肝癌复发再手术……而由他率先成功开展的小儿肝脏外科研究与临床实践,让中国的肝胆外科的声誉更令人瞩目。应该说,从 20 世纪 80 年代起,中国的肝脏外科手术水准已与世界一流并驾齐驱,而领军人物正是赫赫有名的吴孟超。以后,受中国人民解放军总后勤部领导的关照,1993 年 5 月,吴孟超创建了独立建制的东方肝胆外科医院和东方肝胆外科研究所(即所谓的"院中院"),实现了人生肝胆事业上的第二次飞跃。2000 年又扩建医院,使东方肝胆外科医院成为第二军医大学的第三附属医院(三级甲等)。由此,吴孟超又实现了人生肝胆事业上的第三次大飞跃。

● 1996 年初,中华人民共和国中央军事委员会授予吴孟超"模范医学专家"荣誉称号。9 年后,由上海市人民政府和中国人民解放军总后勤部联合推荐,吴孟超还荣获 2005 年度国家最高科学技术奖。也就在这时,他联合汤钊猷等其他六位院士向国务院提交了"集成式开展肝癌研究"的报告,被列入"十一五"国家传染病重大项目。紧接着,他申请组建国家肝癌科学中心的请求,也于 2011 年获得国家发改委 4 亿元拨款,于同年 10 月 12 日举行项目的开工仪式……

这 60 多年,若没有军队提供的科研和成才环境,吴孟超的一系列创新理论与临床实践所取得的成就是根本不可想象的。难怪吴孟超在各地巡回报告团的答谢辞中会发自肺腑地表达:"回顾我的一生,我常常问自己,如果不是选择了跟党走,如果不是战斗生活在军队这个大家庭,我又会是一种怎样的人生呢? 我可能会有技术、有金钱、有地位,但无法体会到为人民服务的含义有多深,共产党员的分量有多重,解放军的形象有多崇高。我发自肺腑地感激党、热爱党,发自肺腑地感激军队、热爱军队!"

三、学会做事、做学问的前提是学会做人

一个人不管有多聪明,多能干,背景条件有多好,如果不懂得如何做人,那么他最终的结局肯定是失败。

做人是一门大学问,也是一门大艺术。很多人之所以一辈子都碌碌无为,那是因为他活了一辈子都没有弄明白该怎样去做人。至于如何做事与做学问,有了如何做人来垫底,事在人为嘛! 我们的社会急需要解答的最大的一个问题便是"怎样做人"。

上述吴孟超一生所走过的道路,在坎坷中奋斗,在成功中锲而不舍地努力,在仁者医人的哲理中作出的行为诠释……都毫无疑义地说明:吴孟超已经很完美地解答了这个问题。

吴孟超一再同笔者说:"我至今一直记着离开马来西亚时,阿爸关照的话:在家靠父母,出门靠朋友。"

分析吴孟超在做事与做学问上能取得如此辉煌的成就,最关键的一点是他一生都在孜孜矻矻地寻求如何做人,他所走过的道路处处透射出他特有的做人通则、做人技巧与做人规律。

1. 做个有志向的人

吴孟超美好的前程来自于自强、自立、自信、自超,而且很早就立了志向。我们不妨回放或补放下面几个镜头:

● "我原先的名字叫孟秋,在念书念到一年级以后,我就觉得这个'秋'字不太好,有一点像女孩子的名字,我有一点不太服气。当时就想,'秋'跟'超'在福建口音中有一点音相近,于是我就把这个字改了,是我自己改的……"这是童年吴孟超从内心呼唤自强的信号,也是他性格中"自强"的火苗在心灵的闪现。事实表明,此后吴孟超的一生始终在做人、做事、做学问上,不断进取,不断创新,超越他人,超越前人,更注重超越自己。

● 凡事不做则已,要做就要做得比谁都好。为了勉励自己,吴孟超在读初中时,曾找了一块木板,刨光后亲手刻了"脚踏实地,光明正大"八个大字,以此作为座右铭。这个青少年时代的座右铭伴随了吴孟超一生。

● 1958 年,一位日本专家来华报告,针对当时中国的肝脏外科尚未成形的落后状况,傲慢地预言:"中国的肝脏外科要达到日本现在的水平,起码也要三十年!"吴孟超听了彻夜难眠,怀着强烈的民族自尊心写就了一份给医院领导的报告,阐述了我国向肝胆外科进军的重要性与紧迫性,并在报告上写下 12 个大字:自力更生,艰苦奋斗,奋发图强,勇攀高峰。日后,这 12 个大字成了吴孟超进军肝胆外科的人生誓言……

● 更有意思的是,吴孟超一旦立志要当一名外科医生后,哪怕是面对留校当小儿科医生这一旁人看来是"打着灯笼也难找"的好职位,也被他毫不迟疑地放弃。要知道那是发生在新中国刚建立的上海,对初出茅庐的吴孟超来说是人生地不熟,找工作又是十分困难的时间与地点。

他就是这样一位不达目的不罢休、咬住青山不放松的倔汉子。他心里很明白:打垮自己的往往不是别人,而是自己,不要把一次失败就看成是人生的终结。志向既定,成功的道路就得靠自己去闯。做人有困惑,做事有困境,世上没有一帆风顺的事,只有坚强不倒的信心与毅力。吴孟超敢于作出这样的抉择,正体现了他心灵中有一种超越的志向的追求。由立志当一名外科医生的职业志向,以后进化为"医者仁心"的人生志向。为实现这个人生志向,他脚踏实地地以仁爱之心挽救每一位他所施救的病患者,竟然从死神手中拉回了 14 000 多肝胆癌症患者的生命,这项事业是多么不朽！按俗语云:"救人一命,胜造七级浮屠",吴孟超一辈子在奋不顾身地援救面临死亡威胁的这么大量的病人,该是胜造了多少"七级浮屠"？如佛家常说的"诸恶莫作,众善奉行。"吴孟超虽不是佛教徒,但他毕生在奉行众善。只有奉行了"仁者爱人"的做人准则与志向,吴孟超才会有如此坚定的"仁者大医"的志向和追求,才推动他作出了一系列创新成果,才取得了一系列肝胆事业的飞跃,也才支撑他九十高龄依然能高高地扬起生命的风帆。

现今的年轻人往往混淆了两个概念,将一个人的职业志向等同于人生志向。由此导致不少人为追求外在的成功、光鲜的社会地位和令人羡慕的高收入而无休止地"被炒鱿鱼",走花灯似地频频跳槽,到头来生命的意义又会有多大的光辉？

图 9-2　慈眉善目的大医——吴孟超(方鸿辉摄于 2012 年 9 月 19 日,东方肝胆外科医院吴孟超院长办公室)

吴孟超的成功做人首先体现在好男儿早立志,自己拍板,不怕失败,不言放弃。成功时,没有昏昏欲睡;失败时,更不会灰心丧气。从不怨天尤人,抱怨命运不公,面对"山重水复"之关卡,勇创"柳暗花明"之境界,用信心去克服一切困难。欲成就人生一番事业,就要敢担当,干大事,揽难事。立个志向,持之以恒;树个目标,人生才有前行的方向。

2. 做个有仁爱之心的人

"德不近佛者不可为医,才不近仙者不可为医"。真正的"佛"和"仙"我们都没有见过,我们所看到的是慈眉善目的全心全意为患者尽力的好医生——吴孟超。

孙思邈在《大医精诚》中谈论医德时，要求所有从医人员必须做到两点：第一要"精"，即要有精湛的医术，因为医道是"至精至微之事"，从医者必须"博极医源，精勤不倦"；第二要"诚"，也即从医者要有崇高的品德修养，以"见彼苦恼，若己有之"这样感同身受之心，策发"大慈恻隐之心"，进而发愿立誓"普救生灵之苦"。诚所谓"精""诚"所至，金石为开，允"精"允"诚"，乃为大医！

吴孟超所走过的从医道路，得到了恩师裘法祖的医术指导和为人之道的熏陶。"裘老师常说：治疗病人犹如将他们'一个一个背过河'；对待功、名、利禄要'一身正气、两袖清风、三餐温饱、四大皆空'……这些富含人生哲理的话语，同先辈们说的'医乃生死所系，非仁爱之士不可托也'有异曲同工之妙！"吴孟超常说，"从医这么多年，我时时记住裘老师讲过的一句话——医术有高低，医德最要紧。"

正是这些为人之道与为医之术的人文情怀，使吴孟超获益匪浅。往后数十年从医生涯中，他一贯待老师敬若父母，待病人不分贵贱，待战友心地坦诚，待学生甘为人梯。

"做医生在品格上至少要具备三种精神：无欲无求的献身精神，治病救人的服务精神，求实求是的科学精神。"吴孟超时时处处都体现了这三种精神。

我们不妨回放或补放下面几个镜头：

● 每年的大年初一上午，吴孟超总会到病房，向全院的病人拜年，将新年的第一声祝福送给住院病人。

● 1986 年，吴孟超任第二军医大学副校长后，由于手术、科研、带教研究生、肝胆外科主任等活还兼着，实在忙得连气都喘不过来，领导决定不再让他"出门诊"。但名声在外，疑难高危病人还是牵挂着名医吴孟超，竟然连连发生"拦路求医"的事件，甚至深夜开会回家，有病人还等在家门口求医……这些求医者往往是肝癌晚期或手术难度极大者，外院不肯接受的危重病人，而且往往又都是没有"门路"的贫困者。只要你吴孟超看过了，摸过了，哪怕死了，他也口眼都闭了。

吴孟超没有抱怨，而是深深地自责，"不出门诊，在一定程度上阻断了我

图9-3　吴孟超每周二上午的专家门诊是雷打不动的(摄于2013年5月7日,东方肝胆外科医院吴孟超专家门诊室,方鸿辉摄)

和患者的联系,这些病人需要我呀,这也是他们对我的信任呀!"不管肩上有四副担子也罢,五副担子也罢,立即重开吴孟超专家门诊,定在每周二上午,数十年雷打不动。

● "哪里人呀?" "做什么的?" "家里几口人呀?"……看病先聊家常。温馨的话语,让病人紧张的心得以放松。若需要检查,他会细心地拉上屏风上的布帘,冬天还会把手搓热,轻轻摁下病人的腹部,轻声询问病人哪里有触痛点。作完检查,他习惯地弯腰将病人的鞋子摆在最适宜病人下床穿着的位置。若需要做B超检查,他会亲自为病人做B超。

● 东方肝胆外科医院的所有员工都从心底理解院长吴孟超常说的话:"不能把医院开成药店,把病人当作摇钱树","一名好医生应该眼里看的是病,心里想的是人","医本仁术,医学是一门以心灵温暖心灵的科学"……

仁爱与善良是人性光辉中最温暖、最美丽、最让人感动的一缕,就像一盏明灯,既照亮了周遭的人,也温暖了自己。仁爱与善良会相互感染和传播,她推动了吴孟超的肝胆事业走向成功,走向辉煌。

3. 做个健康的人

1964年,清华大学为年过八旬的体育老师马约翰先生举行庆祝会,因为他已经为清华大学整整服务了50年,几乎所有在清华上过学的学生都接受过马老师的教诲,或许在每天的体育锻炼中,他就在学生的身边,并不那么起眼。时任清华大学校长的蒋南翔认为,马老师用自己的人生书写了清华的一种传统,号召清华同学向马老师学习,并提出了一个最质朴也最有感染力的口号——为祖国健康工作 50 年。

人生苦短,人生很难有两个 50 年。事实上,从"二十弱冠"到"年逾古稀"的 50 年,几乎也就是一个人的一辈子了。人这辈子要干什么? 吴孟超的回答是:与祖国同命运,只有在"大我"中才能实现"小我"。

但是,要达成这个目标也并非是一件易事,尤其是中国老一代的知识分子,多风雨多磨难,能健健康康度过中年且在学术上有所建树已是天大的幸事。"为祖国健康工作 50 年"对大多数知识分子来说或许仅是一种奢望,30 年还有可能,40 年已属奢望,50 年更是遥不可及。不少优秀的精英,中年早逝已并不鲜见。但是,吴孟超实实在在地做到了"为祖国健康工作 60 多年",而且做得很辉煌。

这里所谓的"健康"包涵两个方面:心智健康和体魄健康。

从第一个方面来看,吴孟超一辈子用行动诠释着《易经大传》中"天行健,君子以自强不息"、"地势坤,君子以厚德载物"的精粹,树立自己"完整的心理和人格"。

"天行健,君子以自强不息",就是要以"刚健"的品格,自行运动。真正有见识的"君子"当知天时、任时命,顺应"天道"——自然规律,以"天"的"自强不息"的精神,推动客观事物的运动和发展,从而达到"天人合一"的境界。而"厚德载物"就是要像大地那样广博宽厚,容纳万物。这是国人修身养性的积极方面。孔子就说过:"宽则待众",要"成人之美,不成人之恶","不念旧恶,怨则用希"。孟子主张"君子莫乎已,与人为善","利人者即为,不利乎即止。"厚德,就是要加强道德修养。中华民族是一个非常讲究崇尚道德的民族。五千年来,无论世事如何变化,勤俭、忠义、谦让、孝顺都是亘古不衰的美德,多少古圣先贤更是视之为传家宝。兴许小事业的成功能靠机遇,中事业的成功会靠能力,而大事业的成功就完全要靠品格、看操守。大凡成功的人,往往都是德行高尚的人,心理健康的人。吴孟超就是有这种教养的,不以术而以德,不以谋而以道,不以权而以礼来为人处事的。

有教养的人在自己独处时,超脱自然,会管好自己的心,在与人相处的时候则为他人着想,"假如我是他"是吴孟超待人处事的永恒守则和美丽的心灵艺术。与人为善,淡然从容,宁静致远,自我反思,则事事放心、顺心。

我们不妨回放或补放下面几个镜头：

● 遵照中央军委调整领导班子应遵循革命化、年轻化、知识化、专业化的精神，总后勤部部长洪学智将军通过吴孟超请求支持建造"康宾楼"的过程，很理性地考察并意识到吴孟超这位小个子专家非同寻常，正是他要寻找的二军医大校长的最佳人选，便直言相告希望他挑起这副重担。同样理性的吴孟超秉直回复："首长，我是个医生，我希望做临床。"洪部长还一时以为吴孟超"真怕干不好"或是大专家固有的谦虚，姑且让他再考虑考虑吧。谁料两个月后在北京，洪部长再次同吴孟超谈这件事时，心系肝胆外科事业的吴孟超便斩钉截铁地回复："部长，我真的干不了！"

在外人看来这是求之不得的大好机会，却被吴孟超放弃了。因为他心中早有大志向：要攻克肝癌。再诱惑人的权重位高都对他没有吸引力，他就怕担任一校之长而干扰了他心中的"宏图大略"。经过激烈的"讨价还价"，1986 年吴孟超才担任了第二军医大学分管医疗科研的副校长，并被破例地应允他兼任肝胆外科主任。连任两届后，绝不"恋栈"，又全身心地扑入他心爱的肝胆事业。这种心理是何等健康！

● 2005 年冬天，吴孟超被推荐参评国家最高科技奖，上级派人对他进行考核，确定第二天上午和他谈话。机关考虑到这是件大事，取消了他原定的手术。吴孟超得知后，坚持手术不能推迟。考核组的同志感到不解：这是个什么病人，怎么这么重要？

下午谈话时，禁不住问了一句："吴老，上午在给谁做手术啊？"吴老说："一位河南的农民，病得很重，家里又穷，乡亲们凑了钱才来上海的，多住一天院，对他们都是负担。实在抱歉，让你们等我了。"考核组的同志听了肃然起敬，这种感动是从心底迸发出的。单凭这一小小的举动，已足以大大褒奖。由此，我们也可洞见这位国家最高科技奖获得者的"最健康"的心理！

这就是吴孟超，一位把患者的生命看得比天还大，把老百姓的利益看得高于一切的人！一位真正与病人肝胆相照、与医学科学事业肝胆相照、与人类健康生存肝胆相照的人！这样的人才配得上大写，这样的人才确确实实是心理最健康的人!

至于说到吴孟超的体魄健康,他没有留过洋、啃过洋面包,自然也没有养成打网球、打高尔夫球等高雅运动的习惯。他年逾九旬,仍能猛虎下山般有活力,完全得益于日常不停地劳作,以手术、讲课、实验等轮番劳作,达到他的健体的效果。俗话说"心灵手巧",其实手巧也促使心灵。这里的"心"乃是指"大脑"。只要脑健,身体自然就健。

数十年兢兢业业,他还练就了过硬的"站功"、"饿功"、"憋功",一台大手术常常要连续站着七八个小时,饿着肚子不能进食(高度紧张往往也体察不出饿与渴),哪怕术前再少喝水也难能七八(甚至十来个)小时憋着尿。2011年12月29日,我采访程月娥护士长时,她说道:"开完刀就要洗一个澡,这几乎也是上海所有的外科医生的惯例。吴老开完刀也总要洗个澡再出手术室。可是,过春节放长假他不开刀了,会觉得很难受,他总是觉得不太踏实。连续几天不开刀,他也会来医院查好房洗个澡,权当做过手术了,兴许是过个瘾吧!"

也许读者会认为,吴孟超平时的饮食恐怕是"超级"的,否则何以有如此神奇的精力?

2012年2月15日,在采访吴孟超大女儿吴玲时获悉,吴老"吃的东西很简单的,他一点要求都没有的。吃也没有要求,穿也没有要求,住房也没有要求,生活上几乎都没有特殊要求。"每天早晨自己煮(现在由阿姨帮忙)一瓶脱脂牛奶,放入几粒枸杞,再加一个鸡蛋,待梳洗完后,再泡入几片曲奇饼干,就当早餐了。中午若连续两台手术,一般在下午2点左右在医院吃手术餐,但他从不吃自助手术餐,食堂会为他煮一碗稀饭(地瓜稀饭、南瓜稀饭或红枣稀饭)当主食,而辅食往往就是炒得很清淡的蔬菜或一小块鱼,然后就是半根香蕉。若手术在上午11点前结束,吴老就会回家吃午饭,吴玲说:"中午如果回来的话,就大半碗米饭,然后烧一个荤菜,有时候烧两个素菜,我们三个人①一起吃。晚上的话就烧一锅稀饭,喝喝稀饭,都要很清淡的。不要吃太油的,有时候就只喝稀饭,有时候吃点阿姨做的饼或食堂买的馒头什么

---

① 指吴孟超和他的女儿吴玲以及阿姨(保姆)。

图 9-4　采访吴孟超大女儿吴玲(摄于 2012 年 2 月 15 日,东方肝胆外科医院,方鸿辉摄)

图 9-5　护士长叶志霞接受采访(摄于 2011 年 12 月 29 日下午,东方肝胆外科医院展示室,方鸿辉摄)

的。"护士们把自己家里做的糖醋大蒜头或生姜片送他,他倒是很喜欢吃的,而且家里常备从铺子里买来的酱大蒜头和酱生姜片。

叶志霞护士长说:"其实,养生说来还是蛮有道理的,你吃得太多负担太重了,如同机器的使用寿命是由其使用来决定,人身上的每个器官也像机器上的每一个零部件,都有他的使用寿命。乱七八糟地吃,消化吸收也成问题,平时不能过度地吃,反正吴老是只吃八九分饱的,他从来不会吃得很饱的。"①吴孟超能有如此健康的体魄,同他注意养生是密切相关的。当然,同他一辈子存好心、做好人、有个贤惠的妻子和睦的家

---

① 叶志霞访谈,2011 年 12 月 29 日,上海。资料存于采集工程数据库。

庭,让他欢喜充心、愉悦映脸、乐观向上,更密切相关了。

诗人歌德赞叹道:"这些人是不平凡的天才,他们在经历一种第二届青春……"

毕竟"青春不是年华,而是心境;青春不是桃面、丹唇、柔膝,而是深沉的意志、恢宏的想象、炽热的情感;青春是生命的深泉在涌流。"(塞缪尔·厄尔曼语)

生理年龄的青春诚然可贵,而能永葆心理年龄的青春,就更难能可贵了。

吴孟超肌肤虽已衰老,然他对科学事业的执著与热情依然不减当年。因为他明白:岁月悠悠,衰微只及肌肤;热忱抛却,颓唐必至灵魂;忧烦、惶恐、丧失自信,定使心灵扭曲,意气如灰;生命是如此短促,"攻克肝癌,还有许多事情要做,必须争分夺秒"!

这就是令吴孟超充溢勇锐之气的源泉。

青春,对于年逾九旬的科学泰斗吴孟超来说是永存的,毕竟他有"深沉的意志、恢宏的想象、炽热的情感"。

苍穹中一颗闪亮的"吴孟超星"在永恒地运行,昭示每一位白衣"仁者"要始终与人类的健康事业肝胆相照。

虽然我们已经努力了,但为了写这篇结语,怎么绞尽脑汁,怎么花工夫都总觉得意犹未尽。上述这些文字只是一篇非常粗浅且难以表达清晰的文字,因此,绝不足以涵盖我们的传主吴孟超无比精彩又充满坎坷的一生。我们充其量只不过是从这浩瀚的历史细节中截取一些零星镜头或科研片段,将其补缀成一篇文字而已。敬请读者诸君自己思考吧!

附录一
吴孟超年表

1922 年

8 月 31 日(农历七月初九)黎明,出生于福建闽清县(福州西南 100 多里)白樟乡后垄村一户贫苦的山村农民家庭,取名"孟秋"。当时家里有祖母张瑞英(祖父吴传林已去世)、父亲吴孔钦、母亲徐红妹。

1923 年

大弟孟冬出生。

1924 年

小弟孟良出生。

1925 年

被生活所逼,吴孔钦同乡人离开闽清下南洋谋生,在吉隆坡香蕉种植园做苦工。

1926 年

吴孔钦抵达马来西亚沙捞越诗巫开荒垦殖,后改做米粉生意。

1927 年

随母亲与小弟孟良经历 38 天海上漂泊,赴北婆罗洲萨拉瓦国诗巫坡(今马来西亚东部沙捞越诗巫),寻找在南洋做苦工(卖米粉)的父亲。大弟弟孟冬与祖母留在家乡。

1928 年

照顾弟妹并开始协助父母做米粉,打下手活儿。

1930 年

协助父亲在橡胶种植园割胶。

1931 年

在当地的华侨公立光华学校(含小学)读半天书。

1936 年

升入光华学校初中。饱受英国殖民者对中国侨民的羞辱,刻下"脚踏实地,光明正大"铭牌,以此作为座右铭。同年将自己的名字由"孟秋"改为"孟超"。

1937 年

抗日战争全面爆发。光华学校新来的内地校长,常给学生讲述国内抗战的形势。作为班长组织义演队,宣传抗日搞募捐,把捐得的款子转陈嘉庚"南侨总会"诗巫分会。

1939 年

初中毕业。作为班长建议取消传统的同学毕业聚餐,将原本用于聚餐的费用捐给国内浴血奋战的抗日将士,以"北婆罗洲萨拉瓦国第二省诗巫光华初级中学 39 届全体毕业生"名义,通过爱国人士陈嘉庚先生传递,送往抗日革命根据地延安。日后收到八路军总部以朱德、毛泽东名义发来的感谢电。"朱毛"形象进入心中,萌发去延安打日本鬼子的想法。

1940 年

1 月 4 日,与夏振纯、王受希、黄普光等六位同学获得了由北婆罗洲萨拉瓦国第二省诗巫坡中华商会开具的身份证明,于 1 月 8 日一起搭船离开诗巫,经新加坡、越南的西贡、河内回国。在途经法属殖民地越南海关时不允许签名,受摁手印的羞辱,激起了强烈的民族尊严和国家意识。

1 月 31 日抵昆明,遇盗。

8 月,去延安不成,在郭惠生老师帮助下进入距昆明 100 多里的宜良县狗街西村的同济大学附属中学借读,在破庙里上课。

年底,因考试成绩全部通过,被转为同济大学附属中学正式学籍。

1941 年

7 月,同济大学由昆明搬迁至四川宜宾的李庄,同济大学附属中学则从昆明宜良县狗街西村迁往昆明。在迁校的火车上认识了未来的妻子吴佩煜。

8 月 1 日,美国人陈纳德来华组建了美籍志愿空军总队——"飞虎队",编入中国空军,对日作战,驻地为昆明。这使日寇轰炸昆明变得更频繁。

12 月 8 日,日本偷袭珍珠港,并兵分数路进攻中国香港、马来西亚、菲律宾、印度尼西亚和缅甸。马来西亚沦陷后,从南洋回国求学的同学都与家庭失去联系,也失去了经济援助。在大多数同学都失学时,坚持以打工(卖报纸、做家庭教师等)支撑求学。

1942 年

暑假,随同济大学附属中学从昆明迁往四川宜宾的李庄。与吴佩煜恋爱。并认识了住在李庄上坝村月亮田的梁思成和林徽因,钦佩他们的爱国情怀、渊博学识,不时去拜访求教和帮他们做杂事。

1943 年夏

高中毕业,与吴佩煜一同报考同济大学医学院,双双被录取。在李庄祖师殿上课,在茶馆里自习。

1944 年

在同济医学院连闯三关:解剖、生理、生化(全部口试)。被同学选为班长。

1945 年

8 月 15 日,日本投降,因兴奋而喝醉。

1946 年

5 月,同济大学开始从四川迁回上海。

6 月,赴昆明,看望吴佩煜在昆明的父母,同时申请回马来西亚的路费,到昆明后曾在侨务处任临时抄写员。

7 月,民主斗士李公朴和闻一多先生相继遭特务暗杀后,前去参加吊唁,心灵受到极大震动。争取民主与和平的觉悟感日益强烈,经过激烈思想斗争,产生放弃回马来西亚的念头,决定留国内继续求学。

8 月至 10 月在昆明西南中山高级工业学校任教员。

11 月,结伴吴佩煜坐飞机返校回上海。

复课前获悉父亲在福建闽清老家,赶回家乡与父亲团聚近一个月。此为父子最后一次相见。

1947 年

1 月,在同济医学院第一次聆听所崇拜的裘法祖教授讲授的"外科学"课程,观摩裘先生高超的手术,感受大师风范,心灵受到震撼。

1948 年

1 月 29 日,参加同济大学进步学生"反饥饿、反内战、反迫害、争民主"的斗争。以后又协助中共地下党负责人黄钟传同学参与营救被反动当局逮捕的学生。

7 月起,在同济大学医学院附属中美医院(原上海宝隆医院)实习。

1949 年

4 月,获得同济大学校长夏坚白和医学院院长梁灿英颁发的临时毕业证书。

5 月,上海解放。参与救治为解放上海受伤的"朱毛"队伍——中国人民解放军的官兵,并立志日后当一名解放军的外科医生。

6 月,被分配留校当小儿科医生。申请留校当外科医生的要求遭拒绝。

8 月 6 日,见到报纸上刊载的有关华东军区人民医学院接管国民党国防医学院及其附属医院(第二军医大学的前身)后,面向社会招聘医生的启事。第二天即去江湾翔殷路原国防医学院旧址,找到华东军区人民医学院筹备处,应聘外科医生,被主考官郑宝琦教授录用,当上了外科住院医师、助教。

1950 年

10 月,中国人民志愿军奔赴抗美援朝战场。华东军区人民医学院改名为"上海军医大学"。

1951 年

1 月,与吴佩煜结婚。

同年,上海军医大学改名为中国人民解放军第二军医大学,原华东军区人民医学院附属医院成为第二军医大学附属医院。

大女儿吴玲出生。

同年,瑞士的 Hjorts 首次建立了肝脏管道铸型腐蚀标本和胆管造影的研究方法,提出肝动脉和肝胆管呈节段性分布,并将肝脏分成内、外、后、前、尾五段。该理论对世界肝脏外科具有深远影响。

1952 年

为长海医院外科助教兼住院医师。

6 月,岳父、岳母来到上海与他们共同生活。

二女儿吴珉出生。

1953 年

妻子吴佩煜通过互调从第一妇幼保健院调到第二军医大学第一附属医院妇产科工作。

1954 年

三女儿吴瑛出生。

同济大学医学院迁往武汉,裘法祖教授因夫人等原因暂留上海。受校长委派,同方之扬一起去请裘法祖先生来校兼职。有幸担任裘法祖先生的助手,跟随裘师学习"裘氏刀法"。

1955 年

妻子吴佩煜到江湾医院轮转,三个女儿同时出麻疹。

1956 年

3 月,入党。

6 月,参军入伍。晋升为第二军医大学附属医院普通外科主治医师,被授予大尉军衔。

得到裘法祖教授悉心教导:会做,会说,会写。受裘师指点,确立了进军肝胆外科的发展方向。

1957 年

父亲患胆囊结石在马来西亚病逝。

结识了分配到第二军医大学附属医院的陈汉医生,日后与这位毕业于燕京大学、协和医科大学的同事成为挚友。

与方之扬合译英文版《肝脏外科入门》。

同年,上海市第二劳工医院(现杨浦区中心医院)徐宝彝主任成功施行右半肝规则性切除和肝管结扎术,并提出肝脏能按血管分布情况划分为 4 个区 6 个段的理论。

5 月,与同事方之扬合作翻译荷兰外科专家 Henry Gans 著的《肝脏外科入门》,由上海卫生出版社出版,1958 年第 1 版,1959 年 3 月新 1 版,1962 年第 3 次印刷,共印刷 5 900 册,为进军肝胆外科跨出了第一步。

与张晓华和胡宏楷组成了向肝胆外科攻坚的"三人研究小组",确立了从肝脏解剖入手,向肝胆外科的高地进发。写下了"自力更生、艰苦奋斗、奋发图强、勇攀高峰"的誓言,以激励自己不再后退。

"三人研究小组"成立不久,第二军医大第一附属医院收治了一位肝癌患者,经过专家确诊并多次会诊后,一致认为有手术治疗的可能。为了确保手术成功,医院聘请了曾做过肝癌切除手术的上海市立第二劳工医院的徐宝彝主任来主刀,手术以失败告终。

1958 年 9 月,因学校组建第二附属医院,故第二军医大学附属医院定名为第二军医大学第一附属医院。

同年冬天,开始尝试制作人肝脏血管铸型标本,但屡屡失败。

1959 年

3 月,在郑宝琦主任带领下,到市第二劳工医院,参观了由徐宝彝教授制作的肝脏血管铸型标本,但无法获得所用材料与工艺的信息。

4 月 5 日,受我国运动员容国团在第 25 届世界乒乓球锦标赛荣获男子单打冠军消息的启示,尝试用溶解于丙酮的赛璐珞作为灌注材料,成功获得了第一具人类肝脏血管与胆管的铸体模型。至年底,他们总共制作了 108 具肝脏腐蚀标本和 60 具固定标本,有助于深入了解肝脏的血管走向和分布规律。

1960 年

3 月,作为主刀,与外科主任郑宝琦、张晓华、胡宏楷共同配合,为一位中年妇女成功切除了长在右肝叶上拳头般大小的恶性肿瘤,术后三周病人出院回到工作岗位,成了第二军医大学第一附属医院建立以来首例成功切除的肝癌手术。

6月,在中华医学会在河南郑州召开的第七届全国外科学术会议上作学术报告,正式提出根据中国人肝脏解剖而创立的"五叶四段"理论,获得与会专家重视和首肯。

率领团队在动物实验充分成功的基础上,将"常温下间隙肝门阻断切肝法"成功运用到临床上,使手术简单、病人出血少、手术时间缩短,效果良好。

开始关注肝脏手术后代谢规律改变的研究。

1961 年

带领团队成员连续做了 20 例肝叶切除手术后,针对我国肝癌手术病人90%以上合并肝硬化的现实,力克术后肝功能衰竭的难点,发现了术后生化代谢规律,精心筛选出一系列预防术后肝功能衰竭的有效措施。

1962 年

7月,第二军医大学第一附属医院对外改称"上海长海医院"。

任长海医院外科主治医师。

1963 年

5月,主刀为中年妇女陆小芳切除了中肝叶肿瘤,是我国首例完整的中肝叶切除,除左内叶切除外,还包括右前叶切除,手术整整进行了 6 小时,攻克了"禁区中的禁区",被公认为是中国肝脏外科史上的里程碑。

年中,率领"三人研究小组"一口气写了 8 篇论文,涉及解剖、代谢、中肝叶切除等系列,这 8 篇论文分别是:吴孟超、胡宏楷、张晓华撰写的《正常人肝内解剖的观察》(后发表于《中华外科杂志》1962 年第 2 号);吴孟超、张晓华、胡宏楷、乔志民、徐化民撰写的《肝叶切除术后代谢改变的动物实验与临床观察》(后发表于《中华外科杂志》1964 年增刊);谢大业、吴孟超、王懿龄、张志义撰写的《肝血管内灌注药物治疗晚期肝癌的观察》(后发表于《中华外科杂志》1963 年 11 卷 7 期);吴孟超、张晓华、胡宏楷、陈汉、徐化民撰写的《原发性肝癌的诊断及外科治疗》(后发表于《解放军医学杂志》1964 年第 1 卷第 1 期);吴孟超、胡宏楷、张晓华、陈汉撰写的《用中肝叶切除术治疗中肝叶肿瘤》(后发表于《解放军医学杂志》1965 年第 2 卷第 4 期);吴孟超、胡宏楷、张晓华撰写的《正常人肝内胆管和肝动脉的解剖观察》(后发表于《解放军医学杂志》1965 年第 2 卷第 4 期);吴孟超、姚晓平等撰写的《常温下全肝血流阻断动物实验研究》(后发表于《第二军医大学学报》1980 年第 1 期);吴孟超、孙继恩等撰写的《脾肾经脉吻合术治疗门静脉高压症的体会》(后发表于《中华外科杂志》1960 年第 8 卷第 6 期)。寄 6 月份中华医学会第八届全国外科学术会议暨首届国际外科会议,武汉预备会遭莫名退稿,后经裘法祖力荐,才同意作为临时列席代表参加武汉预备会。同年 9 月在北京召开的第八届全国外科学术会议暨首届国际外科会议,以《肝叶切除术后代谢改变的动物实验与临床观察》论文作者为正式青年代表出席会议,并作学术报告,成为会内会外令人瞩目的"新闻人物"。

9 月 30 日,应邀出席在人民大会堂举行的国庆招待会。

10 月 1 日登上国庆观礼台。

11 月,应邀参加全军科技大会,受到毛泽东、周恩来、刘少奇、朱德等党和国家领导人亲切接见。

年底,因突出的科研成就被总后勤部党委荣记一等功。

1964 年

有鉴于所领衔的科研小组能在短期内迅速拉近我国肝胆外科与世界先进水平的差距,上海科教电影制片厂来医院拍摄了《向肝脏外科进军》彩色纪录片。由孙道临担任解说,郑小秋任导演,三人研究小组成员均出演剧中人。

5 月,受越南民主共和国的邀请,作为团长率中国肝脏外科代表团赴越南作学术访问。

6 月 19 日,实施了第一例肝癌术后复发再次予以切除并获成功。同时开展的肝癌生物病理学特性研究,证实了肝癌存在单克隆和多克隆两种起源。多克隆起源者再手术能获得与初次手术相仿的疗效。

6 月,晋升为副教授。

在《解放军医学杂志》第 2 卷第 4 期发表论文《用中肝叶切除术治疗中肝叶肿瘤》。

7 月,时任中央军委副主席叶剑英到上海,视察了第二军医大学,接见了吴孟超等有重大科学研究成就的专家教授。

年初,任中共长海医院普外科党总支副书记兼支部书记。

开始探索肝硬化肝癌的局部根治性切除,即不完全切除病变所在的肝叶,只切除病变及包绕病变的 2 厘米的肝组织,既保证了疗效,又降低了死亡率。

5 月,"文化大革命"爆发,"三人研究小组"被勒令解散,还被戴上"反动学术权威"帽子,有"里通外国"的嫌疑,留在病房 24 小时值班,当了一名"住院医生"。与陈汉共同为病人蒋声和切除长有巨块型恶性肿瘤的右半肝叶。蒋声和至今仍健在。

撰写"肝脏"一章的《腹部外科手术学》由人民卫生出版社出版。

9 月,被中国人民解放军总医院点名赴北京参加会诊。

在北京,被上海长海医院推选参加学习毛主席著作积极分子代表大会,再次与毛主席等党和国家领导人合影留念。

大女儿吴玲响应知识青年上山下乡号召,主动要求到黑龙江察哈尔军垦农场务农,向女儿讲清自己的家庭出身与"海外关系"。

向组织上交吴佩煜堂兄从泰国汇来的 805 元酬劳。

1969 年

9 月,中国人民解放军总后勤部所属四所军事医学院校调整驻地,第二军医大学由上海迁往西安。服从命令听指挥,卖掉几乎所有家具,仅留下书籍,举家迁往西安。

负责编写署名为"中国人民解放军后字 243 部队"的我国第一部《手术图谱》,半年后由上海人民出版社出版,16 开本,1 068 页。

由于是从马来西亚回国的华侨,在"清队"中遇到大麻烦。被造反派威胁"砍手",受到好友陈汉保护。受冲击不能参加党的组织生活,虽精神痛苦,仍坚持交党费。

在"开门办学"中凭着高超的外科技艺,在穷乡僻壤中为当地百姓治病,赢得良好口碑,也赢得随行学员的尊重。

清理阶级队伍中,"三人研究小组"成员胡宏楷自杀,主动要求参加抢救,不被允许。胡宏楷被抢救后致残,再也不能操刀上手术台,成了终身遗憾。

1970 年

年初,受中国人民解放军总后勤部调派到北京解放军总医院参加培训阿尔巴尼亚专家,遂请首都各大医院"靠边"专家曾宪九、黄萃庭、孙衍庆等讲课,结下了与这些专家的终身友谊。培训任务结束后,于当年 9 月回西安。

1971 年

8 月,参加编写第二军医大学《外科学》教材。

1972 年

担任长海医院普外科党支部副书记。

1973 年

大女儿吴玲参军。

11 月,主编了第二军医大学《学术资料》(肿瘤化疗专辑)。

1974 年

有鉴于国人饮食、卫生习惯、生活条件等状况，以及肝胆病患者众多的现实，利用军队整顿时机，向院领导建议恢复肝胆外科的请示获批准，立即重集人员，投入学科重建工作，在大外科下建立了肝胆专科。任肝胆外科主任。工农兵学员杨甲梅医生分配到手下工作。

1975 年

2 月 8 日，在同事张晓华等大力协同下，经过 12 小时手术，成功为安徽农民陆本海切除了特大海绵状血管瘤(体积为 $63 \times 48.5 \times 40$ 立方厘米，重达 18 千克)，这是迄今为止国际文献报道的最大的被切除的血管瘤，标志我国肝脏外科技术已日臻完善，"吴氏刀法"已达炉火纯青的阶段。陆本海至今仍健在。开始探索对巨大肿瘤先用综合治疗方法使肿瘤缩小，再行手术的治疗方法，屡获成功。

7 月中国人民解放军总后勤部所属的医学院校重新复位，第二军医大学迁回上海。

1976 年

长海医院肝胆外科被取消，重新并入大外科，改任长海医院普通外科副主任。

率队在上海开展了 18 万人次的肝癌普查，在国内首创了扁豆凝集素、醛醛缩酶同功酶等检测方法，只需取患者一滴血就能确诊低浓度的甲胎蛋白阳性的肝癌，准确率达 90％以上。同时成功地为 100 多例早期肝癌患者切除 5 厘米以下的小肝癌，5 年生存率达到 68％。

1978 年

3 月 18 日至 31 日，作为部队代表出席全国科学大会，"肝外科新成果——正常人肝脏解剖的研究"荣获国务院颁发的全国科学大会奖(第一完成人)，会后与其他科技工作者一起受到了邓小平的亲切接见。

晋升为主任医师、教授，并申报了第一批硕士培养点。

在长海医院申请成立了全国第一个独立编制的肝胆外科，并任科主任，在建制上实现了我国肝胆外科从无到有的历史性转变,为肝胆外科事业的发展提供了最基本的保障和可持续发展的环境。被认为是吴孟超肝胆事业上的"第一次飞跃"。

1979 年

正式招收肝胆外科硕士研究生。首批学生为陈训如(后任成都军区昆明总医院肝胆外科中心主任)、屠振兴,为研究生确定的课题是肝癌的早期诊断。

9 月,同吴阶平、陈中伟、杨东岳出席在美国旧金山举行的第 28 届国际外科学术会议,宣读论文——《18 年来手术切除原发性肝癌的体会》,受到来自 60 多个国家的 2 000 多位外科专家的关注。外媒评论:"沉默的中国人以东方特有的睿智,悄无声响地走入了国际外科手术的领先行列,而令所有曾经忽视了他们的人大大吃了一惊!"

被第 28 届国际外科学术会议增选为国际外科学会会员。

三女儿吴瑛考上第二军医大学医疗系(现在德国任眼科医生)。

1980 年

因工作成绩突出荣立三等功一次。

1981 年

培养的第一批硕士研究生毕业。申请成立第二军医大学第一个博士培养点获批。招了第一批博士生郭亚军(现任第二军医大学国际合作肿瘤研究所所长)和杨广顺(现任东方肝胆外科医院胆道二科主任)。

1982 年

二弟吴孟良偕夫人回国探亲。托他们为母亲送去一双绣花鞋,一对玉手镯,一盘介绍自己成就的录像带。母亲在收到礼物后不久在马来西亚去世,为无法见慈母最后一面抱憾终身。

主编的《肝脏外科学》由上海科学技术出版社出版。

与汤钊猷共同主编的 *Primary Liver Cancer* 由德国 Spring-Verlag 出

版社出版。

同年还荣立三等功一次。

年初，正式提出对一时无法切除的巨大肝肿瘤实施"二期手术"的概念，即对于一时不能切除的肝癌先行外科综合治疗，缩小后再行切除。自 1978 年 2 月至 1986 年 2 月，用"二期手术"治疗不能首次完成手术切除的原发性肝癌共 9 例，术后 5 年生存率为 61%。

春天，率先开展小儿肝胆外科研究，为浙江渔民仅 4 个月大的女婴朱科娜成功切除腹内重达 600 克肿瘤，这是施行肝癌手术史上年龄最小的患者。这名女婴 23 年后成了一名护士，现在东方肝胆外科医院工作。

夏秋之交，赴日本参加国际肝移植会议。会后到多所日本著名医学院校和研究机构演讲，并接受日本器官移植学会荣誉会员称号。

因工作成绩突出而被第二军医大学记三等功一次。

为 12 个月的印尼华侨婴儿林兴辉成功切除肝母细胞瘤。

吸收国外先进护理经验，肝胆外科定为长海医院第一批实行责任制的试点病房。

在中国人民解放军总后勤部洪学智部长视察上海第二军医大学时，提出修建外宾病房的请求，当场获批准。半年后，长海医院建成了设有 100 张床位的"康宾楼"。

与恩师裘法祖赴德国参加学术会议，所作的有关肝脏手术的学术报告引起与会者极大反响，报告结束时，特意向与会同行介绍"裘教授是我的启蒙老师，永远是我的学习榜样！"赢得全场喝彩。

11 月，"肝脏疾病手术治疗的临床研究"荣获国家科学技术委员会颁发的国家科学技术进步奖一等奖（第一完成人）。

1986 年

第一届中日消化道外科会议在上海举行,欣然同意日本医学代表团带来的摄制组,专程来拍摄作为中方主席的吴孟超肿瘤切除的"吴氏刀法",日本人虽能拍摄每一个操作细节,唯独体会不了"吴氏刀法"的特殊手感。

11 月,被任命为中国人民解放军第二军医大学副校长(在任 8 年),兼任长海医院肝胆外科主任。为博士生从文明确定研究课题:肝癌的病理学。

1987 年

任中德医学会上海分会会长。

吸收长征医院消化科王红阳医生为中德医学协会学术年会的秘书组成员。与中德医学会会长裘法祖联名推荐王红阳学德文,赴德国乌尔姆大学攻读博士学位。

参与撰写"肝癌"一章的 *Cancer of Liver*:*Esophagus and Nasopharynx* 由德国 Spring-Verlag 出版社出版。

1988 年

7 月获上海市"侨界优秀知识分子"光荣称号。

8 月下旬,应新疆军区 23 医院邀请赴疆,在 13 天时间内为新疆 3 个民族、11 位病人做了肝脏外科手术,并举办了 6 次专题学术讲座,听众超 500 人次。

为上海、宁波等地的医院培训肝胆外科医生,毫无保留地将"吴氏刀法"传授给所有有志于从事肝胆外科的医务人员。提出"为了诊治更多的肝癌病人,我的所有技术属于人类,我吴孟超没有专利"!

1989 年

长海医院的肝胆外科列入国家重点学科、军队开放实验室。

主编的《新编外科临床手术》由金盾出版社出版。

6 月,"原发性肝癌宿主免疫系统改变及免疫综合治疗动物实验和临床研究"荣获中国人民解放军总后勤部颁发的军队科学技术进步奖一等奖(第二完成人)。

获全国优秀归侨知识分子称号。

荣立总后勤部二等功一次。

12 月,在中华医学会上海分会关于医德医风问题讨论会上发言,向全体医护人员倡导:作为一名社会主义国家的医生,在品格上至少要具备三种精神:无欲无求的献身精神,救治病人的服务精神,实事求是的科学精神。同月获"全国优秀归侨知识分子"称号。

1990 年

有鉴于肝胆科研与临床力量的发展,建议将肝胆外科从长海医院完全独立出来,成立一所专科医院和一个肝胆外科研究所。这个设想获得第二军医大学和长海医院领导的重视。被认为是吴孟超肝胆事业上的"第二次飞跃"。

12 月,带 8 名研究生组成的团队,参加了第五届中青年医学学术交流会,8 篇论文 3 篇获一等奖,2 篇获二等奖,3 篇获三等奖。

主编的《外科病理学诊断》由人民军医出版社出版。

获全国医药卫生科技成果展览会金奖和"全国高等学校先进科技工作者"称号。

会见来访的苏联"拉达"汽车公司医疗联合体主任列斯金。

1991 年

5 月,筹建中的肝胆外科医院及研究所的土建工程破土动工。

获国务院颁发的"政府特殊津贴"。

肝胆外科列入军队重点实验室、临床医学博士后流动站。

10 月,会见来自德国、日本、荷兰、瑞典、澳大利亚、泰国、孟加拉国等 7 个国家 8 名外科医生组成的国际民间医学代表团。

11 月,"原发性肝癌的再手术及免疫综合治疗研究"荣获国家科学技术委员会颁发的国家科学技术进步奖二等奖(第二完成人)。

12 月,当选为中国科学院学部委员(院士)。

1992 年

主编的《腹部外科学》由上海科技文献出版社出版。

主编的《临床外科手册》由金盾出版社出版。

主编的《肝癌与肝病》由上海科技文献出版社出版。

6 月，"中晚期肝癌的外科综合治疗研究"荣获中国人民解放军总后勤部颁发的军队科学技术进步奖一等奖（第一完成人）。

1993 年

1 月 16 日，携夫人赴马来西亚探亲，这是自 1940 年回国后第一次返回曾经的侨居地诗巫。

5 月 3 日，总后勤部政委周克玉上将出席东方肝胆外科医院及东方肝胆外科研究所庆典仪式。两幢高七层、建筑面积达 14 000 多平方米的大楼屹立在长海路上，楼内设 5 个病区，200 多张床位，一个标准实验室、一个可同时开展 7 台手术的手术室和一个监护室。

10 月 6 日，到美国芝加哥鲁斯医学中心接受"杰克·佛莱瑟·史密斯访问教授奖"。

10 月 22 日，转赴旧金山接受"东华医院医生团 1993 年度医学荣誉奖"，为该奖设立 20 年来第一位获此殊荣的中国大陆学者。领完奖即赴俄亥俄州克利夫兰市，看望弟子郭亚军，商量开展国际科技合作新模式——"哑铃模式"，在东方肝胆外科研究所筹建中美合作肝癌免疫与分子生物治疗研究中心，任用郭亚军为主任。

参与撰写"肝脏"一章的《黄家驷外科学》（第五版）由人民卫生出版社出版。任总主编的《外科手术图谱》由香港三联书店出版社出版。

1994 年

2 月 3 日，实施首例应用腹腔镜技术修补肝外伤导致的肝破裂，该项技术是向弟子陈训如学得的，师学弟子成美谈。

5 月 13 日，与吴阶平等十位我国当代优秀的医学家获得"实用医学荣誉杯"称号。

自 20 世纪 60 年代初至今，吴孟超个人成功实施了 14 000 余例肝脏切除术，为完成该项手术的最多个人。

获全国"侨界十杰"荣誉称号、全军科技重大贡献奖、上海医学荣誉奖、1993 年度陈嘉庚医药科学奖。

11 月，获 1994 年度何梁-何利"杰出贡献的医学科技工作者"基金奖。

1995 年

荣获光华科技基金特别奖、上海烛光奖、爱国奉献奖。

主编的《外科手术全集》由人民军医出版社出版。

11 月，"中晚期肝癌的外科综合治疗研究"荣获国家科学技术部颁发的国家科学技术进步奖二等奖(第二完成人)；"早期肝细胞癌病理生物学特征实验与临床研究"荣获国家科学技术部颁发的国家科学技术进步奖三等奖(第二完成人)。

1996 年

1 月，被中央军委授予"模范医学专家"荣誉称号，颁发一级英模奖章。

全国科技大会上，受到江泽民总书记接见。

2 月，获中国人民解放军专业技术重大贡献奖。

8 月，东方肝胆外科医院经批准正式列编，吴孟超任院长，同年进入三级甲等医院行列。

9 月，应邀赴昆明讲学，偕夫人重访同济校园旧址。

10 月，获香港外科医学院授予的"荣誉院士"称号，英国皇家外科学院授予的荣誉院士。

12 月，赴德国邀请王红阳回国建立国际合作生物信号传导研究中心。

主编的《外科学新理论新技术》由上海科学技术出版社出版。

1997 年

3 月，经中国人民解放军总后勤部批准，以个人多年积蓄的 30 万元和社会各界赠送的 400 万元为基础，设立"吴孟超肝胆外科医学基金"。这是我国首个在肝胆外科领域的专项基金,每两年评选一次,用于奖励为对肝胆外科作出杰出贡献的优秀人才。

4 月,与杨甲梅一起成功为患"肝豆状核变性"的 9 岁男孩施行肝移植手术。在东方肝胆外科研究所创建"中德合作生物信号转导研究中心",由王红阳回国任主任,并任东方肝胆外科研究所副所长。

6 月,"提高原发性肝癌外科疗效的经验"荣获中国人民解放军总后勤部颁发的军队医疗成果奖一等奖(第一完成人)。

8 月 31 日,新病房大楼举行奠基仪式。该大楼以台湾慈济慈善事业基金会尹衍梁先生捐赠的 4 000 万元为启动资金。

1997、1998、1999、2001、2003、2005 年连续获中央、军队保健工作先进个人和保健工作特殊贡献奖。

1998 年

6 月,"原发性肝癌术后复发的临床治疗"荣获上海市卫生局颁发的上海市医疗成果奖一等奖(第二完成人)。

12 月,夫人吴佩煜因患脑梗塞住院。

荣获杰出导师奖。

申请的"多基因转染的细胞株及其构建方法"获中国专利(ZL. 98 1 10665. X)。

1999 年

4 月 12 日,与陈汉再次合作,为肝癌术后 33 年复发的患者蒋声和进行第二次手术,蒋声和至今仍健康生存。

6 月,"四种肝癌相关新基因的克隆鉴定及与肿瘤相关性的研究"荣获中国人民解放军总后勤部颁发的军队科学技术进步奖一等奖(第四完成人)。

荣获"全国百名优秀医生"称号、全国归侨先进个人。

申请的"治疗肝癌门静脉癌栓的超声消融系统"获中国专利(ZL. 99 1 13777. 9)。

申请的"一种能特异性杀灭 EB 病毒相关性肿瘤的重组病毒及其构建方

法"获中国专利(ZL. 99 1 24108. 8)。

2000 年

6 月 7 日,获上海市建筑行业"白玉兰奖"的新病房大楼正式启用,东方肝胆外科医院规模扩展为 12 个病区、600 张床位、10 个手术室,并引入许多国际一流的医疗器械与设备。

10 月 26 日,诺贝尔奖获得者、物理学家杨振宁教授参观上海东方肝胆外科医院,杨振宁赞誉:"吴大夫对国家的贡献是真正的了不起。"

12 月 9 日,福建医学会成立"吴孟超医学基金",携夫人吴佩煜参加福州会议后,回到阔别半个世纪的故乡——闽清。

主编的《肝脏外科学》(第二版)由上海科学技术出版社出版。

申请的"肝癌高表达基因其编码的蛋白 HCCA2 及其应用"获中国专利(ZL. 00 1 27823. 1)。

2001 年

经中国人民解放军总后勤部批准,东方肝胆外科医院继长征医院、长海医院之后,列为第二军医大学第三附属医院。

为祝贺 80 岁生日,医院举行"纪念吴孟超从事肝胆外科事业 45 周年论文交流大会"。裘法祖教授前来祝贺,各个时期曾得到救治的患者代表也来到上海祝贺。

申请的"基因 p28 -II的鉴定与功能研究"获中国专利(ZL. 01 1 26927. 8)。

2002 年

申请的"一种消除血管或胆管内癌栓的激光消融系统"获中国专利(ZL. 02 1 37422. 8)。

2004 年

2004 年 6 月 1 日,经上海市人民政府批准,将"吴孟超肝胆外科医学基金"正式更名为"上海市吴孟超医学科技基金会"(SHANGHAI WU

MENGCHAO MEDICAL SCIENCE FOUNDATION)时,基金总额已达到1 000万元。基金会还主办了中国数字图书馆国家公众健康馆的医学健康信息服务频道——医元网,在医元名医堂建立专家诊室。

6月23日,好友、好搭档陈汉教授逝世。

9月24日,与姚晓平教授一起为湖北女孩王甜甜实施中肝叶手术。

指导学生周伟平教授完成不阻断下腔静脉的全肝血流阻断切肝法,获上海市临床医疗成果二等奖。

主编的《外科手术全集》(第二版)由人民军医出版社出版。

12月,荣获全国高等医药教材特殊贡献奖、国际肝胆胰协会杰出成就金奖。

2005 年

4月,荣获中央保健工作先进个人。

12月,学生、第二军医大学东方肝胆外科研究所副所长、"中德合作生物信号转导研究中心"主任王红阳当选中国工程院院士。

2006 年

1月6日,联合复旦大学肝癌研究所的汤钊猷院士、上海交通大学系统生物学研究所的杨胜利院士、上海交通大学肿瘤研究所的顾健人院士、复旦大学上海医学院的闻玉梅院士、浙江大学医学院附一医院肝胆外科的郑树森院士和第二军医大学东方肝胆外科医院的王红阳院士,拟写了提交温家宝总理的有关"集成式开展肝癌研究"的报告。这份报告获得国家领导人高度重视。国家卫生部、科技部将肝癌集成式研究列入"十一五"国家科技重大项目。

1月9日,在人民大会堂召开的国家科学技术大会上,接受胡锦涛主席颁发的2005年度国家最高科学技术奖。将600万奖金(包括总后奖励的100万奖金)全部用于肝胆外科科学研究和人才培养。同月,总后也召开了表彰会。

3 月,学生杨甲梅教授完成国内首例半肝完全血流阻断下的无血切肝术。

从事肝胆外科事业 50 周年,东方肝胆外科医院成立 10 周年,裘法祖教授亲笔撰写贺信以表祝贺。

12 月 27 日,医元网推出中国内地首个"视频诊病"服务,在专家诊室为患者进行视频远程会诊。

2007 年

2 月,被评选为"感动福建"十大人物。

7 月,受邀参加中国人民解放军建军 80 周年庆典暨全军英模代表大会。

2008 年

6 月 18 日,赴武汉参加恩师裘法祖教授追悼会。遇大雨,由裘法祖两子一女搀扶吊唁,还到裘家看望师母。

9 月 8 日,被评为第二届"上海市教育功臣"。

12 月,总后批准"关于第二军医大学第三附属医院安亭新院工程立项及设计任务书",东方肝胆外科医院安亭新院正式奠基。同月 16 日,在"与时代同行——改革开放 30 年军营新闻人物"评选中,当选为"改革开放 30 年军营新闻人物"。

由吴孟超、吴在德主编的《黄家驷外科学》(第七版)出版。

2009 年

8 月,领头发起的关于"国家肝癌科学中心"立项申请获国家发改委批准。

9 月,受邀参加庆祝建国 60 周年国庆观礼,再次登上天安门城楼。

2010 年

获军队医学科技重大成果特别贡献奖。

8 月,"国家肝癌科学中心"可行性研究报告通过专家组评审,12 月 31

日,国家发改委正式发文批复。这是继国家纳米科学中心后由国家发改委立项审批的第二个国家级科学中心。项目将"集国际领先性、不可替代性和高度开放性于一体"。

2011 年

2月,中共中央总书记、国家主席、中央军委主席胡锦涛对学习宣传吴孟超同志先进事迹作出重要指示,强调要大力宣传吴孟超院士的先进事迹和高尚医德,宣传他的爱党爱国爱民情怀。

5月3日,国家科技部举行"吴孟超星"小行星命名仪式,接受小行星命名证书和小行星运行轨道铜牌。

5月10日至20日,中宣部、卫生部、解放军总政治部、解放军总后勤部和上海市委共同主办吴孟超先进事迹报告会,在北京、兰州、重庆、广州、上海及福建等地巡回举行。

7月1日,参加中国共产党建党90周年庆典系列活动,被评为全国优秀共产党员,胡锦涛总书记亲自为他颁发证书。

8月5日,夫人吴佩煜教授逝世。

8月18日,中宣部、教育部、科技部、卫生部、解放军总政治部联合发出《关于开展向吴孟超同志学习活动的决定》。

8月26日至27日在上海国际会议中心隆重举行了"2011东方国际肝胆外科论坛",有12位中国科学院与工程院院士以及来自国内外的专家代表共700余人参加了这一盛大的学术活动。来自美国、英国以及国内各地肝胆外科著名专家报告了肝胆外科领域的最新进展与成就,并特别举行了院士论坛。吴孟超、黄志强、汤钊猷、刘允怡、顾建人、郝希山、郑树森、王红阳8位院士作了精彩的学术报告,吴孟超院士报告的题目是:中国肝脏外科发展的回顾与展望。

8月31日,第二军医大学为他举办90岁寿辰庆祝活动,当日做了从医68年来第14 280台手术。

10月12日,经国家发改委立项,由第二军医大学联合复旦大学、上海交通大学共同申报成立的国家肝癌科学中心在上海市嘉定区安亭镇东方肝胆外科医院新院区开工建设。项目总投资约 4 亿元,建设周期 3 年。该中心主要由诊断标志物筛选与分子分型研究室,病原、宿主互作解析实验室,分子网络调控研究室,药靶发现与研发实验室,细胞治疗研究室,循证医学研究室等 6 个核心平台,以及资源保藏和数据链应用中心、动物中心、中试平台等 3 个公用辅助研发平台构成……这些软硬件设施将使其建立"培养高水平研究和高层次人才,实现优势资源共享和公共服务平台"的愿望得以实现。

12 月 26 日,由上影集团联合拍摄的故事影片《大医》及纪录片《吴孟超》在沪宣布开机,2012 年将把"中国肝胆外科之父"的形象搬上银幕。以吴孟超为原型的电影《大医》,将呈现其坎坷而努力攀登医学高峰的传奇人生。通过表现他心系民众、从医为民的人生故事,和创建肝脏疾病的研究学科为背景,重点表现他与患者之间的动人故事,真实地再现一个凡人走向医之大者的心路历程。纪录片《吴孟超》则从童年寄居马来西亚的生涯开始,追踪其波澜壮阔的一生,给予观众人生意义的启迪和人文关怀的温暖。

2012 年

2 月 3 日,被评为中央电视台 2011 年"感动中国"的十大杰出人物之一。当晚颁奖晚会上的评语:

> 吴孟超,现年 90 岁,中国科学院院士。他是世界上 90 岁高龄仍然工作在手术台前的唯一一位医生。50 年间,吴孟超推动中国的肝脏医学从无到有,从有到精。1999 年,他推动建立了中国的肝胆外科专科医院,并成为国内最大、国际唯一的肝胆外科疾病诊疗和研究中心。

感动中国组委会授予吴孟超的颁奖辞:

> 六十年前,他搭建了第一张手术台,到今天也没有离开。手中一把刀,游刃肝胆,依然精准,心中一团火,守着誓言,从未熄灭。

5 月—6 月,以吴孟超院士成长历程为主线的电影纪录片《报国之路》正式开拍,吴孟超院士带领摄制组重走当年回国路。

7月31日,讲述吴孟超传奇人生的纪实报道诗剧《星空下的誓言——吴孟超的岁月》,在上海艺海剧院首演。诗剧改编自王宏甲报告文学《吴孟超传》,由东方宣教中心、上海话剧艺术中心联合组织。导演贺飔表示,诗剧想表达的是"一代医魂"感动中国的震撼力。

8月7日,吴孟超被成功施行双眼白内障手术。

9月21—24日,赴香港参加香港外科医学院和英国爱丁堡皇家外科医学院联合举办的外科学术交流会暨颁授典礼。典礼上,吴孟超被授予英国爱丁堡皇家外科医学院"荣誉院士"称号。①

10月11日,由喻荣军编剧、陈新伊导演的反映吴孟超生命价值的大型话剧《吁命》,在上海话剧艺术中心成功首演。

11月20日—30日,赴北京参加由中国科协、教育部、中国科学院、中国社科院和中国工程院联合举办的2012年首都高校科学道德与学风建设宣讲报告会,吴孟超作题为"用一生为理想去奋斗"的报告。

12月16日,由吴孟超医学科技基金会主办的第六届吴孟超医学奖颁奖典礼在上海国际会议中心举行。惠利健、孔晓妮、孙倍成、肖仕初、杨田、徐骁等6位获奖。至此,共有30名杰出科技工作者获此殊荣。

2013 年

1月18日,在北京举行的国家科技奖励大会上,由吴孟超院士、王红阳院士、郭亚军教授领衔的第二军医大学"肝癌临床与基础集成化研究创新团队"因突破肝脏外科多个"禁区",成为全国三个获国家科技进步奖创新团队奖的团队之一。这是国家科技进步奖中首次设立的奖项。

6月17日,吴孟超、钱伟长、谈家桢、吴自良、张香桐5位院士珍贵影像、照片档案捐赠仪式在上海市档案馆外滩馆举行。捐赠仪式上,92岁高龄的吴孟超院士向市档案馆捐赠了自己的照片和毕业证书等珍贵档案,上海市档案馆向吴孟超院士颁发了收藏证书。

---

① 2013年7月,对本书作修订时,又加了本条目及以下年谱的条目——笔者注。

7月9日,吴孟超院士先进事迹展示馆在其家乡福建省福州市闽清县正式开馆。展示馆总面积约420平方米,设有展示厅和视听室,共展出吴孟超人生历程中有代表性的123幅珍贵照片以及所使用的医疗器械、"感动中国"十大人物奖的奖杯等48件珍贵实物。

8月31日,由吴孟超院士牵头组建的"东方肝友俱乐部"在上海东方肝胆外科医院成立,20名来自全国各地的肝癌手术10年以上的病人一起为俱乐部揭牌。之前,东方肝胆外科医院免费为他们进行了体检,并组织他们交流治疗心得和康复体会,让大家共同树立战胜肝癌的信心。

附录二
吴孟超历年来发表的主要学术著作和论文

一、主要学术著作

[1] 方之扬、吴孟超译:肝脏外科入门,上海卫生出版社,1958 年。

[2] 吴孟超主编:实用核医学,上海科学技术出版社,1961 年。

[3] 吴孟超主编:外科手术图谱,上海人民出版社,1975 年。

[4] 吴孟超主编:肝脏外科学,上海科学技术出版社,1982 年。

[5] 汤钊猷、吴孟超主编:*Primary Liver Cancer*,德国 Spring-Verlag 出版社,1982 年。

[6] 吴孟超主编:新编外科临床手册,金盾出版社,1989 年。

[7] 吴孟超主编:外科理学诊断,人民军医出版社,1990 年。

[8] 吴孟超主编:腹部外科学,上海科技文献出版社,1992 年。

[9] 吴孟超主编:临床外科手册,金盾出版社,1992 年。

[10] 吴孟超主编:肝癌与肝病,上海科技文献出版社,1992 年。

[11] 吴孟超总主编:外科手术图谱,香港三联书店出版社,1993—1994 年。

[12] 吴孟超等主编:外科手术全集,人民军医出版社,(一、二版)1995 年、2004 年。

[13] 吴孟超主编:外科学新理论新技术,上海科学技术出版社,1996 年。

[14] 吴孟超(撰写肝脏第一章):腹部外科手术学,人民卫生出版社,

1966 年。

[15] 吴孟超(撰写部分章节):胆道外科学,辽宁科学技术出版社,1987 年。

[16] 吴孟超(撰写"肝癌"一章):*Cancer of Liver Esophagus and Nasopharynx*, 德国 Spring-Verlag 出版社,1987 年。

[17] 吴孟超(撰写"肝脏"一章):黄家驷外科学,人民卫生出版社,1992 年。

[18] 吴孟超主编:黄家驷外科学(第七版),人民卫生出版社,2008 年。

[19] 吴孟超主编:肝脏外科学(第二版),上海科学技术出版社、上海科技教育出版社,2000 年。

二、部分论文

[1] 吴孟超、张晓华等.原发性肝癌外科治疗的探讨.第二军医大学学术资料汇编,1962,第 11 集:84 - 87.

[2] 吴孟超、郑宝琦等.肝叶切除术若干问题的初步探讨.第二军医大学学术资料汇编,1962,第 11 集:92 - 95.

[3] 吴孟超、张晓华等.肝叶切除术后代谢改变的动物实验与临床观察.第二军医大学学术资料汇编,1963,第 18 集:13 - 20.

[4] 吴孟超、张晓华.原发性肝癌临床诊断及外科治疗的探讨.第二军医大学学术资料汇编,1963,第 18 集:21 - 24.

[5] 吴孟超、张晓华等.规则性肝叶切除术的操作体会.第二军医大学学术资料汇编,1963,第 18 集:25 - 28.

[6] 吴孟超、张晓华、胡宏楷、陈汉、徐化民.原发性肝癌的诊断及外科治疗.解放军医学杂志,1964,1(1):1 - 3.

[7] 吴孟超、胡宏楷、张晓华.正常人肝内胆管和肝动脉的解剖学观察.解放军医学杂志,1965,2(4):358 - 362.

[8] 吴孟超、陈汉.测量人体肝脏重量对临床的诊断意义.陕西新医药,1977,2:20 - 22.

[9] 吴孟超.原发性肝癌的诊断和治疗.安徽医药卫生学术讲座,1977,24:1 - 15.

[10] 吴孟超、陈汉、张晓华、姚晓平、杨甲梅.18 年来手术切除治疗原发性肝癌的体会,人民军医,1979,2:67 - 69.

[11] 吴孟超. 手术切除治疗原发性肝癌（续）. 肿瘤防治研究, 1979, 1: 26 - 29.

[12] 吴孟超、姚晓平、屠振兴、陈训如、凌代文、吕雁群、张璞、赵华珍、王罗华. 常温下全肝血流阻断动物实验研究. 第二军医大学学报, 1980, 1: 47 - 53.

[13] 吴孟超、仲剑平、张晓华、陈汉、姚小平、吴伯文、杨甲梅. 常温下全肝血流阻断切肝术(三例报告). 第二军医大学学报, 1980, 1: 51 - 53.

[14] 仲剑平、吴孟超、姜贞祥、屠振兴. 逆行胰胆管造影术在肝胆外科的应用(附 40 例分析). 第二军医大学学报, 1980, 1: 58 - 66.

[15] 吴孟超、张晓华、陈汉、吴伯文、杨甲梅. 巨大肝海绵状血管瘤的诊断和治疗. 解放军医学杂志, 1980, 5(3): 137 - 140.

[16] 吴孟超、陈汉. 原发性肝癌的手术治疗. 第二军医大学学报, 1981, 3: 193 - 196.

[17] 吴孟超、陈汉. 关于原发性肝癌手术治疗几个问题的探讨. 肿瘤, 1981, 1(4): 20 - 22.

[18] 吴孟超、仲剑平、张晓华、陈汉、胡宏楷、姚晓平、吴伯文、杨甲梅. 常温下全肝血流阻断切肝术. 中华外科杂志, 1981, 19(1): 36 - 38.

[19] 吴孟超、张晓华、杨广顺. 原发性肝癌伴癌综合征. 中华消化杂志, 1982, 2(4): 197 - 199.

[20] 吴孟超、张晓华、陈汉、吴伯文. 467 例肝切除的体会. 中华消化杂志, 1982, 2(4): 190 - 193.

[21] 吴孟超、张晓华、陈汉、吴伯文. *Experiences in 467 Cases of Hepatic Resection Acta Academiae Medicinae Wuhan.* Acta Academiae Medicinae Wuhan, 1983, 3(1): 1 - 7.

[22] 吴孟超. 普通外科. 中国外科年鉴, 1983: 5 - 11.

[23] 吴孟超. 第六届国际急症外科学术会议简介. 解放军医学杂志, 1984, 9(4): 313 - 314.

[24] 吴孟超. 肝癌的临床研究近况. 第二军医大学学报, 1984, 5(1): 73 - 77.

[25] 吴孟超、张晓华、陈汉等. *Four Hundred Cases of Hepatic Resection*

for Primary Liver Cancer. Cancer of the Liver, Esophagus, and Nasopharynx, 1985:75 - 81.

[26] 吴孟超、陈汉. 肝叶切除术后的营养问题. 实用外科杂志,1985,5(1):6.

[27] 赵玉华、方文琇、李波、吴孟超等. 肝占位病变的术中 B 型超声探查. 中华物理医学杂志,1985,7(3):136 - 139.

[28] 吴孟超、张晓华、陈汉等. HEPATIC RESECTION FOR PRIMARY LIVER CANCER. 中华医学杂志英文版,1986,99(3):175 - 180.

[29] 吴孟超. 原发性肝癌 400 例手术切除治疗的经验. 临床肝胆病杂志,1986,2(3):148 - 151.

[30] 吴孟超、杨广顺. 肝癌外科治疗术式介绍. 实用外科杂志,1986,6(3):165 - 166.

[31] Cong Wenming、吴孟超. The Biopathologic Characteristics of DNA Content of Hepatocellular Carcinomas. DNA CONTENT OF HCC,1990,66(3):498 - 500.

[32] 张世民、吴孟超、陈汉等. 125I 标记的凝集素在裸鼠移植性人肝癌靶向定位中的初步研究. 中华核医学杂志,1991,11(4):238 - 240.

[33] 杨甲梅、吴孟超、张晓华、陈汉、徐冠南、姚晓平、吴伯文. 缝合法治疗严重肝挫裂伤的体会. 实用外科杂志,1991,11(7):360 - 362.

[34] 张晓华、吴孟超. 复杂肝外伤的处理. 江苏医药,1991,10:527 - 531.

[35] 张世民、吴孟超、陈汉. 肝癌内源性凝集素———类新的肝癌相对特异性的生物活性分子. 冶金医药情报,1991,8(3):156 - 157.

[36] 黄承诚、吴孟超. 肝癌组织中超氧化物歧化酶活性和脂质过氧化物含量的研究. 中华外科杂志,1991,23(3):195 - 197.

[37] 黄承诚、吴孟超. 肝癌组织中脂质过氧化物含量的降低及其临床意义. 临床肝胆病杂志,1991,7(2):87 - 88.

[38] 丛文铭、吴孟超、张秀忠、屠振兴. 肝癌细胞 Ag - NORs 计数与 DNA 含量的关系. 中华病理学杂志,1991,20(2):98 - 99.

[39] 张柏和、吴孟超、张晓华、陈汉. 抗人甲胎蛋白异质体单克隆抗体 VG5

在荷人肝癌裸鼠中的肿瘤定位显像研究.中华核医学杂志,1991,11(1):27-29.

[40] 张柏和、吴孟超、陈汉.抗人小扁豆凝集素结合型甲胎蛋白异质体单克隆抗体诊断肝癌的临床意义.中华肿瘤杂志,1991,13(5):328-330.

[41] 孙君泓、吴孟超.免疫抑制剂现状.中华器官移植杂志,1991,12(2):94-96.

[42] 张世民、吴孟超、陈汉等.凝集素受体与肝癌术后复发关系的研究.中华外科杂志,1991,29(2):97-100.

[43] 张柏和、吴孟超、张晓华、陈汉.人甲胎蛋白异质体肽链和寡糖成分差异与肝癌诊断的关系.第二军医大学学报,1991,12(4):341-345.

[44] 沈锋、吴孟超等.人外周血 TCRv/hT 淋巴细胞的克隆化.中华血液学杂志,1991,12(7):348-350.

[45] 张世民、吴孟超、陈汉等.西非单叶豆凝素集工受体在肝癌诊断中的价值.中华消化杂志,1991,11(2):90-92.

[46] 丛文铭、吴孟超、张秀忠.应用图像分析仪对肝癌细胞核形态特征与 DNA 含量的定量研究.中华消化杂志,1991,11(3):154-156.

[47] 吴孟超.原发性肝癌的治疗原则.实用外科杂志,1991,11(5):226-227.

[48] 陈汉、吴孟超、徐冠南、丛文铭.原发性肝癌术前经肝动脉化疗栓塞的病理变化研究.中华外科杂志,1991,29(2):90-92.

[49] 陈汉、吴孟超、杨甲梅.再次肝切除治疗原发性肝癌(附 41 例临床报告).实用外科杂志,1991,11(5):245-246.

[50] 丛文铭、吴孟超、张晓华、陈汉、张秀忠.早期肝细胞癌病理生物学特性的临床研究.中华外科杂志,1991,29(6):341-344.

[51] 陈汉、吴孟超、杨甲梅、沈锋.肝切除手术危险性的预测方法.腹部外科,1991,4(3):120-121.

[52] 丛文铭、吴孟超、张秀忠、屠振兴.应用生物素标记探针对癌周肝硬变组织中 HBV-DNA 的原位分子杂交研究.肿瘤,1991,11(4):152-153.

[53] 张世民、吴孟超、陈汉、崔贞福.血清 β-N-乙酰氨基半乳糖苷酶的微量测定及其正常值.上海医学,1991,14(9):525-527.

[54] 丛文铭、吴孟超、张晓华、陈汉、姚晓平、张秀忠. 104 例女性肝细胞癌的临床病理学研究. 实用癌症杂志,1992,7(4):290-292.

[55] 张世民、吴孟超、陈汉、屠振兴. MT X-拟糖蛋白的合成及其对肝癌细胞的作用. 中国医学杂志,1992,27(2):102-105.

[56] 丛文铭、吴孟超、张秀忠. 大鼠肝脏癌变过程中 DNA 含量倍体水平的变化特点及其生物学意义. 中华肿瘤杂志,1992,14(1):20-23.

[57] 张世民、吴孟超、陈汉. 肝癌和其他肝疾病患者血清中 N-乙酰-β 氨基葡萄糖苷酶活性变化. 第二军医大学学报,1992,13(5):419-422.

[58] 钱光相、吴孟超. 肝叶切除治疗肝门胆管癌. 实用外科杂志,1992,12(11):568-570.

[59] 孙君泓、吴孟超、陈汉. 过继性转移延长大鼠同种移植肝的存活时间. 中华医学杂志,1992,72(3):170-171.

[60] 丛文铭、吴孟超、张晓华、陈汉、张秀忠. 局灶性肝脂肪病变四例报告. 第二军医大学学报,1992,13(1):93-94.

[61] 黄承诚、吴孟超、陈汉、屠振兴、胡韪、徐国威、李岱宗、蒋惠秋、顾健人. 人肝细胞癌组织中抗药基因过量表达. 第二军医大学学报,1992,13(5):415-418.

[62] 王义、吴孟超等. 顺铂乙基纤维素微囊肝动脉化疗栓塞治疗原发性肝癌的临床研究. 中华外科杂志,1992,30(6):337-341.

[63] 张世民、吴孟超、陈汉等. 糖苷酶酶谱在肝细胞癌诊断中的价值. 中华肿瘤杂志,1992,14(2):143-146.

[64] 张世民、吴孟超、陈汉、崔贞福、屠振兴. 血清 α-L-岩藻糖苷酶在肝细胞癌诊断中的意义. 癌症,1992,11(2):100-103.

[65] 吴孟超. 肝脏外科进展. 临床外科杂志,1993,1(1):2-3.

[66] 吴孟超、丛文铭、张晓华、陈汉、张秀忠. 1000 例肝细胞癌的临床病理研究. 肿瘤防治研究,1993,20(3):137-139.

[67] 丛文铭、吴孟超、陈汉、张秀忠、董秀芬. DNA 含量分析对复发性肝细胞癌克隆来源及其临床意义的初步研究. 临床肝胆病杂志,1993,9(1):3-5.

[68] 陈汉、吴孟超、沈锋.肝脏手术中易发生的医源性损伤防治.实用外科杂志,1993,13(1):51 – 54.

[69] 吴孟超.肝脏外科进展.肝胆胰外科杂志,1993,3:1 – 3.

[70] 李波、吴孟超、郭佳、王永杰.肝脏炎性假瘤30例超声诊断.第二军医大学学报,1993,14(5):494 – 496.

[71] 陆正华、吴孟超、陈汉、董秀芬.肝脏炎性假瘤的声像图特征.中国超声医学杂志,1993,9(3):169 – 170.

[72] 施乐华、吴孟超、陆冬冬、陈炜.裸鼠移植人原发性肝癌产生 PGE2 的能力及意义.中华肿瘤杂志,1993,15(3):189 – 191.

[73] 张世民、吴孟超、陈汉、董秀芬.凝集素在研究复发性肝癌细胞克隆来源中的可能价值.中国肿瘤临床,1993:20(10):725 – 729.

[74] 丛文铭、吴孟超、苑锦英.人体肝癌 FCM 细胞周期比例与化疗药物敏感性关系的研究.中国实用外科杂志,1993,13(8):497 – 500.

[75] 杨甲梅、吴孟超、陈汉等.人新鲜肝癌细胞体外短期微量培养抗癌药敏试验及其临床意义.中华消化杂志,1993,13(1):8 – 10.

[76] 施乐华、吴孟超、陈汉、谢弘、王根凤、强家模.兔抗 Hepama – I 抗体的产生动态及预防措施.中国免疫学杂志,1993,9(1):49 – 53.

[77] 吴孟超、陈汉、张晓华、姚晓平、杨甲梅.外科治疗原发性肝癌1102例.第二军医大学学报,1993,14(3):201 – 204.

[78] 丛文铭、吴孟超、陈汉、王一、张秀忠.小肝细胞癌的临床病理特点(附93例分析).中华肿瘤杂志,1993,15(5):372 – 374.

[79] 丛文铭、吴孟超、张晓华、陈汉、董荣春、张秀忠.17例肝脏炎性假瘤的临床病理分析.临床与实验病理学杂志,1993,9(3):195 – 196.

[80] 钱光相、吴孟超、陈汉、张永杰.Caroli 病的外科治疗.中国普通外科杂志,1994,3(1):1 – 4.

[81] 张永杰、吴孟超.肝细胞癌细胞核 DNA 流式细胞术分析.中国肿瘤临床,1994,3:179 – 183.

[82] 陈汉、吴孟超、施乐华.肝脏海绵状血管瘤的诊断和外科治疗.中国实用外科杂志,1994,14(1):4 – 6.

[83] 从文铭、吴孟超、陈汉、张秀忠. 老年人肝癌的临床病理特点(附 161 例分析). 中国肿瘤临床,1994,21(5):344－345.

[84] 吴孟超、张柏和. 原发性肝癌研究进展. 同济医科大学学报,1994,23(增刊 1):1－4.

[85] 李波、陈汉、郭佳、吴孟超. B 超诊断肝良性病变的经验. 中国实用外科杂志,1994,14(1):12－14.

[86] 周伟平、陈汉、杨甲梅、吴孟超. 经腹腔镜肝囊肿开窗引流术. 腹部外科,1994,7(3):134.

[87] 许圣献、单礼成、吴桂荣、袁成、屠振兴、吴孟超、陈汉. 原发性肝癌患者测定尿假尿嘧啶的临床意义. 解放军医学杂志,1994,19(1):46.

[88] 殷正丰、虞紫茜、崔贞福、胡韪、屠振兴、吴孟超. 肝癌切除术后甲胎蛋白异质体含量变化及其临床意义. 第二军医大学,1994,15(1):7－10.

[89] 刘扬、吴孟超、张柏和. 单克隆抗体在肿瘤导向治疗中的应用价值. 国外医学(肿瘤学分册),1994,21(1):14－17.

[90] 张柏和、刘荣、吴孟超. 肝动脉插管栓塞化疗后可切除肝癌手术时机的选择. 肝胆外科杂志,1994,2(2):111－113.

[91] 施乐华、吴孟超、陈汉、黄兴耀、王墨荣. 肝部分切除术后门静脉和肝动脉血中 PGI2 及 TXA2 的含量变化. 肝胆外科杂志,1994,2(2):114－116.

[92] 陈汉、吴孟超. 复发性肝癌再次肝切除 72 例报告. 第二军医大学学报,1994,15(3):212－216.

[93] 刘荣、吴孟超、张晓华、陈汉、黄承诚. 人肝细胞癌中表皮生长因子受体的表达. 中华医学杂志,1994,74(7):435－437.

[94] 施乐华、吴孟超、陈汉、张兆耕、陆正华、谢弘、强家模、王根凤、王放、徐成汤. 原发性肝癌患者产生人抗鼠抗体(HAMA)的初步临床观察. 中国免疫学杂志,1994,10(4):210－213.

[95] 吴孟超. 原发性肝癌的介入治疗进展. 中国肿瘤临床与康复,创刊号:1－6.

[96] 陆正华、吴孟超、姚晓平. 腹腔种植转移性肝细胞癌一例报告. 第二军医大学学报,1994,15(5):463.

［97］刘扬、吴孟超、钱光相、张柏和、陈传松. 抗人 AFP‑R‑LCA McAb 在裸鼠人肝癌模型中放免显像及治疗. 第二军医大学学报, 1994, 15(5):446‑451.

［98］刘杨、吴孟超、钱光相、张柏和、陈传松. 抗人甲胎蛋白异质体单克隆抗体放射免疫诊治肝癌的实验研究. 中华外科杂志, 1994, 32(11):650‑653.

［99］毛平传、吴孟超、陈汉、黄承诚、谢天培、屠振兴、邓海琳. 抗药性人肝癌细胞株的建立. 肝胆外科杂志, 1994, 2(4):198‑200.

［100］周伟平、吴孟超、陈汉、杨甲梅. 大鼠肝癌门静脉血供的观察. 肝胆外科杂志, 1994, 2(4):208‑210.

［101］陈汉、吴孟超、杨甲梅、王一. 如何降低原发性肝癌的复发率. 中华外科杂志, 1994, 32(12):768‑770.

［102］陈汉、林川、吴孟超. 继发性肝癌的综合性治疗. 中国实用外科杂志, 1995, 15(5):301‑304.

［103］宝建中、王一、詹洲、陈汉、吴孟超. 人肿瘤浸润淋巴细胞的体外抗瘤活性及其表型特征. 中华实验外科杂志, 1995, 12(3):147‑148.

［104］王一、陈汉、吴孟超、宝建中、丛文铭、王皓、张秀忠. 肝癌肿瘤浸润淋巴细胞的研究与应用. 中华外科杂志, 1995, 33(1):29‑31.

［105］杨甲梅、马立业、陈汉、吴孟超、肖飞. 供体肝切取方法及其选择. 中华器官移植杂志, 1995, 16(1):15‑17.

［106］周伟平、吴孟超、陈汉、姚小平、钱光相、杨甲梅等. 肝癌切除加免疫化疗对术后复发的影响. 中华外科杂志, 1995, 33(1):35‑37.

［107］施乐华、吴孟超、陈汉、陶文照、强美玉、谢弘、王根凤、王放. 抗人肝癌单克隆抗体对荷瘤裸鼠的放射免疫定位及治疗. 中华肿瘤杂志, 1995, 17(1):20‑23.

［108］崔晓红、潘卫、戚中田、宋艳斌、印凯、张晓华、陈汉、吴孟超. 肝癌患者肝组织中丙型肝炎病毒的基因分型. 中华医学杂志, 1995, 75(2):92‑93.

［109］殷正丰、虞紫茜、胡韪、屠振兴、董秀芬、吴孟超. 甲胎蛋白岩藻糖指数

对肝癌复发的预测作用. 肝胆外科杂志,1995,3(1):51-53.

[110] 张秀忠、丛文铭、吴孟超、陈汉、王一. 72 例转移性肝癌的临床病理学特点. 肝胆外科杂志,1995,3(1):35-36.

[111] 王一、宝建中、陈汉、吴孟超. 人肝癌 TIL 体外抗瘤活性及其表型特征的研究. 肝胆外科杂志,1995,3(1):42-44.

[112] 吴建卫、张秀忠、陈汉、吴孟超. 瘤体内注射 OK-432 和白细胞介素 2 治疗原发性肝癌的实验研究. 第二军医大学学报,1995,16(2):132-134.

[113] 崔晓红、宋艳斌、潘卫、印慨、陈汉、钱光相、戚中田、吴孟超. 原发性肝癌 78 例血清 HCV RNA 和抗 HCV 的观察. 第二军医大学学报,1995,16(2):130-131.

[114] 崔晓红、戚中田、宋艳斌、潘卫、王一、丛文铭、张秀忠、李淋、郝连杰、吴孟超. 原发性肝癌患者肝组织中 HCV RNA 和 HCV 抗原的定位. 第二军医大学学报,1995,16(2):123-126.

[115] 施乐华、吴孟超、陈汉、陶文照、强美玉、谢弘、王根凤、王放. 抗人肝癌单克隆抗体在裸鼠移植瘤中的免疫定位. 第二军医大学学报,1995,16(2):127-129.

[116] 沈锋、郭亚军、吴孟超、陈汉、王皓. LFA-1、LFA-2、CD44 和 CD45 分子对 T 细胞的共刺激作用. 第二军医大学学报,1995,16(3):218-222.

[117] 胡冰、周岱云、杨甲梅、周伟平、龚彪、程红岩、钱光相、吴孟超. 术前 ERCP 对腹腔镜胆囊切除术的意义. 肝胆外科杂志,1995,3(2):97-99.

[118] 刘鹏飞、吴孟超、陈汉、钱光相、傅继梁. 原发性肝癌癌旁组织 CD44V mRNA 表达及其意义. 第二军医大学学报,1995,16(3):228-230.

[119] 毛平传、吴孟超、陈汉、黄承诚、谢天培、邓海琳. 化疗药和热休克对人肝癌细胞株 SMMC-7721 中 MDR1 基因表达的影响. 肝胆外科杂志,1995,3(3):181-184.

[120] 李波、吴孟超、陈汉、杨甲梅、郭佳. 术后复发性肝癌瘤内酒精注射治

疗. 中华肿瘤杂志,1995,17(5):371－373.

[121] 崔晓红、吴孟超、张晓华、潘卫、印慨、宋艳斌、裴红伟、陈汉、戚中田. 肝细胞癌和癌旁肝组织中 HCV RNA 正、负链的检测. 第二军医大学学报,1995,16(5):401－404.

[122] 钱光相、吴孟超、张永杰、陈汉、周伟平、张柏和. 腹腔镜胆囊切除术胆管损伤的类型及原因分析. 中华外科杂志,1995,33(11):647－649.

[123] 陈汉、吴孟超、尉公田. 肝外伤诊断和治疗的现状. 外科杂志,1996,1(1):56－60.

[124] 刘孟珉、吴孟超、余龙. 肝癌细胞 P53 基因突变和蛋白表达的研究. 癌变. 畸变. 突变,1996,8(5):257－262.

[125] 吴孟超、张柏和. 肝脏外科进展. 外科杂志,1996,1(1):1－4.

[126] 吴孟超、张柏和. 肝脏外科进展. 新消化病学杂志,1996,4(8):421－423.

[127] 尤迎春、丛文铭、王一、王皓、吴孟超. MTT 比色分析法快速测定肝癌细胞株对化疗药物敏感性的方法研究. 癌症,1996,15(3):219－221.

[128] 陈汉、吴孟超、尉公田. 肝外伤诊断和治疗的现状. 中国实用外科杂志,1996,16(4):236－239.

[129] 陈汉、尉公田、吴孟超. 晚期肝损伤的处理. 中国实用外科杂志,1996,16(5):302－303.

[130] 程红岩、贾雨辰、吴孟超. 医源性胆管狭窄 X 线表现. 中国医学影像学杂志,1996,4(3):146－147,161.

[131] 刘彦君、丛文铭、张秀忠、谢天培、沈锋、郭亚军、陈汉、吴孟超. 应用双重原位杂交研究 myc、ras 癌基因在人肝细胞癌中的表达特征. 第二军医大学学报,1996,17(1):6－9.

[132] 沈锋、吴孟超、陈汉、谢天培、王皓、崔贞福、施乐华、钱惠珠、郭亚军. CD45 分子在 NK 细胞激活中的作用及其分子机制研究. 中国肿瘤生物治疗杂志,1996,3(1):6－10,5.

[133] 杨甲梅、吴孟超、陈汉、姚晓平、严以群. 肝海绵状血管瘤治疗进况. 肝胆外科杂志,1996,4(1):14－16.

[134] 孙经建、吴孟超、张柏和、陈汉、钱光相. 间断和持续肝缺血再灌注后线粒体功能的改变. 肝胆外科杂志,1996,4(1):59-61.

[135] 宝建中、王一、詹镕洲、倪灿荣、吴孟超. 癌基因 H-ras、P53、C-erbB-2蛋白产物在克隆化肝癌裸鼠模型的表达. 第二军医大学学报,1996,17(2):147-149.

[136] 严以群、杨甲梅、王轩、康俊升、陈汉、吴孟超. 大鼠减体积性肝移植模型的初步研究. 中华器官移植杂志,1996,17(2):55-57.

[137] 吴建卫、陈汉、吴孟超. 瘤体内注射 OK-432 和白细胞介素 2 治疗原发性肝癌. 中华医学杂志,1996,75(4):310-311.

[138] 丛文铭、杨甲梅、王一、张秀忠、吴孟超. 双结节混合细胞性肝癌一例. 中华病理学杂志,1996,25(2):124-125.

[139] 温增庆、钱光相、陈汉、吴孟超. 应用 PCR-SSCP 银染技术检测胆道癌 p53 基因点突变. 中华医学遗传学杂志,1996,13(2):119.

[140] 刘彦君、丛文铭、张秀忠、谢天培、沈锋、郭亚军、陈汉、吴孟超. 应用双重原位杂交技术定位检测肝细胞癌中乙型、丙型肝炎病毒. 第二军医大学学报,1996,17(2):105-108.

[141] 方石岗、吴孟超、钱其军、曲增强、张绍庚、郭亚军. 原位杂交检测基质溶解素 mRNA 在肝细胞癌中的表达. 中华病理学杂志,1996,25(2):73-75.

[142] 王一、宝建中、吴孟超. 染色体畸变与肿瘤发生. 肿瘤,1996,16(3):437-439.

[143] 张庆旺、吴孟超、杜冬、宁思全、宋步需. 肝癌围手术期并发症发生因素及防治. 中华外科杂志,1996,34(6):383.

[144] 刘荣、吴孟超、张柏和、刘永雄、冯玉泉、周宁新. 人肝细胞癌中 DCC 基因的表达. 中华医学杂志,1996,76(6):461-462.

[145] 曲增强、吴孟超、陈汉、张晓华. 新城疫病毒瘤苗对荷瘤小鼠的主动免疫治疗作用. 实用癌症杂志,1996,11(2):73-75.

[146] 刘鹏飞、吴孟超、陈汉、钱光相、傅继. 原发性肝癌 CD44 剪接变异体表达及其意义. 解放军医学杂志,1996,21(3):189-190.

[147] 刘鹏飞、吴孟超、陈汉、钱光相、傅继梁.原发性肝癌患者外周血 CD44v mRNA 检测的临床意义.第二军医大学学报,1996,17(3): 226－228.

[148] 谢天培、沈锋、施乐华、刘彦君、王华菁、王皓、钱卫珠、郭亚军、吴孟超.肝癌组织中神经节苷脂谱改变的机理研究.第二军医大学学报, 1996,17(3):213－215.

[149] 孙君泓、吴孟超、陈汉.肝移植大鼠移植肝内浸润细胞和免疫球蛋白的变化.中华器官移植杂志,1996,17(3):131－133.

[150] 郭亚军、谢天培、施乐华、沈峰、王皓、刘彦君、钱卫珠、吴孟超.可溶性 CD44-免疫球蛋白融合蛋白抑制肿瘤的体内生长.第二军医大学学报,1996,17(4):316－319.

[151] 张秀忠、丛文铭、王一、陈汉、吴孟超.穿刺液细胞学检查的技术改进.第二军医大学学报,1996,17(4):312.

[152] 施乐华、谢天培、沈锋、车小燕、崔贞福、吴孟超、郭亚军.分泌抗人原发性肝癌单克隆抗体杂交瘤的制备及专一性分析.第二军医大学学报,1996,17(4):313－315.

[153] 刘扬、吴孟超、张柏和、钱光相、潘文舟、强美玉.抗人甲胎蛋白异质体单克隆抗体放射免疫检测原发性肝癌的临床研究.中华外科杂志, 1996,34(9):530－532.

[154] 吴孟超、张柏和.我国肝脏外科现状和发展前景.中华外科杂志, 1996,34(9):515－517.

[155] 杨甲梅、吴孟超、陈汉、张晓华、周伟平、严以群、李波、姚晓平、吴伯文.中晚期肝癌外科综合治疗的基本模式.中华外科杂志,1996,34 (9):537－539.

[156] 张绍庚、吴孟超、张晓华、陈汉、张柏和.肿瘤坏死因子联合 VP16 对小鼠肝细胞癌的疗效观察.实用癌症杂志,1996,11(3):145－147.

[157] 谢天培、吴孟超、顾天爵、范俊、刘彦君、王皓、王华菁、郭亚军.内皮细胞选择素及其配体在肝癌转移中的作用.第二军医大学学报,1996, 17(5):421－423.

[158] 罗运权、吴孟超、丛文铭、陈汉. 人肝癌和癌旁肝组织中肝细胞生长因子及其受体基因表达的研究. 中华外科杂志,1996,34(10):637.

[159] 孙经建、缪明永、吴孟超、王学敏、陈汉、钱光相. 川芎嗪对肝缺血再灌注大鼠线粒体功能的保护作用. 第二军医大学学报,1996,17(5):434-436.

[160] 李爱军、吴孟超、沈峰、郭亚军. CD3-TIL 抗肿瘤作用的实验研究. 中华外科杂志,1996,34(11):681-684.

[161] 罗运权、吴孟超、陈汉、钱光相、张晓华. 大鼠肝脏癌变过程中肝细胞生长因子及其受体基因表达的研究. 中华医学杂志,1996,76(11):822-825.

[162] 张绍庚、吴孟超、陈汉、杨甲梅、方石岗、谈景旺、钱其军、张秀忠. 环孢素 A 和脾切除对大鼠肝移植急性排斥的抑制作用. 中华外科杂志,1996,34(12):719.

[163] 吴孟超、陈汉、姚晓平、杨甲梅、杨广顺、沈锋. 原发性肝癌的外科治疗. 中华外科杂志,1996,34(12):707-710.

[164] 程红岩、贾雨辰、龚彪、周岱云、吴孟超. 继发于肝细胞癌的胆管梗阻影像表现. 实用放射学杂志,1996,12(12):712-714.

[165] 程红岩、贾雨辰、吴孟超. 小肝细胞癌边缘影像与病理的对比观察. 中华放射学杂志,1996,30(12):820-823.

[166] 罗运权、吴孟超. 肝细胞生长因子. 新消化病学杂志,1997,5(3):198-199.

[167] 王轩、杨甲梅、严以群、姚晓平、吴孟超. 大鼠原位肝移植模型术式的改进. 中华实验外科杂志,1997,14(1):59-60.

[168] 谢天培、吴孟超、沈锋、王华菁、王皓、刘彦君、仇毓东、郭亚军. 肝癌细胞、癌旁肝细胞转铁蛋白合成及分泌速率的研究. 中华肿瘤杂志,1997,19(1):14-17.

[169] 陈汉、吴孟超、林川、尉公田. 肝去动脉疗法治疗肝脏恶性肿瘤. 中国实用外科杂志,1997,17(1):49-51.

[170] 张绍庚、方石岗、吴孟超、陈汉、杨甲梅、谈景旺. 改良三袖套法大鼠原

位肝移植. 中华显微外科杂志,1997,20(1):54-55.

[171] 沈锋、王皓、谢天培、施乐华、钱卫珠、刘新垣、吴孟超、郭亚军. 肝癌特异性细胞毒 T 淋巴细胞的实验及临床研究. 中华外科杂志,1997,35(2):95-99.

[172] 谢天培、吴孟超、沈锋、施乐华、刘彦君、王皓、王华菁、钱卫珠、郭亚军. 肝癌细胞膜上转铁蛋白受体和去唾液酸糖蛋白受体数量的变化. 第二军医大学学报,1997,18(1):6-8.

[173] 施乐华、吴孟超、陈汉. 青壮年肝癌患者的临床特点. 肝胆外科杂志,1997,5(1):15-16.

[174] 陈汉、吴孟超、尉公田、林川. 有关肝癌术后复发再治疗的几个问题. 实用肿瘤杂志,1997,12(1):6-7.

[175] 刘扬、张柏和、钱光相、吴孟超、潘文舟、强美玉. 131 碘标记抗人 AFP-R-LCA McAb 对原发性肝癌的放射免疫显像. 第二军医大学学报,1997,18(1):13-16.

[176] 姚晓平、吴孟超、王义、周伟平. 紧贴腔静脉巨大肝脏海绵状血管瘤切除术(附 10 例报告). 中国实用外科杂志,1997,17(3):156-157.

[177] 施乐华、吴孟超、陈汉、田建民、潘文舟、谢弘、王根风. 抗人肝癌单克隆抗体的人体放射免疫定位及治疗. 中华肿瘤杂志,1997,19(2):146-149.

[178] 陈汉、吴孟超. 原发性肝癌手术后复发再治疗方法的选择. 中华医学杂志,1997,77(3):163-164.

[179] 张绍庚、吴孟超、张晓华、陈汉、宗明. 肿瘤坏死因子和足叶乙甙治疗肝癌的临床探讨. 中国普通外科杂志,1997,6(2):65-68.

[180] 钱光相、吴孟超. 胆道大出血的外科治疗. 肝胆外科杂志,1997,5(2):67-69.

[181] 丛文铭、吴孟超、王一、张秀忠、陈汉. 肝脏肿瘤 3160 例临床病理研究. 中华病理学杂志,1997,26(2):70-73.

[182] 杨甲梅、严以群、吴孟超、陈汉、温增庆、徐峰、胡冰. 原发性肝癌行肝切除后肝脏创面的处理(附 628 例报告). 中国实用外科杂志,1997,17

(4):228 - 229.

[183] 刘荣、吴孟超、刘永雄、冯玉泉、周宁新、向昕. 肝细胞生长因子受体在人肝细胞癌中表达的研究. 中华外科杂志,1997,35(5):305 - 306.

[184] 胡冰、周岱云、龚彪、钱光相、陈汉、吴孟超. 内镜胆管引流术治疗 301 例肝门部恶性胆管梗阻的体会. 中华消化内镜杂志,1997,14(3):139 - 142.

[185] 严以群、杨甲梅、谈景旺、徐峰、吴建卫、吴孟超. 无水酒精瘤内注射对降低肝癌切除术后复发的意义. 肝胆胰脾外科杂志,1997,3(2):74 - 75.

[186] 吴孟超、张柏和. 原发性肝癌诊断和治疗进展. 现代临床普通外科,1997,2(2):63 - 67.

[187] 施乐华、沈锋、谢天培、卫立新、陆正华、杨家和、吴孟超、郭亚军. 131 - 碘标记抗人肝癌单抗对荷人肝癌裸鼠的放射免疫显像及体内生物学分布. 中华实验外科杂志,1997,14(4):236 - 237.

[188] 姚晓平、周伟平、王义、吴孟超. 巨大肝脏海绵状血管瘤术中肝门的处理. 肝胆外科杂志,1997,5(4):214 - 217.

[189] 吴孟超、高也陶. 论肝胆外科成为独立医院的基础与条件. 中华医院管理杂志,1997,13(8):453 - 455.

[190] 曲增强、吴孟超、陈汉、钱其军、方石岗. IV 型胶原酶的表达与肝癌侵袭转移的关系. 新消化病学杂志,1997,5(9):575 - 576.

[191] 钱光相、吴孟超. 胆囊癌外科治疗方法的选择. 中国实用外科杂志,1997,17(9):528 - 529.

[192] 钱光相、吴孟超、张永杰、陈汉、张柏和. 腹腔镜胆囊切除并发高位胆管损伤的处理. 肝胆胰外科杂志,1997,9(3):99.

[193] 刘荣、吴孟超. 人肝细胞癌中 nm23 表达的研究. 中华实验外科杂志,1997,14(5):279 - 280.

[194] 王一、丛文铭、张秀忠、李全华、陈汉、吴孟超. 复发性和多结节肝癌细胞克隆来源 P53 基因变异的研究. 临床肿瘤学杂志,1997,2(3):1 - 4.

[195] 吴伯文、吴孟超、张晓华、陈汉、姚晓平、杨甲梅、杨广顺. 肝海绵状血管瘤外科治疗 640 例. 新消化病学杂志,1997,5(10):644.

[196] 温增庆、吴孟超、陈汉、钱光相. 肝细胞癌 p53 基因突变初步研究. 实用肿瘤杂志,1997,13(5):213 - 215.

[197] 杨甲梅、徐峰、吴建卫、吴孟超、陈汉. 巨大肝海绵状血管瘤术后复发再切除. 肝胆外科杂志,1997,5(5):298.

[198] 温增庆、吴孟超、陈汉、钱光相. 突变型 p53 蛋白在肝细胞性肝癌中的表达及临床意义. 中国普通外科杂志,1997,6(6):375 - 376.

[199] 钱其军、吴孟超、曹惠芳、贾随旺、方石岗、曲增强、黄洪莲、郭亚军. 反义 Fas 阻断激活 T 细胞凋亡的研究. 中华血液学杂志,1997,18(12):619 - 622.

[200] 贾随旺、钱其军、姚晓平、曹惠芳、王华菁、吴孟超. 白细胞介素 1β 转换酶基因转导人肝癌细胞株的建立及其生物学特性研究. 中国肿瘤生物治疗杂志,1997,4(4):255 - 258.

[201] 王轩、杨甲梅、殷广福、许正昌、严以群、吴孟超. 大鼠原位肝移植肝上腔静脉不同吻合方式的比较. 新消化病学杂志,1997,5(12):757 - 758.

[202] 罗运权、杨甲梅、吴孟超. 糖尿病增加肝硬变患者原发性肝癌发生的危险性. 新消化病学杂志,1997,5(12):813 - 814.

[203] 张秀忠、丛文铭、王一、张世民、吴孟超. 应用 ABPAS 混合染色液测定肝癌组织中粘蛋白. 细胞与分子免疫学杂志,1997,13(增刊 1):43 - 44.

[204] 杨甲梅、严以群、吴孟超、陈汉、温增庆、徐峰、胡冰. 628 例肝癌肝切除后肝脏创面的处理. 中华外科杂志,1997,35(12):744.

[205] 郭佳、杨甲梅、吴孟超. B 超普通探头引导经皮肝穿刺抽脓治疗细菌性肝脓肿. 肝胆外科杂志,1998,6(2):84 - 85.

[206] 郭佳、杨甲梅、吴孟超. B 型超声普通探头引导经皮肝穿刺无水酒精注射治疗非寄生虫性肝囊肿. 中国超声医学杂志,1998,14(7):35 - 36.

[207] 钱国军、吴孟超、陈汉、姚晓平、杨甲梅、蒋平珍. MEGX 试验预测肝贮

备能力和预后的临床报告(附 46 例分析). 中国实用外科杂志,1998,18(10):617 - 618.

[208] 刘鹏飞、杨甲梅、吴孟超. 胆道恶性肿瘤诊治现状. 肝胆外科杂志,1998,6(4):254 - 255.

[209] 展德廷、丛文铭、张秀忠、姚晓平、周伟平、吴孟超. 胆管癌增殖细胞核抗原和 DNA 倍体特点与临床意义的研究. 中国实用外科杂志,1998,18(7):419 - 420.

[210] 吴孟超. 二十一世纪外科医师的培养. 医学教育,1998,1:4 - 5.

[211] 陆正华、吴孟超、袁国新、沈锋、施乐华、郭亚军. 肝癌局部缓释化疗制剂辅料的筛选. 药物生物技术,1998,5(3):170 - 173.

[212] 罗运权、吴孟超、陈汉. 肝细胞生长因子及其受体基因在大鼠肝脏癌变过程中的表达. 外科理论与实践,1998,3(1):33 - 35.

[213] 王一、丛文铭、张秀中、谭璐、陈汉、吴孟超. 肝细胞腺瘤(附 9 例临床病理特征分析). 实用肿瘤学杂志,1998,12(1):45 - 46.

[214] 王轩、吴孟超、杨甲梅、许正昌、殷广福. 雷抑素对肝移植大鼠肝 Kupffer 细胞的影响. 肝胆外科杂志,1998,6(6):381 - 382.

[215] 黄洪莲、欧阳平、王小宁、钱其军、车小燕、崔贞福、郭亚军、吴孟超. 人肝癌细胞肿瘤抑制基因转染对阿霉素敏感性的影响. 第一军医大学学报,1998,18(3):168 - 171.

[216] 卫立辛、吴孟超、沈锋、谢天培、施乐华、施军霞、崔贞福、钱其军、郭亚军. 应用银染端粒重复序列扩增法检测人肝癌细胞系端粒酶活性的研究. 中国肿瘤临床,1998,25(7):477 - 479.

[217] 李爱军、吴孟超. 原发性肝癌伴肝硬变病人术后腹水的防治. 中国实用外科杂志,1998,18(11):697 - 699.

[218] 罗运权、杨甲梅、吴孟超. 原发性肝癌合并糖尿病病人的围手术期处理. 肝胆外科杂志,1998,6(1):11 - 12.

[219] 沈锋、吴孟超等. 克隆化 γ/δT 细胞对自体肝癌细胞的细胞毒活性及机制研究. 中华实验外科杂志,1998,15(1):5 - 7.

[220] 贺平、贾随旺、吴孟超、李琳芳、郭亚军. 小鼠甘草酸的药代动力学及

其与人血浆蛋白结合率. 中国药理学通报,1998,14(1):89.

[221] 卫立辛、吴孟超、陈汉、沈锋、施乐华、钱其军、贺平、崔贞福、郭亚军. 银染的端粒重复序列扩增法检测人细胞端粒酶活性的研究. 第二军医大学学报,1998,19(1):26 - 28.

[222] 沈锋、丛文铭、吴孟超. 肝硬化结节与肝癌的关系. 中国实验诊断学, 1998,2(2):63 - 65.

[223] 孙经建、吴孟超、陈汉、钱光相. 川芎嗪对缺血再灌注肝钙含量和线粒体功能的影响. 解放军医学杂志,1998,2(2):133 - 134.

[224] 王轩、杨甲梅、严以群、姚晓平、吴孟超. 大鼠原位肝移植不同术式的探讨. 中华器官移植杂志,1998,19(2):76 - 78.

[225] 钱其军、吴孟超、曲增强、方石岗、王华菁、曹惠芳、贾随旺、郭亚军. 人肝癌组织肿瘤浸润淋巴细胞穿孔素、Fas 配体表达的研究. 中华病理学杂志,1998,27(2):99 - 101.

[226] 曹惠芳、钱其军、吴孟超、黄洪莲、王华菁、贾随旺、郭亚军. bcl - 2 基因转染阻断 Fas 介导的 Jurkat 细胞凋亡. 中华血液学杂志,1998,19 (5):244 - 246.

[227] 刘扬、吴孟超、钱光相、张柏和、陈汉、傅继梁、黄长辉. 肝癌术后检测血液 AFP mRNA 及 AFP 的临床意义. 中华普通外科杂志,1998,13 (3):163 - 165.

[228] 康俊升、王霞、吴孟超、丛文铭. 鼠原位肝移植过程中肝损伤与肿瘤坏死因子 α 的关系. 解放军医学杂志,1998,23(3):221 - 222.

[229] 王义、陈汉、吴孟超、杨广顺、张绍庚、卢军华. 累及第二第三肝门巨大肝癌的手术切除. 中华肝胆外科杂志,1998,4(3):131 - 133.

[230] 温增庆、杨甲梅、吴孟超、陈汉、钱光相. 原发性肝细胞癌组织中乙肝病毒整合与 p53 基因突变关系研究. 实用癌症杂志,1998,13(2):95 - 97.

[231] Yang Liu, Bai-He Zhang, Guang-Xiang Qian, Han Chen, Meng-Chao Wu. *Detection of blood AFPmRNA in nude mice bearing human HCC using nested RT - PCR and its significance*. World J

Gastroenterol 1998,4(3):268 - 270.

[232] 黄洪莲、车小燕、王小宁、林来兴妹、崔贞福、郭亚军、吴孟超. 细胞因子处理联合 B7 - 1 基因转染制备有效的肝癌疫苗. 上海免疫学杂志，1998,18(6):340 - 344.

[233] 卫立辛、郭亚军、闫振林、施军霞、沈锋、谢天培、崔贞福、吴孟超. 检测人端粒酶活性的端粒酶 TRAP - ELISA 法的建立. 中华肿瘤杂志，1998,20(4):264 - 266.

[234] 陆正华、吴孟超、袁国新、沈锋、施乐华、郭亚军. FMC SeaKem HGT Agarose 生物学特性的研究. 中国现代应用药学，1998,15(4):9 - 11.

[235] 罗运权、吴孟超、丛文铭. 肝细胞生长因子及其受体基因在人肝癌和癌旁肝组织中的表达. 第二军医大学学报，1998,19(4):316 - 318.

[236] 李波、吴孟超、董秀芬. 无水酒精注射治疗原发性肝癌. 今日应用医学，1998,4(3):4.

[237] 王华菁、钱其军、曹惠芳、卫立辛、曲增强、达万明、郭亚军、吴孟超. 携带绿色荧光蛋白的逆转录病毒载体的构建及其初步应用. 中华医学遗传学杂志，1998,15(4):232 - 234.

[238] 沈锋、吴孟超. 肝癌临床上几个值得注意的问题. 中华肝脏病杂志，1998,6(3):131 - 132.

[239] 刘扬、张柏和、钱光相、陈汉、吴孟超. 肝癌切除手术前后周围静脉血液中 AFPmRNA 的变化及其意义. 中华实验外科杂志，1998,15(5):410 - 411.

[240] 方石岗、钱其军、杨继震、曲增强、吴孟超. 肝脏肿瘤中基质溶解素的表达. 中华外科杂志，1998,36(9):541.

[241] 刘荣、吴孟超、纪文斌、冯玉泉、周宁新. 人肝细胞癌中 CD44 表达的研究. 中华实验外科杂志，1998,15(5):421 - 422.

[242] 管军、姚晓平、吴孟超、沈茜. 微波组织凝固对晚期肝癌患者抗肿瘤免疫力的影响. 中华物理医学杂志，1998,20(3):168 - 170.

[243] 李宝安、王红阳、陈正军、吴孟超. 信号调节蛋白 SIRPα 在肝癌内的表达及意义. 中华肿瘤杂志，1998,20(5):345 - 347.

[244] 吴孟超. 原发性肝癌的诊断和治疗进展. 中华外科杂志, 1998, 36(9): 515 - 518.

[245] 刘鹏飞、吴孟超、陈汉、钱光相. 原发性肝癌血液 CD44v mRNA 检测的临床意义. 中华肝脏病杂志, 1998, 6(3): 141 - 143.

[246] 黄洪莲、王小宁、车小燕、钱其军、崔贞福、郭亚军、吴孟超. 腺病毒 B7 - 1 治疗小鼠肝癌及其免疫机理的初步研究. 细胞与分子免疫学杂志, 1998, 14(3): 161 - 240.

[247] 施乐华、吴孟超等. 单抗 TIGTC - Ⅲ 对裸鼠人肝癌移植瘤的放射免疫显像及导向治疗研究. 中国实验临床免疫学杂志, 1998, 10(2): 1 - 5.

[248] 刘鹏飞、杨甲梅、程红岩、吴孟超. 经股动脉插管化疗后截瘫的诊断及处理(附 2 例报告). 肝胆外科杂志, 1998, 6(5): 304.

[249] 张柏和、刘扬、钱光相、陈汉、吴孟超. 联合检测血 AFPmRNA 及 AFP 判断肝癌切除术后预后的意义. 华人消化杂志, 1998, 6(特刊 7): 125 - 126.

[250] 张绍庚、吴孟超、姚和祥、陈汉、杨甲梅. 穿孔素和颗粒酶 B 基因对大鼠肝移植急性排斥免疫抑制疗效判断的价值. 中华医学杂志, 1998, 78(11): 859 - 861.

[251] 吴孟超. 原发性肝癌的外科治疗进展. 华人消化杂志, 1998, 6(11): 921 - 923.

[252] 刘扬、钱光相、张柏和、陈汉、吴孟超、傅继梁、黄长辉. 伴有肝外远处器官转移的原发性肝癌血液 AFPmRNA 表达情况. 中华肿瘤杂志, 1998, 20(6): 456.

[253] 曹云飞、俞卫锋、吴孟超、陈士明、严小敏. 异丙酚抗氧化性的 ESR 研究. 中华麻醉学杂志, 1998, 18(11): 691 - 694.

[254] 贺平、吴孟超、李琳芳、郭亚军. 甘草酸对小鼠安替比林及醋氨酚代谢的影响. 中国药理学通报, 1998, 14(6): 516 - 519.

[255] 张智坚、吴孟超、贺佳、丛文铭、沈锋、陈汉、杨甲梅、杨广顺、宗明、张柏和. 肝细胞癌临床分期与术后无瘤生存的相关性分析. 第二军医大学学报, 1998, 19(6): 572 - 574.

[256] 刘彦君、王皓、卫立辛、沈锋、谢天培、钱卫珠、刘小萍、周倩、吴孟超、郭亚军. 人肝癌细胞与自体激活 B 淋巴细胞融合制备肿瘤疫苗. 第二军医大学学报,1998,19(6):507－510.

[257] 管军、姚晓平、吴孟超. 微波组织凝固对荷瘤小鼠肿瘤浸润淋巴细胞表型的影响. 中华物理医学杂志,1998,20(4):231－233.

[258] 王皓、王一、丛文铭、张秀忠、陈汉、吴孟超. 40 例原发性肝癌的体外化疗药物敏感试验. 第二军医大学学报,1998,17(6):582－584.

[259] 刘扬、张柏和、钱光相、陈汉、吴孟超. 巢式 RT－PCR 检测荷人肝癌裸鼠周围静脉血液中 AFPmRNA. 中华实验外科杂志,1999,16(1):78－79.

[260] 郭佳、杨甲梅、吴孟超、李波. B 超普通探头引导肝穿刺无水酒精注射治疗肝癌 1500 例. 肝胆外科杂志,1999,7(1):11－12.

[261] 杨家和、钱其军、吴孟超、郭亚军. 白介素 12:重要的免疫调节因子. 世界华人消化杂志,1999,7(1):71－72.

[262] 施乐华、杨家和、崔贞福、吴孟超、潘文舟、孔令山、王明库. 单抗 TIGTC－Ⅲ片段 F(ab′)2 的制备及其放射免疫显像研究. 中国免疫学杂志,1999,15(1):35－36,39.

[263] 周伟平、吴孟超、陈汉、杨甲梅、宗明. 腹腔镜肝脏手术并发症的防治. 腹部外科,1999,12(1):9－11.

[264] 李爱军、吴孟超、钱光相、杨广顺. 原发性肝癌伴胆管癌栓的手术处理七例报告. 中华普通外科杂志,1999,14(1):15－16.

[265] 吴孟超. 原发性肝癌的诊断和治疗进展. 中国肿瘤,1999,8(1):18－20.

[266] 吴孟超、杨广顺、卫立辛、钱其军. 肝癌基因治疗研究. 上海医学,1999,22(1):9－11.

[267] 李爱军、吴孟超、杨广顺、陈汉、沈锋. 肝脏肿瘤切除术中肝后下腔静脉损伤的处理. 中华外科杂志,1999,37(1):14－17.

[268] 孙经建、吴孟超、陈汉、钱光相. 间断性阻断肝血流对线粒体功能的影响及机理探讨. 中华普通外科杂志,1999,14(1):28－30.

[269] 杨广顺、吴孟超、陈汉、杨甲梅、姚晓平、吴伯文. 手术切除治疗原发性肝癌的疗效评价. 上海医学,1999,22(1):19-21.

[270] 杨甲梅、阚彤、陈汉、吴孟超. 特大肝癌的手术切除(附86例报告). 中国实用外科杂志,1999,19(1):43-45.

[271] 康俊升、杨甲梅、吴孟超、丛文铭. 原位肝移植后肿瘤坏死因子α与供肝及肺损伤关系的实验研究. 中华外科杂志,1999,37(1):22-24.

[272] 吴孟超、杨甲梅、陈汉、刘鹏飞、徐峰、吴建卫. 背驮式原位肝移植术治疗Wilson病三例报告. 中华肝胆外科杂志,1999,5(1):6-7.

[273] 贺平、罗明、吴孟超、李琳芳、郭亚军. 苯巴比妥钠对小鼠醋氨酚代谢的影响. 中国药理学通报,1999,15(1):21-23.

[274] 程树群、吴孟超、陈汉、杨广顺、杨甲梅、钱德初. 超声消融术结合化疗对肝癌细胞的杀伤作用研究. 中华肝胆外科杂志,1999,5(1):20-23.

[275] 陆正华、吴孟超、宗明、郭亚军. 肝癌的局部治疗. 临床肝胆病杂志,1999,15(1):24-26.

[276] 杨甲梅、阚彤、陈汉、吴孟超. 肝叶切除治疗特大肝癌. 中华肝胆外科杂志,1999,5(1):50-51.

[277] 刘荣、吴孟超、刘永雄、冯玉泉、周宁新、黄志强. 人肝细胞癌中nm23表达及定位研究. 中华肝胆外科杂志,1999,5(1):35-37.

[278] 周玉坤、丛文铭、钱光相、王一、蔡珍福、丁健民、吴孟超. 一氧化氮合酶在原发性肝癌及癌旁肝硬化组织中的表达及其意义. 中华肝胆外科杂志,1999,5(1):17-19.

[279] 吴建卫、杨广顺、吴孟超. 原发性肝癌自发性破裂的诊断和治疗. 中华肝胆外科杂志,1999,5(1):47-48.

[280] Qi-Jun Qian, Hui-Bin Xue, Zeng-Qiang Qu, Shi-Gang Fang, Hui-Fang Cao, Meng-Chao Wu. *In situ detection of tumor infiltrating lymphocytes expressing perforin and fas ligand genes in human HCC*. World J Gastroenterol, 1999,5(1):12-14.

[281] 周学平、王红阳、杨广顺、陈正军、李宝安、吴孟超. MXR7基因的克隆及其在人正常和肿瘤组织中的表达. 中华实验外科杂志,1999,16

(2):144-146.

[282] 孙经建、吴孟超、陈汉、钱光相、丛文铭、张秀忠. 肝缺血预处理对肝再灌注期间热休克蛋白 70 的表达及肝脏病理改变的影响. 外科理论与实践,1999,4(3):171-172.

[283] 张智坚、杨甲梅、吴孟超. 肝细胞癌根治性切除术标准的探讨. 肝胆外科杂志,1999,7(3):180-182.

[284] 吴伯文、吴孟超、潘泽亚. 紧贴肝门大血管的肝癌切除术. 中国实用外科杂志,1999,19(3):153-155.

[285] 杨家和、钱其军、薛惠斌、曹惠芳、崔贞福、石文芳、卫立辛、杨广顺、吴孟超. 局部注射小鼠白细胞介素 12 逆转录病毒包装细胞对大鼠肝癌的治疗. 中国肿瘤生物治疗杂志,1999,6(1):31-34.

[286] 周学平、王红阳、杨广顺、陈正军、李宝安、吴孟超. 米托蒽醌抗性基因在人肝癌组织中的表达及意义. 中华外科杂志,1999,37(3):171-173.

[287] 刘扬、吴孟超、钱光相、张柏和、陈汉、傅继梁、黄长辉. 血液 AFP mRNA 在复发性肝癌及伴有肝外远处器官转移的原发性肝癌中的诊断意义. 第二军医大学学报,1999,20(3):192-193.

[288] 罗运权、王义、陈汉、吴孟超. 原发性肝癌经肝动脉化疗栓塞后并发胆管损伤的诊治. 肝胆外科杂志,1999,7(3):196-197.

[289] LUO Yun-Quan, WU Meng-Chao, CONG Wen-Ming. *Gene expression of hepatocyte growth factor and its receptor in HCC and nontumorous liver tissues.* World J Gastroenterol,1999,5(2):119-121.

[290] 杨家和、钱其军、薛惠斌、曹惠芳、崔贞福、石文芳、杨广顺、吴孟超. 白细胞介素 12 对肝癌基因治疗的实验研究. 中华外科杂志,1999,37(4):202-204.

[291] 吴孟超、陈汉、杨甲梅、严以群、吴建卫、徐峰、周伟平、俞卫锋. 背驮式原位肝移植术四例报告. 中华器官移植杂志,1999,20(2):68-70.

[292] 程红岩、陈栋、徐爱民、贾雨辰、吴孟超. 肝癌术后复发的血管造影、介

入治疗及原因的探讨. 实用放射学杂志,1999,15(4):197-200.

[293] 晏建军、张柏和、钱光相、吴孟超. 壶腹周围癌合并糖尿病患者的围手术期处理. 肝胆外科杂志,1999,7(4):287-289.

[294] 李宝安、王红阳、陈正军、吴孟超. 信号调节蛋白与肝癌相关性的研究. 中华医学杂志,1999,79(4):268-270.

[295] 徐宪虎、徐峰、范大鹏、吴孟超. 原发性肝癌并发致命性血胸. 肝胆外科杂志,1999,7(4):282-283.

[296] 陈汉、吴孟超、尉公田、林川、顾方乐. 原发性肝癌术后复发再切除162例体会. 肝胆胰外科杂志,1999,11(4):169-171.

[297] 罗明、贺平、吴孟超、李琳芳、郭亚军. 高效毛细管电泳法测定苦参碱和氧化苦参碱. 中草药,1999,30(4):261-263.

[298] 张绍庚、吴孟超、谈景旺、杨甲梅. 穿孔素和颗粒酶B基因对肝移植急性排斥的早期诊断作用. 中华外科杂志,1999,37(5):304-305.

[299] 刘扬、张柏和、钱光相、陈汉、吴孟超. 肝癌细胞血行播散与术后复发或转移的关系. 中华普通外科杂志,1999,14(3):171-172.

[300] 吴伯文、吴孟超、陈汉、姚晓平、杨甲梅、杨广顺、潘泽亚. 肝海绵状血管瘤捆扎术. 中国实用外科杂志,1999,19(5):302-303.

[301] 胡冰、周岱云、龚彪、钱光相、陈汉、吴孟超. 可膨式金属胆道支架解除恶性胆管梗阻的临床应用及其疗效分析. 中华外科杂志,1999,37(5):282-285.

[302] 张智坚、吴孟超、刘崎、贺佳、杨甲梅、丛文铭、沈锋、宗明. 术前肝动脉化疗栓塞对肝细胞癌术后无瘤生存的影响. 中华肿瘤杂志,1999,21(3):214-216.

[303] 孙延富、沈锋、吴孟超、施乐华. 肝癌切除术中门静脉和胆管内癌栓的处理. 中华肝脏病杂志,1999,7(2):71.

[304] 孙经建、吴孟超、陈汉、钱光相. 热休克蛋白70在肝缺血再灌注时的诱导. 中华肝胆外科杂志,1999,5(3):213.

[305] 张宝华、陈汉、姚晓平、谢天培、沈锋、丛文铭、吴孟超. E-选择素及其配体在肝细胞癌中的表达. 中华病理学杂志,1999,28(3):216-217.

[306] 刘胜、吴孟超. 热休克蛋白在肝脏中的表达及保护作用. 肝胆外科杂志,1999,7(6),476-478.

[307] 管军、姚晓平、吴孟超. 微波组织凝固诱导荷瘤宿主的抗肿瘤效应. 中华物理医学与康复杂志,1999,21(2):97-99.

[308] 谈景旺、程俊波、姚和祥、杨甲梅、钱光相、吴孟超. 细胞免疫在异种肝移植免疫排斥反应中作用的研究. 中华肝胆外科杂志,1999,5(3):168-169.

[309] 张智坚、吴孟超、沈锋、贺佳、陈汉、杨广顺、丛文铭、宗明. TNM分期对评价肝细胞癌切除术预后的价值. 中华肿瘤杂志,1999,21(4):293-295.

[310] 谈景旺、王烈、杨甲梅、钱光相、吴孟超. T淋巴细胞在异种鼠肝移植免疫排斥反应中的作用. 中华医学杂志,1999,79(7):549-551.

[311] 谈景旺、张绍庚、钱光相、吴孟超. 仓鼠到大鼠异种肝移植模型的改良. 中国普外基础与临床杂志,1999,6(4):201-205.

[312] 程红岩、陈栋、徐爱民、贾雨辰、吴孟超. 肝癌术后复发原因的探讨. 中华肿瘤杂志,1999,21(4):269-271.

[313] 刘扬、张柏和、钱光相、陈汉、吴孟超. 原发性肝癌经无水酒精瘤内注射治疗后血液 AFP mRNA 变化的研究. 中华普通外科杂志,1999,14(4):277-278.

[314] 孙经建、吴孟超、陈汉、钱光相、王学敏、缪明永. 间断和持续肝缺血再灌注对肝细胞及线粒体结构功能的影响. 第二军医大学学报,1999,20(8):589-590.

[315] 管军、姚晓平、吴孟超. 微波组织凝固对荷瘤小鼠全身细胞免疫力的影响. 中华物理医学与康复杂志,1999,21(3):165-167.

[316] 吴孟超. 我国肝脏外科学研究进展. 中华外科杂志,1999,37(9):518-521.

[317] 谈景旺、姚和祥、钱光相、吴孟超. 异种肝脏的原位移植及体外临床应用. 中华肝脏病杂志,1999,7(3):187-188.

[318] 曲增强、吴孟超、陈汉、方石岗、钱其军、郭亚军. Ⅰ型细胞间粘附分子

mRNA 表达与肝癌侵袭转移的关系. 第二军医大学学报, 1999, 20(10):740 - 742.

[319] 钱国军、吴孟超、陈汉、姚晓平、杨甲梅、蒋平珍、熊源长. MEGX 试验对多脏器功能衰竭的评价. 中国实验诊断学, 1999, 3(5):224 - 225.

[320] 谈景旺、张绍庚、钱光相、吴孟超. 仓鼠到大鼠原位肝移植 38 例. 世界华人消化杂志, 1999, 7(10):904 - 905.

[321] 刁同进、李伟华、吴孟超、姚晓平、杨甲梅、李冬梅、季兵、李风池. 大鼠异种原位肝移植急性排斥反应中一氧化氮合酶细胞定位的意义. 世界华人消化杂志, 1999, 7(10):855 - 860.

[322] 程树群、吴孟超. 结直肠癌肝转移危险因素分析. 中国实用外科杂志, 1999, 19(10):614.

[323] 吴伯文、潘泽亚、李东升、吴孟超. 手术治疗大肠癌肝转移的疗效分析及预后因素探讨. 中国实用外科杂志, 1999, 19(10):601 - 603.

[324] 杨家和、钱其军、薛惠斌、曹惠芳、石文芳、崔贞福、卫立辛、吴孟超. 携带白细胞介素 12 基因逆转录病毒载体包装细胞株体内直接注射治疗肝癌的实验研究. 中华医学杂志, 1999, 79(10):761 - 763.

[325] 吴孟超、沈锋. 肝癌研究的进展. 中华实验外科杂志, 1999, 16(6):481 - 482.

[326] 张智坚、吴孟超、贺佳、陈汉、杨甲梅、杨广顺、沈锋、张柏和、宗明、丛文铭. 临床分期是肝癌术后无瘤生存的重要影响因素. 中华外科杂志, 1999, 37(11):701.

[327] HE Pin, YAN zhen-Lin, WU Meng-Chao, LI Lin-Fang, GUO Ya-Jun. *Chlorpromazine inhibits hepatocyte apoptosis caused by withdrawal of phenobarbital in mice.* 中国药理学报, 1999, 20(11):970 - 974.

[328] 杨甲梅、吴孟超、陈汉、虞紫茜、崔贞福、屠振兴. 人新鲜肝癌细胞体外短期微量培养抗癌药敏试验及其临床意义. 中国肿瘤临床, 1999, 26(11):857 - 858.

[329] 刁同进、姚晓平、尹成才、李冬梅、杨甲梅、吴孟超. 细胞粘附分子 1 在

大鼠原位肝移植冷缺血再灌注损伤中的表达.中华医学杂志,1999,79(11):814－815.

[330] 朱斌、丛文铭、王红阳、姚晓平、江明、吴孟超.原发性肝细胞癌中WAF1/CIP1基因的表达及其临床病理意义.中华实验外科杂志,1999,16(6):487－488.

[331] 汝美华、贺平、李琳芳、吴孟超.3H－TdR法分析小鼠增殖肝提取物活性.标记免疫分析与临床,1999,6(4):211－214.

[332] 朱斌、丛文铭、王红阳、姚晓平、王一、江明、吴孟超.原发性肝细胞癌中WAF1/CIP1基因的表达及其与p53基因突变的关系.中华肝脏病杂志,1999,7(4):217－220.

[333] 刁同进、邓立华、李冬梅、姚晓平、杨甲梅、吴孟超.一氧化氮途径在大鼠肝移植缺血再灌注损伤中的作用.基础医学与临床,2000,20(1):48－51,55.

[334] 程树群、吴孟超、崔贞福、曹惠芳、钱德初.超声消融术治疗肝癌门静脉癌栓的实验研究.中华普通外科杂志,2000,15(1):24－26.

[335] 张智坚、吴孟超、贺佳、陈汉、杨甲梅、杨广顺、丛文铭、张柏和、沈锋、宗明.肝细胞癌术后无瘤生存影响因素的分析.中华医学杂志,2000,80(1):42－43.

[336] 吴孟超.肝脏外科的回顾、现状及展望.中国实用外科杂志,2000,20(1):5－6.

[337] 薛惠斌、钱其军、杨家和、曹惠芳、崔贞福、卫立辛、石文芳、吴孟超.原发性肝癌基因治疗目的基因筛选的初步研究.中华普通外科杂志,2000,15(1):36－38.

[338] 吴伯文、吴孟超、潘泽亚、姚晓平、杨广顺、杨甲梅.肝海绵状血管瘤的外科综合治疗.中国普通外科杂志,2000,9(1):52－54.

[339] Zhou XP, Wang HY, Yang GS, Chen ZJ, Li BA, Wu MC. *Cloning and expression of MXR7 gene in human HCC tissue*. World J Gastroenterol, 2000,6(1):57－60.

[340] 杨广顺、吴孟超、毛平传、董秀芬、于布为.半离体无血肝切除术的实

验研究. 中华肝胆外科杂志,2000,6(1):56 – 57.

[341] 张王海、朱世能、陆世伦、丛文铭、吴孟超. HCV 相关 HCC 中伴随 HBV 感染的意义. 世界华人消化杂志,2000,8(2):175 – 177.

[342] 仇毓东、陈汉、丁义涛、满晓波、吴孟超. β – CD – 14S 抑制血管内皮细胞迁移运动的实验研究. 中华医学杂志,2000,80(2):150 – 151.

[343] 张绍庚、吴孟超、谈景旺、杨甲梅、钱其军. 穿孔素在大鼠肝移植急性排斥的早期表达及意义. 解放军医学杂志,2000,25(1):31 – 33.

[344] 吴孟超、沈锋. 肝癌研究的现状和展望. 国外医学(肿瘤学分册),2000,27(1):17 – 20.

[345] 陈汉、吴孟超. 关于经导管化疗,栓塞(TACE)治疗肝癌的专家评述. 中华肝胆外科杂志,2000,6(1):33 – 35.

[346] 谈景旺、张绍庚、杨甲梅、钱光相、吴孟超. 协调性异种肝移植免疫病理学的实验研究. 第二军医大学学报,2000,21(2):166 – 168.

[347] 王烈、卫立辛、王飞、曹贵松、钱其军、杨广顺、郭亚军、吴孟超. B7 联合 HSV – TK 基因对大鼠乳腺癌的治疗作用. 第二军医大学学报,2000, 21(3):229 – 232.

[348] 仇毓东、陈汉、沈锋、钱卫珠、满晓波、吴孟超. β-环糊精 14 硫酸酯选择性抑制微血管内皮细胞增殖的研究. 中华实验外科杂志,2000,17 (2):165 – 166.

[349] 孙婧璟、吴孟超. 肝癌复发转移的分子机制. 中国实用外科杂志,2000,20(3):176 – 178.

[350] 周伟平、吴孟超、陈汉、姚晓平、杨甲梅、杨广顺. 肝癌切除加免疫化疗对术后复发的影响. 中国实用外科杂志,2000,20(3):140.

[351] 谈景旺、姚和祥、杨甲梅、钱光相、吴孟超. 异种肝移植免疫排斥反应中脾脏的作用. 中华器官移植杂志,2000,21(2):83 – 85.

[352] 罗祥基、殷正丰、吴孟超. 癌基因在肿瘤血管生成中的调节作用. 中国病理生理杂志,2000,16(4):371 – 373.

[353] 谈景旺、张绍庚、钱光相、吴孟超. 仓鼠到大鼠原位肝移植技术的改进. 解放军医学杂志,2000,25(2):155 – 156.

[354] 徐峰、杨甲梅、严以群、陈汉、吴孟超.肝移植术后急性胰腺炎.肝胆外科杂志,2000,8(2):119.

[355] 晏建军、沈锋、吴孟超.内镜下胆总管取石后胆囊切除治疗胆总管继发结石.肝胆外科杂志,2000,8(2):108-109.

[356] 吴孟超、高也陶.谈专科医院的生存与发展.中华医院管理杂志,2000,16(4):244-245.

[357] 吴伯文、潘泽亚、吴孟超、陈汉、李波、郭佳.术中B型超声在肝胆手术中的应用.第二军医大学学报,2000,21(5):438-440.

[358] 周学平、王红阳、杨广顺、陈正军、李宝安、吴孟超.MXR7基因在人肝癌组织中的表达及其临床意义.武警医学,2000,11(6):323-325.

[359] 崔贞福、贺平、吴孟超、李琳芳、郭亚军.高效毛细管电泳法测定利多卡因代谢产物单乙基甘氨酰二甲苯胺.中国现代应用药学,2000,17(3):213-215.

[360] 张宝华、陈汉、姚晓平、丛文铭、吴孟超.E-选择素及其配体sLeX在肝癌转移中的意义.中华外科杂志,2000,38(7):534-536.

[361] 王烈、卫立辛、覃林花、曹贵松、钱其军、郭亚军、吴孟超.HSV-TK、B7联合基因治疗诱发乳腺癌细胞凋亡及增强免疫作用的观察.中华实验外科杂志,2000,17(4):326-327.

[362] 叶玉坤、苏长青、汪栋、GUO Weixing、CHENG Xing、刘菽秋、刘彦君、刘柏林、曹祥荣、单祥年、吴孟超.抑癌基因p16和Rb与肺癌早期诊断的临床实验研究.中华外科杂志,2000,38(7):537-541.

[363] 张卫国、吴孟超、王一、张秀忠、谭璐.肝脏间叶性错构瘤一例.中华病理学杂志,2000,29(4):317.

[364] 吴伯文、潘泽亚、吴孟超.肝癌切除术并发大出血的防治.外科理论与实践,2000,5(4):241-244.

[365] 吴孟超等.肝细胞慈中丙型肝炎病毒的原位检测.世界华人消化杂志,2000,8(8):90.

[366] 徐峰、杨甲梅、严以群、陈汉、吴孟超.肝移植术后肝动脉栓塞的防治.中华肝胆外科杂志,2000,6(4):285-286.

[367] 丛文铭、吴孟超、谭璐、王一、杨甲梅. 肝脏移植三例. 中华病理学杂志,2000,29(4):315-317.

[368] 罗明、贺平、吴孟超、李琳芳、郭亚军. 苦参碱和氧化苦参碱对二乙基亚硝胺诱发大鼠肝癌作用的影响. 中国药理学通报,2000,16(4):416-417.

[369] 吴孟超. 人类对医学的再认识. 出版广角,2000.

[370] 刘鹏飞、杨甲梅、吴孟超. 原发性肝癌自发破裂出血的处理. 医学新知杂志,2000,10(4):217-218.

[371] 杨业发、吴孟超、陈汉、杨广顺、郁庆明. PCR 辅助转录滴定系统定量检测 AFP mRNA 方法的建立. 第二军医大学学报,2000,21(9):880-883.

[372] 周伟平、姚晓平、杨甲梅、吴孟超. 肝尾叶肝癌 28 例的手术切除体会. 中华普通外科杂志,2000,15(9):530-532.

[373] 陈汉、吴孟超、王义、尉公田、罗运权、林川. 累及第 2 肝门区巨大肝癌 55 例手术切除体会. 中华普通外科杂志,2000,15(9):524-526.

[374] 赵新、丛文铭、王一、谭璐、张秀忠、吴孟超. E-钙粘蛋白在人肝细胞癌组织中的表达及癌细胞 DNA 含量与肝癌侵袭的关系. 中华普通外科杂志,2000,15(10):600-602.

[375] 汤朝晖、宗明、盛月红、吴孟超. 老年人腹腔镜胆囊切除术的围手术期处理. 肝胆外科杂志,2000,8(5):337-338.

[376] 吴伯文、潘泽亚、吴孟超. 晚期肝癌的多模式综合治疗. 中国实用外科杂志,2000,20(10):595-598.

[377] 林川、陈汉、吴孟超、杨广顺、胡世杰、戴建新. 肿瘤转移基因 MTA1 的分子克隆及其在肝癌组织中表达的初步研究. 中华普通外科杂志,2000,15(10):634.

[378] 吴东、沈锋、娄永华、焦炳华、吴孟超. THANK 基因的克隆和序列分析. 免疫学杂志,2000,16(6):432-435.

[379] 王烈、卫立辛、王瑜、邹忠东、王飞、郭亚军、吴孟超. 单纯疱疹病毒胸苷激酶和 B 细胞活化抗原联合基因治疗乳腺癌. 中华实验外科杂志,

2000,17(6):528 - 530.

[380] 吴孟超.我国肝脏外科学研究回顾.世界华人消化杂志,2000,8(11):
1201 - 1204.

[381] 刘扬、张柏和、姜小清、张永杰、钱光相、陈汉、吴孟超.肝门部胆管癌
的外科治疗 57 例报道.肝胆胰外科杂志,2000,12(4):204 - 206.

[382] Meng Chao Wu and Feng Shen. *Progress in research of liver
surgery in China*. World J Gastroenterol, 2000,6(6):773 - 776.

[383] 杨甲梅、张智坚、吴孟超.肝癌肝切除术的围手术期治疗.肝胆外科杂
志,2000,8(6):405 - 406.

[384] 潘泽亚、吴伯文、吴孟超.肝门区肿瘤手术并发症的防治.肝胆外科杂
志,2000,8(6):410 - 412.

[385] 罗明、贺平、吴孟超、崔贞福、李琳芳、郭亚军.苦参碱和氧化苦参碱对
二乙基亚硝胺诱发大鼠肝癌的预防阻断作用.肿瘤防治杂志,2000,7
(6):561 - 563.

[386] 王烈、卫立辛、陈红、王瑜、邹忠东、姚和祥、郭亚军、吴孟超.双基因导
入在大鼠乳腺癌细胞内的共表达.福州总医院学报,2000,7(4):23 - 25.

[387] 张永杰、钱光相、张柏和、杨广顺、姜小清、吴孟超.先天性胆管囊肿多
次手术 45 例分析.中华肝胆外科杂志,2000,6(6):409 - 412.

[388] 杨广顺、秦建伟、卢军华、吴孟超.严重多囊肝的外科处理.中华肝胆
外科杂志,2000,6(6):418 - 420.

[389] 刁同进、李又林、赵晓东、李冬梅、姚晓平、杨甲梅、吴孟超.一氧化氮
在大鼠异种肝移植急性排异中的作用及其黄递酶组化研究.肝胆胰
外科杂志,2000,12(4):193 - 197.

[390] 叶玉坤、苏长青、汪栋、GUO Weixing、CHENG Xing、LIU Shuqiu、
刘彦君、刘柏林、曹祥荣、单祥年、吴孟超. *Relations of tumor
suppressor gene p16 and RB to early diagnosis of lung cancer*. 中华
外科杂志,2000,38(12):885 - 889.

[391] 林川、陈汉、吴孟超、杨广顺、戴建新、胡世杰.肿瘤转移基因 MTA1 在
原发性肝癌中的表达及其临床意义.中华外科杂志,2000,38(12):

915－917.

[392] 孙婧璟、吴孟超、沈锋、王义.原发性肝癌合并胆道癌栓的诊断.中华肝胆外科杂志,2001,7(1):9－12.

[393] 周伟平、吴孟超、陈汉、姚晓平、杨甲梅、杨广顺、吴伯文.肝尾叶肿瘤的手术切除.中华肝胆外科杂志,2001,7(1):43－44.

[394] 王一、吴孟超、吴伟清、冼志红、张秀忠、丛文铭.肝母细胞瘤临床病理特征与细胞增殖活性的研究.肿瘤,2001,21(1):73－74.

[395] 温增庆、吴孟超、杨甲梅、郭佳、陈汉.肝癌门静脉癌栓非手术治疗的临床效果.中国医师杂志,2001,3(1):20－21.

[396] 张柏和、刘杨、陈汉、吴孟超.肝癌致阻塞性黄疸21例的原因和外科治疗.中华普通外科杂志,2001,16(1):53.

[397] 严以群、晏建军、杨甲梅、徐峰、吴孟超.合并肝硬化的大肝癌切除时肝血供阻断的选择.中国实用外科杂志,2001,21(1):45－47.

[398] 吴伯文、潘泽亚、吴孟超.紧贴肝门大血管的肝癌手术并发症的防治.中华肝胆外科杂志,2001,7(1):4－6.

[399] 陈汉、尉公田、林川、吴孟超.内分泌性肝肿瘤.中华普通外科杂志,2001,15(1):59－61.

[400] 吴孟超、陈汉、沈锋.原发性肝癌的外科治疗——附5524例报告.中华外科杂志,2001,39(1):25－28.

[401] 凌昌全、陈喆、朱德增、俞超芹、黄雪强、翟笑枫、万旭英、李瑾、陈坚、沈峰、杨广顺、吴孟超.中西医结合治疗中晚期原发性肝癌313例.世界华人消化杂志,2001,9(1):114－115.

[402] 杨家和、钱其军、王中秋、刘崎、仇毓东、尤天庚、曲增强、沈锋、吴孟超.大鼠肝癌MRI、DSA与病理对照研究.中国医学影像学杂志,2001,9(2):125－127.

[403] 刘扬、吴孟超、钱光相、张柏和、陈汉、傅继梁、黄长辉.联合治疗复发性肝癌血液循环性肝癌细胞的变化及意义.中华肝脏病杂志,2001,9(1):40－41.

[404] 温增庆、吴孟超、杨甲梅、杨广顺、陈汉.手术切除巨大肝癌36例.世界

华人消化杂志,2001,9(1):241-242.

[405] 李爱军、吴孟超、杨广顺、陈汉. 外侵性肝癌扩大切除术的术式探讨. 外科理论与实践,2001,6(2):103-105.

[406] 温增庆、杨甲梅、吴孟超、陈汉. 原发性肝癌上消化道大出血的治疗 (附 28 例报告). 医学新知杂志,2001,11(2):96-99.

[407] 胡冰、周岱云、龚彪、王书智、杨广顺、吴孟超. 1215 例次恶性胆管梗阻 内镜治疗的体会. 中华外科杂志,2001,39(3):195-198.

[408] 丁光辉、王红阳、陈汉、吴孟超. GPC3 mRNA 在甲胎蛋白阴性肝癌中 的表达及其意义. 中华实验外科杂志,2001,18(2):112-113.

[409] 易滨、张柏和、吴孟超、张永杰. Mirizzi 综合征 15 例的术前诊断分析. 中华普通外科杂志,2001,16(3):147-149.

[410] 赵新、丛文铭、谭璐、王一、吴孟超. MMP-2 和 TIMP-2 在肝癌中的 表达及其意义. 临床肿瘤学杂志,2001,6(1):9-12.

[411] 赵新、丛文铭、谭璐、吴孟超. nm23-H1 基因和增殖细胞核抗原在肝 癌组织中的表达及其与癌细胞 DNA 含量的关系. 中华实验外科杂 志,2001,18(2):117-119.

[412] 刘扬、张柏和、陈汉、钱光相、吴孟超. 巢式 RT-PCR 定量检测肝癌、 癌旁组织及正常肝组织内 AFPmRNA. 肝胆胰外科杂志,2001,13 (1):6-7.

[413] 王征旭、王红阳、陈正军、曾锦章、洪毅、吴孟超. 肝癌相关基因 HCCA2 的克隆及其与肝癌的相关性研究. 中华医学杂志,2001,81 (6):332-335.

[414] 曾锦章、洪毅、王红阳、王征旭、陈正军、吴孟超. 核糖体蛋白 L26 基因 的克隆及其在肝癌中的表达. 中华实验外科杂志,2001,18(2):108- 109.

[415] 温增庆、吴孟超、杨甲梅、杨广顺、陈汉. 巨大肝癌手术切除治疗的临 床疗效. 实用癌症杂志,2001,16(2):189-190.

[416] 温增庆、杨甲梅、吴孟超、陈汉. 门静脉穿刺置管的临床应用. 中国普 通外科杂志,2001,10(2):189-190.

［417］王征旭、王红阳、吴孟超. 一个新的人类肝癌相关基因的克隆和表达. 中华外科杂志,2001,39(3):185 - 187.

［418］丛文铭、吴孟超、陈汉. 肝内胆管癌多基因变异表型分析. 中华医学杂志,2001,81(5):271 - 273.

［419］曾锦章、王红阳、万兴旺、邱秀华、陈正军、吴孟超. HCCA1 在原发性肝癌中的表达及其意义. 中华医学杂志,2001,81(8):459 - 461.

［420］李爱军、吴孟超、程红岩、陈栋、徐爱民. 脾动脉栓塞治疗肝癌伴肝硬化脾功能亢进 20 例体会. 中华普通外科杂志,2001,16(4):199 - 200.

［421］罗运权、王义、陈汉、吴孟超. 术前肝动脉化疗栓塞对可切除肝癌患者术后生存率的影响. 世界华人消化杂志,2001,9(4):468 - 469.

［422］吴东、沈锋、娄永华、焦炳华、吴孟超. 诱导活化的外周血单个核细胞 THANK 表达的初步研究. 细胞与分子免疫学杂志,2001,17(4):304 - 306.

［423］阚彤、杨甲梅、严以群、陈汉、吴孟超. 前列腺素 E1 对移植肝的保护作用. 中华器官移植杂志,2001,22(3):174 - 175.

［424］周伟平、姚晓平、王义、吴孟超. 手术切除累及尾状叶的肝血管瘤 22 例. 界华人消化杂志,2001,9(5):599 - 600.

［425］罗运权、王义、陈汉、吴孟超. 术前选择性经肝动脉化疗栓塞对肝癌患者手术治疗效果的影响. 第二军医大学学报,2001,22(5):475 - 477.

［426］丛文铭、Sydney D. Finkelstein、吴孟超. 胆管癌基因变异与临床病理学特征的关系. 中华病理学杂志,2001,30(3):183 - 187.

［427］吴孟超、陈汉、沈锋. *Surgical treatment of primary liver cancer: report of 5524 patients.* 中华外科杂志,2001,39(6):417 - 421.

［428］钱其军、刘新垣、吴孟超. 肿瘤的基因-病毒治疗的研究热点. 中国肿瘤生物治疗杂志,2001,8(2):77 - 79.

［429］薛惠斌、钱其军、俞卫峰、曹惠芳、崔贞福、卫立辛、石文芳、吴孟超. 白细胞介素 12 融合基因联合白细胞介素 2 对肝癌的基因治疗. 中华肝胆外科杂志,2001,7(7):390.

［430］张智坚、吴孟超、陈汉、陈夷、郭佳. 经皮肝穿刺射频热凝治疗肝癌. 第

二军医大学学报,2001,22(7):669-671.

[431] 罗明、贺平、吴孟超、卫立辛、李琳芳、郭亚军. 苦参碱对二乙基亚硝胺诱发大鼠肝癌的预防作用. 肿瘤,2001,21(4):239-241.

[432] 晏建军、严以群、吴孟超. 拉米夫定在肝移植中的应用. 中华肝脏病杂志,2001,9(增刊):122-123.

[433] 吴东、沈锋、娄永华、彭敏、焦炳华、吴孟超. 人 THANK cDNA 的克隆及其在大肠杆菌中表达. 中华微生物学和免疫学杂志,2001,21(4):460-464.

[434] 晏建军、沈锋、王葵、吴孟超. 褪黑素对中晚期肝癌介入治疗的保护作用. 中华肝脏病杂志,2001,9(增刊):11-14.

[435] 吴孟超. 重视中西医结合治疗肝癌的研究. 第二军医大学学报,2001,22(7):601-602.

[436] 郭佳、杨甲梅、吴孟超、陈汉、李波. 超声介入无水酒精瘤内注射治疗肝癌的意义(附 2000 例报告). 中国实用外科杂志,2001,21(8):494-495.

[437] 殷正丰、崔贞福、康晓燕、吴宗娣、陈汉、吴孟超. 异常凝血酶原酶免疫测定法作为肝癌标志物的研究. 中华肝胆外科杂志,2001,7(8):503-504.

[438] 赵新、丛文铭、吴孟超、谭璐、王一. E-钙粘蛋白和 CD44v6 在肝癌组织中的表达与肝癌浸润侵袭性关系的研究. 中华实验外科杂志,2001,18(5):424-425.

[439] 卫立辛、吴孟超. 肿瘤生物治疗研究现状与发展趋势. 中国实用外科杂志,2001,21(9):559-561.

[440] 张智坚、吴孟超、陈汉、陈夷、郭佳. 经皮肝穿刺射频热凝治疗肝脏恶性肿瘤. 中华外科杂志,2001,39(10):749-752.

[441] 陈夷、吴孟超、涂来慧、蒋建明、谢企良、张仁琴. 微波经皮穿刺热凝胸腺瘤治疗重症肌无力疗效观察. 中华理疗杂志,2001,24(5):265-266.

[442] 孙婧壕、吴孟超、沈锋、郭亚军、钱其军、卫立辛、贺平、阎振林、崔贞

福、薛会斌、曹惠芳. 经不同途径应用 NK－NKG5－SV 细胞防治肝细胞肝癌的研究. 中华肝胆外科杂志,2001,7(11):686－688.

[443] 周伟平、吴孟超、陈汉、姚晓平、杨甲梅. 肝癌切除加免疫化疗对术后复发的影响. 肝胆外科杂志,2001,9(6):414－416.

[444] 吴孟超. 原发性肝癌治疗的进展及展望. 第二军医大学学报,2002,23(1):1－4.

[445] 吴孟超. 努力提高肝癌外科治疗疗效. 中国肿瘤,2002,11(1):5－6.

[446] 吴孟超、陈汉、陈夷、钱国军. 消融疗法在肝癌治疗中的作用. 中国微创外科杂志,2002.

[447] 吴孟超. 原发性肝癌治疗的进展. 中华医学信息导报,2002,1:10－11.

[448] 吴孟超、陈汉、沈锋、程树群. 肝癌治疗的微创观念. 解放军医学杂志,2002,27(2):101－103.

[449] 吴孟超. 如何提高肝癌手术疗效. 抗癌,2002,2:11－12.

[450] 吴孟超、程树群. 原发性肝癌外科治疗中应注意的问题. 中华肝胆外科杂志,2002,8(3):131－133.

[451] 吴孟超、陈汉、沈锋、程树群. 微创在肝癌外科治疗中的地位. 中国微创外科杂志,2002,2(2):69－70.

[452] Jin-Zhang Zeng1, Hong-Yang Wang, Zheng-Jun Chen, Axel Ullrich, Meng-Chao Wu. *Molecular cloning and characterization of a novel gene which is highly expressed in hepatocellular carcinoma*. Oncogene, 2002,21(32):4932－4943.

[453] 吴孟超、张智坚. 肝切除手术的并发症及防治. 中华外科杂志,2002,40(5):332－335.

[454] 吴孟超. 21 世纪的肝癌微创化治疗. 华夏医药,2002,6:1－3.

[455] 段珊、郭志明、杨甲梅. 628 例肝癌肝切除后肝脏创面的处理. 中国热带医学,2002,2(2):171.

[456] 吴孟超、高也陶. 临床医学与人文素质. 医学与哲学,2002,23(9):1－4.

[457] 吴孟超. 中西医结合治肝癌,相得益彰. 抗癌,2003,2:17－18.

[458] 吴孟超. 原发性肝癌治疗经验谈. 华夏医药, 2003, 2:1 - 4.

[459] 吴孟超. 肝癌外科临床诊治中应重视的几个问题. 第二军医大学学报, 2003, 24(4):349 - 350.

[460] 吴孟超. 肝癌外科的诊治经验. 中华肝胆外科杂志, 2003, 9(6):321 - 322.

[461] 吴孟超. 中医药在肝癌防治中的作用、地位和存在的问题. 中西医结合学报, 2003, 1(3):163 - 164.

[462] 吴孟超. 原发性肝癌伴门静脉癌栓的外科治疗. 中华医学杂志, 2004, 84(1):1 - 2.

[463] 吴孟超. 原发性肝癌外科综合治疗的现状和展望. 中华外科杂志, 2004, 42(1):13 - 15.

[464] 吴孟超. 自然与人的两重相择关系——天人交变的思考之一. 南京政治学院学报, 2004, 20(4):58 - 60.

[465] Xiaoyong Fu, Lu Tan, Shuqin Liu, Honghai Li, Lei Chen, Jianmin Qin, Mengchao Wu, Hongyang Wang. *A novel diagnostic marker, p28GANK distinguishes hepatocellular carcinoma from potential mimics*. J Cancer Res Clin Oncol, 2004, 130(9):514 - 520.

[466] 张柏和、吴孟超. 发性肝癌的外科治疗进展. 现代消化及介入诊疗, 2004, 9(3):165 - 167.

[467] Qi Zhang, Mingming Nie, Jonathan Sham, Changqing Su, Huibin Xue, Danie Chua, Weiguo Wang, Zhenfu Cui, Yongjing Liu, Chen Liu, Minghong Jiang, Guoen Fang, Xinyuan Liu, Mengchao Wu, Qijun Qian. *Effective Gene-Viral Therapy for Telomerase-Positive Cancers by Selective Replicative-Competent Adenovirus Combining with Endostatin Gene*. CANCER RESEARCH, 64:5390 - 5397.

[468] He-Xin Yan, Hong-Yang Wang, Rui Zhang, Lei Chen, Bao-An Li, Shu-Qin Liu, Hui-Fang Cao, Xiu-Hua Qiu, Yun-Feng Shan, Zhong-Hua Yan, Hong-Ping Wu, Ye-Xiong Tan, Meng-Chao Wu.

Negative Regulation of Hepatocellular Carcinoma Cell Growth by Signal Regulatory Proteina1. HEPATOLOGY, 2004,40(3):618 – 628.

[469] 杨业发、陈汉、吴孟超. 肝海绵状血管瘤的诊断与治疗. 腹部外科, 2004,17(5):317 – 318.

[470] 吴孟超. 医学泰斗　人寿德馨——祝贺裘法祖院士从医六十五周年. 华中科技大学学报,2004,33(6):3 – 4.

[471] 吴孟超. 重塑社会与人的文明理念——天人交变的思考之二. 南京政治学院学报,2005,21(1):35 – 41.

[472] 吴孟超、吴东. 原发性肝癌的外科治疗进展. 临床外科杂志,2005,13(1):4 – 7.

[473] Gencong Li, Jonathan Sham, Jiamei Yang, Changqing Su, Huibin Xue, Daniel Chua, Lichen Sun1, Qi Zhang, Zhenfu Cui, Mengchao Wu1, Qijun Qian. *Potent antitumor efficacy of an E1B 55kDa-deficient adenovirus carrying murine endostatin in hepatocellular carcinoma*. Int. J. Cancer, 2005,113:640 – 648.

[474] 吴孟超、程树群. 癌微创外科治疗的现状和展望. 中国微创外科杂志, 2005,5(2):85 – 87.

[475] 吴孟超. 我校肝胆外科的发展和体会. 第二军医大学学报,2005,26(2):117 – 119.

[476] 吴孟超、沈锋、吴东. 原发性肝癌的外科治疗. 中华肝胆外科杂志, 2005,11(2):75 – 77.

[477] 吴孟超、吴东. 原发性肝癌综合治疗的现状与展望. 癌症进展杂志, 2005,3(5):410 – 412,422.

[478] 吴孟超. 研究生培养应注意的几个问题. 中国研究生,2006:4 – 5.

[479] 吴孟超. 肝癌外科综合治疗的现状和前景. 中华肝胆外科杂志,2006, 12(1):1 – 4.

[480] 吴孟超. 肝癌外科治疗的近期进展. 中国普外基础与临床杂志,2006, 13(2):125 – 128.

[481] 吴孟超.自主创新的助力.中国科学基金,2006,3:143 - 144.

[482] 吴孟超.为医重任德　重德贵创新.中国医学伦理学,2006,19(2):3 - 5.

[483] 吴孟超、吴东.原发性肝癌诊断及治疗进展.华夏医药,2006,4:251 - 255.

[484] 吴孟超.把握健康——最重要的是你自己.大众医学杂志,2006,5:1.

[485] 吴孟超.重视消化内镜技术在胆道疾病中的诊疗作用.中国微创外科杂志,2007,7(2):81 - 82.

[486] 吴孟超.应重视小肝癌的诊断与治疗.中华医学杂志,2007,87(30):2089 - 2091.

[487] 吴孟超.瞄准前沿　矢志创新　推动研究型专科医院建设.解放军医院管理杂志,2007,14(9):677 - 679.

[488] 吴孟超、吴东.肝癌治疗观念的转变.华夏医药,2008,2:73 - 74,76.

[489] 吴孟超.原发性肝癌的诊断及治疗进展.中国医学科学院学报,2008,30(4):363 - 365.

[490] 吴孟超、周伟平、刘辉.肝细胞癌早期诊断与治疗对策新进展.传染病信息,2009,22(2):65 - 68.

[491] 吴孟超.原发性肝癌外科治疗及进展.华夏医药,2009,6:413 - 418.

[492] 吴孟超.原发性肝癌外科治疗的若干问题.中华普外科手术学杂志,2009,3(4):1 - 3.

[493] 吴孟超."三人小组"到"三甲医院".解放军医院管理杂志,2010,17(2):101 - 103.

[494] 吴孟超.我国肝切除技术发展的现状和展望.中华外科杂志,2010,48(3):161 - 162.

[495] 吴孟超、沈锋、傅晓辉.中国肝脏外科的发展之路.中华实验外科杂志,2010,27(12):1765 - 1766.

[496] 曹雪涛、吴孟超.对加速发展我国医学生物高技术产业化的建议.生物技术与新药,13 - 15,10.

[497] 曹雪涛、吴孟超.生物高技术研究的现状和展望.生物技术与新药,6 - 8,11.

附录三
部分重要采集成果目录

序号	资料名称	资料类型	资料载体	资料简况	资料出处
1	给国务院学位委员会第一届学科评议组成员的感谢信	书信类	数字化	1985年给吴孟超担任国务院学位委员会第一届学科评议组成员的感谢信	第二军医大学
2	给同济医科大学裘法祖教授的信	书信类	数字化	1987年对未能参加肝外科学习班表示歉意	第二军医大学
3	吴孟超给总后首长的信	书信类	数字化	1989年提出新建一幢研究用房的请示	第二军医大学
4	印尼华侨患者林维万的感谢信	书信类	数字化	印尼华侨患者林维万对于治愈疾病的感谢信	第二军医大学
5	裘法祖给东方肝胆外科医院成立10周年的贺信	书信类	数字化	裘法祖给东方肝胆外科医院成立10周年的贺信	第二军医大学
6	肝切除术治疗原发性肝癌	手稿类	数字化	1984年在青岛医学会卫生系统的讲稿:肝切除术治疗原发性肝癌	第二军医大学
7	参加西德海德堡举行"中德恶性肿瘤学术讨论会"小结	手稿类	数字化	1985年参加西德海德堡举行"中德恶性肿瘤学术讨论会"小结	第二军医大学
8	吴孟超为采集工程题词	手稿类	实物原件	采集工程,益国益民	吴孟超本人提供
9	吴孟超题词	手稿类	实物原件	梳理学术传承脉络 造福科学后继人才	吴孟超本人提供
10	吴孟超对《肝胆相照》写作内容提出的意见	手稿类	实物原件	吴孟超对《肝胆相照》写作内容提出的意见	吴孟超本人提供

序号	资料名称	资料类型	资料载体	资料简况	资料出处
11	北婆罗州薩拉瓦国第二省诗诬坡中华商会证明书	档案类	数字化	1940年吴孟超回国升学证明	第二军医大学
12	上海市第八届人民代表大会代表候选人第六届政治协商会议委员推荐表	档案类	数字化	1983年上海市第八届人民代表大会代表候选人第六届政治协商会议委员推荐表(吴孟超)	第二军医大学
13	授予吴孟超同志为全国优秀归侨、侨眷知识分子	档案类	数字化	1989年国务院侨务办公室、中华全国归国华侨联合会授予吴孟超同志为全国优秀归侨、侨眷知识分子	第二军医大学
14	建议推荐吴孟超等三人为中科院学部委员候选人	档案类	数字化	1991年建议推荐吴孟超等三人为中科院学部委员候选人	第二军医大学
15	授予吴孟超同志"模范医学专家"荣誉称号	档案类	数字化	1996年中央军事委员会授予吴孟超同志"模范医学专家"荣誉称号	第二军医大学
16	中学时期的吴孟超	照片类	数字化	1940年吴孟超与几位要好同学决定回国参加抗战,这是当时吴孟超的护照照片	第二军医大学
17	吴孟超、张晓华、胡宏楷组成的"三人小组"精心攻关	照片类	数字化	1958年,吴孟超与张晓华和胡宏楷组成了向肝胆外科攻坚的"三人研究小组",确立了从肝脏解剖入手,向肝胆外科的高地进发	第二军医大学
18	吴孟超完成了第一例成功的肝脏手术	照片类	数字化	1960年3月,作为主刀,与外科主任郑宝琦、张晓华、胡宏楷共同配合,为一位中年妇女成功切除了长在右肝叶上拳头般大小的恶性肿瘤	第二军医大学
19	因吴孟超闯过了中肝叶禁区,总后勤部给他荣记一等功,图为吴孟超在庆功大会上发言	照片类	数字化	1963年底,因吴孟超闯过了中肝叶禁区,总后勤部给他荣记一等功	第二军医大学
20	陆本海与救命恩人吴孟超合影	照片类	数字化	1975年2月8日,在同事张晓华等大力协调下,经过12小时的手术,成功为安徽农民陆本海切除了特大海绵状血管瘤。图为康复后的陆本海与吴孟超合影	第二军医大学
21	临时毕业证明书	证书类	数字化	吴孟超26岁从国立同济大学医学院毕业证书	第二军医大学

（续表）

序号	资料名称	资料类型	资料载体	资料简况	资料出处
22	国务院学位委员会(医学)学科评议组成员聘书	证书类	数字化	1983年,吴孟超被聘为国务院学位委员会(医学)学科评议组成员。	第二军医大学
23	国家科技进步奖获奖者证书	证书类	数字化	1985年,吴孟超获国家科技进步奖一等奖	第二军医大学
24	当选中国科学院院士证书	证书类	数字化	1991年,吴孟超当选中国科学院院士	第二军医大学
25	"模范医学专家"荣誉称号奖状	证书类	数字化	1996年军委主席江泽民批准,授予吴孟超"模范医学专家"荣誉称号	第二军医大学
26	向肝脏外科进军	视频类	数字化	1966年探索肝胆领域早期的"三人小组"纪录片	第二军医大学
27	中央军委授予吴孟超荣誉称号命名大会	视频类	数字化	1996年吴孟超获得"模范医学专家"荣誉称号的影像资料	第二军医大学
28	他在禁区攀登	视频类	数字化	介绍吴孟超在肝胆领域的先进事迹	第二军医大学
29	冲破禁区的人	视频类	数字化	介绍吴孟超童年及肝胆领域的先进事迹	第二军医大学
30	捐献武器运动正式收据	其他类	数字化	1951年吴孟超抗美援朝捐赠证明	第二军医大学
31	吴孟超东方肝胆外科医院白大褂	其他类	实物原件	吴孟超东方肝胆外科医院白大褂	东方肝胆外科医院
32	吴孟超东方肝胆外科医院工作证	其他类	实物原件	吴孟超东方肝胆外科医院工作证	东方肝胆外科医院
33	东方肝胆医院吴孟超用手术刀	其他类	实物原件	东方肝胆医院吴孟超用手术刀	东方肝胆外科医院

参考文献

［1］ 叶维法等主编:肝病治疗学,天津科学技术出版社,1993年。

［2］ 中国科学院学部联合办公室编:中国科学院院士自述,上海教育出版社,1995年。

［3］ 中国工程院版:中国科学技术前沿,上海教育出版社,1998年。

［4］ 黄志强等主编:外科手术学,人民卫生出版社,1998年。

［5］ 汤钊猷:名家讲演录:诱人的治癌之道,上海科技教育出版社,1999年。

［6］ 裘法祖等主编:腹部外科临床解剖学,山东科学技术出版社,2001年。

［7］ 中国科学院院士工作局:科学的道路,上海教育出版社,2005年。

［8］ 裘法祖与吴孟超:师生改变中国外科医学历史,中央电视台《大家》,2005年5月8日。

［9］ 江鸿波:烽火同济——在李庄的日子里,同济大学出版社,2007年。

［10］ 张鹏:吴孟超画传,上海人民出版社,2007年。

［11］ 方鸿辉:肝胆相照,中华读书报,2008年11月19日。

［12］ 桑逢康:游刃肝胆写春秋——吴孟超,新华出版社,2008年。

［13］ 汪建强:吴孟超传,江苏人民出版社,2009年。

［14］ 方正怡,方鸿辉:院士怎样做人与做事,上海教育出版社,2011年。

［15］ 方鸿辉:肝胆相照——吴孟超院士的人生选择与事业追求,自然杂志,2012年第1期。

［16］ 王宏甲,刘标玖:吴孟超传,华文出版社,2012年。

作者简介

方鸿辉,上海世纪出版股份有限公司上海教育出版社编审(二级教授)。1949 年生于上海,原籍浙江慈溪。作为老科学家吴孟超学术资料采集小组成员,主要负责对吴孟超院士及其周围人员的访谈、录音、摄影、访谈资料的整理和本研究报告的撰写。长期从事教育理论及科学传播的研究与实践,发表近百篇(本)相关著述,诸如《中学物理教育法》、《论选题创新》、《数字出版大趋势》、《倡导保护文化生态的本土化原创性科普》、《科普编辑实务》等,其中《寻找》、《还原一个名字》等 6 篇文章曾被收入《新华文摘》。所创作的科普作品和教材,诸如《LOGO 语言入门》(1984)、《微电脑 BASIC 语言 趣味程序》(1984)、《创造性物理实验》(1999)、《牛津物理教材(汉译)》(2001)、《新英汉学科词汇(五本)》(2003)、《科学人生》(2006)、《科学梦与成才路》(2008)、《新物理教程·电磁学》(2009)、《院士怎样做人与做事》(2011)等,均广受读者好评。从事编辑工作后,所策划和责编的图书先后获得 30 多项国家及省部级奖,包括参编的《教育大辞典》获中国图书奖、《中国科学院院士自述》获中宣部"五个一工程"奖、《科学的道路》获 2006 年度上海市科学技术进步奖二等奖(第一完成人)等。20 世纪 90 年代初,倡导对老科学家的抢救性实录,并开创了人物传记的自述之路,成功策划了"名人自述"传记系列丛书,其中包括《中国科学院院士自述》和《中国工程院院士自述》等。大力倡导并努力践行科普作品的本土化和原创性,所编辑的"科苑撷英"丛书取得了良好的双效益。相继获得上海市优秀科普编辑、上海首届优秀中青年编辑(八位之一)、上海优秀科普作家、上海新闻出版系统先进工作者、大众科学奖等荣誉。2007 年还被中国科普作家协会表彰为"在科普编创工作方面有突出贡献的科普作家"。目前兼任上海科普作家协会副理事长、中国科普作家协会以及科学与艺术学会的理事。还在《上海画报》开设了 15 年"名人自述"专栏,担任第六版《十万个为什么》编审等社会工作。